Fuera del canon:
escrituras excéntricas de América Latina

CARINA GONZÁLEZ,
editora

ISBN: 1-930744-59-5
© Serie Nueva América, 2014
INSTITUTO INTERNACIONAL DE
LITERATURA IBEROAMERICANA
Universidad de Pittsburgh
1312 Cathedral of Learning
Pittsburgh, PA 15260
(412) 624-5246 • (412) 624-0829 fax
iili@pitt.edu • www.iilionline.org

Colaboraron con la preparación de este libro:

Composición, diseño gráfico y tapa: Erika Braga
Correctores: Parker Shaw, Jorge Tapia y Adriana Sánchez Solis
Obra de tapa: Alfredo Prior, fotografía de Alejandra Solís

Printed and bound by CPI Group (UK) Ltd, Croydon, CR0 4YY

Fuera del canon:
escrituras excéntricas de América Latina

Introducción
CARINA GONZÁLEZ, La excentricidad narrativa: estrategias de fuga y exterioridad cultural 7

Capítulo 1
Extraterritorialidad lingüística: otra casa para la escritura

PABLO GASPARINI, Wilcock a dos tiempos y dos voces   25
JUAN CARLOS QUITERO-HERENCIA, "El regreso" de Calvert Casey: una exposición en la playa 53
DANIEL LINK, Copi: formas de reproducción 81

Capítulo 2
Literaturas transatlánticas: viajes y relocaciones

GRACIELA GOLDCHLUK, Puig: El brillo de una vinchita de nylon 99
RAÚL ANTELO, Valêncio Xavier y el pensamiento del Mal 117

José Ramón Ruisánchez Serra, El viaje (de regreso) de Sergio Pitol 139
Francine Fernandes Weiss Ricieri, Paisagem quadrilíngue: deslocamentos poéticos em Murilo Mendes 157

Capítulo 3
Territorios de lo íntimo: afectos y efectos de lo excéntrico

Diego Vecchio, Mario Levrero y la caligrafía del sueño 185
Felipe Gómez Gutiérrez, Andrés Caicedo: "Rareza, belleza y sabor", o un pozo que no quiso llamarse Macondo 223
Laura Cabezas, Prosa sagrada. El inicio narrativo de Hilda Hilst 251
Ignacio M. Sánchez Prado, Francisco Tario. El escritor "raro" en la literatura institucional 273

Capítulo 4
Algunos precursores

Diego Bentivegna, Leonardo Castellani: linde, mezcla, apropiación 289
Sandra Garabano, "No ser latero": Joaquín Edwards Bello, la profesionalización del escritor y la modernidad chilena 315

Introducción

*La excentricidad narrativa:
estrategias de fuga y exterioridad cultural*

CARINA GONZÁLEZ

Es difícil evadir el lugar común de la rareza cuando se trata de explicar a aquellos escritores que esquivan las normas institucionales, ya sea por la fuerza de una originalidad cultivada con vehemencia o, por la contingencia de un olvido más o menos impuesto. Sin embargo, la excepcionalidad literaria parece haber adquirido un estatuto canónico que obliga a revisar las genealogías marginales en pos de una singularidad capaz de renovar las tradiciones o, como lo dijo alguna vez Octavio Paz, de inventar la dinámica de las rupturas. Sin traicionar la singularidad fundamental de estas estéticas amparadas en una común resistencia de lo normativo, este libro examina los alcances de la excentricidad como forma de persistir y construir el afuera cultural de la creación. Aquellos autores sostenidos por la excentricidad se ajustan a las categorías trashumantes que esta misma cualidad sugiere. Por un lado, el espacio cultural que plantea la ubicación de la excentricidad más allá de las relaciones de centro y periferia, ampliando el mapa de las relaciones de poder y redistribuyendo las autoridades del campo intelectual. Pero también la excentricidad del tiempo que posterga la recepción y que obliga a pensar en las condiciones necesarias de legibilidad que exigen ciertas literaturas en relación, no sólo al mercado de la industria cultural sino también a las combinaciones estéticas que condensan las tendencias de una época. Sumada a las coordenadas del tiempo y el espacio, la heterogeneidad referencial agrega otra anomalía en la configuración textual de lo excéntrico. Una confrontación diferente con su objeto de estudio, ese afuera articulado por una realidad distorsionada que ya no confía en la transparencia del lenguaje, que reniega de lo estrictamente sociológico y desafía los límites genéricos porque sabe que sólo percibimos de lo real aquello que el fantasma nos muestra. Este cuestionamiento se inscribe propiamente en la escritura que se vuelve excéntrica al buscar nuevas formas de representar el desconcierto del hombre ante el mundo.

Espacio, tiempo y escritura se completan con una excentricidad que afecta también al individuo porque el escritor excéntrico es aquel que construye su propia auto-ficción apelando al descentramiento que lo singulariza. Cierta voluntad del margen que no es sólo un hecho del azar sino algo decisivo que marca al sujeto como si sólo en el afuera pudiera ser fiel a sí mismo. Así, obedeciendo a un impulso privado, el excéntrico se aisla, protege su intimidad y rechaza *a priori* cualquier tipo de determinación. De alguna manera, como lo ha señalado para Gombrowizc Julio Premat, la inconformidad es parte de la figura de autor que la excentricidad propone, una constante búsqueda de disidencias, una actitud siempre crítica que coloca al escritor fuera del alcance de las instituciones. No es arbitrario entonces que algunos de los autores trabajados en este libro se hayan decidido por el exilio, como Copi en París, Manuel Puig en Europa, México y Brasil, Casey y Wilcock en Roma, o por una reclusión interior que puede manifestarse como la vida ascética de los griegos (pensemos en Hilda Hislt y su retiro en la "Casa del sol" o en las huidas intermitentes de Wilcock a "La Sombra" y, más tarde en Italia a su casa de campo de Lubriano) pero también en el repliegue interior de Mario Levrero que se resiste a entrar en la vorágine académica y prefiere trabajar en los circuitos más bien barriales que lo devuelven a la ciudad, una ciudad propia, una micro-ciudad que recorre mediante la gramática del inconsciente.

Este vínculo que inscribe la excentricidad fuera de la norma invoca también un desafío a la comunidad, la discusión de lo político desde una literatura que indirectamente lo rechaza porque coloca en el centro de su narrativa a un sujeto indecidible, que no se deja dominar y que desborda el régimen de las formalizaciones. Algunos escritores llevan al extremo la distancia individual que los desvincula del todo institucionalizado, ya sea la nación, la territorialidad cultural o la fijeza de un canon limitado, poco permeable a la innovación. Copi, Casey y Wilcock deciden el exilio geográfico, un traslado que involucra también un cambio de lengua, el descentramiento de una identidad que ya no está instalada en la seguridad del lenguaje sino en la impropiedad que lo hace ajeno. Otros, como Valencio Xavier, Sergio Pitol, Manuel Puig o Murilo Mendes comparten la virtud errática del viaje y escriben desde afuera en su propia lengua, una que se enrarece con cada desplazamiento, que escucha mejor en la distancia y que se apropia del tono animal, del acento de los medios o de las disonancias del caos para desestabilizar las reglas del "buen decir".

Estas decisiones privadas, aquellas que rondan lo biográfico, no sólo resaltan la cercanía arte-vida que las revoluciones estéticas propulsaron, sino que refuerzan el vínculo estético de la excentricidad con las vanguardias. En primer lugar, por la elección de vivir la vida estéticamente o, en otras palabras, ser fiel a la inconformidad inmutable que hace de la praxis vital una extensión más del arte, (sostener en sus apariciones públicas la radicalidad de las propuestas estéticas es una constante tanto en Wilcock como en Andrés Caicedo, quien llega al suicidio perseguido por la idea de que "vivir más allá de los veinticinco años es una insensatez"), pero además reinstala la antigua polémica del arte contra el mercado. Si las escrituras excéntricas permanecen marginales (en mayor o menor grado) a los circuitos de circulación es porque siguen apostando a cierta autonomía que la frivolidad posmoderna desprestigió y que las últimas corrientes críticas cuestionan. Dentro de esta estética que no busca causas sino intervenciones caben la distorsión de lo verosímil, el ingreso de lo ominoso que amenaza la instancia de lo real, el impacto de lo obsceno y la abyección en subjetividades que se libran de formas de vida normalizadas, la exploración del gusto que acepta la contaminación como parte de aquello que fortalece al organismo, el vagabundeo iniciático que adopta lo ajeno para devenir otro transformando la materia en formas que sólo pueden ser percibidas a través de la alteración de los sentidos. La realidad, para estas literaturas, ya no puede ser representada por el realismo totalizador del siglo XIX ni por la confianza ingenua de una filosofía más bien materialista sino que se acerca más a la grieta que el psicoanálisis abre en lo real para definir una zona vedada al sujeto. Difíciles de clasificar, las escrituras excéntricas se afilian por esta común valoración del exceso, un acercamiento a la materia, al objeto-mundo que las lleva a desbordar el realismo que, a partir de esta dilatación, necesita de una cualidad nueva para definirse. Realismo *delirante*, para Alberto Laiseca, *sucio* para los que tratan de representar la sordidez del narcotráfico en México, *intimista* para los que se internan en los mecanismos psíquicos del inconsciente, realismo *fantástico* para los que, junto a Marcelo Cohen, exploran la escritura del azar y de la mecánica cuántica en la configuración de estructuras que se disipan junto a la entropía del mundo.

Esta nueva apreciación de lo real que contempla además lo extraño, que fractura la uniformidad del consenso, genera una reacción ambigua dentro del campo cultural. Aunque la economía del arte participe con reticencia de las exigencias del mercado, lo excéntrico atrae y es atraído en un movimiento que define los cuerpos incómodos como un conjunto de acciones y pasiones que resumen la dinámica del intercambio. En esta relación corporal, lo excéntrico y la industria cultural entablan un romance en el que se atraen y rechazan mutuamente. Por un lado, los escritores excéntricos se debaten entre la diferencia que aumenta la distancia entre lo individual y lo social; por otro, el mercado sucumbe ante la búsqueda de una originalidad que no pocas veces viene de afuera. En este sentido, cuando las condiciones exteriores se vuelven propicias (se amplía el público lector, se masifican los medios de comunicación, se democratiza el gusto), llega el momento de legibilidad para ciertas narrativas antes excluidas. Así los escritores raros pierden el aura, esa extrañeza que los vuelve únicos, y son incorporados al canon, como ha sucedido con el muestrario de poetas malditos que leyó Rubén Darío casi a principios del siglo XX, con los raros enajenados por la imaginación que encuentra Ángel Rama en la narrativa uruguaya de los años 60 o con los escritores atípicos que describe Noé Jitrik. En ellos, la historia literaria ha disuelto los rasgos distintivos para dejar en evidencia una nueva genealogía que ahora es necesaria para hacer que el mercado siga en funcionamiento. Por otro lado, no es arbitrario que muchas de estas literaturas excéntricas encuentren su contemporaneidad tardía en el momento en el que se repiensan las relaciones del arte con el compromiso político, del arte con la representación y del arte latinoamericano en particular con la escena mundial que lo ha desvinculado del boom (1969-1980). Volver la vista atrás, como el ángel de la historia, para hallar la herencia del excéntrico, del escritor vidente que renueva en su juventud las condiciones del arte futuro. Entonces, Andrés Caicedo puede ser el eslabón perdido entre el boom y McOndo, Wilcock explica el salto de Borges a Aira, y Sergio Pitol deviene precursor de David Toscana. Buscar lo excéntrico en América Latina nos devuelve, de algún modo, a pensar en posibles afinidades que describan una colectividad tal vez inconsciente, fundada en las orillas de la comunidad imaginada para el continente. Algunos de los escritores marginales al boom de la literatura latinoamericana permiten pensar desde el ahora de su recepción una alternativa diferente a ese conglomerado grupal que, sin desviar las tensiones, sirvió para atribuirle una identidad a América Latina. Ya sea derivada de la profesionalización del escritor como figura pública o arrastrada por la expansión de un mercado que abandona las preferencias de la élite y amplía sus dimensiones hacia el consumo de masas, lo cierto es que la literatura del boom generó un estallido que continúa propagándose más allá de su extinción. Admitiendo las contradicciones críticas que Ángel Rama ha detallado, es aún más difícil atribuirle una unidad estética al conjunto de escritores que conformaron este canon tan heterogéneo. Si queremos hablar de la escritura, el terreno de las intersecciones se complica debido a la variedad de estéticas opuestas que lo conforman. Sin embargo, a la incorporación de la vanguardia europea que acarrea además una fascinación por la moda y la experimentación habría que sumar el sustrato mítico que el regionalismo reformulado a partir de la experiencia vanguardista aporta en la desestabilización de la representación. Quizá la seña de identidad más registrada fue la del realismo mágico, una definición que calza con la necesidad de hallar una marca, una literatura que explique el caos del mundo americano, esa realidad que Lezama describe y analiza desde el espíritu barroco y que será para siempre el nacimiento de nuestra América. Pero, si para ejemplificar el exceso de una literatura que parece ocuparlo todo se elige el desafío de lo mágico, no es porque no haya habido otras formas más o menos conscientes de la crisis de la representación. Al confrontar al escritor con un objeto que se hace cada vez más inaprehensible, los inventores del realismo mágico no hacen más que dar una respuesta posible ante un hecho que no es únicamente estético sino que corrompe las bases ideológicas de la segunda parte del siglo xx, las transformaciones de la Revolución Cubana después del caso Padilla, la expansión del capitalismo tardío, el debilitamiento de los regímenes totalitarios, la crisis de las democracias, los acontecimientos históricos que marcan el final del boom hacia 1972. Desviadas de la respuesta triunfante, las escrituras excéntricas desbaratan también los límites de lo real pero sin claudicar ante las instituciones, negando las estrategias que les permitirían entrar al mercado naciente del boom, ejerciendo un inconformismo radical que las mantiene fuera del canon y asumiendo los riesgos de una literatura que no se adapta a las normas establecidas.

Esta breve descripción que ubica la excentricidad en el origen del boom es simplemente un punto de partida para establecer las mecánicas en las que ésta se orienta. Si a partir de ciertas coyunturas históricas que se vivieron como acontecimientos, lo que se cuenta es el mundo en crisis: la pérdida de la fe, la desintegración del sujeto, la desmitificación de la región, las falacias de la ideología, el escritor debe aprender a percibir y sostener, con su escritura, un orden sobre el caos. En este enfrentamiento, la actitud esencial que distancia al excéntrico del normal es la comprensión del absurdo como hábitat natural. No se trata de una reacción violenta contra la locura sino de aceptarla como parte de lo irracional que es la vida humana. Para ilustrar esta comprensión del absurdo, Nicolás Lucero recordó en el último congreso de LASA (Mayo 2012) una reflexión filosófica de Theodor Adorno que retoma la fábula de las liebres y el cazador. En este relato moral, las liebres son abatidas por su perseguidor pero en el desenfreno del miedo a la muerte se dan cuenta de que aún están vivas y huyen. El ejemplo didáctico nos muestra un sujeto acorralado pero que es capaz de abrirse a la experiencia (descubrir que lo imposible puede suceder), una experiencia que requiere la conciencia del absurdo para contrarrestar el contrasentido objetivo del mundo. Las escrituras excéntricas, como las liebres, viven en fuga porque saben interpretar y usar lo que desencaja la razón, aquello que vuelve al mundo inexplicable. Por esto, mucho de lo excéntrico está identificado con el caos, y en cierta medida estas escrituras que se oponen al orden lo conjuran. Pero no se trata de una apología del desorden sino de asimilarse a una realidad cambiante que ya no es estable ni predecible. Volviendo al caos del mundo, Adorno asegura:

> El que se adapta cuidadosamente a él, por lo mismo se hace partícipe de su locura, mientras que sólo el excéntrico puede mantenerse firme y poner algún freno al desvarío. Sólo él podría reflexionar sobre la apariencia del infortunio, sobre la "irrealidad de la desesperación" y darse cuenta no solamente de que aún vive, sino además de que aún existe la vida. (201)

De esta manera, dentro de la excentricidad cabe el compromiso, uno que no recae sobre el mundo y sus acciones sino sobre el sujeto y sus pasiones, porque el excéntrico construye desde ese estar afuera una mirada crítica que le permite mantener su vitalidad.

La fábula que ilustra la relación entre la excentricidad y su objeto, es decir, que enfrenta al sujeto con lo real, (las liebres con la muerte sinsentido, el escritor con sus fantasmas), nos impulsa nuevamente hacia el vínculo entre el individuo y lo social. Si nos centramos en la escritura misma, lo excéntrico participa también de la tensión con el entorno. Así como César Aira caracterizó la posición marginal de Denton Welch y construyó su lista privada de escritores raros, podemos concluir que lo excéntrico participa también de esa "rareza imprevisible" cifrada en la proporción ideal entre el estilo y la inteligencia o, si se quiere, entre el gusto y la erudición. Lo excéntrico pone en juego una dinámica de atracción y repulsión porque trabaja sobre lo singular, una marca que lo vuelve único y que enfatiza la perspectiva del sujeto mientras que también recurre al ingenio, una facultad que depende de la comprensión común, y que acentúa lo colectivo. La proporción justa entre el estilo y la inteligencia, entre lo singular y lo social, da como resultado un escritor excepcional que las operaciones de lectura sabrán descubrir en la misma tensión entre el gusto y la erudición, categorías que también rigen las normas del mercado cultural. El gusto ampliado y adulterado por la sociedad de masas es la expansión del estilo ante la incorporación de gustos menos refinados mientras que la erudición garantiza una inteligencia cualitativa que conserva y conforma a los lectores de culto. Las escrituras excéntricas hacen equilibrio entre estas oscilaciones y, por eso mismo, pasan muchas veces desapercibidas hasta que las operaciones de la industria cultural descubren la "rareza imprevisible" de esa proporción. Que este descubrimiento no sea ingenuo o tenga un objetivo ajeno a la primitiva voluntad de oposición no invalida la fuerza corrosiva de estas escrituras, que se resisten a la domesticación y que aun al encontrar las condiciones de legibilidad del mercado, proponen otras genealogías literarias.

Las distintas facetas por donde circula la excentricidad en *Fuera del canon* habilitan un recorrido que une las coordenadas del espacio, el tiempo y la escritura. En la primera parte, los escritores agrupados bajo la "Extraterritorialidad lingüística" convocan el desfase del exilio desde un cambio de lengua que acentúa la extranjeridad de la escritura. Establecidos afuera, estos excéntricos desafían la geografía de los campos de poder como si sólo a la intemperie se pudiera permanecer en la indeterminación que asegura el devenir. Juan Rodolfo Wilcock (1919-1978) abandona la intimidad del grupo *Sur* y las disquisiciones fantásticas de Borges para instalarse en Roma. Desde este otro centro cultural escribe en italiano, explora todos los alcances de un gusto que no retrocede ante elementos ajenos al arte y desarrolla un nuevo tipo de relato que transgrede lo genérico. Pablo Gasparini examina de qué manera el exilio político, la ruptura con el peronismo, y la innovación genérica, el cambio estético que deriva en la exploración del absurdo y el caos, esconde una voluntad estilística que tiene al lenguaje como máximo protagonista. El giro grotesco que desanda las premisas de la poesía neorromántica cultivada en Argentina se corresponde con las novelas italianas en donde la construcción de un templo etrusco atrae la semiótica babélica de una lengua transformada por la conciencia lingüística, un Estado que impone la hegemonía del "italiano" sobre la contaminación de los dialectos. Calver Casey (1929-1969) desciende de un eclecticismo genealógico que ya lo ubica entre Cuba y Estados Unidos. Habitante de la isla en el periodo anterior a la Revolución, su extranjeridad no le impide participar de la efervescencia cultural que la acompaña. Exiliado en Roma escribe en italiano una rara declaración de amor orgánico. Juan Carlos Quitero-Herencia analiza los relatos de "El regreso" y examina la fuerza innovadora de una narrativa que se expone, que "le pone el cuerpo" a la historia, desde el afuera que presenta un paisaje y un sujeto a la intemperie. De esta manera, desarticula el monopolio del hecho revolucionario para revisar otras escrituras "y otras estéticas (que) apostaron por la exhibición de otros "cuerpos de sentido", igual que otros *sentidos del cuerpo* como un modo de participar políticamente en lo que acontecía en la Cuba de esos años".

Raúl Damonte Taborda, quien recrea su figura de autor en Copi, una auto-ficción de historietista que asume su identidad literaria, continúa el exilio político que aleja a su familia del peronismo, esta vez para aumentar la distancia que lo aleja de Montevideo a París. Allí, no sólo participa en el grupo teatral *Pánico* fundado por Alejandro Jodorowsky y Fernando Arrabal sino que escribe en francés sus primeras obras de vanguardia. Daniel Link realiza una lectura de *La torre de La Défense* (1978) en donde explica de qué manera lo animal se cuela en el discurso literario utilizando lo gastronómico como representación de la síntesis disyuntiva del milagro de la transmutación. A partir de una "última cena" travestida, dos órdenes diferentes se reúnen en la figura del cordero, emblema de lo celestial o lo divino, y la serpiente-rata que termina siendo el manjar exquisito del inframundo. "Dos figuraciones cosmológicas entran en conflicto al imaginar el origen del hombre como autóctono o como olímpico y, por lo tanto, dos regímenes de reproducción y parentesco." De esta manera, Copi funda los rituales de una nueva fe y de una nueva antropología que destruye o invierte las normas de la ética.

En el segundo capítulo, la excentricidad sigue buscando la extraterritorialidad del viaje, esta vez intermitente, un recorrido por geografías distintas en las que siempre se está de paso. Manuel Puig (1932-1990) impulsado tempranamente por el cine y su fuerte inserción en la cultura de masas explora los alcances de esta industria en Roma, Estados Unidos, Rio de Janeiro y México. Graciela Goldchluk realiza una lectura excéntrica de Puig a partir de los restos, de una textura biodegradable que incomoda y se resiste a la asimilación, buscando nuevas formas de modelar la cultura. "Es en ese hacer, en ese desplazamiento necesario, donde la descolocación de Puig con respecto a la ley (en principio a la ley del texto) nos deja pensarlo como un ex-céntrico, en tanto no se opone ni transgrede, como lo haría un vanguardista, sino que dibuja su propia huella, desvía su mirada".

Valencio Xavier (1933-2008) comparte la fascinación por el séptimo arte y escribe visualmente los textos de *O mês da grippe*. En su ensayo Raúl Antelo propone la incógnita del nacimiento del arte a través de una operación que es, nuevamente, una síntesis "inarmónica", aquella que intercepta los sentidos, el tacto y lo visual, y que reproduce la fusión de las imágenes inspiradas en las pinturas rupestres de Paraná:

> [...] coincidencias contundentes de lo *manimal*, palabra-valija con que Valêncio funde, en la película, lo propio del *bicho homem*, es decir, del hombre (*man*) y de la bestia (*animal*). Eso le permite alejarse del límite utópico de un origen primordial (buscado afanosamente por el modernismo de 1922) para plantear la simple inexistencia de la *res extensa*. No hay *la* literatura porque no hay *el* tacto: hay con-tacto y creación de mundo y ello connota necesariamente el Mal.

Sergio Pitol (1933) utiliza sus viajes oficiales para conocer y traducir el mundo ajeno en materia literaria. José Ramón Ruisánchez reflexiona sobre los alcances de una genealogía literaria que confronta el boom a partir de la abyección y del uso de una memoria fragmentaria capaz de obnubilar la proyección monolítica del pasado. A partir de los lugares en los que la historia relampaguea, Pitol intenta asir las imágenes que irremediablemente van a desaparecer creando:

> […] un discurso de complejidad, de permanente construcción, donde nunca se llega a la cartografía definitiva, donde cada nueva imagen del pasado, modifica la figura de la historia, pero al mismo tiempo revela carencias, huecos, donde la ficción suple a la memoria cuando se ha perdido su "huella primigenia", y en muchas ocasiones, la ficción, a su vez lleva a nuevos recuerdos, aunque no necesariamente del momento que se desearía rememorar, sino de momentos traumáticos.

Murilo Mendes (1901-1975) se inicia como poeta del modernismo brasileño pero realiza una conversión que no es sólo religiosa sino también estética. Abandona la experimentación vanguardista que lo vinculó a sus congéneres nacionales para volcarse hacia una poesía más surrealista que convoca el caos desde Italia. En la propuesta de Francine Weiss Ricieri, el desdoblamiento del sujeto poético muestra la escisión entre lo real y lo simbólico, instala la perforación del espacio que puede leerse condensada en los aforismos de "Texto blanco", en donde Mendes presenta a un sujeto que:

> […] no se constituye concretamente, no es pasible de ser llenado o recubierto por algún concepto, o palabra, o definición, restando la comprensión como *brecha ontológica,* como hendidura. Como el blanco (sugiere Antelo), o como lo que atraviesa el blanco (del papel), lo que lo perfora, lo que lo violenta: las herramientas de Fontana, las herramientas de Murilo.

En los "Territorios de lo íntimo", la excentricidad se vuelca hacia adentro, el viaje es un recorrido endémico que se obsesiona con la propia escritura. Mario Levrero (1940-2004) trabaja sobre ficciones que se fundan en la gramática del inconsciente y desarrolla una cartografía del sueño que Diego Vecchio analiza desde su vinculación con formas menores de la ciencia como la parapsicología y el esoterismo. Rastreando los principios fundadores de esa zona onírica que vincula al surrealismo con la ciencia, nos muestra las marcas del inconsciente en la configuración de una escritura en la que "resulta más significativo lo que no se ve, lo que se ignora, lo que no se dice, lo que está latente, lo que se percibe, lo que se sabe, lo que se formula y se manifiesta".

La percepción crítica de la trilogía conformada por *París, Lugar* y *Ciudad* permite entender parte de la genealogía literaria que vincula a Levrero con los raros uruguayos, desde la excentricidad vanguardista de Lautrémont hasta Kafka y su proceso de desorientación en el que el poder es puesto en abismo.

Andrés Caicedo (1951-1977) circula por la excentricidad joven de la música y la cultura del rock. Sus escritos siguen el deambular urbano de los jóvenes en la ciudad de Cali abriendo un recorrido distinto para la interpretación del sexo, la violencia, las drogas y los astros de Hollywood. Ubicando su literatura dentro de una realidad social ajena a la representación del realismo mágico, incorpora saberes foráneos que al entrar en contacto con la cultura local reaccionan generando una narrativa incómoda, ventrílocua y antropófaga, capaz de digerir los cambios de percepción que la cultura pop del cine y la música estadounidense imprimen en la contemporaneidad. Caicedo, "primer enemigo de McOndo" se constituye así en el héroe moderno de la región, un vidente capaz de objetivar la rebeldía adolescente enfrentada a los sistemas totalitarios que la normativizan. El mundo de las apariencias, el goce, la psicodelia y el trance capaz de reproducir la efervescencia del momento, se contamina de ambientes necrófilos y personajes neogóticos que hallan en su escritura una realización cercana al *kitch* y al *camp*. Felipe Gómez traza el recorrido crítico de la obra de Caicedo acentuando la excentricidad de su narrativa que, a contrapelo de lo canónico, explora:

> [...] las maneras en que la literatura puede responder a las nuevas problemáticas surgidas a partir de las condiciones culturales de la tendencia a la globalización iniciada en la segunda mitad del siglo XX, y la constatación de que modelos como el de la escritura de García Márquez funcionan menos para comunicar esa experiencia que los creados por ejemplo por Kerouac, Burroughs o Bukowski.

Hilda Hislt (1930-2004) es una mujer excéntrica por su temprana conciencia de la vocación artística. Alejada de la vida mundana y del bullicio paulista, se recluye en una *fazenda* de la Campina en donde construye un espacio propio de creación. Sin embargo, lejos del ostracismo que podría anunciar una soledad inapelable, su casa es centro de reunión de poetas y artistas que exploran la materia y las formas de la estética. En la encrucijada entre el individuo y la sociedad, en el juego territorial que enfrenta la conquista del espacio y la libertad del nómada, en la discusión de la comunidad como forma singular de pertenencia, Hilst no sólo postula una relación diferente con lo político sino también con lo mítico a partir de un extrañamiento que desestabiliza lo conocido. Laura Cabezas estudia las formas en las que Hilst materializa el cuerpo, lo animal, y las territorialidades que escapan a la apropiación, entrelazadas en un nuevo tipo de comunidad.

> En sintonía con los nuevos modos de existencia que transitan los personajes al experimentar un yo y un cuerpo ajenos a cualquier limitación preestablecida, el lazo de unión fundador de una comunidad posible requiere necesariamente que los individuos sientan la intensidad de esa fuerza violenta –la muerte– que corroe los reductos identitarios, en pos de un principio vital de comunión con lo viviente.

En cierta manera, la comunidad espiritual amenazada por la materialidad de lo real se restituye a partir de la reconfiguración de un sujeto que ya no siente la soledad del ser sino que se construye sobre la colectividad del devenir que lo transforma.

Francisco Tario (1911-1977) desarticula las geografías del campo cultural adentrándose en lo fantástico desde una zona periférica que lo aleja del canon mexicano perfilado por Rulfo o Fuentes pero también lo distancia de la literatura nacional que apelaba al compromiso político. En su lectura crítica, Ignacio Sánchez Prado afirma que:

> Tario escribió una literatura *sui generis*, por fuera de muchos de los circuitos institucionales de lo literario, en un momento en que el "deber ser" del escritor nacional dictaba una responsabilidad sin precedentes de dar forma literaria a la nueva nación.

En este sentido la excentricidad de Tario, fiel a la soledad productiva de lo que es original, reivindica el deseo y la rabia invocando una herejía que avala otro tipo de canon literario que podría incluir a Pedro F. Miret, Efrén Hernández y Guadalupe Dueñas. La rareza que mantiene a Tario fuera de lo institucional radica en la escritura de lo fantástico desligada de la tradición ya que en sus relatos hay fantasmas, objetos y animales

La excentricidad narrativa • 19

que hablan pero lo que importa no es la destrucción del verosímil realista sino la idiosincrasia misma de lo fantástico que, en su escritura, subraya siempre lo individual por sobre las relaciones significativas de lo social. Al mismo tiempo, su excentricidad apunta a un anacronismo que lo impulsa a desviarse de lo problemático de la Revolución en la época de las revisiones históricas y a seguir el camino de la estética modernista. Por último, en el capítulo cuatro, creemos necesario regresar a los precursores del margen, ciertas escrituras que preparan la periferia del canon sembrando el terreno para los disidentes del boom. El caso de Leonardo Castellani (1899-1981) quien, desde la extraterritorialidad jesuita incómoda a la Iglesia, conmociona los partidos políticos y cuestiona la legitimidad de una identidad nacional basada en la lectura canónica del *Martín Fierro*, abona el terreno sobre el que germinará la consciencia de una escritura híbrida en donde lo propio y lo ajeno se fusionan. Como en sus *Fábulas camperas*, en donde la moralidad del género da paso a la creación de una voz particular, que se apropia de la tradición para reformularla desde lo autóctono. Diego Bentivegna examina los alcances de una literatura de combate que fusiona la alegoría política con la creación de una:

[...] zona que media entre regiones discontinuas, entre el Chaco, la llanura y el litoral. Es allí donde la tensión entre tradiciones orales y el orden letrado, entre la escucha del relato y su puesta en escrito en el texto, entre la "potencia" que puede conducir a la pereza o al ensueño y el acto de escritura, asume una articulación específica, en la que es posible encontrar las huella del "dictado" poético.

Esta trasmutación que deviene de la mezcla de espacios, medios y órdenes lingüísticos distintos marca la visión crítica de Castellani para quien, en la literatura, interviene siempre de manera constitutiva lo político. En sus relatos, esa intervención tiene una impronta ajena ya sea mediante la apropiación de la literatura europea, como es el caso de la *Carta de Lord Chandos* o a través de la relectura de las parábolas cristianas.

Joaquín Edwards Bello (1887-1968) construye su figura de escritor a partir una entrega casi compulsiva a las crónicas, dado que ve en el periodismo un instrumento para consolidar los valores democráticos promovidos por una modernidad más deseada que gestionada por los liberales chilenos desde Andrés Bello en adelante. Según Sandra

Garabano, su excentricidad procede justamente de haber eludido la polémica que enfrenta a la literatura con la hibridez amenazante de un género marginal que, en esa época, era desacreditado tanto por la literatura como por el periodismo. En un momento en que los escritores buscan indistintamente en los experimentos vanguardistas o regionalistas, un refugio frente a los avances de la cultura de masas, Edwards Bello descarta la experimentación formal como antídoto contra la masificación de la cultura y se apropia de los mecanismos de significación del nuevo medio para elaborar una crítica mordaz de la burguesía chilena.

Finalmente, pensar otros puntos de contacto que articulen una red capaz de vincular a estos escritores con la excentricidad es una tentación legítima. Cierto histrionismo no falto de ironías que secunda las apariciones públicas de Copi o Wilcock, la experiencia cinematográfica de Valencio Xavier que repercute en Puig pero se extiende a la propagación de emprendimientos más ejecutivos como los del "Club del cine" de Caicedo o el proyecto administrativo de Tario en Acapulco, la inclinación por profesiones que acentúan la excentricidad del escritor, Murilo Mendes como dentista, telegrafista o auxiliar de guarda libros, Levrero como redactor de revistas de ingenio y de comics, librero, y gestor de los talleres literarios que lo hicieron un maestro de culto, Tario y sus incursiones en el deporte como arquero del *Asturias,* además de astrónomo y pianista pero también el oficio que les devuelve a la polifonía de las lenguas, el ejercicio de la traducción que desempeñaron tanto Pitol como Wilcock, Puig y Casey. Por último, otros terrenos en donde la excentricidad figura solapadamente, el suicidio, la homosexualidad, la misantropía que rechaza la comunidad, son zonas que escapan al análisis literario pero que manifiestan la condición vital de la excentricidad, una que no puede separar al sujeto de su obra y que lo vuelve a enfrentar con el otro (con el deseo del otro) pero al mismo tiempo, le imprime una cuota inusual de singularidad.

BIBLIOGRAFÍA

Adorno, Theodor. *Minima Moralia. Reflexiones desde la vida dañada.* Joaquín Chamorro Mielke, trad. Buenos Aires: Taurus, 2001.
Aira, César. *Las tres fechas.* Rosario: Viterbo, 2001.
Rama, Ángel. *Cien años de raros.* Montevideo: Arca, 1966.
_____ "El boom en perspectiva". *La crítica de la cultura en América Latina.* Caracas: Ayacucho, 1985.

Capítulo 1
Extraterritorialidad lingüística: otra casa para la escritura

Wilcock a dos tiempos y dos voces

PABLO GASPARINI
Universidade de São Paulo

1. DEL LADO DE ACÁ: *A VENUS*

¿Wilcock extraterritorial? La experiencia de Wilcock con diferentes lenguas puede recorrerse biográficamente desde los primeros años de su vida. Wilcock no sólo proviene de una familia plurilingüe (de ascendencia inglesa e italiana/piamontesa), sino que también transcurre parte de su infancia muy lejos de su Buenos Aires natal. De 1920 hasta 1926, la familia de J. R. Wilcock se desplazará a la residencia de sus abuelos maternos en Suiza y pasará aún una breve estadía en Londres, ciudad donde el futuro poeta declarará haber aprendido el castellano. Este peculiar recorrido es recobrado por Wilcock al momento de forjar una breve nota biográfica para los editores de una antología:

> Nací en Buenos Aires, en abril de 1919. Comencé a hablar en francés, cerca del Château de Chillon, al sur de Suiza; aprendí el castellano en Londres, y en el golfo de Patagones me enseñaron a leer y a nadar. A los once años entré al Colegio Nacional, donde aprendí el inglés, el italiano, la Historia y las Ciencias Naturales; a los dieciséis ingresé a la Facultad de Ingeniería, donde más tarde me recibí, como casi todos los que ingresan a ella; a los diecisiete aprendí el alemán, y a tocar el piano. [...][1]

En este dispositivo retórico astutamente construido para autorepresentarse como un sujeto cultural y lingüísticamente desplazado, resulta curioso no sólo la conversión de las lenguas en una habilidad más (como "tocar el piano" o "nadar"), sino también el entrecruzamiento de las variadas lenguas en una geografía que desconoce orígenes. Así, el castellano, lengua que supondríamos en principio "vernácula" (en el sentido de Gobard),[2] se figura aquí como lengua extranjera ya que sería aprendida institucionalmente en un exterior: Londres. Ese espacio vernáculo, por el contrario, parece estar ocupado por la lengua francesa ("Comencé a hablar en francés"), aunque en su Buenos Aires natal –de inicios del siglo XX– esa lengua estaría fundamentalmente dada a cierta vehicularidad cultural que Wilcock, de todos modos, no reconoce al filiarla no a su centro literario histórico (París) sino a una periferia cultural y lingüística: la región francesa de la multilingüe Suiza. Por otro lado, una lengua que podríamos suponer paternalmente familiar a Wilcock, el inglés, se revela, al igual que el italiano, como una lengua aprendida escolarmente en Buenos Aires. Finalmente, como si esta riqueza lingüística que reúne en un mismo sujeto el francés, el castellano, el inglés y el italiano no fuese lo suficientemente hiperbólica, Wilcock confiesa haber aprendido el alemán durante su adolescencia. Más allá de la justicia de estas declaraciones de Wilcock, lo verdadero es que el recorrido intelectual de este autor no lo revela solamente como un hábil traductor del inglés, del italiano y del alemán al español (y viceversa), sino también del inglés y del español al italiano, lengua en que, como sabemos, producirá estéticamente desde su arribo a la península.[3]

Anterior a ese desplazamiento transatlántico, debiéramos preguntarnos, con todo, si el hecho de que Wilcock posicione la lengua castellana como una lengua no vernácula y aprendida institucionalmente (es decir, aprendida relativamente como una lengua extranjera con la inherente necesidad de autocontrol, de cuidado de no incurrir en contaminaciones con la lengua nativa que esa extranjería supone como riesgo)[4] podría explicar algunos trazos de su poesía argentina, precisamente aquellos que se refieren a cierto ideal clásico de "pureza", recurrentemente atribuidos por la crítica a cuestiones generacionales.

De hecho, la poesía de Wilcock escrita en castellano (anterior a su conversión en "autor italiano") se caracteriza, como es afirmado por Ricardo Herrera (1988) por el "deseo de seguridad, de trabajar en un ámbito definido y lo menos ambiguo posible" (55). Guillermo Piro (1995) opina, en este sentido, que Wilcock (al menos por lo que demuestra en su poesía anterior al exilio) puede ser entendido como "un romántico, con una devoción por las formas clásicas" (14) y Daniel Freidembeg (1995), yendo todavía más lejos, afirma que esta poesía estaría caracterizada por su "conservadurismo formal" (19) y, entre otros aspectos, por su "vocabulario incapaz de admitir palabra o expresión que no cuente con un rancio abolengo en las letras hispánicas", llegando a la conclusión de que la ideología que sustentaría esta experiencia literaria descansa en la "concepción de que la poesía ya está hecha y sólo se trata de aplicarla" (19). Como afirma con ironía el poeta Carlos Mastronardi (1944) sobre el tercer libro de poesía de Wilcock, *Persecución de las musas menores*,

> El poeta invoca realidades abstractas: dialoga con los sucesivos crepúsculos, con lejanas ternuras y con la prestigiosa gente homérica [...]. Con deliberación notoria, ciñe su labor poética a los grandes modelos, como si hallara deleite en el ejercicio del pasado y en la exhumación de los más dignos arquetipos literarios. (23)

Sin la intención de arriesgar aquí una revisión de las lecturas sobre la poesía argentina de Wilcock, es imprescindible rescatar que la misma, al menos por lo que deja intuir la fortuna crítica tradicional, puede ser entendida como conscientemente propensa a aquello que Herrera (1988) llama una "regresión órfica"(60), concepto que en palabras de Freidemberg (1995) puede ser entendido como una (edénica) "confianza en que las palabras dicen lo que está establecido que dicen" (19) generando textos que, como afirma el contemporáneo César Rosales en una reseña sobre *Paseo sentimental* (1946), parecen suscitados a partir de una voz poética que "parece haber buscado sin violencia, más bien con apacible naturalidad, una forma, un molde clásico [...] como si el oscilante ardor que suele caracterizar aquel temperamento buscase una quietud, un sosiego y una norma en la fría rigidez de los cánones" (32). Un ejemplo paradigmático de la poesía escrita por Wilcock en Argentina podría constituir el poema "A Venus", inserto en el libro reseñado por Rosales:

> A Venus
>
> Sentado en este banco, reverencio
> a Venus que retorna con el día;
> entre sus labios yace la armonía,
> y en sus ojos cerrados el silencio.
>
> –Cómo podría agradecerte, oh diosa,
> sobre la espuma de tu concha de oro,
> que así cambies la tierra donde imploro
> en tu imagen profunda y deliciosa.

> Oh tú reina de Cipris olvidada,
> de Lesbos donde amaron tus alumnas
> y de Pafos erguida entre columnas,
> concédeme de nuevo tu mirada.
>
> Y nunca dejes de volver, ardiente,
> Con los mismos colores de la aurora;
> no dejes de encenderme como ahora
> en tu furor magnífico y caliente.
>
> (*Paseo sentimental* 81/82)

A pesar del ardor y del furor que esta invocación a Venus manifiesta en el último cuarteto, la rígida construcción del poema (dividido, como muchos otros poemas de Wilcock, en cuatro cuartetos perfectamente endecasílabos), la minuciosa estructuración de las rimas (todas ellas consonantes) y, de forma general, su límpida transparencia semántica (los vocablos utilizados parecen sugerir aquí una lectura literalmente lexicográfica) colocan este poema del lado del antiprosaísmo radical y como la consecución acabada de la "armonía" que el yo lírico reclama y reverencia desde los primeros versos. Considerando que, en el ámbito hispánico, esta poesía es contemporánea al rescate que el popular Federico García Lorca hace del octosílabo (el verso de la tradición oral por excelencia) y que, en gran parte, las literaturas hispanoamericana y española trabajaban en esa época sobre las posibilidades que habían sido abiertas por la revolución poética del surrealismo,[5] queda claro el carácter asumidamente conservador de la propuesta poética de Wilcock.

De este modo, aunque algunos trazos de las corrientes poéticas predominantes aparezcan ocasionalmente en sus libros de poemas argentinos,[6] podría concluirse que el primer ideario poético de Wilcock se quiere, como señala Herrera, francamente restaurador y como un regreso (nada irónico) a la época de la ingenuidad y de la confianza en la palabra. Será precisamente esta especie de romanticismo depurado por lo clásico que, de manera lateral, aparece en otros autores argentinos de la misma época, lo que lleva a que la historia literaria argentina haya recurrido al concepto de generación (se hablará así de "generación del 40") para explicar una serie de autores que escribirían como si la Primera Guerra Mundial y las vanguardias no hubiesen sucedido o como si hubiesen sucedido apenas para operar un convencido retorno a la época en que la reticencia frente a la palabra o la sospecha frente a la tarea poética fueran fenómenos desconocidos.

Más allá de la justicia o no del concepto generacional,[7] lo significativo para nuestra propuesta de lectura es rescatar la manera en la cual un ideario lingüístico clásico —entendiendo por esto, principalmente, la convicción en la claridad del lenguaje tal como lo instala, con precisión paradigmática, el ideal clásico francés[8]— no sólo puede colaborar para una propuesta estética de restauración (de regreso —de alguna manera— a la pretendida pureza de un origen), sino también apunta al rechazo de todo aquello que podría causar cualquier tipo de extrañeza a la tan deseada diafanidad. Entre otros trazos podríamos apuntar: el rechazo del léxico que podría causar imprecisión y, por lo tanto, ambigüedad; el énfasis en construcciones sintácticas simples y convencionales; la tentativa de evitar "barroquismos" que pudiesen torcer la línea de un raciocinio meridiano y, entre otros aspectos, el mantenimiento de un registro lingüístico ya consagrado. En todos los casos, este ideal de lengua parece siempre más próximo a los grandes modelos (o monumentos) literarios del pasado (aprendidos por el estudio y por la lectura) que a los registros de lengua vigentes considerados por el ideal clásico como síntomas de la degradación y de la impureza contemporáneas. El ideal clásico se quiere así asumidamente anacrónico y fuera del flujo de la historia: un modelo fijo que se ofrece como lengua establecida de una vez y para siempre y, por lo tanto, "listo" para ser utilizado por cualquiera que se exija la necesaria "autovigilancia" que implica su férreo sistema de exclusiones.

Pensar si la condición extranjera que Wilcock confiesa tener para con el español es la que precisamente lo lleva a adoptar un imaginario de lengua límpidamente clásico no conduciría a otra cosa sino al terreno de la especulación, pero lo cierto es que ese fue el imaginario que Wilcock escogió para su primera poesía en español, a pesar, inclusive, de las muchas voces críticas en contra (especialmente de críticos nacionalistas como H. A. Murena[9]) y aquel que, como veremos, sobrevivirá, a pesar del cambio de lengua (y aún de convicciones estéticas) en su escritura en italiano.

2. Del lado de allá: *Il tempio etrusco*

Sobre el fondo de otros libros de Wilcock bajo la marca de una escritura fragmentaria y de una tendencia a crear organicidad más por enumeración que por el desarrollo narrativo,[10] *Il tempio etrusco* (1973) se destaca por su trama relativamente lineal, a pesar de que esa linealidad no supone conjurar el absurdo como motor de sus peripecias. De hecho, el texto relata las consecuencias que sobrevienen a la sorprendente decisión tomada por una pequeña ciudad de provincia a fin de intentar atraer el turismo: construir un templo "etrusco", es decir un templo erigido por uno de los pueblos anteriores al romano y que habitó en la parte central de la península itálica.

El anacronismo de la situación, construir en la actualidad un templo "antiguo", se aprovecha, desde los primeros capítulos, para generar una serie de cómicas *boutades*, entre otras la acalorada discusión sobre quién construiría el templo considerando que los etruscos (pueblo que el diligente consejo comunal, preocupado por la "fidelidad" del proyecto, había mandado a buscar) no podían ser hallados. El problema intentará ser resuelto por la mujer de uno de los consejeros quien, harta ya del impás que retrasaba sus ansiadas vacaciones y apelando a sospechosos argumentos geográfico-lingüísticos, propondrá una salida asumidamente pragmática. El templo, que debía ser erigido por etruscos para asegurar la "pureza" de su origen, sería construido por un pueblo extranjero: el turco. ¿Qué diferencia habría, en fin, entre "turcos" y "etruscos" si la enciclopedia consultada por la mujer aseguraba que estos últimos podrían haber provenido de la región de Lidia, territorio que hoy en día forma parte de Turquía? Con todo, esta propuesta surgida, como afirma el narrador, de la falta de instrucción de la mujer (que llamaba a los turcos "indistintamente truschi, truchi o turchi", *Il tempio etrusco* 20) no podrá ser llevada a cabo ya que por dedicarse a lucrativas tareas de compra-venta los turcos residentes en la ciudad no estaban dispuestos a trabajar como albañiles. Ante ese fracaso se erigirá entonces otra teoría que, asentándose ahora sobre el supuesto color de la piel de los etruscos, permite que un "brillante" funcionario público, Atanassim, proponga un trío de africanos negros como constructores del monumento. En pocas palabras, si "Tra etruschi e negri [...] non c'era dopo tutto tanta differenza", bien se podía proponer "etruschi finti" (*Il tempio etrusco* 23).

Esta afirmación que se basa en las absurdas genealogías elaboradas por los representantes del consejo comunal establece así una serie de coincidencias entre los etruscos y los inmigrantes contratados por Atanassim:

> Il consiglieri Okito aggiunse tra i denti, non si capiva se per appoggiare o contrastare nel modo più indiretto possibile la proposta Ruxtix, che la sola cosa certa che si sa degli etruschi è che parlavano una lingua incomprensibile, come gli zingari, anche loro provenienti dall'India; e altrettanto certo è che i primitivi abitanti di quest'ultimo paese, como chiunque può osservare ancora oggi, oscillavano piuttosto tra il grigio e il marrone" (*Il tempio etrusco* 24)

La novela narra, de esta manera, la construcción del templo "etrusco" por tres albañiles africanos sumariamente contratados por el Consejo Comunal. Sin embargo, al contrario de lo esperado, el texto nos conduce a la progresiva confirmación de un desastre. Antes que el deseado templo, los albañiles (insistentemente aludidos en el texto como "negri") no harán otra cosa que arruinar cada tentativa de someterse a la pulcra planificación de Atanassim. De esta manera, matanzas, desmoronamientos, explosiones e inundaciones (entre otras calamidades) suceden intermitentemente durante el relato convirtiendo la pequeña plaza central destinada a la construcción del templo en un inmenso cráter por donde Atanassim iniciará, finalmente, un verdadero descenso a los infiernos.

Si, como sustenta Roberto Deidier (2002), la literatura de Wilcock, desde la llegada de este autor a Italia, fortalece su franco giro hacia "una direzione ironico-grotesca" (84) giro que, según Herrera (1988) estaría ya prefigurado en los cuentos de *Il caos* e incluso, de forma inicial, en su última poesía argentina,[11] la forma finalmente adoptada por el "templo" (el desastre) parece apuntar hacia ese desplazamiento de estética que la absurda trama de *Il tempio* plasma en cada una de sus veloces peripecias. Por cierto, lejos de darse a la memoria de una gloria ancestral y a la fabricación de un pasado común, la construcción del templo, así como el propio texto, se presentan regidos por una serie de bruscos y repentinos imprevistos.

Más allá de las posibles significaciones que podría convocar la sugerente figura del templo o monumento (según Patrizi (2000) "un tema que es recurrente en la narrativa de Wilcock", 92), el giro de su ordenada planificación inicial (en verdad, una ya estereotipada propuesta clásica, cuando no un verdadero *kitsch* arquitectónico) a la caótica y azarosa concreción de un cráter (que será, de cualquier modo –y a falta de otra cosa– debidamente monumentalizado) indica los extremos entre los que el texto se mueve para decir, como sustenta Bernardini Napoletano (2000), que, de forma definitiva, "La cultura clásica y humanística [...] son para Wilcock edificios vacíos"(103).

De hecho, la oscilación entre cierto *kitsch* inherente a la idea primaria del monumento (al que se prefigura en determinado momento con cascadas, techo chino y rosas entrelazadas) y lo grotesco (entendido, de acuerdo a Bakhtin (1970: 33) como la animación permanente, la metamorfosis nunca acabada y el devenir ilimitado) será una constante de esta novela, y esto no sólo porque la aguardada belleza del monumento sea rebajada a la escatológica materialidad de un pozo infernal (descrito como un gran intestino) sino, sobre todo, porque la lógica general del texto (sustentada por un frío e inmutable narrador extradiegético) obedece a una especie de deflación de aquel simulacro de belleza que caracterizaría al *kitsch*. De este modo, por ejemplo, no sólo asistimos a la minuciosa descripción de los afrentosos actos de barbarie perpetrados por los "negri" (como su "salvaje" devoración de perros y caballos, su descontrolada serie de asesinatos y violaciones, etc.), sino también a todo un rebajamiento de los altos valores sustentados por Atanassim, y, precisando con mayor justicia algunos posicionamientos del texto, a cierta inquietud o disonancia respecto al lugar en el que esos valores se encarnan: la lengua. Como si cumpliera con el decálogo que su madre le legará hacia el final de la novela, Atanassim, según el narrador, se destacará por ser "generoso e amante della verità, che altro non è che l'uso corretto del linguaggio della società in cui a ognuno tocca vivere" (*Il tempio etrusco* 30).

En este punto, quizás pudiéramos preguntarnos si la lengua de la novela, la lengua en la que la novela está escrita, no es otra que esta lengua "correcta", noble y alta, de Atanassim. Y la pregunta vale porque, contrariamente a otros autores que han realizado su literatura en la imbricación de lo grotesco con otros registros (pienso aquí por ejemplo en Copi, por poner otro "extraterritorial" argentino[12]), la lengua de *Il tempio etrusco* podría ser calificada (extendiendo las afirmaciones de Pietro Favari (2000) en relación a la lengua teatral de Wilcock) como extraordinariamente "suntuosa y preciosa" (128). De hecho, el narrador de *Il tempio etrusco* mantiene un registro de lengua absolutamente pulcro aún para decir detalles y realidades escabrosas. Así, por ejemplo, frente a los restos del perro que los albañiles devoraron de forma salvaje, el narrador agrega que:

> Gli abitanti del quartiere, ormai abituati alla sua figura scettica e dignitosa di cane senza tetto, si sarebbero forse arrabbiati alla notizia della sua scomparsa non solo spirituale. Per quanto appetibili fossero le sue budella, per quanto commovente e morbida la sua pelliccia vuota, Attanassim intuì che era meglio nasconderle al più presto. Quindi ordinò ai negri di scavare in qualche posto una fossa, per inumarci l'intelligente cervello, i solerti muscoli, il cuore devoto e le restanti frattaglie del cane deceduto. Badando tuttavia a non aprire la sepoltura troppo vicino al tempio in costruzione, perché altrimenti questo o quell'altro pezzo della salma sarebbero ricomparsi alla luce non appena iniziati gli scavi. (*Il tempio etrusco* 33-34)

La realidad siempre inferior de lo grotesco se ve aquí redimida por la grandilocuencia de las palabras. De esta manera, la baja materialidad de los restos asados del perro (entrevista en la vulgar "budella" o en la "pelliccia vuota", antes referida en el texto como "pelliccia rognosa e insanguinata"), se ve revestida de la dignidad de los altisonantes calificativos (*l'intelligente cervello, i solerti muscoli, il cuore devoto*, etc.) de ese "cane decedutto". Más allá del juego literario evidente (viabilizado por la utilización de un registro alto en la representación de una realidad axiológicamente contrastante —una especie de contrapeso a la ironía que corroe la frágil belleza *kitsch*), lo significativo aquí es el mantenimiento de un registro de lengua que se resiste a todo arrebatamiento emocional y que, confiado en su sobriedad y limpidez, podrá decir ya no la simple muerte de un animal, sino hasta las peores catástrofes. Esta frialdad y pretensa objetividad, que Bernardini Napoletano (2000) ligaría a la llamada "literatura de la crueldad" (115), se revelará especialmente a la hora de describir el descuartizado cadáver del desgraciado guardián de la iglesia ("Nella fresca penombra degli archi, accanto ai pezzi del cavallo, pendevano adesso i tre o quattro pezzi del custode, anch'essi avolti in una nube di mosche", *Il tempio etrusco* 79), o, aún, y de forma más extensa, a la hora de relatar la violación, asesinato, decapitación e incineración de un grupo de adolescentes a las manos de los exacerbados albañiles:

[...] Astor e Oscar si erano alzati e con la vanghe nuove avevano decapitato le ragazze, tutte, angelicamente ammucchiate sotto la soglia del battistero. Poi avevano fatto una catasta con le teste, l'avevano cosparsa di benzina, due taniche di venti litri l'une, e per finire ci avevano appiccato il fuoco [...] Sparsi tutt'intorno nella fossa, i pallidi corpi senza testa, alcuni proni altri supini e altri fissati nelle più scomode posizioni, ricordavano un cimitero di statue. Sebbene quelle più vicine alla chiesa cominciassero ormai a galleggiare nel fango. (*Il tempio etrusco* 116-117)

Esta escena, que parece evocar tanto las imágenes de las ruinas de Pompeya (y de los cuerpos de sus ciudadanos sorprendidos en plena catástrofe: "cimitero di statue") como los brutales amontonamientos o pilas de cadáveres que el siglo XX registró con similar frialdad ("Sparsi tutt'intorno nella fossa, i pallidi corpi senza testa, alcuni proni altri supini e altri fissati nelle più scomode posizioni") no duda de su capacidad de representación y, confiada en la justa dimensión de sus palabras, hace que la lengua parezca intocada por el desastre. Según parece, todo se vuelve noble o al menos representable en la lengua del narrador aunque esa nobleza e incorruptible confianza vuelvan a la lengua, precisamente por la falta de toda condescendencia patética, distante y extremamente impersonal. Semejante a una de aquellas "Macchie parlanti" que Wilcock imaginó en *Fatti inquietanti* (inspirado, según parece, en una nota de divulgación científica) la lengua brilla aquí bajo la transparencia de un aura artificial y, en ese sentido, desborda aquella actitud irónica en relación a la falsa belleza del *kitsch* a través de la instauración de un alto y bien construido monumento lingüístico.

Por otro lado, la inverosímil pulcritud que caracteriza la lengua de los autores de estos desastres, los "negri", reafirma la intocable consistencia lingüística de esta novela. Lejos de prestarse a una representación realista de lo que sería el idiolecto de estos seres "privati di memoria" y que "dormivano all'aperto, bevevano alla fontana, mangiavano quello che trovavano" (29), el narrador los presenta —luego de un breve aprendizaje que revela el papel de los medios en la construcción de la referencialidad lingüística[13]— con un nivel de lengua compatible al suyo (ver por ejemplo, la manera en que el estilo indirecto introduce la voz de estos personajes en el capítulo XVI) lo que colabora para que el texto juegue con la asepsia monolingüística de un texto épico. No por acaso, entre las varias peripecias que pretexta la trama, aparece la inserción de un texto que, por lo que aparentan algunas de sus referencias, se presenta como la traducción de un antiquísimo documento sumerio[14] en el que nos son relatadas –a través de anáforas, epítetos y cíclicas repeticiones– una sucesión o crónica de reyes, sus guerras y, hecho significativo, la propia invención de la escritura. En realidad, la gran obra que *Il tempio etrusco* parece estar construyendo (a pesar del carácter elemental de los albañiles, o gracias a él) no parece ser otra sino la de una lengua todavía intocada por el desentendimiento, una especie de utopía pre-babélica que llega a materializarse en los planos arquitectónicos de Atanassim:

> Perciò, se a qualcosa di già esistente la fabbrica futura doveva dopo tutto somigliare, rifletteva Atanassim, tra tutte le forme note, nessuna senza dubbio più adatta alla rozza devozione e all'elementare vigore dei suoi muratori etruschi della sagoma vagamente congetturale della famosa e leggendaria torre babilonese o di Babele; monumento dagli archeologi immaginato quale semplice tronco di cono, elegantemente contornato da una rampa o scalinata a spirale e coronato in alto da quattro giganteschi tori alati. (*Il tempio etrusco* 83)

Incurriendo en una lectura simbólica que tal vez el texto no amerite completamente pero que podríamos sugerir como ejercicio hermenéutico posible, creo que no sería del todo equivocado plantearse si no es la lengua, y propiamente la lengua italiana, el "templo etrusco" aludido en el título. Una lectura de este tipo involucraría interrogarse sobre, precisamente, el porqué de la "etruschità" del monumento. ¿Se trataría de una mera (y dudosa) elección al azar (por qué "etrusco" y no cualquier otro pueblo pre-romano), de un ocasional recurso involucrando una interpretación de tipo dialectal[15] o, como nos gustaría invitar a pensar, de una opción que apunta hacia la propia historicidad de la lengua italiana?

En este sentido, deberíamos considerar la singular manera en la cual el pueblo etrusco, según los canónicos sociolingüistas italianos Tullio de Mauro y Mario Lodi (1979), habría asimilado la lengua latina:

> Sucede así que entre el siglo III y el I después de Cristo casi toda la población de la antigua Italia adquiere el latín. Pero lo toman de forma diferente según la zona. Las poblaciones de lengua osca –o sea de lengua muy parecida al latín– y los habitantes de la zona limítrofe al Lazio, comenzaron a latinizar sus dialectos nativos. Es decir, no lo abandonaron del todo, pero poco a poco introdujeron palabras, construcciones, desinencias del latín. Los etruscos, de

lengua completamente diferente, pero también muy cercanos a Roma y de alto nivel cultural, estaban en condición de aprender el latín perfectamente sin introducirle elementos de su habla nativa, muy diversa de aquella que estaban aprendiendo como para que pudiera haber posibilidad de confusiones. (26)

Según estos estudiosos, el pueblo etrusco, en razón de su radical diferencia, no mezclaría su lengua nativa con la lengua latina, amortiguando de esa manera el proceso de dialectización tan fuerte en otras regiones de Italia[16] y colaborando así, en esta vía de reflexión, para que los dialectos toscanos que surgieron precisamente en el área cultural etrusca "se aproximen al latín más que cualquier otro dialecto italiano" (30). A su vez, será esta cercanía del toscano al latín una de las principales razones de la expansión progresiva del dialecto en toda la península, ya que "un dialecto toscano era fácilmente comprensible a cualquiera que en Italia conociera el latín" (30).

De esta manera, el propio recorrido histórico de la lengua parece decir aquello que *Il tempio etrusco* revela en clave de absurdo. Colocar en lo extranjero la construcción o invención de un origen parece ser en la novela producto de ingeniosas generalizaciones histórico-geográficas y de extravagantes identificaciones lingüísticas, pero, de concentrarnos en el posible desarrollo de la lengua italiana, no dejaríamos de encontrar un movimiento similar. Así, por atrás de la pretendida originalidad asoma la alteridad como garantía y último fondo: serían, paradójicamente, los etruscos —un pueblo muy diferente al latino— quienes asegurarían la "pureza" del latín sobre el cual se construiría la futura lengua italiana. Un dato que, aunque lingüísticamente pueda ser rebatido (y, con seguridad, preterido en relación a otras explicaciones) no deja de colaborar para leer este texto como, entre otras cosas, una extraordinaria y nada fundamentalista génesis imaginaria de la lengua que, desde su exilio, Wilcock eligió para producir estéticamente.

Esta propuesta de lectura sería, por otro lado, pertinente para entender cómo determinados aspectos de la lengua de esta novela (por ejemplo, su "literaria" e impersonal "sobriedad" o "grandiosidad") podrían ser imputados menos a una decisión de escritura que a ciertas condiciones históricas del propio italiano. Para pensar en las razones de esta artificiosa y distante "suntuosidad", deberíamos recordar que si bien las semejanzas del latín con el toscano aseguraron la rápida expansión de esta lengua también la circunscribió a un circuito eminentemente letrado, haciendo que el "italiano" no penetrase en los sectores amplios de la población que estarán, incluso hasta inicios del siglo XX, bajo la órbita casi exclusiva de la oralidad y de los diferentes dialectos. Como nos advierten los ya citados Mauro y Lodi (1979), aún en 1951 hablaba siempre y únicamente italiano entre el 10 y el 18 por ciento de la población (11) y "cuando hacía ya un siglo de la unificación italiana sobre 25.000.000 de italianos sólo 600.000 sabían usar la lengua nacional, el italiano literario; para el 98% de la población el italiano era una *lengua extranjera*" (28, énfasis mío). En este sentido, vale recordar que ya en el siglo XIX Manzoni se quejaba de no poseer una lengua "viva e veraz" mientras componía su principal novela[17] apuntando hacia el hecho de que el italiano estaría asentado exclusivamente sobre la lengua escrita, y especificamente la lengua literaria, a través de los tres grandes nombres florentinos: Dante, Boccaccio y Petrarca. Esta particular situación del italiano lleva a que, por otro lado, según apunta de Mauro (1976) estudiosos como Carlo Gozzi definiesen el italiano como "'una lengua muerta' yacente 'en los millares de volúmenes escritos' y que se aprendía 'como la lengua muerta', por vía del estudio" (14). La lengua nacional estaría caracterizada, de este modo, por cierta distancia respecto a la "afectividad" (un territorio donde reinarían los dialectos) y mucho más cercana, por la misma razón, a los grandes monumentos literarios. Como bien señalan Lorenzo Coverti y Antonella Diadori en *Le varietá dell'italiano. Manuale do sociolinguistica italiana* (1998):

> Si consideramos que el propio italiano ha sido hablado por siglos sólo en círculos restringidos y para ocasiones solemnes (sustituído en el ámbito familiar por el dialecto) y que su estructura ha sido modelada principalmente sobre la lengua literaria de los tres grandes del *Trecento* (Dante, Petrarca, Boccaccio), se comprende su característica estaticidad respecto a los desarrollos de las otras lenguas europeas o de los dialectos. Un carácter estático que nos permite por otra parte leer todavía hoy con cierta facilidad los grandes escritores del Trecento, a diferencia de lo que sucede en el caso de la *Chanson de Roland* para los franceses o del Beowulf para los ingleses. (18)

A pesar del crecimiento del italiano en registros antes confinados al dialecto,[18] la solemnidad del italiano en *Il tempio etrusco* parece apuntar hacia esta distancia emotiva y hacia la lengua literaria que estaría en el corazón de la propia lengua italiana. El contraste que conforman esta sobriedad lingüística y el caracter absurdo de las situaciones generadas por la novela reafirma, creemos, la trabazón de la forma con aquella solapada línea argumental que haría de *Il tempio etrusco* una génesis imaginaria de la lengua italiana. Génesis ésta que lejos de asegurar la pureza de una fuente se retuerce en las peripecias de un circuito sumerio-etrusco-latino-toscano-italiano y remite —más allá de cualquier controvertida verosimilitud[19]— a la extrañeza de cualquier origen. Menos que construir un verdadero mito de origen lingüístico, la novela figuraría un irreverente mito de *no* origen. El templo etrusco, como bien lo señalaría una apreciación etimológica (que traduciría "etruscos" como "los otros"[20]), podría ser entendido como el templo extranjero y, por cierto, ese templo será encomendado, en la novela, a aquellos capaces de generar aún aquella extrañeza, a los "etruscos" de la Italia de hoy: a falta de "verdaderos" etruscos (y hasta de "turcos", ya bastante asimilados, según la novela, a la lógica del país anfitrión), la construcción será incumbida a inmigrantes africanos de "incomprensibles" costumbres. De la pretensión de pureza (como tolerar "Um tempio etrusco construito da olandesi!" se indignaba uno de los consejeros), el narrador nos desplaza así a la irrisión del origen, haciendo del inmigrante aquel otro que no sólo soporta la ficción de origen (es para él que se simula o es gracias a él que la simulación de un origen sería posible) como es él mismo, paradojalmente, el propio origen, la piedra basilar sobre la cual se construye el terreno de lo propio. La figura de Abraham (presente en el texto a partir de la historia de Nitru, una especie de espíritu protector del templo) parece indicar esa estrañeza implícita a la instauración mítica de todo comienzo. Como Abraham, que debe abandonar su Ur natal[21] para cumplir el mandato divino y fundar un pueblo ("Vete de tu tierra y de tu parentela, y de la casa de tu padre, a la tierra que te mostraré"; Génesis, XII. 1), la novela parece jugar con el incesante desplazamiento (sumerio-etrusco-latín-toscano-italiano) que esconde la fundación de todo origen, destacando de esa manera que todo origen es siempre, en última instancia, extranjero ("etrusco" o "negro").

Esta convicción que parece sustentar la trama textual será, a su vez, esencial para comprender la forma en la cual el propio Wilcock se inserta en la lengua italiana, ya que esa inserción desborda la mera condición de extranjero a través del desarrollo de un proyecto literario e ideológico remiso a encasillarse o periodizarse de forma plena. Por cierto, aunque la crítica sobre Wilcock señale con especial énfasis los "cortes" en su proyecto estético, especialmente el ya comentado pasaje de cierta posición clásica en relación a la poesía y a la lengua para una actitud más bien irónico-grotesca, valdrá la pena preguntarse si, más allá de la verdad de estos virajes, no deberían pensarse también las persistencias y superposiciones. La representatividad clásica no sería así tan solo socavada por lo grotesco o entrevista como mero *kitsch*, sino también indagada por la escritura en una lengua cimentada, a la época de la llegada de Wilcock a Italia, en una férrea monumentalidad histórica. La destrucción del templo, celebrada tanto por etruscos como por los bárbaros que aparecen al final de la obra, no confirmaría tan sólo la fragilidad de un original ideal de transparencia (que se encontraría, curiosamente, según la lectura de Umberto Eco, en el corazón del propio proyecto dantesco[22]) sino que concretizaría también, en razón de la propia opción lingüístico-literaria de Wilcock, uno de sus posibles proyectos estéticos en italiano: la sobria y límpida representación del caos.

3. DE TODOS LADOS

En 1954, alegando razones económicas y políticas (así como para Bianciotti, Copi y Cortázar el peronismo fue insoportable para este autor), Wilcock, quien ya tenía un gran prestigio como escritor (hasta entonces contaba con seis libros de poesía, además de haber dirigido dos revistas) y era considerado uno de los talentos más promisorios de *Sur*,[23] decide emigrar a Londres (un "pozo de barbarie" según le confiesa a su amigo Miguel Murmis, ver Murmis 2000: 13), de donde, luego de una breve temporada de trabajo en la BBC, se dirige a Italia, país en que de 1954 hasta 1956 desempeñará la función de traductor de la versión del *L'Osservatore Romano* para el español. En 1957 regresa a Argentina, atraído tal vez por el golpe militar que había derrocado a Perón en 1955 y que fuera vivido por gran parte de la intelectualidad argentina como una liberación del "fascismo peronista";[24] pero, sorprendentemente, en 1958 Wilcock decide instalarse definitivamente en Italia. Su justificación fue esta vez lingüística. Según Guillermo Piro (1995), Wilcock le habría confesado a su amigo Antonio Requeni que "Me voy a Italia a escribir en italiano; el castellano ya no da para más" (35), una idea que parecería ocasional si ya no fuese encontrada no sólo en su cuento "El escriba" de *El caos* (donde se dice que el castellano es una lengua muerta) sino también en algunas de las reseñas escritas por Wilcock. Según Herrera (1988), la primera protesta de Wilcock contra el castellano estaría presente en una reseña de *Poemas elementales* de Bernárdez aparecida en el número 1 de la revista *Verde memoria* (1942). Allí Wilcock expresa que "La técnica poética [de Bernárdez] es tan pobre, que solo encontramos, y ya va para muchos años de lo mismo, que todas las rayas son, o los endecasílabos de los sonetos, o esos versos largos constituidos monótamente por dos impares pegados. *Aparte de no prestarse el idioma castellano para esas medidas peligrosamente aburridas*, qué puede pensarse de un poeta reducido al soneto [...]" (59, énfasis mío).

Como resulta usual en estos casos, la partida está inscripta en un rico anecdotario que incluye la quema que Wilcock hace de sus libros de poesía argentinos y la curiosa invitación que le hace al joven Bianciotti para partir juntos aunque lo abandone apenas llegue a Roma (según lo cuenta el propio escritor en Gasquet 2002: 324). Lo que puede constatarse es que, gracias de alguna manera a su radicación anterior y a su dominio del idioma, Wilcock no sólo traduce y publica en italiano los relatos que habían ido apareciendo en la revista *Sur* (*Il Caos*. Bompiani, Milan, 1960), sino que también publicará, en el mismo año, su primer libro escrito en esa lengua: *Fatti inquietanti* (noticias recogidas de los diarios, transformadas y reelaboradas por él mismo) y enseguida, en 1961, *Luoghi comuni*, su primer libro de poesía en italiano, incluido en la prestigiosa colección "Silerche" de la editora milanesa "Il Saggiatore".

Con todo, la rápida aceptación de Wilcock en el medio literario italiano no puede ser pensada apenas a partir de su habilidad y predisposición, sino, fundamentalmente, a partir de los valores culturales y lingüísticos del medio que lo acoge. En este sentido, no debemos prestar atención tan sólo al hecho de que Wilcock no se reconoce ligado unilateralmente a determinada lengua u origen (en una entrevista confesará pertenecer, de forma general, "a la cultura europea"[25]), sino también a factores que atañen a la aceptación, por parte de la cultura anfitriona, de los escritores extranjeros que pretenden manifestarse artísticamente en la lengua del nuevo país. Aunque Italia, en referencia a esta cuestión, no posea una tradición tan fuerte como Inglaterra o Francia (debido, entre otros factores, a su lateral inserción en el imperialismo europeo que no la dotó de colonias capaces, en determinada instancia, de generar escritores de lengua italiana fuera de los espacios centrales), no resulta arriesgado afirmar que Wilcock fue especialmente bien recibido. Lo significativo es que esta buena recepción no parece deberse tan sólo a su gran conocimiento de la cultura europea (que lo habilitó para ser lector de importantes editoras, por ejemplo, de Einaudi), o a su formidable capacidad como traductor políglota, sino, principalmente, y entrando ya al terreno específico de la creación literaria, a su ideal de lengua al parecer increíblemente compatible con la limpidez que le fuera exigida al italiano en momentos en que esa lengua estaba imponiéndose de manera definitiva sobre los diferentes "dialectos" de la península itálica.

En este sentido, debemos considerar que Wilcock llega a Italia, como hemos visto, en el momento de una extraordinaria homogeneización y padronización de la lengua nacional. Tal expansión de la lengua nacional significó una amplia centralización de la política lingüística que procuró reducir lo dialectal, a veces hasta penalizando su uso[26] (un hecho que, de forma todavía más violenta, había sido regla común durante el gobierno fascista). El objetivo de esta, según de Mauro y Lodi (1979), "escuela dialectofóbica" (16), consistió en la tentativa de instaurar un modelo purista que visaba evitar los fenómenos de "contaminación" dialectal del italiano,[27] instaurando éste como una lengua referencial asentada sobre el prestigio histórico del latín.[28] Como apuntan los diferentes sociolingüistas italianos que hoy auspician una relación democrática de convivencia entre el italiano y los diferentes "dialectos", aquella política de centralización de mediados del siglo XX significó en ciertas ocasiones menos la enseñanza del italiano que de un administrativo "buroitaliano" (de Mauro y Lodi 16). Esta lengua no sólo habría privilegiado términos de la tradición literaria antes que el léxico devenido de la oralidad, sino que también, debido a sus exigencias de parametrización y "claridad", promovería una arrasadora simplificación de la sintaxis. Como apunta Beccaria (1988) la misma sería "menos elaborada que la del pasado, con preeminencia de frases breves y sin altos grados de subordinación" (76).

A partir de estas consideraciones, de Mauro y Lodi (1979) han señalado que el italiano propugnado como referencial a mediados del siglo XX podía ser sentido —y consideramos importante insistir en este punto— como una verdadera lengua extranjera para muchos italianos y que "para muchos niños italianos entrar a la escuela elemental y sentir hablar italiano, tener que escribirlo, representa lo mismo que emigrar" (20). Lejos de contribuir con la reacción literaria antipurista (cuyo mayor exponente tal vez sea Carlo Emilio Gadda con *Quer pasticciaccio brutto de via Merulana* de 1957), o aún a lo que Beccaria llama fenómenos poéticos de "dialectalidad 'exiliada'",[29] Wilcock, tal vez como uno de esos tantos italianos que sentían la lengua italiana como extranjera, se entrega al ideal de limpidez de la, al mismo tiempo, nueva y vieja lengua italiana. El hecho de que el primer libro de Wilcock en italiano, *Fatti inquietanti*, haya sido una obra en que son rescritas noticias de diarios y revistas ligadas generalmente a la divulgación de la ciencia y del desarrollo tecnológico, revelaría un Wilcock inmerso, incluso, en el proceso de parametrización del italiano que tuvo en esos medios (y luego en la propia televisión) una manera de difundirse en toda la península: un aspecto que motiva cultural y lingüísticamente la fascinación de Wilcock por el saber tecnológico popular tan bien estudiado por González (2007).[30]

El ideal lingüístico clásico de Wilcock, aún más visible a la hora de su llegada a Italia por el contraste que ofrece contra el por entonces incipiente fondo grotesco/absurdo de su literatura, no deja de ser así compatible con la lengua imaginaria de una Italia que busca sobreponerse a su realidad dialectal.[31] Así, si Patrizi (2002) sustentaba que el italiano de Wilcock era una lengua "límpida y preciosa" (89) es porque la misma, siendo radicalmente contraria a la promovida por Gadda, ganaría la misma definición que "Mengaldo daba de Calvino, cuando decía que Calvino trabaja sobre la lengua casi queriendo remover el hecho de que el italiano había conocido la cuestion del dialecto" (91). A su vez, –de forma similar a ciertas afirmaciones de académicos franceses sobre la "pureza" de la lengua literaria de Bianciotti– Patrizi, luego de constatar la pureza del italiano de Wilcock, no puede resistirse a la tentación de pretextar tal sobriedad en la condición extranjera del autor:

> Por lo tanto [la lengua literaria de Wilcock es] una lengua que tiende a ser absolutamente equidistante y lejana a toda tentación dialectal, extraordinariamente lineal y precisa y al mismo tiempo esencial, elegante en su propia esencialidad. Me pregunto si el hecho de haber llegado a nuestra lengua reposando en ella no como en una lengua madre, no le permitió a Wilcock una mayor capacidad de control y una magistral puesta a punto de la instancia comunicativa con tal grado de precisión y de elegancia. (91)

Curiosamente, el italiano de Wilcock, lengua inicialmente aprendida en el prestigioso Colegio Nacional de Buenos Aires, estaría –debido a su estatus meramente institucional– tan fuera de los cambios de la historia y de la por entonces condenada "infiltración" dialectal como el italiano referencial auspiciado política y oficialmente a mediados de 1950 en la propia Italia. La afirmación e instauración del italiano como lengua pura e idealmente asentada en los grandes modelos literarios parece así una propuesta interesante para Wilcock, que en su propia poesía en castellano, como hemos visto, propone un modelo de lengua que podía ser entendido como orientado hacia una similar búsqueda de precisión y canónica seguridad. Desde esta perspectiva, el proyecto de escribir en italiano porque "el castellano ya no da para más" o porque, como confiesa en 1972 en una entrevista del diario *Il tempo*, la lengua italiana "es la lengua que más se parece al latín" (Deidier 78) puede ser entendida como una firme voluntad de continuar experimentando un proyecto clásico de lengua que, en el caso del castellano, parecía ya inevitablemente anacrónico. Según Jorge Aulicino (1995):

> Wilcock, está claro, renace en Roma. Se había cansado de un idioma según ese idioma era instrumentado líricamente por el grupo neorromántico de la generación del cuarenta argentina. Creyó que las causas de su hastío no estaban en ese manípulo que integraba como escritor de poemas, traductor y editor de revistas, sino en el idioma español. (21)

¿Por qué Wilcock, sus textos en italiano, regresan, lenta pero persistentemente (y pulcramente traducidos) a la Argentina? Más allá de las lógicas del mercado editorial, ¿podría sospecharse en este regreso una vuelta de tuerca en la relación entre lengua literaria y la emergencia popular que siempre ha producido (auspiciada o no oficialmente) el peronismo en el poder?[32] ¿Qué dice hoy sobre la literatura argentina que se encuentren, sobre un mismo estante, Washington Cucurto (por poner el nombre de un autor que vuelve a trabajar con verosímiles cultural y lingüísticamente populares) y Juan Rodolfo Wilcock?

Sin elementos ni espacio para elaborar ahora hipótesis para esas preguntas, deberíamos insistir que Wilcock no procuró buscar en el italiano el asentamiento de ninguna identidad (lo cual lo aleja de toda reminiscencia inmigrante, al estilo de Raschella) y que su elección lingüística aparece fuertemente pretextada por la escena de abandono del español y por la lateral procura de acercarse si no a una lengua muerta (el latín) sí a un ideal que involucra, como afirma Arturo Mazzarella (2000) la "búsqueda de una lengua pura, incontaminada, hacia la cual debe dirigirse cada verdadero poeta" (71). Con todo, y considerando la incesante práctica de Wilcock como traductor, esa "lengua pura" debería ser entendida, en rigor, como aquella "pura lengua" que Derrida propone como concepto a la hora de analizar la promesa pre-babélica de toda traducción: el imposible (pero siempre perseguido) encuentro de lenguas. Escribir en italiano como si fuese, tal vez, la "traducción" más cercana al latín (pretensión que la lengua italiana pregonaba al momento de la llegada de Wilcock a Italia) no supone ningún tipo de "origen" (algo que la ideología y estética de Wilcock, como vimos, rechazarían) sino que permitiría la aproximación a aquel, según Derrida (2006), "ser-lengua de la lengua, la lengua o el lenguaje en tanto tales, esa unidad sin ninguna identidad de sí que hace que existan lenguas y que son lenguas"(66). Esa definición, que intenta en verdad echar luz sobre los conceptos benjaminianos de "lengua pura" (*die reine Sprache*) o "lengua de la verdad" (*Sprache der Wahrheit*), fundamentales en su célebre ensayo "La tarea del traductor", parece apropiada para explicar el radical efecto de lectura que genera el trabajo literario de Wilcock con la lengua italiana y quizás hasta para arriesgar, a partir de las repercusiones de ese efecto, una eventual hipótesis para el regreso (o entrada) de ese trabajo en las librerías argentinas: "la sensación, con Wilcock poeta es de estar leyendo –señala Franco Buffoni (2000) poesía traducida. Traducida excelentemente, se entiende. Pero traducida. ¿De cuál lengua? Quizás de una sobrelengua a la que pertenecieron Borges y Beckett, Wilcock y Amélia Roselli" (116).

"Sobrelengua" o "pura lengua", el italiano parece haberle ofrecido a Wilcock la increíble posibilidad de escribir textos "originales" (rubricados con su nombre propio) como si ya fuesen, a pesar de eso, una traducción: toda una política del descentramiento frente a cualquier pretensión de familiaridad o inmediatez.

Notas

[1] Nota solicitada por los editores de una antología, 1945; compilada por César Fernández Moreno en *La realidad y los papeles*, Aguilar, Madrid, 1987. Citado en *Diario de Poesía* no. 35. Primavera de 1995, p. 17.

2 El modelo tetralingüístico de Henri Gobard es releído por Deleuze-Guattari en *Kafka. Pour une littérature mineure* (1975) y sugiere una dinámica explicación de las "funciones del lenguaje que pueden ejercerse para un mismo grupo a través de lenguas diferentes: bilingüísimo, e incluso multilingüísmo" (36). Superando la oposición binaria entre lengua materna y lengua extranjera, Deleuze-Guattari establecen una serie de funciones de las que pueden deducirse usos particulares de la lengua. De esa forma diferencian: "la lengua vernácula, materna o territorial, de comunidad rural o de origen rural; la lengua vehicular, urbana, estatal o aun mundial, lengua de sociedad, del intercambio comercial, de transmisión burocrática, etc., lengua de la primera desterritorialización; la lengua referencial, lengua del sentido y de la cultura y que opera una reterritorialización cultural; la lengua mítica, sobre el horizonte de las culturas, y de reterritorialización espiritual o religiosa" (43).

3 Wilcock traduce al español, entre otros, el *Fausto* de Marlowe, los *Diarios* de Kafka, los *Cuatro Cuartetos* de Eliot y *El poder y la gloria* de Grahan Greene. Durante su estadía en Londres, trabajará como traductor de la *Central Office of Information* desempeñando, por otro lado, la función de comentarista en la BBC. Durante el período de 1955 a 1956, colabora para la edición en español de *L'Osservatore Romano*.

Debemos incluir en su actividad como traductor (en la que encontramos un comienzo de traducción del *Finnegan's Wake*, de James Joyce, al italiano) las autotraducciones, por ejemplo la autotraducción de los relatos de *El caos* al italiano (*Il Caos*, Bompiani, Milan, 1960).

4 De acuerdo a Labov (1976) en contextos monolingües el habla vernácula puede ser considerada un "estilo contextual" que, en ciertos casos, puede entrar en conflicto con la 'lengua de referencia" permitiendo así pensar en cierto grado de plurilingüísmo aún en el propio seno del monolingüismo. En todos los casos, el habla vernácula será "el estilo sobre el que se ejerce menos vigilancia sobre el propio discurso" (289). De esta manera, de acuerdo a estas reflexiones teóricas, habría cierta equivalencia entre falta de conocimiento consciente y aquello que podría considerarse como "propio". La lengua extranjera será entonces aquella en la que se hace necesario un mayor conocimiento consciente y un mayor control o autovigilancia.

5 Debemos recordar, por ejemplo, la figura del español Rafael Alberti (muy popular en Hispanoamérica), que pasa de libros de poesía decididamente surrealistas a (luego de la guerra civil española) una poesía política de cuño coloquial que, obviamente, tampoco será considerada por la llamada "generación del 40" argentina. La popularidad de los poetas de la llamada "generación del 27" española aumentaría con las visitas de Lorca y Alberti a Buenos Aires.

6 Por ejemplo, el lateral uso del hipérbaton y la frecuente utilización de figuras y referencias mitológicas en la poesía de Wilcock (como en el poema citado más arriba), no dejan de ser paralelos a la utilización de esos mismos recursos en la ocasional poesía "gongorina" de la generación de 27 (llamada de esa forma por el tricentenario de la muerte de Góngora).

7 Sobre esta cuestión, escribe Daniel Freidemberg (1995): "No hace falta aceptar el lugar común de las generaciones para reconocer que la Generación del Cuarenta existió, en tanto al amparo explícito de ese nombre algo ocurrió en muchos poemas de muchos autores durante una cierta época." Y agrega en nota "Con particular definición, fuerza y presencia a partir de la aparición en 1949 de la revista *Canto* (Devoto, Orozco, Castiñeira de Dios, Calamaro, Molina, Ferreyra Basso, Chohuy Aguirre, Wilcock, etc.) y el otorgamiento, también en ese año, del Premio Municipal a los dos primeros libros de dos poetas jóvenes, *Libro de poemas y canciones* de Wilcock y *Gallo ciego* de César Fernández. Tal vez no haga falta aclarar que también en los '40 empezaron obras tan poco identificables con las pautas entonces predominantes como las de Girri, Gianuzzi, Bayley o Pellegrini, que Molina cuarentista apenas por su participación en *Canto* y que en autores como Orozco o Sola González la asunción de un tono y/o un 'espíritu de época' generalizados suele ser la base desde que parten indagaciones poéticas bastante más singulares" (19).

46 • Pablo Gasparini

[8] Trabajo esta cuestión en Gasparini (2007).
[9] Ver reseña de Murena a *Sexto* de Wilcock en *Las ciento y una*, año 1, no. 1, junio de 1953.
[10] Sobre la escritura fragmentaria en Wilcock ver Patrizi (2002). Sobre lo enumerativo como lógica textual ve Bernardini Napoletano (2002) donde se afirma que "los libros de Wilcock parecen catálogos de hechos reales y/o imaginados, galerías de situaciones, eventos y personajes mezclados por acaso (*Frau Teleprocu*), o de monstruos (*Il libro dei mostri*), en una combinatoria absurda, abierta tendencialmente al infinito y consecuentemente repetitiva y privada de sentido" (103). González (2007) señala que: "En cuanto a su género, *Fatti Inquietanti* es un libro difícil de clasificar, constituye el primero de un conjunto de textos que trabajan con el fragmento, ya que podría marcarse una serie que lo uniera a *Lo stereoscopio dei solitari* (1972), *LaSinagoga dei iconoclasta* (1972) y *Il libro dei mostri* (1978)" (140).
[11] Según Herrera, en *Sexto*, el último libro de poesía de Wilcock escrito en castellano "La crítica y el juicio se incorporan, entonces, a esta escritura fundamentalmente bella como repulsivos feísmos. Y son feísmos porque el autor no abandona en ningún momento las convenciones de la tradición clásica. Siguiendo el ejemplo de Baudelaire y los últimos simbolistas, y, sobre todo, la lección del primer Eliot, Wilcock pasa –por la incongruencia que se genera entre forma y contenido– de la sublimidad a lo grotesco" (69). Herrera señala también que este libro es contemporáneo a la escritura de algunos de los relatos que serían incorporados luego a *Il caos* (editado en Italia por Bompiani en 1962 y por Sudamericana en Buenos Aires en 1974) y que se caracterizarían por la "disonancia imaginativa" y por "una vigilante desconfianza de los signos" (74).
[12] En su trabajo con lo grotesco Copi recurrirá a la tradición de las "bajas" y "sucias" lenguas de la poesía gauchesca y del "lunfardo" (el argot de los sectores inmigrantes en la Argentina). Pienso aquí en sus obras teatrales escritas no sólo en español –*Cachafaz*, *La sombra de Wenceslao*– sino también en las escritas en un francés inficionado por la recreación de las lenguas populares argentinas, paradigmáticamente su obra teatral *Eva Perón*.
[13] En la primera intervención lingüística de los etruscos resulta significativo que las palabras proferidas provengan, en su mayoría, de discursos sociales (políticos, deportivos, etc.) viabilizados a través de los medios: "'referendum', 'Trabiccolo', 'immobile', 'Lampone', 'Aggeggio', 'Stop', 'Consumista', 'Telesera', 'D.D.T.', 'Lambete' e altri nomignoli simili" (*Il tempio etrusco*: 43). Es importante observar que entre estos vocablos que pertenecen a cierto registro técnico de la lengua (como "immobile" ou "referendum") o, incluso, a registros que rozan lo bajo (como "trabíccolo" o "aggeggio"), nunca encontramos la inflexión dialectal, aquello que , como veremos, se intentará evitar en la parametrización del italiano. Según Beccaria (1988)"los primeros televisores aparecieron en 1954. Alrededor de esos años (me refiero a una estadística del año 51) los hablantes de dialecto eran todavía 27 millones. Sólo el 19% hablaba habitualmente italiano. Diez años después de la aparición de la televisión, los telespectadores eran algo en torno a los 30 millones. Una importante masa iba a escuela de lengua (sólo 15 millones de italianos quedaban afuera del efecto tv). La televisión se transformaba en la escuela de lengua más difundida (73).
[14] En el capítulo IX, Atanassim es presentado como hermano de la diosa *Inanna* (entre los antiguos sumerios la diosa del amor y la fecundidad, de culto especialmente en la ciudad de Ur). También es común en este capítulo la introducción de voces sumerias en ocasiones ligadas a la épica de la creación babilónica (como *abzu*: mar subterráneo de donde se alimentarían las aguas de la tierra y debajo de las cuales se hallaría el sub-mundo; también tanque de agua santa en los templos), *kur* y *zagsal* (montaña o harpa) y *Eridu* (antiguo asentamiento en la Mesopotamia de, aproximadamente, 5000 a.C.).
[15] Registro en el que la palabra ganaría el sentido de "incomprensible". De hecho, Beccaria (1988) afirma en *Italiano Ántico e novo* que "Maria Corti, en su novela *Il ballo dei sapienti* (1966), reprodujo vivamente el habla de los estudiantes milaneses citando algunas expresiones regionales: 'essere a picco' (estar sin dinero), 'ripasso di pala' (repaso que de tan fatigoso se

Wilcock a dos tiempos y dos voces • 47

asemeja al trabajo manual), 'tirare da negri' (discutir apasionadamente), *'etrusco' (incomprensible)"* (112, énfasis mío).

[16] De Mauro y Lodi (1979) insisten en este aspecto, afirmando que "El salto del etrusco al latín era tan grande que era difícil transportar a la nueva lengua formas y modos de la antigua como sucedía, por lo contrario, con los pastores y aldeanos de la Sabina o de la Irpinia" (27). Con todo, Gerhard Rohlfs, en *Studi e ricerche su lingua e dialetti d'Italia*, analiza "ciertos elementos etruscos en los dialectos toscanos actuales" (ver cap. XIV "'Nomina tusca' in Toscana?", (173-176) y, principalmente, el fenómeno fonético de la "gorgia toscana" (aspiración de las consonantes sordas "k", "p" y "t" en la posición intervocálica) entendido por algunos estudiosos como un fenómeno de origem etrusco (ver cap. XIII "La gorgia toscana -fenomeno etrusco?" (161-172).

[17] Ver. Manzoni, A. *Opere*: 391, De Mauro, Tullio. *Storia lingüística dell'Italia Unita* (1976: 14). Un buen estudio sobre el deseo manzoniano de una lengua que superase la fractura entre lo escrito y lo oral puede ser encontrada en *Storia della lingua italiana* de Luca Serianni e Pietro Trifone, pp. 554 y siguientes. Según Mengaldo, el proyecto de Manzoni es "florentino y monolingüístico" (Ver: *L'Epistolario di Nievo* 335, Serianni/Trifone 555). Según Marazini, la propuesta de Manzoni será hegemónica ya en la segunda mitad del siglo XIX (ver Serianni/ Trifone 1994: 306).

[18] Sobre la cuestión, Beccaria (1988) sustenta que: "el italiano ha aumentado mucho los ámbitos de uso. Está conquistando o ya ha conquistado aspectos que antes estaban ligados a los dialectos, la conversación ordinaria, de chanzas, la conversación en familia o en el bar. El ingreso de las palabras populares, para-jergales en el italiano coloquial ha alcanzado la gama de los registros informales, los registros bajos orales, principalmente el hablar improvisado, 'el hablar desatento, apático' por un lado y por el otro 'el hablar con un fuertísimo involucramiento emotivo, en situaciones de alta participación emocional, o de particular cansancio, ira, miedo etc.' (G. Beruto)" (118).

[19] Aunque de manera harto controvertida, la lengua sumeria ha sido ligada al húngaro, al vasco y al etrusco, y esto a pesar de que tanto el etrusco como el sumerio hayan sido entendidas generalmente como lenguas aisladas, es decir, sin parentesco comprobado con alguna otra lengua registrada.

[20] Pisani (1964) sustenta en *Le lingue dell'Italia Antica*. *Oltre il Latino* que "Otros nombres del pueblo etrusco eran: en griego Τυρσηνοι (Τυρρηνοι), es decir el mismo nombre de los habitantes pre-helenicos de Lemno e Imbro; en umbro *Tursko->Tusko-* [...] de donde provendría el nombre latino *Tuscï*, que se forma con el radical *turs-* de Τυρσ-ηνοι (...), además en latín el término *Etruscï* (y Etruria, el país, con rotacismo) parece deformación de *Tursci*, según Corssen por analogía con el umbro *etro-* 'alter': *de donde Etruscï debería venir de Umbria, significando 'los otros', 'los extranjeros'"* (303, énfasis mío).

[21] "Y tomó Thare a Abram su hijo, y a Lot hijo de Harán, hijo de su hijo, y a Sarai su nuera, mujer de Abram su hijo: y salió con ellos de Ur de los Caldeos, para ir a la tierra de Canaán: y vinieron hasta Harán y asentaron allí" (Génesis, XI.31).

[22] De acuerdo a Eco (1999) en su lectura de *De vulgari eloquentia* de Dante, el gran poeta florentino hace lo vulgar (en tanto lengua aprendida "imitando a la nodriza, sin necesidad de ninguna regla") la lengua que correspondería a los principios de la forma universal concedida por Dios a Adán (anterior aún al hebreo). De esta manera, Dante perseguiría el sueño de una *"forma locutionis* edénica, natural y universal" (ver 40-49).

[23] En 1940, un jurado compuesto, entre otros, por Jorge Luis Borges, le concede el premio "Martín Fierro" a su primer libro de poesías. En julio de 1948, Wilcock gana el concurso de cuentos de la revista *Sur* con el relato "Hundimiento". En 1956, junto a Silvina Ocampo, escribe la "tragedia poética" *Los traidores*. Por otro lado, *Sur* publica no solamente sus textos literarios (entre ellos muchos de los relatos que compondrán *El caos*), sino también reseñas, ensayos y traducciones. Según Piro (1995), "Wilcock era el ideal de *Sur*, un escritor original,

universalista, políglota y hábil traductor" (14). De todas maneras, González (2007) revisa este lugar paradigmático de Wilcock en *Sur* analizando más bien su relación lateral y aún conflictiva respecto a las convicciones artísticas de la revista.

[24] Sobre este tema ver Balderston (1986) quien estudia en Wilcock la visualización del peronismo como una suerte de ocupación plebeya de la sociedad.

[25] Transcribimos la cita completa: "[...] soy poeta, pertenezco a la cultura europea. Como poeta en prosa desciendo por una vía no muy compleja de Flaubert, quien generó a Joyce y Kafka, que nos generaron a nosotros". Luego de mencionar a Robert Walser y Ronald Firbank, Wilcock continúa estableciendo esta genealogía agregando "y todos los autores preferidos de Walser y de Firbank y todos los autores que aquellos prefirieron". La genealogía se cierra con una mención a Beckett, ver entrevista de A. Altomonde a Wilcock en *Il tempo*, 26/03/1972, Deidier 2000: 78. Para volver a hacer un paralelo con Copi, sería conveniente recordar que sobre su "nacionalidad" Copi expresará en Tcherkaski (1998) que: "La Argentina no representa ningún problema; el problema argentino es como el problema homosexual; ustedes me quieren crear un problema. Porque yo no tengo problema de argentino, es un problema de ustedes. Porque no me criaron para ser argentino, porque yo no soy argentino. Mi abuela era española, mi abuelo, uruguayo; tengo un abuelo entrerriano, una bisabuela judía, dos bisabuelas que eran indias. ¡Qué catzo me interesa ser argentino!" (68-69).

[26] De acuerdo a Gian Luigi Beccaria: "Los maestros de la escuela elemental han sido severos con el dialecto. Hace algunos decenios había profesores que estilaban hacer pagar una multa a quien hablaba dialecto en la escuela. Un amigo me ha contado el sistema de la llave. Por la mañana el asistente le daba una llave al primero que había dicho una palabra en dialecto. Éste debía pasarla al compañero que había cometido el mismo pecado y así continuaba hasta la tarde: quien se encontraba con la llave antes de irse a dormir debía pagar una penalidad (84).

[27] Según Coveri (1994) "El contacto entre lengua y dialectos en Italia produce tantos fenómenos de conmutación y mezcla de códigos como el pasaje de elementos dialectales a frases italianas o viceversa (en el primer caso se trata de un uso alternado de lengua y dialecto, en el segundo de neologismos lexicales o estructurales originados por la fusión de elementos italianos y dialectales)" (25).

[28] Esta tendencia no significó tan sólo evitar los llamados dialectismos en el italiano referencial, sino también el privilegio del léxico que, aun procediendo del latín, no había sido "desvirtuado" por la oralidad. Según Coveri: "La influencia del latín sobre la formación del italiano es fundamental en la historia lingüística anterior a la unidad de Italia. Por siglos, el patrimonio del latín literario ha constituido el reservatorio lexical al cual recurrir para la formación de nuevas palabras. De esta manera, se explica la gran polimorfia lexical que caracteriza el vocabulario italiano, con palabras tomadas directamente dal latín (*plebe, fuga, vizio*) y otras, con la misma etimología, que han sufrido rápidamente las alteraciones devenidas de su uso en la lengua hablada (*pieve, foga, vezzo*). El constante prestigio y la continua función de apoyo ejercida por el latín en los siglos previos a la unidad ha impedido que se realizase plenamente en Italia aquella selección típica del desarrollo de una lengua hablada, como ha sucedido, pro ejemplo, en el francés" (18).

[29] "La poesía en dialecto ha pasado de una 'idea de dialectalidad intensa [...] a una idea de dialectalidad 'exiliada': como de los escritores en exilio que escriben en una lengua que ya no se identifica más con la del lugar en el que viven" (79).

[30] Sobre la relación entre medios masivos y literatura, leemos en González (2007): "Respetando la genealogía de esta incorporación, la nueva vanguardia (ubicada entre 1965 y 1976) intelectualiza el uso de lo popular. El registro de lo masivo no es sólo un repertorio inmenso de figuras e imágenes sino que actúa como mediación entre la ficción y su conciencia crítica, es un filtro que intercede entre la obra y su "pesquisa teórica". La primera consecuencia de esa ubicación es la confrontación con los círculos más intelectuales. Las nuevas vanguardias reconocen en la cultura popular una valoración política que les sirve para enfrentar el canon.

Las escrituras marginales de esta década exploran otros campos que no les son exclusivos -la cultura de masas, los géneros menores, el discurso de los medios, los saberes tecnológicos, las ciencias populares como una forma de cuestionar la autoridad del campo intelectual. Desde esta perspectiva, lo popular adquiere un estatus de legitimidad dentro del discurso letrado de las vanguardias sólo si hay reescritura: los escritores cultos juegan con elementos de lo popular pero lo trabajan a partir de la parodia, la mezcla, el *pastiche* o la deformación al modo que han aprendido de Borges. Alejándose de las vanguardias del 60, las escrituras migrantes cuestionan la rigidez de este manual de instrucciones que dice cómo apropiarse de lo popular. Hay una exploración mucho más genuina y gratuita de la cultura de masas, que no pasa por el intento de renovar la tradición sino más bien por una fascinación con la capacidad inmediata que los medios masivos tienen para representar el presente (González 2007: 265-266).

[31] Tomo aquí el concepto de "lengua imaginaria" desarrollado por Orlandi (1988): "A esos objetos-ficción es que llamaremos lenguas imaginarias. Son las lenguas-sistemas, normas, coerciones, las lenguas-institución, a-históricas. Construcción. Es la sistematización la que hace que pierdan la fluidez y se fijen en lenguas imaginarias" (28).

[32] El agenciamento de la literatura de Wilcock con la impronta peronista conforma, además, gran parte de la fortuna crítica sobre Wilcock, ya sea a partir del análisis de su antiperonismo (como en los ya citados trabajos de Balderston), ya sea, como lo sugiere Herrera (1988), a partir de la defraudación que Wilcock percibiría en toda idea de restauración luego de descubrir aquello que, según el crítico, el peronismo tendría de restauración conservadora: "el peronismo objetivó las tendencias restauradoras y regresivas que Wilcock venía impulsando en su obra, y, al objetivarlas hizo evidentes para el autor sus peligros. Esto motivó su inmediato giro hacia una postura absolutamente crítica, única posibilidad de afirmar la confianza en el significado. El lirismo de sus primeros libros torció violentamente su impulso hacia la ironía, y la sublimidad desembocó en lo grotesco. Este giro ha desorientado a más de uno, precisamente por lo alejado de ambos polos, y ha hecho de la figura del autor una especie de monstruo, una extraña mezcla de ángel y bestia" (54).

BIBLIOGRAFÍA

Aulicino, Jorge. "Contra el mito". *Diario de Poesia* 35 (Buenos Aires, 1995).

Bakhtin, M. *L'Ouvre de François Rabelais et la cultura populaire du Moyen Âge et de la Renaissance*. Paris: Gallimard, 1970.

Balderston, Daniel. "Civilización y barbarie: Un topos reelaborado por J. R. Wilcock". *Discurso-Literario: Revista de Temas Hispánicos*. Asunción, 1986.

_____ "La literatura antiperonista de J. R. Wilcock". *Revista Iberoamericana* LII/135-136 (1986): 573-581.

Beccaria, Gian Luigi. *Italiano. Antico e nuovo*. Milano: Garzanti, 1988.

Bernardini, Napoletano. "L'assurdo fantástico". Deidier, R. (a cura di). *Segnali sul nulla. Studi e testimonianze per Juan Rodolfo Wilcock*. Roma: Istituto della Enciclopedia Italiana, 2002. 97-104.

Buffoni, Franco. "Wilcock traduttore e interprete". Deidier, R. (a cura di). *Segnali sul nulla. Studi e testimonianze per Juan Rodolfo Wilcock.* Roma: Istituto della Enciclopedia Italiana, 2002. 113-124.

Coveri, Lorenzo; Antonela Benucci, Pierangela Diadori. *Le varietà dell'italiano. Manuale di sociolinguistica italiana.* Siena-Roma: Bonacci editore, 1998.

Deleuze-Guattari. *Kafka: pour une littérature mineure.* Paris: de Minuit, 1975.

Derrida, Jacques. *Torres de Babel.* Junia Barreto, trad. Belo Horizonte: Editora UFMG, 2006.

Deidier, Roberto. "Stratigrafie poetiche. Dante, Eliot, Borges". Deidier, R. (a cura di). *Segnali sul nulla. Studi e testimonianze per Juan Rodolfo Wilcock.* Roma: Istituto della Enciclopedia Italiana, 2002. 77-88.

Eco, Umberto. *La búsqueda de la lengua perfecta.* Barcelona: Crítica, 1999.

Favari, Pietro. "La consapevolezza verbale del dolore. Il teatro di Wilcock". Deidier, R. (a cura di). *Segnali sul nulla. Studi e testimonianze per Juan Rodolfo Wilcock.* Roma: Istituto della Enciclopedia Italiana, 2002. 125-134.

Freidemberg, Daniel."Una escisión trágica". *Diario de Poesia* 35 (Buenos Aires, 1995).

Gasparini, Pablo. "Exil et déplacements linguistiques: sur le 'début français' de Copi et de Bianciotti". Joubert, Claire. (Org.). *Le texte étranger. Travaux 2004-2006.* Saint-Denis: Université Paris 8, 2007. 121-162.

Gasquet, Axel. *L'intelligentsia du bout du monde. Les écrivains argentins à Paris.* Paris, 2002.

González, C. *Virtudes de la errancia: escritura migrante y dispersión en Juan Rodolfo Wilcock.* Tesis de doctorado, Department of Spanish and Portuguese, University of Maryland at Collage Park, 2007.

Herrera, Ricardo. *La ilusión de las formas. Escritos sobre Banchs, Molinari, Mastronardi, Wilcock y Madariaga.* Buenos Aires: El imaginero, 1988.

Labov, W. *Sociolinguistique.* Paris: Ed. de Minuit, 1976.

Marchand, Jean Jacques (a cura di). *La letteratura dell'emigrazione. Gli scrittori di lingua italiana nel mondo.* Torino: Edizioni della Fondazioni Giovanni Agnelli, 1991.

Mastronardi. "J.R. Wilcock. Persecución de las musas menores". *Los Anales de Buenos Aires* I/3 (Buenos Aires, 1944).

Mauro, Tullio de. *Storia linguistica dell'Italia Unita. Volume primo*. Roma-Bari: Laterza, 1976.
_____ y Mario Lodi. *Lingua e dialetti*. Roma: Riuniti, 1979.
Mazzarela, Arturo. "Per una poetica del luogo comune". Deidier, R. (a cura di). *Segnali sul nulla. Studi e testimonianze per Juan Rodolfo Wilcock*. Roma: Istituto della Enciclopedia Italiana, 2002. 69-76.
Murmis, Miguel. "Portavoce dell'infierno". Deidier, R. (a cura di). *Segnali sul nulla. Studi e testimonianze per Juan Rodolfo Wilcock*. Roma: Istituto della Enciclopedia Italiana, 2002: 7-14.
Orlandi, E.P. *Política lingüística na América-Latina*. Campinas-SP: Pontes Editores, 1988.
Patrizi, G. "Narrare l'iconoclastia". Deidier, R. (a cura di). *Segnali sul nulla. Studi e testimonianze per Juan Rodolfo Wilcock*. Roma: Istituto della Enciclopedia Italiana, 2002. 89-96.
Piro, Guillermo."El catecismo de Wilcock". *Diario de Poesía* 35 (Buenos Aires, 1995).
Pisani, Vittore. *Le lingue de ll'Italia Antica oltre il Latino*. Torino: Rosenberg & Sellier, 1964.
Rohlfs, Gerhard. *Studi e Richerche su lingua e dialetti d'Italia*. Firenzi: Sansoni Editore, 1990.
Rosales, César. "J.R. Wilcock. Paseo sentimental". *Sur* 145 (noviembre 1946).
Serianni, Luca y Pietro Trifone (a cura di). *Storia della lingua italiana. Volume Primo*. Torino: Einaudi, 1993.
Tcherkaski, José. *Habla Copi: homosexualidad y creación*. Buenos Aires: Galerna, 1998.
Wilcock, Juan Rodolfo. *Fatti inquietanti*. Milano, Adelphi, 1992.
_____ *Il tempio etrusco*. Milano: Rizzoli Editore, 1973.
_____ *Paseo sentimental*. Buenos Aires: Sudamericana, 1946.
_____ *Poesie*. Milano: Adelphi, 1996.

"El regreso" de Calvert Casey: una exposición en la playa

JUAN CARLOS QUINTERO-HERENCIA
University of Maryland

> *Hay que decir*
> *Hay que decir.*
> *En un sitio donde nada se puede decir*
> *Hay que decir.*
> *Hay que decirlo todo.*
>
> Reinaldo Arenas, *El central* (72)

VISITACIÓN DEL INTELECTUAL

A las subjetividades literarias que de algún modo se han pensado en una Revolución o la han atravesado en carácter de "visitantes solidarios", habría que merodearles la inversión emotiva que les amarra la lengua cuando "levantan la voz" para señalar de "dónde provienen" o qué les sucede mientras atraviesan el gran espectáculo revolucionario. La escena de enunciación de algunos textos o sujetos literarios que proclaman encontrarse *allí* en el centro de la historia (con o sin mayúsculas) podría estudiarse con otra perceptiva. Mucha de la singularidad política de esas voces se juega en los rastreos, en los modos diversos de componer el lugar donde surgiría la corporalidad de sus voces. La constelación literatura/política recogida o duplicada en el binomio subjetividad/ Revolución cubana es la posibilidad de reconsiderar las políticas de la literatura no como las opiniones de un autor, su ideología, su aparición pública en eventos o instituciones particulares, como tampoco la recepción o las probables interpretaciones políticas que se le pueden haber atribuido a sus textos. En otro espacio de resonancias, las políticas de lo literario son una consecuencia significante de su praxis, de sus avatares escriturales, de sus decisiones con y desde el lenguaje y las imágenes que moviliza el texto. Se podría insistir en las políticas de la literatura degustando sus enunciaciones sin entregarle su singularidad a los escenarios estatales, a ciertos rituales de legitimación disciplinaria o a la "positividad" de algunos protocolos "científico-sociales", académicos que pasan como "críticos" u "históricos". Un escenario privilegiado, aunque no es el único donde avistar el trazo político de lo literario, se levanta allí donde una subjetividad literaria se imagina respondiendo ante una subjetividad Política o ante un acontecimiento político evidente. Más aún, una reflexión sobre Revolución y escritura, en un escenario intensificado como el de la Cuba de los años sesenta del pasado siglo, es un pretexto para discutir, una vez más, las maneras y los tonos de ese intelectual que "desea intervenir" en la historia. Interesa, entonces, relocalizar la discusión sobre los modos de "intervención política del escritor" en el posible entrelazado discursivo que manifiesta su texto y su política metafórica. También se trata de cuestionar la naturaleza de sus respuestas ante esas llamadas que parecen surgir de una politización avasallante de su inmediatez.

¿Cómo un texto diría: "presente"? O mejor, ¿de qué manera puede la literatura "enrolarse" en su contemporaneidad imaginando que escapa del solar de los poderosos? ¿Cómo decir la verdad *allí* donde parece desplegada más bien una interpelación feroz? Las políticas de ciertos cuerpos poéticos no son la traducción de algunos *topoi* ideológicos o programáticos al *landscaping* de lo literario. Las políticas de estas poéticas se juegan en el transporte de una experiencia de lo sensorial que articula el texto sobre los métodos de subjetivación y los panoramas de representación que se han tornado dominantes. El desplazamiento y la amalgama sensorial que levantan algunos horizontes poéticos no son la traducción banal de sus "actividades" en el tejido de la realidad social, sino que forman parte de eso que Jacques Rancière llama "una experiencia política de lo sensible". Estos "transportes" históricamente son inseparables de las formas de representación y de percepción "ciudadana" generadas por la llamada modernidad.[1]

Merodeo las experiencias de un sujeto literario asediado por la somaticidad de su isla o por el perfil ético del cuerpo revolucionado. No atiendo el protocolo criollo o caribeño para la experimentación de mi "yo" literario o la densidad de mi vida interior puesta en palabras. Se persigue una re-configuración política en el tejido público de esas éticas/ prácticas menores que hacen la vida, digamos por poner un ejemplo, no sólo olorosa, sino sabrosa. Es la creación de una posibilidad para intervenir en lo político alejada de los rituales y los tonos (cualesquiera de ellos) que mimetizan al poder. Se trata de una consideración de ese cuerpo que, por dar un ejemplo, cuando echa un polvo no endeuda la viscosidad de su lengua o el trasunto de sus pasiones. Ni devota, ni pedagógica, esta *re-flexión* literaria no se conforma con avalar las políticas editoriales de los patronos o de los feligreses de turno en la isla. Estas opacidades sensoriales cancelan para el sujeto las divisiones entre lo ideal y lo posible, lo propio y lo impropio, lo limpio y lo sucio, lo real y lo imaginario, el adentro y el afuera.

Habría que pensar el texto literario en Cuba pero también algunas *visitaciones revolucionarias* como situaciones perceptivas donde se reconfiguran éticamente aquellas experiencias que exponen la inmanencia sensorial de algún cuerpo que se aparece y se consume en sus sensaciones.

Antes de apreciar "El regreso" de Calvert Casey, comencemos por el principio. Literalmente con uno de los primeros textos producidos por un viajero emblemático del periodo. El pasaje me atropella con su fervor, pero también ante él se levanta mi imposibilidad para suscribirlo tal cual y más aún no puedo esconder la incomodidad que supone reproducirlo. Todas estas emociones simultáneamente me calman y me perturban. Escribe Jean Paul Sartre en Cuba en 1960 lo siguiente:

> Castro no miente: *es verdad* que este hombre complejo, completamente *interesado* cuando se trata de la isla, *desinteresado* hasta la indigencia cuando se trata de sí mismo, vive todos los acontecimientos bajo todos los aspectos a la vez; descubre alegrías personales o un instante de felicidad en las empresas más austeras y, con la misma sinceridad, encuentra la utilidad nacional de un placer fugitivo y particular.
> Tal es la situación y tal es su carácter: lo es todo a la vez, la isla, los hombres, el ganado, las plantas y la tierra. En él, las situaciones nacionales siempre serán vividas apasionadamente, con rabia o con placer; pero hay que comprenderlo: no es que él posea a Cuba, como los grandes hacendados o Batista, no, sino que él *es* la isla entera porque no se digna tomarla ni reservarse una parcela.
> (*Sartre visita a Cuba* 236-237)

Sartre visita a Cuba es una reunión de textos que documentan la vista del autor francés a la isla, además, de sus reflexiones ante el entonces emergente proceso revolucionario. Editado en 1960 por la extinta Ediciones R, el texto está compuesto por un ensayo en torno a la relación ideología-revolución en el proceso cubano, una entrevista de Sartre con los escritores cubanos, una suerte de larga crónica-diario de viaje del autor durante sus visitas a la Isla titulada "Huracán sobre el azúcar" y finalmente un "Testimonio gráfico" que incluye fotos del autor y de Simone de Beauvoir durante sus visitas y entrevistas cubanas. Uno de los aspectos más notables de este texto es su afán por representar la existencia de un emergente orden utópico sobre la isla de Cuba. Sartre va a Cuba, parece decir este texto, a corroborar el descenso de un orden político superior sobre la tierra cubana.

Pero al decidir rumiar esta escena inmediatamente me acosa una paradoja; leer este texto sartreano fue, por momentos, una empresa insufrible, sin embargo, a pesar del agobio, me veía imposibilitado de dejar el libro a un lado. Tensado por este goce paradójico intentaba inútilmente buscar entre las páginas del libro, en algún párrafo u oración, la razón de mi tedio. No podía creer que seguía leyendo mientras resoplaba incómodo ante sus continuas espiritualizaciones, pero por otro lado, en ocasiones, leía entusiasmado con la posibilidad de atisbar la cifra textual que me revelara las razones de mi atracción hacia este período de la historia cultural y política de América Latina. Con el paso de las páginas comencé a percibir que mi incomodidad no emanaba exclusivamente de la manufactura del libro sino de la proposición y figuración intelectual que Sartre, en parte, perfilara en 1960 en Cuba. Otra vez me hallaba ante un texto donde podría no sólo reflexionar sobre los efectos y las formas de intervención que una experiencia revolucionaria inscribe en las palabras y las voluntades públicas del intelectual, del escritor, sino repensar qué figuras de lo político o qué lenguas críticas circulaban entonces y cómo lograron interpelar a una lista tan diversa de intelectuales. ¿Qué fue lo que apareció allí, entre las islas del Caribe, que como un imán atraía por igual a autores tan diversos como Hans Magnus Enzensberger, Calvert Casey, Ricardo Piglia, Ángel Rama o Ezequiel Martínez Estrada por nombrar sólo algunos? El Sartre que visitó Cuba durante los primeros años de la década de los años sesenta del pasado siglo, compartió con ellos la creencia en el advenimiento inequívoco del tiempo utópico. Para mucha de la intelectualidad interpelada por el evento revolucionario cubano, además, la utopía americana había instaurado un expansivo aparato óptico para percibir lo histórico y lo político que además sería capaz de acelerar y sorprender las supuestas causalidades contemporáneas. La situación de los intelectuales en la Cuba de los años sesenta es un trance paradigmático en la historia de las exposiciones políticas del intelectual contemporáneo una vez se sabe llamado por *su tiempo, una vez escucha la voz de la Historia y dice "presente"*. El texto de Sartre se une a una larga lista de textos que imaginaron la Revolución cubana o se solidarizaron con ella desde un poderoso discurso espiritualizante que sedimentó tanto un discurso sobre el espacio y la luz revolucionaria, como una cultura política antidemocrática que hegemonizó "las maneras de actuar" tanto en la isla como entre diversas organizaciones de izquierda latinoamericanas.[2]

Ya nos había señalado Michel Foucault, en su ensayo "¿Qué es la Ilustración?", que una pregunta en torno a la especificidad histórica de lo actual impone rastrear la especificidades del "nosotros" que interroga y sobre todo las complejas determinaciones de ese tiempo que llamamos "presente". En otras palabras, al preguntar ¿cómo se convierte "nuestro ahora" en un "suceso" y cómo poder distinguirlo en la teleología del Tiempo? meditamos sobre el tipo de subjetividad que imagina dicho evento. Foucault, bajo la sombra de la pregunta kantiana, insistía que pensar el presente de la Ilustración, para Kant, era pensar en *eso* que constituía una experiencia revolucionaria. En otras palabras, ¿qué es la Revolución y cómo deviene suceso? A final de cuentas, el valor significante de la Revolución, concluía Foucault parafraseando a Kant, lo que la hacía sobresalir, aquello que la hacía presentarse en la historia como evento, no era la aritmética de sus posiciones ideológicas, los dramas o avatares de sus personajes principales. Lo que convierte a la Revolución en un suceso memorable entre los relatos del tiempo es su capacidad de movilizar el deseo original (tan moderno) de los seres humanos de arribar al progreso. Todavía más, Foucault propone algo que hoy le parecería a los progresistas vitriólicos una frivolidad suprema. Lo que hace de la Revolución una verdad histórica:

> [...] es el modo mediante el cual la Revolución se hace espectáculo, es la manera en que es acogida en la periferia por los espectadores que no participan de ella pero que la contemplan y asisten a ella, para lo mejor y para lo peor, dejándose arrastrar. (203)

Más adelante añade:

Lo importante de la Revolución no es la propia Revolución sino lo que acontece en las cabezas de quienes no la hacen o, en todo caso, de quienes no son sus principales actores; lo importante es la relación que estas personas, que no son los agentes activos, tienen con la Revolución. (204)

La Revolución cubana, en este sentido, funcionó como una suerte de espacio iluminado e iluminador de las verdades e identidades políticas y culturales de su tiempo y de América Latina. Allí volvía a decirse, a traslucirse el perfil decimonónico del "nosotros latinoamericano". ¿Quiénes usaban en aquel momento la voz para rearmar el reconocimiento latinoamericanista? ¿Cómo y cuándo se lo manejaba? Muchos intelectuales decidieron *decir presente* ante ese "centro de irradiación de entusiasmo" que parecía ponerlo todo a la luz del día (Foucault 204). El estar en la isla o el *wandering* por la Utopía cubana generó en las discursos sobre lo latinoamericano, lo revolucionario y hasta en lo literario una certeza contemplativa en la que se decía era posible avistar la dirección que la temporalidad histórica obtendría finalmente en América Latina. La participación en las discusiones públicas de la Revolución cubana produjo un extraño efecto discursivo entre muchos de los que allí enunciaban. Estar, de algún modo, en el *locus* cubano significó para numerosos intelectuales creer, dar por cierto, que participaban en una fase definitiva del Tiempo utópico americano. Durante los años sesenta en Cuba, incontables autores cubanos y de otras latitudes no evitaron compungirse y hasta llegaron a hacer actos de contrición en un escenario político que parecía exigirles constantes declaraciones en torno a la evidencia de sus "motivos" o su "procedencia". Tampoco faltaron voces obsesionadas por calificar su labor intelectual a contraluz de un escenario "público" que terminaría cristalizando los flujos y, finalmente, cancelando dicho espacio para "lo público". Al finalizar la década cualquier "toma de posición" ante el "asunto cubano" se encontraría tensada por una polar topografía bélica que empobrecería el diálogo de poéticas y políticas.

Hasta el día de hoy son muchos los enunciados políticos que ante la situación cubana reproducen la simpleza moral de un discurso institucional que precisamente en Cuba solidificó "los designios de lo histórico". Sin embargo, durante los primeros años de la Revolución, iniciar el viaje hacia la Isla revolucionada también representó, para considerables intelectuales, no sólo una escala imprescindible para descifrar el sentido utópico de su "latinoamericanidad", sino una zona donde experimentar con los límites de sus creencias, poéticas y hasta los modos de configurar su propia subjetividad. Sartre en particular decidió, como tantos otros y otras, decir presente ante ese "centro de irradiación de entusiasmo" (Foucault 204) que parecía ponerlo todo a la luz del día. *Allí asumió una posición.* La oración es tan común que parece devenir insignificante. Lo que preocupa de *las tomas de posición*, de las declaraciones de principios, de los modos de intervención "radical" es la absoluta certidumbre de los sentidos de lo político o de lo radical que manejan, en ocasiones, sus voceros o interlocutores. Esa creencia es cercana a la absoluta certeza con que Sartre envolvía a Fidel Castro con los atributos de la isla, haciéndolos sinónimos. Otros intelectuales que asistieron al espectáculo cubano, en un momento expresaron cómo la experiencia revolucionaria volvía transparentes las formas de lo político, de lo moral y hasta de lo histórico. Por ejemplo, la radicalidad de Castro o Guevara en el texto de Sartre, la autoridad y liderazgo de ambos, provienen de su extraordinaria *capacidad crítica*, entendida ésta como la exposición de lo que está oculto, como la adivinación y destrucción del oxímoron capitalista que sostenía el orden de lo político, lo económico y sobre todo de lo visible en Cuba antes de la Revolución. Para Sartre, como para otros intelectuales de entonces preocupados por pensar en torno al por qué y cómo había ocurrido la Revolución, la pobreza en Cuba había sido mantenida contradictoriamente con inyecciones de dólares. La radicalidad de Castro y los demás barbudos surgía de la "adivinación" (Sartre 106) de este "escándalo profundo". En última instancia, la radicalidad que recorta Sartre sería un destilado moral de ese ataque frontal a las grandes propiedades privadas llevado a cabo por los guerrilleros pues *allí* y gracias a ellos se podía hallar la contestación definitiva a la pregunta sobre el origen del Poder en Cuba.

Para un observador ilustrado proveniente de tierras lejanas como Sartre, Fidel Castro era una *summa* política, un todo nimbado que engolfaba la nación cubana y su tiempo. El liderazgo y la radicalidad política de Castro constituían la encarnación histórica de una totalización utópica que había desatado la Revolución sobre la experiencia cubana y el continente. Un efecto óptico de la Revolución cubana se le manifiesta a la mirada sartreana: *allí* (en sus ojos) la Revolución es un centro de luz que irradia Verdades y hace transparentes todo lo que toca. Fidel es además llama de una maquinaria revolucionaria que cauteriza el presente. Sartre parecería conformarse con apuntar que ha estado *allí*, que lo ha visto, que vive entre nosotros. No es extraño que el libro merodee el tono y la tropología propia de los Evangelios cristianos, que parezca en ocasiones un santoral, sobre todo cuando entra en escena Fidel Castro, a quien rodean los niños; sus discursos son lecciones propias de un Maestro. Sartre parece estar en la presencia de un hombre que, como el Cristo en las bodas de Canáa, desea trocar la escasez en abundancia. Sartre enuncia como testigo y su libro es un testimonio ante ese mandato explicativo que el perfil político del Líder ejerce sobre el escritor.

En efecto, *Sartre visita a Cuba* es el relato de una visitación doble. En primer lugar, la visitación cristiana (como descenso de un personaje divino a la tierra y la entrega de un "mensaje"), en su sentido teológico, se verifica en el texto ante la mirada del escritor mientras inscribe la aparición de este proceso que si bien histórico y natural posee los atributos de un fenómeno sobrenatural llamado Revolución. Allí Fidel y los barbudos son los mensajeros de la buena nueva, de la nueva era que avanza. En otro sentido, la visitación es la inmersión ética e histórica con la cual la Revolución sobrecoge a Sartre. La visitación es *locus* para una revelación, para el levantamiento de los velos de esa mirada que no sabía mirar. Así Sartre, como visitante, ahora será visitado, arrebatado por una realidad que le exige una poderosa transformación de sus modos de ver, una poderosa reconfiguración de su aparato óptico. La historia colonial cubana previa a la Revolución había enfermado el cuerpo perceptivo de los sujetos que viajaban a Cuba. En una sección titulada significativamente "Empiezo a comprender" Sarte declara:

> Hoy, sentado a mi mesa en una mañana sin nubes, veo por las ventanas el tumulto estático de los paralelepípedos rectangulares y me siento curado de la maligna afección que estuvo a punto de ocultarme la verdad en Cuba: *la retinosis pigmentaria.*
> No son palabras de mi vocabulario y hasta esta mañana yo ignoraba el mal que designan. Para decirlo todo, acabo de encontrarlas leyendo el discurso que un funcionario cubano, Oscar Pino Santos, pronunció el 1o de julio de 1959: "No creo que ningún turista extranjero después de algunos días o algunas horas en La Habana –dice– pueda comprender que Cuba es una de las naciones más afectadas por esa tragedia internacional: el subdesarrollo...

Sólo habrá visto de esta isla una ciudad de bulevares magníficos donde en tiendas de las más modernas se venden artículos de alta calidad. ¿Cómo podría creer en nuestra miseria si cuenta al paso las antenas de televisión, etc.? ¿Cómo no va a creer, después de tales señales, que somos ricos, que poseemos un equipo moderno que nos permite una productividad elevada? (62)

En este sentido Sartre ha sido ocupado por la aparición de esta realidad política que esconde su verdadero sentido, su verdadero cuerpo. La lectura del funcionario, la absorción confiada y plena del sentido de las palabras del hombre de acción obliga a Sartre a llevar a cabo una suerte de composición de lugar que opera invirtiendo y desconfiando de lo que parece ser evidente. Sartre parece aprender a mirar con otros ojos el tejido político del presente. Para Sartre la ideología del poder de la propiedad crea un campo visual que es preciso desmontar y atacar por su aparente belleza. A partir de este momento el texto de Sartre se torna enfático en sus afanes visuales. Allí donde la ciudad muestra la maravilla de sus luces nocturnas el intelectual que sabe del subdesarrollo deberá contemplar la explotación extranjera; allí donde circulan autos cuyas versiones en los Estados Unidos debían estar ya en un cementerio de carros, Sartre verá muertos resucitados por la Revolución (Sartre 63, 65). Al mirar "correctamente" la Revolución, ésta se presentará a sí misma traslúcida ante su observador.

Pero ¿qué significa mirar de nuevo, mirar "correctamente" en la Revolución? Cualquier observador que desee tener acceso a esta epifanía de la visibilidad plena de lo político, tendrá que alterar la lógica de sus categorías de lo visible. Esta alteración comienza con un acto de autoconvencimiento; una vez este sujeto se convence y se repite que la toma de poder guerrillera ha colocado, a plena luz, las maldades de la propiedad y, sobre todo, las certezas de la Historia, la supremacía de la sintaxis de la confrontación armada deviene la estrategia privilegiada para hacer visible la naturaleza del Poder en Cuba. Más aún, Sartre llegará a declarar que en Cuba se estaba acuñando un nuevo idioma político e institucional para el mundo contemporáneo. Comprender la Isla, por lo tanto, es comprender las certezas revolucionarias, llegará a decir Sartre (158). Peor aún, Sartre está convencido de la absoluta simetría y sinonimia entre la nacionalidad cubana y la incipiente institucionalidad revolucionaria. Sartre, gracias a su estadía cubana, ha logrado esta mirada privilegiada: "Ahora me parece que mi mirada atraviesa los edificios y descubre el origen de esos palacios modernos en las malas costumbres de un país subdesarrollado" (67).

Dejando a un lado la excesiva visibilidad que conforma esta relación Líder y escritor, Revolución e intelectuales, oficialidad e intelectualidad en la Cuba de entonces, la contemporaneidad de esta situación insiste en otras opacidades. La espectacularidad tan ansiada y trabajada con tanto ahínco hoy en día por diversos intelectuales y escritores en los nuevos medios, deja entrever una economía de creencias de larga duración. Este discurso seguro de la radicalidad de su lenguaje o del sesgo político de sus intervenciones en tanto avatar de una espiritualización de la arena política posee un enorme poder simbólico. No es casual que la palabra radical, derivada de raíz, conjugue dos sentidos diferenciados y que ambos hechicen a aquellos que se colocan bajo su manto. Por un lado, aquello que es radical va a la raíz, se enraíza, apuntala los entroncamientos, se afirma en la certidumbre de su meollo. Por el otro lado, lo radical puede ser un movimiento extremo, desaforado, impensable, insensato o imprudente que parece escapar de cualquier lógica estabilizante o arbórea en su deseo por llegar a *la raíz de las cosas*. Así un juego de luces y brumas embelesa al sujeto político para quien la radicalidad nunca es un punto ciego, un salto hacia aquello que nada tiene que ver conmigo o simplemente una contingencia imprevista o impensada, a veces alejada sin cortapisas de lo evidente. La claridad fulmina a ese intelectual para quien la radicalidad es un deber declarado y declarante, una razón de ser ineludible que debe manifestarse a todos o por lo menos a los que le incumbe de manera imperiosa. Parecería que en ocasiones el afán radical termina siendo una fulgurante manera de atarse a la evidencia de algunas creencias que, a su vez, sólo necesitan ser enunciadas con ahínco para demostrar su efectividad crítica o revolucionaria. Algunos radicales se parecen en sus movimientos a manadas absolutamente confiadas en la uniformidad de sus manchas para ocultarlos o protegerlos de la embestida del enemigo. Como siempre, al final el débil o el enfermo quedará atrás.

Ineficaz, debido al carácter moralizador que la impulsa, esta certidumbre del radical para señalar a aquellos que no lo son termina haciendo el trabajo policíaco para algún Estado u orden institucional. En verdad sólo dicen no soy eso que eres tú y me ocupo de estar allí donde tú no estás o nunca podrás estar. En esta búsqueda del vellocino de oro de la radicalidad o de la contestación política necesaria y urgente son consistentes y hasta predecibles. La mayoría de las veces terminan siendo una réplica de la cultura del poder que enfrentaron o, lo que es lo mismo, son los nuevos amos que ocupan, con claros beneficios, los santos lugares que antes despreciaron.

¿Se encuentra siempre la radicalidad en las lenguas de la claridad, en la visita a los mismos temas unánimes o en el silencio de un lenguaje, de unas palabras que ni se esperan ni se desean escuchar? ¿Es siempre esta suerte de declaración de principios radicales pertinente para darle cuerpo a un accionar crítico ante las políticas de nuestro presente? Más aún ¿son los términos de esta pregunta siempre los mismos? Para hacerle justicia al Sartre de visita en Cuba, a ese Sartre que, a partir del caso Padilla (1968) se pronunciaría en contra de las violencias del Estado cubano contra los intelectuales, se debe anotar que su "texto cubano" tantea opacidades y tensiones entre líderes y tradiciones, paradojas entre ciertas escrituras y las tempranas oficializaciones revolucionarias. Cómo no repetir esa ambigua oración de difícil digestión con la que Sartre cerraría entonces su diálogo con los escritores cubanos: "No olviden que los intelectuales no se encuentran jamás felices en ninguna parte. Cuba es su paraíso, pero yo les deseo que se quede así, que siga siéndolo" (54). Cómo no recordar que Sartre moriría ciego.

Expuesto en el litoral

Más allá o acá de genealogías letradas, entre cuerpos entusiasmados e impugnaciones, ya sean francas o en clave de disimulo, algunas escrituras literarias en la Cuba de las décadas de los sesenta y setenta siguen siendo exposiciones de cierta verdad política; textos que insisten en parecer teorías para el develamiento de aquello que no se podía exhibir hasta entonces y que, de algún modo, la Revolución como acontecimiento pareció estimular. Cuando emerge la palabra exposición no sólo resuena el sentido de aquello que se ha colocado en las afueras de algún espacio, también se desatan los retos que suponen un paisaje y un sujeto a la intemperie. La Revolución fue también en los años sesenta la posibilidad de experimentar con los descampados simbólicos de todo orden. La intemperie, dicho sea de paso, es una constante sensorial en más de una figuración estética en el archipiélago Caribe.[3]

Un deseo malsano recorre este ensayo: la devolución a algunas escrituras de la responsabilidad, del aliento revolucionario con los cuales apenas se las asocia. Aliento material que no necesariamente coincide con los relatos que han cristalizado una imagen del evento revolucionario en Cuba durante los años sesenta. Nunca estará demás subrayar la vehemencia materialista que, en parte, hizo que variadas escrituras respondieran a la interpelación de los héroes de la Sierra Maestra. A partir del triunfo revolucionario en Cuba, y a cierta distancia de los ceremoniales de bienvenida y postración debidos a la aurora política que descendía sobre la isla, textos específicos de escritores como Antón Arrufat, Guillermo Cabrera Infante, Calvert Casey, Reinaldo Arenas, Roque Dalton, Virgilio Piñera, José Lezama Lima y Enrique Lihn por sólo citar algunos, expusieron lo que podía llamarse una elocuencia de la rotura y del desacomodo; un deseo por exponer la multiplicidad polémica que le daba cuerpo a la cultura política de la isla. Fue precisamente en medio de los días iniciáticos de la Revolución cubana que estas escrituras y otras estéticas apostaron por la exhibición de otros "cuerpos de sentido", igual que otros *sentidos del cuerpo* como un modo de participar políticamente en lo que acontecía en la Cuba de esos años.

La singularidad política de estos textos es inseparable de la exposición de una condición negativa[4] que vivió (que vive) un cuerpo revuelto por la historia. La particularidad política de estos textos es, además, un modo de hacer sensible, con la letra, figuras para el desalojo de protocolos específicos de fijación histórica de un sujeto; maneras de desencajar protocolos de poder que luego serían re-institucionalizados por la cultura oficial revolucionaria en Cuba.

La lejanía o la extrañeza de estos textos en relación con la tarima del emergente orden revolucionario puede ser una consecuencia reciente de una historia literaria que subestima demasiadas consecuencias y ambigüedades.[5] La crisis epistemológica que desatara la Revolución cubana sobre los modos de concebir la experiencia histórica incidió en los sistemas de representación cultural cubanos y latinoamericanos durante el período inicial de asentamiento del orden institucional de los vencedores. Esta crisis se manifestó, en términos generales, a través de dos vertientes discursivas. Por un lado, estarían los discursos que aspiraban a reconocer, a contemplar de nuevo, el tiempo y el modo de lo revolucionario que siempre habrían firmado las culturas cubana y latinoamericana. Estos discursos operan como confirmaciones rituales del *telos* redentorista que yacía cifrado, desde sus "orígenes", en el cuerpo de la Nación. Por otro lado, aparecerían una serie de estéticas que, interpeladas por la promesa libertaria que anunciaba la gesta guerrillera, decidieron exacerbar modos de representación y temarios, incluidos los ámbitos de lo personal e íntimo, como maneras de complejizar los sentidos de una subjetividad política y de una verdad dicha en el presente utópico de la isla. La relación entre ambas vertientes no es impermeable y comparten más de un dispositivo.

Los llamados marginales, los excluidos, críticos, los raros, los más tarde tildados de disidentes o traidores compartieron un tejido de posibilidades, compartieron una *zona sensible* a la que pertenecen todos aquellos que, en algún momento, apostaron por la Revolución como un modo de exhibir un daño común y la posibilidad de hacerle justicia; por esa Revolución donde se imagina que la vida y la literatura, el arte, si se quiere, podría ayudar en el desate de diversas formas autónomas de un vivir en libertad.

En Calvert Casey (1924-1969) habita una política literaria que figuró verdades de difícil acomodo en los pabellones heroicos de la nación. Varios de sus textos son una conversación política con el *ethos* comunitario de la Nación cubana, como también exhiben modos de imaginar otra "asamblea" de cuerpos y voces dispuestos a imaginar qué significaría vivir en libertad. Casey, ("mi escritor cubano de la Revolución" como dijera Edmundo Desnoes en 1979) publica en 1961, en la *Casa de las Américas,* el emblemático cuento "El regreso".[6] Este relato, a pesar de ser ambientado en la Cuba de la dictadura de Batista, es un texto magnífico al momento de percibir la fuerza que ejerció la posibilidad revolucionaria sobre las escrituras del momento. El relato, narrado en tercera persona, se ocupa de las reflexiones de un escritor-traductor cubano, (hijo "extranjero", residente en Nueva York, tartamudo, homosexual) que obligado a viajar a la isla debido a una "desgracia" familiar concibe la posibilidad de "regresar definitivamente" a la isla. Dicho "regreso" es narrado a través del rastreo subjetivo del personaje, su cotidianidad en el exilio y sus impresiones de la isla.

El personaje de Casey encarna además, entre otras cosas, la sospecha simbólica de una singularidad caribeña. El supuesto extranjero que de manera súbita, y atraído por un *ethos nacional,* "nos descubre" que al no encajar en la casa familiar de "todos nosotros", su mera presencia expondrá algunas condiciones elementales de los lugareños. La obra literaria de Casey durante los años sesenta ensambla una conversación sutil con la joven institucionalidad literaria y estatal de entonces. Sus relatos, como sus ensayos, acercan contestaciones a preguntas como: ¿qué constituía una experiencia digna de un relato, una experiencia literaria en ese contexto? ¿Qué sería o cómo aparecería un "autor" en dicho entorno? Más aún, los ensayos y reflexiones de Casey publicados en la Cuba de los años sesenta insistirán en los temas de la sexualidad, el machismo, la homofobia y en particular presentarán ciertas experiencias negativas, (la muerte, el suicidio) cuando no paladeará experiencias abiertamente sórdidas: la pornografía, el voyeurismo. Temas y experiencias que al autor le parecieron claves al momento de pensar y fundar un "nuevo mundo" social y político.[7] La Revolución parecía ofrecer un espacio no sólo para revisar dichos temas sino para desplazar y cuestionar prohibiciones, moralismos y violencias simbólicas que habían sedimentado la cultura del poder cubana hasta entonces.

En particular, "El regreso" ensambla un relato de la subjetividad intelectual cubana en franco diálogo con opacidades, intimidades y vulnerabilidades. Esta textura afectiva, además, acentúa la condición extraña, extranjera del sujeto en el escenario del texto. El personaje de Casey es la representación de una extranjería, colocada en las afueras de lo "propio":

> Su vago acento extranjero atraía, como también el contraste entre las maneras desacostumbradas, el nombre impronunciable y los patéticos esfuerzos por sonar criollo. Gran lector de contraportadas, sabía cómo y cuándo citar y lo hacía con suma habilidad, dejando las frases incompletas, sugiriendo ideas que los demás completaban, cubriendo su ignorancia de los temas con el aluvión taquicárdico de su charla. Rápidamente pasaba de Kirilov y los actos absurdos a la gratuidad, para saltar a la nueva crítica y al ser para la muerte, y si pronto se descubrió su incompetencia y sus nuevos amigos le remedaron divertidos, jamás lo supo. (89)[8]

Allí donde los voceros oficiales de la cultura programarían un "arte revolucionario" encargado de una suerte de pedagogía moral para el alma nacional, el relato de Casey entrega un sujeto sin origen "natural", averiado en su dicción y acosado por las representaciones y los comportamientos de los otros, atraído fatalmente hacia un lugar familiar que no lo "reconoce" del todo. El relato de Casey es pionero al inscribir en el emergente campo literario de la Revolución los signos de la duda y la extrañeza como partes constitutivas de cualquier viaje o deseo de inserción intelectual en la sociabilidad cubana de entonces. Pero también, el relato de Casey exponía el saber de un intelectual particular, las obsesiones de un lector con su manejo "en vivo" de citas, referencias y temas de "contraportadas". El personaje-lector es además un facilitador del diálogo, un aspirante a mediador entre los hermanos enemistados por la guerra. El personaje sobre el cual gira el texto es una suerte de conversador que cautiva miradas precisamente por su falta de "autenticidad". En otras palabras, Casey tematizaba tan temprano como 1960-1961 la opacidad y lo infranqueable de una subjetividad frágil cuya utopía intelectual era también una condición corporal y un deseo de pertenencia que no domesticaba el paladeo de experiencias negativas, el manejo desenvuelto y frívolo de un archivo contemporáneo como la exhibición de una fluidez verbal inalcanzable para un autor "extranjero".[9]

En este relato, "regresar" a la Isla supondrá exhibir una capacidad mimética que le permitirá al escritor entrar en el *locus cubensis*. Esta puesta en escena de una mimesis averiada es también la inscripción de una lógica corporal. Además, este sujeto, en situaciones de seducción y deseo, no hace gala de una relación orgánica, "natural", original con el lenguaje hablado, más bien procede, instantáneamente, a imitar aquellos que desea:

> A todos los imitaba fiel e irresistiblemente, copiaba sus gestos, sus palabras, sus malas o buenas costumbres, y no descansaba hasta haberse convertido en facsímil de ellos, tratando al mismo tiempo de conservar la primera impresión de conquistador, de amante difícil y deseado que creía haberles causado. Por una palabra bondadosa los colmaba de regalos absurdos, les prometía holganza a sus expensas para toda la eternidad, y más de uno, de aficiones parasitarias, le tomó la palabra. (83)

Para el personaje la imitación es una actividad análoga a la economía del regalo; devenir "facsímil" de ellos es una manera de gozar del otro en la medida que se celebra que ese otro nunca es una versión del "yo" del deseoso. Asediado por un mimetismo compulsivo, el personaje de Casey es también una voz marcada, interrumpida literalmente, por fuertes convulsiones, ahogos producidos por su tartamudeo. El tartamudeo además de ser una relación con el vacío y la imagen de sí, enlaza ingeniosamente también una relación entre subjetividad y vacío, pertenencia y sensorialidad que recorre todo el cuento:

> Porque para colmo era tartamudo. Este era su humilladero sumo, *rastro doloroso de alguna tragedia oscura e ignorada en los primeros años*. Esperaba angustiado el momento inevitable en que las gentes volverían el rostro para mirar obstinadamente a un punto aparentemente fascinante del suelo a fin de no ver el rostro convulso, contorsionado por la palabra que se empeñaba en no dejarse pronunciar. Pasado el mal momento, enrojecía y palidecía simultáneamente, y para probar que el defecto era imaginario, que jamás, jamás, jamás existió, se lanzaba a una perorata rápida e intempestiva que sazonaba con frases brillantes, chistes, carcajadas inoportunas, *hasta volver a tropezar con otra palabra desdichada* que le producía nuevas convulsiones. *Rojo de confusión y vergüenza, buscaba el refugio donde vivía*, cerraba a cal y canto las ventanas y aplicaba un fósforo al mechero de gas con que se calentaba, preguntándose melancólicamente si no era preferible dejar fluir el gas sin encender la llama. (83-84, énfasis mío)

¿Qué representa esa palabra que le sale al paso a la fluidez del personaje? ¿Por qué la palabra que ahoga al personaje aparece como *tropiezo*? ¿Por dónde "camina" esa voz? ¿Qué horizonte innombrable interpone esa palabra, bloqueando la elocuencia de nuestro personaje? La tartamudez genera decisiones de estilo, ocasiones discursivas que exhiben ocultando ese cuerpo interlocutor. La tartamudez, como la cita oportuna, o la copia del ademán del otro son parte de esos "actos fallidos", actividades repetidas y vacías en la fría Nueva York que el personaje investiga buscando alguno donde resalte el pálpito de lo auténtico. El relato sólo declarará la imaginación del personaje como su tara auténtica: "Su imaginación alcanzaba proporciones no vistas. Y era, se decía a sí mismo con dolorosa lucidez, su única, su auténtica, su verdadera vida" (81).

Cabe la posibilidad que si bien el relato confirma que nunca se regresa al lugar del cual se partió, también todo lo contrario podría ser igualmente cierto: se regresa siempre y cuando volvemos al lugar del cual nunca salimos. La palabra que traba la lengua es el objeto mismo sobre el cual el sujeto ha aprendido a decirse. El regreso a la nacionalidad, por lo tanto, desde el comienzo del relato comienza a complicarse, a tornarse dudoso como posibilidad de vida para este personaje. El regreso en "El regreso" es más la escritura de una fantasía subjetiva que la representación en clave realista de un episodio histórico en la vida del intelectual cubano. La tortura y muerte del personaje a manos de la soldadesca batistiana es el regreso al "rastro doloroso de alguna tragedia oscura e ignorada en los primeros años". La gaguera, el tartamudeo convulso delinean la verdadera geografía (vacía) donde "reside" en verdad este sujeto.

La "verdadera vida" en el texto es un habitar imaginario, un habitar en la imaginación. Este "regreso" identitario es el que nunca ocurre y es narrado como el descubrimiento de un "saber estar" y de un imposible deseo por "sonar criollo". Un sujeto extranjero interpelado por ese sonido criollo que nunca logrará reproducir, sólo parece regresar a "su tierra" una vez domine una *performance* sensorial compleja, una traslación corporal en más de un sentido, un desplazamiento del sentido, también, excesivo y apabullante. Se trata de un uso de la voz que agilice la conversación comunitaria, niegue su síntoma, convierta al interlocutor en una figura apetecible en términos eróticos y le permita instaurarse en una suerte de espacio placentero llamado *Cuba: Playa de la Identidad*. La identidad en "El regreso" de Calvert Casey es un deseo, un modo de usar el cuerpo, una manera de conjugar voz y paisaje.

Hablar bien, sonar criollo no es, en el texto, una decisión abstracta, descarnada del cuerpo y de una condición corporal defectuosa que debe ser atendida de algún modo. Aún antes de tener su epifanía en el litoral, "El regreso" ha trabajado una política binaria del "calor" humano y el sentido del tiempo, una metaforicidad afectiva que borda las acciones y decisiones del personaje tironeado por sus dos mundos. El vecindario neoyorquino del exiliado es una fría comunidad anacrónica, llena de sujetos envejecidos y desempleados en convivencia con otra comunidad de artistas que en medio de la pobreza decoraban sus pequeños espacios con "una curiosa mezcla de pobreza extrema y extravagancia inútil" (85):

> Vivía, como tantos otros millones de seres en la enorme ciudad, completamente solo en un viejo apartamento desprovisto de calefacción, que era preciso calentar con gas o con carbón, y que cada mañana amanecía helado. El edificio era uno de muchos miles construidos para familias obreras. (84)

Un mundo de gentes cuya aspiración suprema era estar de vuelta de todo, vivía, pared por medio, con un mendo de rezagados del siglo anterior, que no habían estado en ninguna parte. (85)

"Estar de vuelta" es otro modo de presentarse como alguien que regresa, que ha regresado de eso que es "tu presente" o "el presente", y después parece ser evidente para todos. También éstos rezagados pueden ser réplicas extrañamente exactas de los que *no habían estado en ninguna parte*. En "El regreso", por lo tanto, regresar a la comunidad isleña no implica manejar un "saber ser". Regresar aquí es narrar un deseo por pertenecer que no implica demostrar algún conocimiento de la ontología nacional que define al lugar. La identidad de esta comunidad deseada, más bien su singularidad sensible es el "hallazgo" de un saber localizable y localizado, de un *saber colocarse;* la contemplación de *un saber estar* que el personaje imagina como manifestación física de una pertenencia nacional.

> Contemplaba a estas gentes vivir, deformándolas con generalidades risueñas. Parecían felices, infinitamente más felices que las de la hosca ciudad donde él vivía. Tenían el rostro plácido, el aire tranquilo, las carnes abundantes y serenas. Lo banal, lo diario, no avergonzaba aquí, como en aquel otro mundo donde vivía. Esta gente sabía estar. Se repitió la frase varias veces: sabían estar, sabían estar, regocijado del descubrimiento feliz. En aquel frío Norte él había perdido el viejo arte de saber estar (la frase allí era incluso intraducible) y tendría que aprenderlo de nuevo, pacientemente, amorosamente. (88)

La felicidad es una apariencia del litoral que caldea un centro solar llamado Cuba:

> Y luego aquel sol, aquel sol maravilloso y omnipresente de enero, que le reconfortaba y le quemaba suavemente los omoplatos, brillando desde un cielo transparente, que le hacía olvidar los dolorosos inviernos del Norte y el tiritar violento que destrozaba sus nervios enfermos, y le despertaba viejas memorias de infancia; las meriendas amables en los colgadizos imaginados, las temporadas en las fincas nunca vistas.
>
> Adivinaba y envidiaba en las relaciones humanas una intimidad inconscientemente sensual que propiciaban el clima espléndido, la brisa de los mediodías, la claridad.
> ¡Ah, lo que había perdido, lo que había olvidado, en sus largos viajes por otras tierras! Si pudiera recapturarlo todo, repetía, consciente del justo anglicismo. (88-89)

"El regreso" es un texto sobre las demandas del *ethos* nacional sobre una subjetividad intelectual como la que pivotea la obra de Casey. Más aún, "El regreso" es un relato sobre cómo puede *saber estar* el intelectual en la Nación, un relato sobre cómo aprender a usar el espacio nacional para sencillamente intentar ser feliz. En este sentido, dicho *arte del saber estar* es lo que el cuento insiste en relatar cual horizonte utópico; es lo que el texto, a final de cuentas, sensibiliza como experiencia conflictiva, reto o condición inalcanzable en el contexto inaugural de la Revolución cubana. La respuesta política del texto de Casey pasa, primero, por figurar la exposición en la playa de la identidad como la capacidad histórica de un cuerpo para darse gusto. El saber estar y el gozo que le acompaña es un efecto del "calor solar" como estimulante de la memoria y de un imaginario demasiado real.

¿Qué deseos y fantasías ventila este texto de Casey? ¿Cómo estas fantasías, por igual, retaban como compartían el horizonte de posibilidades subjetivas que inauguraba la Revolución en Cuba? ¿Cuándo este querer aprender el arte del saber estar, este exponer el cuerpo, en la lengua rota de un miope tartamudo, se convirtió en una pregunta en torno a la naturaleza, la naturalidad misma del saber del lugar y lanzó una duda sobre el sujeto que la escribía? Antes de su salida de Cuba o del acoso homofóbico que recibiera de las autoridades, el autor de "El regreso" había movilizado desde el tejido de su lengua y de sus imágenes, con este *querer-saber-estar* del relato, un cuestionamiento insoportable ante lo que prescribe un *ethos* guerrero para el uso de sus lugares. Lo insoportable o al menos lo altamente dudoso para una mirada autoritaria es la urdimbre de un relato sobre la identidad como péndulo imaginario entre "los que están de vuelta de todo" y "los que saben estar", sin hacer concesiones simbólicas o morales al orden de la guerra. En este cuento, el regreso a la patria es un sondeo (im)posible de apetitos, de perfiles y deseos con los que se escribe una camisa, un vestuario, una imagen, una palabra.

El cuerpo y el gesto político que escribe "El regreso" de Casey es inseparable del goce identitario que experimentan los que se asolean en la playa de la identidad, en el litoral o en la tórrida tierra cubana donde siempre se guerrea por decir "nosotros". En efecto, algo que llama la atención del personaje, más bien lo que le choca, es la omnipresencia de los uniformes en la ciudad.[10] La visita que lleva a cabo el intelectual que ha regresado a la Patria no es a los lugares donde se batallan los patriotas por el futuro o donde se batalla por el destino nacional. Mientras los rebeldes enfrentan la dictadura, nuestro personaje se va de playa:

> En la playa se sintió molesto al verse rodeado de turistas y más molesto aún al comprobar que, como ellos, también se ponía aceite sobre la piel para protegerla del sol. Se rió un poco de sí mismo, pidió de beber y se tendió al sol.
>
> Las horas pasaron agradablemente, empujadas por el licor del país que penetraba dulcemente los sentidos hasta destruir el sentido del tiempo. (El sentido del tiempo, eso era lo que aquí era tan diferente, ahí radicaba la gran ciencia de este país, de estas gentes.) (93)

Es *allí* donde "El regreso" insinúa que esta "visita" a la patria de los apetitos es la forma misma de un desencuentro, de un malestar o peor aún de una vuelta a un origen tenebroso.

Las poéticas que construyen ese "saber estar" que nacionalizan los lugareños en la playa son experiencias del asueto, del paseo o del pasadía donde las "prendas" y lógicas del turismo desentonan por su cercanía y simulación de "lo auténtico". Ambas son experiencias para el "uso" del tiempo fuera de algún protocolo de utilidad, los "naturales" como los "turistas" dilapidan el tiempo. El presente revolucionario, la caja de resonancia, que en el año 1961 le ofreciera la revista *Casa de las Américas* a este relato, permitió la exhibición del dolor, las pasiones y las angustias para algunos "frívolas" que viviera un sujeto estimulado por la escena política de la isla como posibilidad utópica a la que valía la pena regresar. Tomar la palabra literaria es en "El regreso" una experimentación y cuestionamiento de esa obligada naturalización de los signos que nos vuelven oriundos, "naturales" de alguna cultura. Pues ¿qué nos sucede cuando decidimos demostrar *allí* que pertenecemos? ¿Qué empezamos a escuchar cuando deseamos sin pudor alguno *ese lugar* ante la mirada de los demás? Antes de regresar a la isla el personaje se ha preguntado:

> Una tarde de domingo, más lívida que todas las demás, se hizo la pregunta. ¿Y si regresara? ¡Dios, Dios!, ¿y si regresara a los suyos, a amarlos a todos, a ser uno de ellos, a vivir aunque fuera entre los más pobres, entre aquellos que a pesar de su pobreza parecían tan tranquilos y contentos, tan sosegados? ¡Cómo le gustaba la palabra! Tan sosegados. ¿No le harían un lugar? ¿No se dejarían conmover por su sinceridad?

La idea no hizo más que insinuarse y su imaginación se encargó del resto. Las pensadas horas de ternura, las imaginarias tardes de amor, las grandes noches fueron rápidamente trasladadas o remplazadas por escenas de la patria recobrada. ¿Y si él fuera el iniciador de un movimiento de vuelta a la patria? Los pródigos... Los Pródigos. ¡Qué bien sonaba! Pronto sería amado de todos. ¡Si era amor, sólo amor lo que él pedía, el mismo amor que en el fondo toda la pobre humanidad deseaba! (90)

La obscenidad de estas líneas es conmovedora. El texto no sólo ha inscrito desde temprano la condición averiada de este deseante utópico, la verdad imborrable de una tartamudez convulsiva, ahora con este canto al amor prefigura su inviabilidad política entre los miembros de cierta intelectualidad isleña. Así *regresar* para el personaje de este relato, parecía primero (cómo no) que se llevaría a cabo con pronunciar bien esa palabra que se resiste, exhibiendo la sinceridad que lo define, negando con la buena dicción esa "tragedia oscura e ignorada", entregado a un viaje hacia un lugar personal que se imaginó como espacio abierto para la comunidad. Ahí la meta especifica es una demanda y una pregunta por el deseo de los demás: ser amado por todos.

El abrazo imaginario de la *intelligentsia* es, bajo esta estela, consustancial al calor corporal que se experimenta en la playa. En este cuento, "el regreso" metaforiza un itinerario "de vuelta" a la isla como cicatrización física y espiritual del sujeto a manos del "daño urbano" neoyorquino, al igual que establecerá un nuevo pacto de tolerancia y aceptación con la "nueva" comunidad.

> La sorpresa fue agradable. Aquellas gentes a las que temía por razones tan desconocidas como las que provocaban su violento tartaleo, le acogieron con naturalidad y hasta con cariño, sonrieron ante sus crisis nerviosas, le permitieron las vestimentas más extremas con una tolerancia candorosa ante todo lo que viniera del extranjero, que le desarmaba, justificándole con un "ha vivido tantos años fuera..." (87)

Pero la "cicatrización" es un anhelo, una suerte de beneficio posible, ganado tras el pago aduanal, subjetivo que supone regresarse y exponerse tal cual en un país en guerra. El viaje definitivo a la Isla ha supuesto el desarme de la antigua biblioteca y la entrada en un círculo intelectual que, además, es representado como un excitado círculo de amigos:

Y partió. Más dadivoso que nunca, repartió lo que poseía entre sus pocos amigos, regaló las ropas de abrigo que ya no necesitaría en aquel clima maravilloso que le aguardaba y del cual no regresaría nunca, nunca. Distribuyó los libros, los de naturalismo, los de hinduismo, los de yoga, los de espiritismo, las colecciones obscenas, las de socialismo, las colecciones primitivas. Hizo tomar por fuerza a sus viejas vecinas el heterogéneo mobiliario que ellas aceptaban entre gritos de terror, gozo y asombro.

La renovación sería completa, pronto iba a ser él, él, a entrar en *su* cultura, en *su* ambiente, donde no tenía que explicarse nada, donde todo "era" desde siempre. Y además entraría por la puerta grande de la *intelligentzia*, en cuyos umbrales dorados le esperaban sus jóvenes amigos, de humor delicioso y mordaz, de charla viva e imaginativa, tan nerviosos, y tan felices. (91)

Regresar a la identidad, es desabrigarse y abrazar una patria muy específica de sensaciones y cuerpos donde simplemente *se es*. En varios momentos del texto, además, el narrador deja saber que el personaje vive con vergüenza[11] sus horas de lectura ante la contundente autenticidad que emana de ciertos personajes o de algunos amantes.

Sin embargo en sus horas finales, el personaje de Casey descubre entre el espanto y el dolor que, al fin, había regresado a la patria de la tartamudez que lo ha gravado desde su nacimiento. No obstante, los esfuerzos del personaje, sus fantasías, las escuchas de esas otras palabras serán destrozados con la misma prontitud que el personaje ensayara para abandonar su vida en Nueva York. Levantado por la policía a la salida del balneario mientras caminaba por un suburbio, este personaje kafkiano del trópico, comienza a ser golpeado metódicamente. Los golpes, como "la palabra que se empeñaba en no dejarse pronunciar" lo ahogan y lo sumen en el silencio durante el largo interrogatorio:

Al principio trató de preguntar lo que sucedía, pero apenas acertó a pronunciar palabra. Tartamudeaba grotescamente con violentas reacciones de la cabeza y el cuello. A un chiste de uno: "Quítese el caramelito de la boca, compadre...", todos rieron estruendosamente.
Aunque optó por no hablar, le preguntaron el nombre y tuvo que esforzarse en articularlo. Un violento mazazo le derribó por el suelo. Cuando lo levantaron, medio aturdido, oyó que el que parecía el jefe le advertía que no inventara nombres extranjeros, porque le conocían bien. Comenzó a llorar contra su voluntad y con el puño de la guayabera se limpió la sangre de los labios y las lágrimas que le corrían por los pómulos ya negros. (94-95)

Entre los policías descubre que, por fin, es igual a los "demás":

> Pero aún no lograba comprender la acusación que le hacían, porque en realidad no le hacían ninguna. Si le dejaran hablar, llamar a sus jóvenes amigos, les explicaría, se aclararía el monstruoso error. Una frase escalofriante le dio en parte la clave de lo que sucedía: "Si no es éste, es lo mismo [...]" (95)

Junto a esa identidad como más allá inmutable de costumbres y modos auténticos del ser que obligan a desarmar el espacio distante de la letra, la identidad como utopía afectiva y desnudez feliz, convive la atroz identidad de "lo indiferente" de todo extranjero, del sabor desolado de la arena en la playa. El relato exhibe también cómo toda identidad es un ritual circular a partir de las formas y los modos de "lo mismo", de lo igual, del ídem. Al comienzo del cuento leímos cómo el narrador representaba un repaso de la vida irreal de nuestro personaje del siguiente modo:

> De la gama total de actos posibles había recorrido una enorme variedad en sus cuarenta años de vida, pero ninguno tenía el menor viso de realidad. Todos se habían inscrito como sobre *el lecho arenoso de un río de aguas vagas y tenían el mismo sabor desolado de la arena.* (80, énfasis mío)

Este personaje que abraza "su identidad" como se cambia de *vestuario,* que deja sus ropajes citadinos por la criolla guayabera, negocia su relación de pertenencia con "su" cultura a través de un intercambio de imágenes y figuras que asume como "autóctonas" y nunca son sometidas a alguna pregunta o duda en torno a su autenticidad o superioridad. "El regreso" no es un comienzo; el regreso, más bien, es el comienzo del final para uno que nunca ha estado en ninguna parte fuera de su cuerpo tartamudo. El personaje de Casey morirá, tras ser torturado, en esa misma playa, bajo los efectos de otra *playa identitaria,* abierta, expuesta también por la utopía revolucionaria. Haber otorgado a los policías una identidad batistiana puede haber sido una decisión de rigor historiográfico; hoy parece una decisión tímida, quizás ingenua, en términos simbólicos, ante lo que desencadenaría configurar el cuerpo íntimo, político del personaje principal.

La travesía del personaje no puede sino regresar al lugar original donde ocurriera "esa violencia oscura" que le inscribe, sin remedio, la tartamudez, la rotura de la lengua. Terrible es que sea la tortura policial la que finalmente firme y suture, sobre el cuerpo de la lengua, lo que la tartamudez cumplía en su dicción y en su uso del lenguaje:

> Notó que tenía la boca llena de coágulos de sangre que lo ahogaban. Cuando quiso hablar para pedir agua, se dio cuenta de que se había cercenado la lengua con los dientes. Pensó que ya nunca volvería a tartamudear. Sintió que sonreía. (96)[12]

La lógica del regreso, en este relato, en tanto un modo de participar en la utopía del presente cubano es la demostración exacta de que no hay sitio para dicho personaje y su ética, o de que el regreso perfecto es una vuelta al *locus* violento donde el síntoma es la forma misma para el uso de la lengua y para una singularidad subjetiva. Esa re-presentación nunca idealizada de una autoridad averiada, sus pasiones, imposibilidades y temores es la exposición obscena de la cicatriz subjetiva, de esa íntima patología del habla que apuntala todo deseo de re-conocimiento comunitario para un escritor como Casey. La exposición fatal del texto de Casey fue demostrar que este *drive* identitario es una fantasía de pertenencia que sólo puede recibir el acoso, la tortura policial allí donde ya es obligatoria una concepción guerrera del saber-estar en la historia patria. Así la muerte y comienzo de la descomposición de nuestro personaje cierra con una imagen del cuerpo y del litoral devorando y hasta cierto punto restituyendo los sentidos emblemáticos de este intelectual tartamudo a la playa cubana:

> Luego echó a andar, dando gritos agudos con la boca muy abierta, cantando, tratando de hablar, aullando, meciendo el cuerpo sobre las piernas separadas, logrando un equilibrio prodigioso sobre el afilado arrecife.
>
> Donde primero hundió las tenazas el cangrejerío fue en los ojos miopes. Luego entre los labios delicados. (97)

La devolución de este texto (como de otros textos y sujetos) al espacio de su emergencia no tiene que ser leída meramente como el develamiento de ese otro comienzo posible, olvidado en el pasado, escamoteado por los discursos de la cultura del poder dentro y fuera de la isla. Devolver estos textos, que no es repatriarlos, re-volverlos más bien, es habilitar la posibilidad perceptiva para paladear la experiencia heterogénea que también fue el comienzo revolucionario. La exposición de estas subjetividades literarias es la forma misma de una polémica, de una batalla con las moralizaciones, con las evidencias que consolidarían y naturalizarían un modo de concebir y habitar el espacio nacional, eso que maldijo al modo calibanesco la palabra testimonial de la Revolución (por apurar un ejemplo). La Revolución imposible que exponen estos textos y por la que apostaron, fue lo que permitió representar y discutir una concepción trascendente de la identidad nacional, para intentar así que deviniera espacio de singularidades contradictorias y en relación intensa, laica con su negatividad y sus placeres. Colocarlos hoy en el revolú inaugural donde palpitaron demasiadas naturalezas en minúsculas, es una manera de abordar, de desbordar a la Revolución misma con las esperanzas que avivó y con los deseos que olvidó. Pues sus mejores historias parecen textos del deseo, no un deseo entendido como ascensional luminosa, no historias de apetencias de totalidad, sino historias del deseo como derrumbe; el deseo como desautorización y por qué no, historias de un deseo múltiple que, cual máquina de figuraciones para un país del por-venir, por igual aloja manías representativas, como sospecha de las naturalizaciones, de las retóricas o los nativismos. Deseos como deserciones, deseos como descreimientos, arranques, deseos como saberes críticos, deseos como la traición consecuente a aquellos lugares donde el poder se auto-representa eterno y único.

NOTAS

[1] Véase de Jacques Rancière, 'Transports de la liberté" y *Le partage du sensible: Esthétique et politique*.
[2] Los comienzos posibles de esta creencia in-política ya son registrados por algunos *testigos* del periodo. Sus textos y discursos son atravesados por un incesante discurso espacial que confirmaba el descenso y la superioridad de un Sol Histórico que, además, re-editaba en Cuba un aparato óptico. La implementación institucional de esta visualidad permitía corroborar la autenticidad política de las verdades que los sujetos implicados en la lucha por el futuro exhibían entonces en la tarima histórica de la Revolución. Desde esta "seríamos" capaces de identificar moralmente no sólo "quiénes éramos", sino cuál es "nuestra familia" y claro está, quiénes eran "nuestros amigos" y "nuestros enemigos". La quemadura y la iluminación que "revelaba" esta experiencia revolucionaria marcó innumerables voluntades públicas del intelectual o del escritor de paso por Cuba. Véase Quintero-Herencia *Fulguración del espacio. Letras e imaginario de la Revolución cubana (1960-1971)*.
[3] Trabajo en este momento sobre esta condición metafórica a través de poéticas caribeñas de los siglo XX y XXI en mi estudio inédito *Efecto archipiélago: Poéticas, políticas y sensorium en el Caribe*.
[4] Lo "negativo" podría en sí mismo activar un archipiélago y un archivo. La negatividad que considera estas páginas dialoga con las de Giorgio Agamben, *Language and Death. The Place of*

78 • Juan Carlos Quintero-Herencia

Negativity; Susan Buck-Morss *The Origins of Negativa Dialectics*; Édouard Glissant, *Poétique de la Relation* y de Slavoj Zizek, *Tarrying with the Negative. Kant, Hegel and the Critique of Ideology*.

5   La comunidad que comparten estos textos con la lógica discursiva de entonces expone, por el contrario, una conversación intensa con el tejido de credibilidades, los modos de creer, que la institucionalidad guerrillera ya ponía en funciones y que podría ser objeto de otra reflexión aparte.

6   "Cuando consumía las ponencias del taller me visitó la enorme y delicada cabeza de Calvert Casey. Mi escritor cubano de la Revolución. Todavía en Cuba definió su vida, su obra como «pura torpeza, puro azar». Más tarde se suicidó en Roma" (Desnoes 255). El cuento de Calvert Casey, "El regreso" apareció en *Casa de las Américas* en el año 1961. El cuento fue recogido posteriormente en la colección *El regreso*. Manejamos, sin embargo la versión aparecida en Calvert Casey, *Notas de un simulador*.

7   Véase por ejemplo sus *Notas críticas y paisajes*: "Diálogos de vida y muerte" 247-252; "Miller o la libertad" 259-263; "Notas sobre pornografía" 264-269.

8   Lo extranjero es una continuidad constitutiva del Caribe. La extranjeridad, si se me permite, como categoría que nombrara un absoluto cultural situado en las afueras del *ethos* soberano de alguna comunidad ha sido vaciada por la historia entre las islas y carece de sentidos fijos en el Caribe. La palabra extranjero no significa en el Caribe o su significado convencional se desfonda en la resaca de sus orillas reales e históricas. Lo extranjero como dispositivo singular del *ethos* archipelágico es uno de sus puntos de ensamblaje cultural más productivos y recurrentes en la historia caribeña. La familiaridad extraña del otro caribeño, su extranjeridad sin embargo "conocida", es signo de una ciudadanía impropia, momentánea, imposible. A la larga "lo extranjero" termina siendo pieza clave para la sintaxis ciudadana y cultural caribeña que se sabe frente a otras y se imagina acompañada por sus lenguas.

9   En ese sentido es sobresaliente la lectura que hace el escritor italiano Italo Calvino de Casey pues confirma que su escritura es una reflexión sobre los bordes, los excesos y los diversos sentidos de un más allá del orden de lo natural o lo normal. Calvino lee éticamente a Casey pues le parece que en sus textos hay otro tipo de moralidad que pasa por un rigor estético; en otras palabras, la agonía como tema en Casey no debe ser leída en su coordenada estatal o bélica, sino como la pugna entre los límites de lo real, el adentro y el afuera, el centro o el margen. Más aún para Calvino, la literatura de Casey es un modo de repensar la familiaridad que tejen la escritura y las creencias en el entorno revolucionario, véase de Calvino, "Las piedras de La Habana".

10 "Lo que sí chocó a su vista de inmediato fue la superabundancia de uniformes. En las esquinas de la ciudad se veían a todas horas grupos de soldados y policías con armas automáticas modernas, de grueso calibre. Le llamó la atención que en sus horas de asueto los soldados se pasearan fuertemente armados, llevando de una mano a sus amigas y de la otra el arma formidable de repetición" (91-92).

11 "Cada nuevo huésped tenía el poder de derribar todo un universo de ideas, reales o prestadas, y actitudes. Al llegar Alejandro, tan deliciosamente ignorante de todo, tan maravillosamente contento y apacible en su ignorancia –y luego, tan centrado, tan seguro, tan inconmovible y sin problemas– todo un pasado de lecturas le avergonzó profundamente. ¡Ah, poder ser como Alejandro, poder *ser* Alejandro!" (82).

12 En un ensayo extraordinario sobre el fragmento de una novela inacaba de Casey, escrita en inglés, *"Piazza Margana"*, Gustavo Pérez-Firmat lee el regreso de Casey a la lengua de su padre, como un poderoso texto del exilio cubano y como un "equivocal striptease" del autor. Véase de Pérez-Firmat, "Mother's Idiom, Father's Tongue".

OBRAS CITADAS

Agamben, Giorgio. *Language and Death. The Place of Negativity.* 1982. Karen E. Pinkus y Michael Hardt, trads. Minneapolis: U of Minnesota P, 1991.
Arenas, Reinaldo. *Inferno (poesía completa).* Barcelona: Lumen 2001.
Buck-Morss, Susan. *The Origins of Negative Dialectics.* New York: The Free Press, 1979.
Calvino, Italo. "Las piedras de La Habana". *Quimera, Dossier Calvert Casey* 26 Extra (diciembre 1982): 54-55.
Casey, Calvert. "El regreso". *Casa de las Américas* I/4 (ene.-feb. 1961): 33-40.
_____ *El regreso.* La Habana: Ediciones R, 1961.
_____ *Notas de un simulador.* España: Montesinos, 1997.
Desnoes, Edmundo. "A falta de palabras". *Más allá del boom: literatura y mercado.* México: Marcha, 1981. 255-261.
Foucault, Michel. "¿Qué es la Ilustración?" *Saber y verdad.* Ed, trad. y prólogo Julia Varela y Fernando Álvarez-Uría. Madrid: La Piqueta. 197-207.
Glissant, Édouard. *Poétique de la Relation.* París: Gallimard, 1990.
Pérez-Firmat, Gustavo. "Mother's Idiom, Father's Tongue." *Tongue Ties. Logo Eroticism in Anglo-Hispanic Literature.* Nueva York: Palgrave Macmillan, 2003. 87-106.
Quintero-Herencia, Juan Carlos. *Fulguración del espacio. Letras e imaginario de la Revolución cubana (1960-1971).* Rosario: Beatriz Viterbo, 2002.
Rancière, Jacques. "Transports de la liberté". *La politique des poètes. Pourquoi des poètes en temps de détresse?* Jacques Rancière, ed. París: Albin Michel, 1992. 87-130.
_____ *Le partage du sensible: Esthétique et politique* Paris: La Fabrique, 2000.
Sartre, Jean Paul. *Sartre visita a Cuba. 1960.* La Habana: Lunes de Revolución y Ediciones R, 1961.
Zizek, Slavoj. *Tarrying with the Negative. Kant, Hegel and the Critique of Ideology.* Durham: Duke UP, 1993.

Copi: formas de reproducción[1]

DANIEL LINK
Universidad de Buenos Aires

El cordero (signo, simulacro o fantasma), tanto como las religiones, las artes figurativas y las literaturas, tiene su ciclo y su era, desde el holocausto de Abraham, propuesto por el Kierkegaard de *Temor y temblor* (1843) como emblema de la paradoja de la fe (que enfrenta la moral divina y la ética humana), pasando por el cordero de *El principito* (cuya imagen posible es la de una caja agujereada) hasta, podría decirse, la cena de año nuevo que se prepara en *La torre de La Défense* (1978) de Copi,[2] "el autor de *Eva Perón*" (1970).

En esa pieza (en ese fragmento de pensamiento) que Copi se apresuró a publicar en 1978 y que se estrenó recién en 1981, una pareja de hombres cuyas designaciones son mitades de un nombre, Jean y Luc, se aprestan a festejar el comienzo del año 1977 en un piso 13 con grandes ventanales sobre la explanada (Le Parvis) de La Défense, ese barrio parisino inventado en 1959 que, en los cuatro años anteriores, no había conseguido vender un solo metro cuadrado, como consecuencia de la crisis de 1973.

En 1982, el Établissement public pour l'aménagement de la région de La Défense, EPAD, bajo el impulso del Presidente François Mitterand, llamó a concurso para la construcción del Grande Arche, lo que revitalizaría el proyecto que, en 1974, Peter Handke había caracterizado como pesadilla tecnocrática y sobre el que había propuesto que se prohibiera fotografiarlo.[3]

Jean y Luc reciben allí, entre otros, a la travesti Micheline, con quien se aprestan a preparar una cena en principio convencional, pero que se transforma en otra cosa a medida que la pieza (que el pensamiento) avanza.

Micheline ha traído una pata de cordero (*gigot*) para asar al horno.

Las ovejas han participado en la historia de la humanidad profusamente (a su pesar), ofreciendo su vida en sacrificios religiosos y su carne y lana para la subsistencia diaria. Los europeos dieron a la carne de cordero un puesto privilegiado dentro de la cocina de alta gama: es el caso del *gigot* que, el 31 de diciembre de 1976, se aprestan a cocinar Jean y Luc, con la asistencia de Micheline, Daphnée ("una mujer de verdad, de esas que te cagan la vida") y Ahmed, el chongo árabe cuya presencia es esencial para la economía dramática de la pieza, una vez que se pone al frente de la cocina ("¿Tu religión no te prohibe comer cordero?", le pregunta Daphnée).

La pata de cordero de *La torre de La Défense* está condimentada con ajo y aromatizada con laurel a falta de otras hierbas (el tomillo y el romero le habrían quedado muy bien) y nunca termina de asarse del todo o, por el contrario, se está quemando, mientras a su alrededor los acontecimientos se precipitan.

En algún momento del proceso (todos los personajes pasan por la ducha, en un bautismo ceremonial), una serpiente ("uno de esos bichos que andan por las cañerías" (71) aparece en el inodoro y, una vez descabezada, Ahmed propone enriquecer el menú: la asará, rellena con la carne de cordero cortada en dados remojados en agua tibia bien azucarada. Ahmed pide, para condimentar la serpiente, pimienta verde (que en casa de Jean/ Luc no hay)."La serpiente", dice Ahmed, "puede comer lo que sea, y siempre es rica, porque sólo come lo que está vivo" (77). De hecho, la serpiente que están eviscerando "se alimenta de las ratas de los estacionamientos" (77), lo que queda probado cuando encuentran, en su estómago, una rata grande y gris.

El descubrimiento modifica, una vez más, la receta. Ahmed propone picar la rata junto con el ragú de cordero para rellenar la serpiente, porque "las ratas son ricas... roen madera" (77) y "eso da una carne perfumada, como la del conejo" (77). Aunque la rata todavía no haya sido digerida, propone sacarle el gusto a podrido con abundante nuez moscada rallada (las especias siempre han servido para eso). Finalmente, Ahmed decide presentar la serpiente con sus propias vísceras: testículos, corazón y la rata entera ("hay que descuartizarla como a una codorniz" (83) rellena de cordero. Una vez cocido el plato de serpiente, se sirve en un balde, para que su delicada carne (como la del bacalao, pero más fuerte) esté constantemente remojada en sus jugos.

El resultado es "divino", "exquisito", "una delicia", ("¡qué aroma!"), "mejor que la comida india" (84). El corazón de la serpiente sabe mejor que el paté, la rata parece pierna de cerdo, pero picante.

Lo que en ese menú ha sido disuelto hasta su desaparición (el punto de partida) es el cordero y, naturalmente, sus sentidos asociados. Como sabemos, el consumo del cordero se fue incrementando hasta constituir la base de la dieta de las antiguas culturas del Mediterráneo y también del Lejano Oriente: en la India (*tertium comparationis* de *La torre de La Défense*), son famosos el cordero al curry y el Biryani, plato de cordero con arroz aromatizado a la naranja, sazonado con azúcar y agua de rosas. En las ciudades griegas son frecuentes los ragús de cordero y hortalizas. La historia de la gastronomía, que encuentra muy temprano a la carne de cordero, se relaciona intensamente con las grandes religiones monoteístas (la de Abraham, la de Cristo, la de Mahoma). "Cordero de Dios" se dice en la Santa Misa, y durante Aid el Adha (Fiesta del Cordero), unos 70 días después del Ramadán, cada fiel mata o manda a matar uno o varios corderos para conmemorar el sacrificio de Ibrahim, a quien Al-lâh le perdonó la entrega sacrificial de su hijo, aceptando a cambio un corderito.

En la cena mortuoria de *La torre de la Défense* (que es, además, una misa y un bautismo colectivo), como en la *Cena* cristiana, se produce el milagro de la transustanciación, es decir: la puesta en contacto entre dos órdenes o registros diferentes, una *síntesis disyuntiva*. El cordero (más o menos sagrado) es la materialización de lo celestial; la serpiente (una cinta de Möbius en sí misma) y la rata son la encarnación del inframundo. La lucha de los héroes griegos contra los monstruos ctónicos (serpientes de siete cabezas, esfinges, sirenas, etc...), lo sabemos, se entiende como el esfuerzo por escapar a la autoctonía y la imposibilidad de lograrlo. Dos figuraciones cosmológicas entran en conflicto al imaginar el origen del hombre como autóctono o como olímpico y, por lo tanto, dos regímenes de reproducción y parentesco.

Ese conflicto que expone la mitología está también en la obra de Federico García Lorca,[4] que Copi había leído con predilección y perspicacia, donde, por ejemplo, la luna es sacada de su tradición tardo-romántica y modernista y reintegrada a la tradición celtíbera, y donde el cordero se transforma en el inquietante macho cabrío, el *aker* de los aquellares nocturnos (los rituales anticristianos de regeneración del mundo).

Que *La torre de La Défense* se postula como el libreto de un ritual sagrado de regeneración queda claro en la transustanciación entre la carne celestial y la carne del infierno, y en el carácter apocalíptico de la pieza, donde todo lo que no está muerto todavía se prepara para su inminente destrucción, que sucederá al final de la obra, un final que prefigura tanto el de *El club de la pelea* (los edificios de cristal en llamas, explotando) como los acontecimientos del 11 de septiembre en Nueva York.

La fachada del capitalismo avanzado no es sólo el escenario de la pieza de Copi, sino un personaje conceptual privilegiado (si alguna vez la pieza llegara a representarse en Buenos Aires, debería llamarse *La torre de Puerto Madero*), y es por eso que Copi se apresuró a publicar ese fragmento de pensamiento que habla de un momento crítico en el arco de desarrollo de esa fachada –cuyo origen podría fecharse entre el año de *Temor y Temblor* y 1851, cuando se instaló en la Exposición Internacional el Crystal Palace, que Karl Marx y John Ruskin reconocieron de inmediato como emblema del capitalismo tecnocrático. El objetivo último de *La torre de La Défense* es la destrucción de esa fachada, el abandono de toda ilusión ascensional y la constatación del fracaso, al mismo tiempo, de la coacción moral del humanismo occidental y del capitalismo posindustrial, es decir: el cierre de la era del cordero.

Copi funda los rituales de una nueva fe (naturalmente: una fe radical en este mundo, en la potencia del Tiempo absoluto, en la chispa de vida que se agita más allá de los géneros, las clasificaciones, los credos y, claro, más allá de los procesos de nominación: Jean/ Luc, Ahmed, Micheline), cuyos rituales profanan las liturgias precedentes: la Cena, la Fiesta del Cordero, el milagro de la transustanciación y la condena trascendental a la moral del cielo.

Es decir, Copi funda una nueva antropología (y una nueva antropofagia[5]) que subsume lo cálido (la sangre del cordero) en lo frío (el cuerpo de la serpiente, el cuerpo helado del drogado), que hace aparecer en lo ascensional (Crystal Palace, La Défense, cordero sacrificial), los monstruos del inframundo (la serpiente, la rata, la niña muerta), que traza, en la fachada del capitalismo, las líneas de su desmoronamiento, que transforma el ojo de Dios (y su corporeización cordérica) en el año de la serpiente que Ahmed reserva a Luc, después de haber subrayado su rara cualidad. Es, después de todo (o antes que nada), el agujero del sentido: el umbral más allá del cual el mundo se reconstituirá (después de su destrucción) sobre nuevas bases. ¿Se reconstituirá? Después de Copi, La Défense siguió existiendo, pero el cordero ya nunca volverá a ser lo que era.[6] En el final de la pieza, Micheline dice: "A veces, Dios llega tan de repente". Como se sabe, Blanche Dubois dice casi las mismas palabras en *Un tranvía llamado deseo* ("Sometimes – there's God – so quickly"), cuando cree estar enamorándose de Mitch. Tennessee Williams (a quien Copi ha leído hasta la memorización) se mezcla, en esa última frase, con Niní Marshall ("tan redepente"), como la sangre de cordero se mezcla con la carne de rata y de serpiente, para terminar con esa larga agonía de la ética sometida a un mandato exterior al de la vida misma, para fundar una posibilidad de vida.

Aunque tal vez en ninguna otra pieza del archivo Copi esas operaciones se dejen leer con tanta claridad, están ya desde el comienzo de una obra obsesionada por el discurso etnográfico, las aventuras en las tierras exóticas de las series documentales de la televisión, en fin, por el dispostivo de la antropología cultural (los sistemas de parentesco, en primer término).

El Uruguayo,[7] primera novela de Copi, es, como sabemos, una "carta imposible" en la que el cuestionamiento de la posibilidad de narrar se proyecta explícitamente sobre el pacto narrativo: el narrador le pide al lector que "tache" el texto a medida que lo lee: es, en principio, la *desobra*, pero también la relación entre memoria y olvido propia del archivo, que tiene consecuencias decisivas sobre los modos de reproducción que Copi postula en su teatro, en sus novelas, en sus cuentos. "Nos hace falta una antropología radicalmente negativa, nos hacen falta algunas abstracciones radicalmente vacías, suficientemente transparentes para impedirnos prejuzgar nada, una física que reserve a cada ser y a cada situación su disposición al milagro"(6), señaló el colectivo Tiqqun,[8] formalizando la hipótesis política anarco-nihilista que, a su modo, estaba ya presente en Copi.

En *El Uruguayo*, un personaje de nombre Copi (las novelas y cuentos de Copi están llenas de "Copi", pero su teatro no) escribe una carta a un viejo maestro suyo en la que le narra los sucesos que tienen lugar durante su visita a Uruguay, en particular aquellos que suceden a partir del momento en que, al cavar un pozo, su perro desaparece dentro de él y la ciudad es cubierta de arena.

Al final de la "carta" (han pasado tres años o algo así), Copi se reúne con el presidente, que ha resucitado junto con los demás cadáveres, y éste lo canoniza, cortándole los labios y los párpados para conservarlos como reliquias. El personaje "Copi" escoge la palabra *rat*, que a partir de ese momento es su "nombre" en Uruguay (quiero decir: es la palabra que designa su disposición al milagro).

El texto, entonces, se propone como una "obra" cuyo autor es y no es el personaje, pero que además sostiene un plano de enunciación complejo que permite suponer intervenciones diferentes. Nada de esto importa demasiado, salvo el gesto anarco-nihilista que se sustrae a todo intento de formalización y/o separación.[9]

La dedicatoria subraya algo de capital importancia: "Al Uruguay, país donde pasé los años capitales de mi vida, el humilde homenaje de este libro, escrito en francés, pero pensado en uruguayo" (85). La reseña de Michel Cournot publicada en *Le Nouvel Observateur* el tres de diciembre de 1973 que oficia de epílogo a la reedición francesa de 1999 y prólogo a la edición de Anagrama sostiene que "todo el mundo [...] sabe que Copi es argentino y no uruguayo" (69).

Por un lado, el "todo el mundo" indica la posición de Copi en París ("argentino de París", como dice la contratapa, como dice *La internacional argentina*), pero nos obliga a una pregunta más inquietante: ¿Quién o qué es "el uruguayo" de *El uruguayo?*[10] Copi (la Persona, el Autor, no lo es), Copi (el *Scribens*, el *Scriptor*) no lo es, Copi (el narrador, el personaje) no lo es. Si bien podríamos suponer que el título se refiere al devenir uruguayo del narrador (canonización, elección de un nuevo nombre), la misma noción de "devenir" sería contraria al determinante: "el uruguayo", nunca; "un uruguayo..." (como "une vie..."), tal vez. Pero, en todo caso, jamás un devenir nacionalitario.

El uruguayo es un idioma. "El uruguayo" de *El uruguayo* (su protagonista) es el lenguaje, entendido como una abstracción radicalmente vacía. El texto comienza con disquisiciones filológicas que, ya lo sabemos por Daniel Paul Schreber, conviene relacionar con el delirio.[11] El narrador discute las etimologías posibles de los nombres

"Montévidéo" y "Uruguay", ofrece su "narración de llegada" (que no es tanto el descubrimiento de lo nuevo cuanto la integración operativa de lo disponible) y la descripción de la ciudad. La crítica[12] ha relacionado la novela con los relatos de viajeros europeos de los siglos XVIII y XIX, más específicamente, con "un subgénero que se conoció como de literatura de supervivencia" donde "encontramos abundantemente los tópicos de las catástrofes naturales y de los intentos por comprender una naturaleza que escapa a las leyes conocidas en Europa" (Amícola). Copi profana, entonces, la mirada eurocéntrica y orientalizante (imperialista) de esos textos, en el mismo sentido en que antes había profanado el imaginario paterno y el imaginario peronista en *Eva Perón*: por la vía del juego.

Lo que a Copi le importa subrayar del lenguaje (ese vacío) afecta a los procesos adánicos de nominación y, también, a la rueda libre de la instancia enunciativa. En la medida en que el país se encoge, el tiempo comienza a transcurrir con velocidad creciente y el espacio se temporaliza mediante una tarea que el narrador asigna a los uruguayos para que conserven la calma: los coloca en un círculo "qui prend pratiquement toute la place de l'Uruguay" (61) y les hace decir una frase a la persona situada a su izquierda, quien a su vez la transmite a su propia izquierda y así hasta que finalmente la frase da la vuelta completa al círculo. El retorno periódico de la frase a su punto de partida comienza a servir de reloj. Más tarde, en la medida en que el país y el círculo enunciativo se encogen, el tiempo se acelera al punto de que los miembros del círculo:

> […] se hablan cada vez más deprisa y cada frase tarda apenas quince minutos en dar la vuelta completa. Me he dicho que si llega el momento en el que la misma frase da la vuelta al círculo en un instante nos arriesgaremos a uno de esos cataclismos típicamente uruguayos a los que estamos, desde luego, habituados, pero que no siempre son deseables. (135)

Por otro lado, el gesto anarco-nihilista de Copi es tan radical como para subvertir la relación entre los nombres y las cosas (recordemos que los nombres constituyen la clase que no se incluye a si misma): toda vez que algo es dicho, lo dicho ocupa el lugar de la cosa y la desplaza hacia otro sitio que debe ser explicado para que la explicación, a su vez, lo desplace, en una interminable cadena de afirmaciones fallidas que hacen la comunicación imposible,[13] o mejor: que transforman el lenguaje de herramienta de comunicación en dispositivo de traducción (la misma paradoja y la misma mutación del lenguaje había planteado ya Lewis Carroll en sus deliciosos libros para niñas victorianas, de los cuales Copi fue "lector incansable"[14]). Esta especificidad del uruguayo es puesta de relieve en varias ocasiones por el narrador: entre otros rasgos de ese lenguaje y de su uso se cuenta el hecho de que los uruguayos pronuncian una media de tres palabras por día y cuando dos de ellos dicen una al mismo tiempo son fusilados, por lo que se la pasan inventando nuevos vocablos; su lenguaje carece de verbos y en él los signos (o más bien los fantasmas de los signos[15]) flotan en una serie sin vínculos predeterminados con ningún referente: la utilización del signo deviene en la apropiación del objeto cuando la relación entre objeto y signo ya está establecida, etcétera. El modelo se abisma en la diferencia, al tiempo que las copias (los nombres, los simulacros) se hunden en la desemejanza de las series que interiorizan, sin que jamás pueda decirse que una es copia; la otra, modelo. En Copi, a diferencia de Platón, el simulacro no revela su carácter de copia aberrante, sino la posibilidad de un modelo de lo otro, de lo diferente.

Un poco por eso, la escritura de la carta es lo único que sostiene la subjetividad del narrador: su vida se pone en juego en la obra entendida como un encadenamiento de signos-fantasma, de signos-simulacro. La carta es, por definición, infinita: sin ella, el narrador se anonadaría.

La otra carta-novela de Copi es *La ciudad de las ratas*, donde las posiciones se invierten en un largo relato epistolar enviado por Gouri (la rata) a su maestro Copi, convaleciente, informándole de sus peripecias ratoniles (la especie no tiene labios, se nos dice, como no los tiene el santo Copi al final de *El uruguayo*), acompañado de su amigo Rakä (*rajá, gurí*: no puede haber un juego de lenguaje más argentino y, por lo tanto, una forma de vida más autóctona que la que presenta *La ciudad de las ratas*). Rakä, que conoce "mejor el mundo y sus costumbres" que el sabio Copi, le ha descripto en detalle a Gouri "las cataratas del Iguazú, el estrecho de Magallanes y el delta del Amazonas, que son, como todos sabemos, las tres maravillas naturales de este mundo" (21).

En la perspectiva de esa rata de París (que es, al mismo tiempo que una forma-de-vida, un dispositivo óptico y una posición de lenguaje:

enunciación y nominación), Argentina es un intervalo geográfico comprendido entre dos de las maravillas naturales del mundo. Toda la obra de Copi no hace sino desarrollar hasta la exasperación ese carácter natural-maravilloso de las fuerzas tectónicas (del paisaje y del territorio). Además, la novela introduce esa forma-de-vida que asoma aquí y allí en el teatro de Copi (*Loretta Strong, La torre de La Défense*, como se ha visto) y en algunos de sus relatos ("La criada") como encarnación del tabú que constituye la rata en la cultura occidental.[16] Copi sabe que la rata es la víctima privilegiada de las fantasías de exterminio de los seres humanos, un "otro" radical respecto del cual se sostienen las más extravagantes hipótesis para justificar la algarabía por la destrucción, y por eso las elige como voz, como tema, como alimento y como nombre.

En *La ciudad de las ratas*, los roedores visitan al Dios de los hombres en la Sainte-Chapelle, quien, arrepentido por haber dejado libres a los seres humanos tras la expulsión del Paraíso, no puede ayudarlos. La capilla explota, el Dios de los hombres asciende a los cielos y el Diablo de las ratas, que ocupa su lugar, les ordena fundar una ciudad donde puedan convivir en paz ambas especies. Las ratas, revolucionarias como la obra de Copi, liberan a los presos y organizan una orgía en la que personas y ratas toman parte por igual.

Si las ratas representan un tabú más allá del cual no parece haber más escándalo (asco, o terror) posible, el genio de Copi lo cruzó sin titubeo alguno, porque le interesaba desencadenar una antropología radicalmente nueva, mescolanza de rata y cordero, agenciamiento abominable o monstruoso que suspende la historia y postula modelos relacionales radicalmente nuevos.

Pocas invenciones en la literatura de Copi son tan potentes como la instrucción de tachado que Copi incorpora a *El uruguayo* (naturalmente: esa instrucción afecta tanto al receptor de la carta, el "Maestro", como al lector del libro). Por esa vía, Copi sustrae su literatura (toda la literatura), al mismo tiempo a la *mímesis* (la imitación o representación) como a la *memesis* (la memoria y la historia).

Al tachar lo ya leído (lo *déjà lu* - lo *déjà vu*), se suspenden las relaciones de causa-efecto y, al mismo tiempo, las categorías centrales de la teoría clásica del parentesco (alianza y filiación). Lo que queda es una teoría del parentesco como diferencia y multiplicidad, un modo relacional que no tiene como causa la similitud y la identidad, sino la divergencia o la distancia (recuerden: las cartas se escriben para mantener al otro a la distancia). Ese modo relacional, lo sabemos, se llama devenir: el devenir es lo que literalmente se evade, huye, escapando tanto de la *mímesis* como de la *memesis*. El devenir es amnésico, prehistórico, anacrónico y estéril. Es la diferencia en práctica.[17]

El texto de Copi, por eso, "anula el tiempo", o mejor: anula el tiempo histórico (Cronos) y postula una nueva temporalidad basada principalmente en las mismas condiciones inhumanas en las que se basa su noción de experiencia. Eso es el devenir y, en el texto, todo deviene, incesantemente (el agenciamiento final es la santidad, esa "disposición al milagro" de la que habla Tiqqun).

Que el asunto es de capital importancia para la literatura de Copi queda claro en el título del segundo párrafo-capítulo de *La vida es un tango*: "Los años, luego de haberlos hipnotizado, devoran a sus hijos", que no funciona necesariamente como una hipótesis sobre Mayo del 68, sino sobre las genealogías que relacionan a un abuelo (Urano) con su nieto (Zeus, salvado por la madre) a través de un padre caníbal (Cronos).

Al rechazar la política parlamentaria respecto de la cual (fantasea Copi en "Río de la Plata") había sido concebido por su padre, Copi se postula como una contracción de imagen-materia, hijo directo de Urano y Gea: "agua, tierra, luz y aire contraídos, no sólo antes de reconocerlos o representarlos, sino antes de sentirlos" (Deleuze, *Diferencia* 99-123), en un más allá de las categorías clave de las teorías clásicas del parentesco: alianza y filiación, y en un más allá, incluso, del presente como una mera sucesión de instantes: las acciones, en Copi, responden a la lógica de la *durée* que, como sabemos, Bergson vinculó en un primer momento con la vida interior de la conciencia, pero que, a partir de *La evolución creadora*, amplificó progresivamente al ámbito de la vida y el universo como totalidad. La *durée* es una dimensión de la realidad que coincide con el Todo: flujo de un ser-tiempo que cambia, que dura mientras cambia y que produce lo nuevo, lo cual nos conduce directamente a esta tesis esencial para la *literaturra* de Copi: *el todo no está dado*.

De acuerdo con Bergson, no puede concebirse el paso del tiempo a menos que el presente se duplique en un pasado puro que "insiste" en el presente, hasta el punto que hay que considerarlo como el fundamento mismo que lo hace devenir. La paradoja constitutiva del tiempo hace referencia precisamente a este carácter del pasado en relación con el presente: el presente no podría pasar a menos que el pasado puro coexista con él. Es imposible dar cuenta del continuo devenir del presente limitándose a la relación de sucesión, y es preciso una síntesis más profunda de relaciones temporales: la síntesis de la Memoria como síntesis trascendental de un pasado puro.

La Memoria (eso que *El uruguayo* pretende tachar, pero no borrar) es el fundamento del Tiempo, la síntesis fundamental que constituye el ser del pasado (lo que hace pasar el presente). No es que el pasado sea un antiguo presente que ha dejado de existir, sino todo lo contrario: es la profundidad propia del tiempo, de la que depende el propio presente para pasar a la existencia. El presente hunde sus raíces en el tiempo absoluto y, tal vez por eso, hacia el final de *La vida es un tango* (hacia el final de su vida), Silvano Urrutia encuentra en una gruta, mientras se asa una iguana, un dibujo (imagen, simulacro o fantasma) que él mismo había hecho en su primera juventud y que lo muestra en su madurez parisina en ejercicio reproductivo con su mujer francesa. Arlette no tardará en aparecerse en santidad ante los ojos delirados de Silvano y Pelito, "con la misma boa roja de siempre", cantando "Nini peau d'chien", el melancólico suceso del cabaret de Aristide Bruant.

Todo presente actual, lo subraya cada línea que Copi escribió y que indicó tachar, no es más que el pasado entero en su estado más contraído: el pasado, por eso, no pasa, sino que persiste, insiste, consiste, es el fundamento último del paso. Si lo propio del presente es la existencia actual bajo la forma de una sucesión de diversos instantes (antes y después), el pasado puro, fundamento y profundidad del Tiempo, en cambio, se caracteriza por la "coexistencia virtual" de sus diversos niveles con el presente. Cada punto de presente, en la lógica de Copi, contiene todos los yacimientos de pasado y, por lo tanto, supone todos los posibles narrativos. La "naturalidad" con la que Copi los transita tiene que ver con esa comprensión profunda de la síntesis disyuntiva propia del Tiempo.

La síntesis disyuntiva es, además, el régimen relacional característico de las multiplicidades: el devenir no es una metáfora sino una relación real (molecular e intensiva) propio de la manada (pero no de la masa). Devenir no es imitar, pero tampoco "producir una filiación, producir por filiación" (Deleuze y Guattari, *Mil mesetas* 292). Aunque producción y devenir tienen que ver con la naturaleza y los dos son intensivos y prerrepresentativos, devenir es una intervención contra natura del hombre y de la naturaleza, "lejos de la producción filiativa, de la reproducción hereditaria" (*Mil mesetas* 296): las particiones (Jean/ Luc), las bodas contra natura, son la verdadera Naturaleza que atraviesa los reinos de Copi, poblados en todas direcciones por multiplicidades de manada (de rata), y nunca, jamás, de masa, que suponen otra relación con la divinidad, como la simple comparación con las *Memorias* de Schreber (leídas por Canetti[18]) permite comprender.

En 1893, a los 51 años, poco tiempo antes de ser internado por segunda vez, Daniel Paul Schreber tuvo, en una de esas duermevelas deliciosas en la que cualquier fantasía nos arrebata, un pensamiento perturbador que articulaba dos misterios, el goce femenino y el poder: "Qué lindo sería ser una mujer sometida al coito" ("Es doch eigentlich recht schön sein müsse, ein Weib zu sein, das dem Beischlaf unterliege").

Unterliegen es el término legal que Schreber usa para definir esa condición de sujeción a un poderío muy inscripto en la doxa del XIX, que él asocia con no sabe bien qué voluptuosidades. La simple idea, cuando medita en ella, lo asquea.

Poco después se da cuenta de que Dios, con la mediación de fuerzas, rayos y nervios, quiere volverlo una mujer para cogérselo bien cogido y engendrar en su vientre una nueva raza, habida cuenta de que la especie humana ya había tocado fondo. En ese tocar fondo, y en esa supervivencia de uno solo (reverso exacto del soberano), encuentra Canetti los argumentos para la postulación de dos formas de multiplicidad: de masa y de manada.

Sigmund Freud intentó demostrar que la paranoia funcionaba como mecanismo de defensa contra la homosexualidad. Pero la fantasía de Schreber (goce femenino, emasculación, gestación) es menos homosexual que trans. Tuvo que pasar todo el siglo XX para que quedara clara esa diferencia lógica.[19]

La homosexualidad (en el horizonte cultural de Freud, que es también el de Proust) responde a una lógica de la inversión cuyo presupuesto es que existen determinados trascendentales (el Hombre y la Mujer). La transexualidad, por el contrario, se propone como una inmanencia absoluta, vacía de cualquier trascendental y que, además, (si algo se aparta de esta regla dorada), no será transexualidad, sino otra cosa.

La obra de Copi, como ya he señalado en otra parte, al rechazar las ficciones guerreras del Estado nación, pone en crisis las figuras asociadas con el límite interior del Estado: el misionero, la princesa Inca, el Papa, el presidente, los movimientos de liberación homosexual, las instituciones de "bien público".

Su obra es transnacional (lo trans es su tema, pero también lo que define su lógica) y, por lo mismo, translingüística: habla, llamándose *rat*, el lenguaje irrecuperable de las ratas. "He preferido colocarme en el *no man's land* de mis ensoñaciones habituales, hechas de frases en lengua italiana, francesa y de sus homólogas brasileña y argentina, entrecortadas con interjecciones castellanas, según la sucesión de escenas que mi memoria presenta a mi imaginación" (346), escribió Copi en un manuscrito que se guarda en la antigua abadía normanda de Ardenne.[20]

De esa *tierra de nadie* de la ensoñación, la imaginación y la memoria, Copi deriva una lógica del territorio (el Uruguay esquizo de "El uruguayo", la Défense en *La torre de La Defensa*, *Las escaleras de Sacré Cœur*, la selva, la luna, la estepa siberiana, los hielos árticos), una lógica del lenguaje y una lógica de la transexualidad.

En Copi no hay "homosexuales", ese invento desdichado del siglo XIX, y los pocos que hay mueren en *La guerre des pédés*, traducida como *La guerra de los putos*, *La guerra de las mariquitas* y *La guerra de las mariconas*, en un "devaneo nominativo" que no hace sino subrayar, en la lógica de Copi, la dificultad del Nombre (Raúl, Jean/ Luc, Ahmed, etc...).

Copi transforma la escritura en una tachadura (más del lado del tajo que del borramiento o el fantasma) y, así, hiere de muerte el imaginario (en ese sentido, su arte es un arte de lo *trans*). Ningún delirio (psicótico o teórico) que pretenda triunfar sobre el pánico a la síntesis disyuntiva como régimen relacional característico de las multiplicidades.

Que Dios exista, dice Raulito en *Cachafaz*, depende de la suspensión de las categorías y las determinaciones, las jerarquías, los sistemas de alianza y de filiación ("CACHAFAZ ¡Pero si vos sos un puto!/ RAULITO ¡Pero entonces Dios no existe!"). Es la *klesis* como suspensión de todas las vocaciones. Si es que entiendo bien lo que quisieron decir Schreber y Copi, uno desde dentro del discurso paranoico y el otro desde fuera: Dios es lo transitivo del género, pero también la contracción del Tiempo y el fundamento de un matrimonio aberrante entre el cielo y el infierno cuyos esponsales se celebran (cada vez) con un banquete de e-rratas ("acá las ratas las servimos al plato", dice Pablo –no el de Tarso sino el de *Tango-Charter*).

Si, como sabemos desde *El uruguayo*, el nombre no representa a la cosa sino que se articula carrolianamente con otros nombres, y otros, y otros, la palabra tiene efectos de delirio. Dicho en los términos propios de la lógica translingüística de Copi: irrealiza el mundo. Sólo cuando se rompe la cadena, cuando la relación entre nombre y nombre se interrumpe, cuando la tachadura se imprime como política, cuando en el baño ceremonial irrumpe la sierpe realidad ahíta de rata, se realiza lo imaginario. Esa irrupción, esa emergencia (el estado de emergencia o de excepción contra el que se recorta la voz de Copi) corta la cadena de los nombres, suspende la representación, y, con ella, las alianzas y las filiaciones. Hiere al imaginario y, al mismo tiempo, sutura lo simbólico (el cordero) con lo Real-tabú, la rata que sale, humeante, directo al plato, que digo plato: a los *mil platos*. Y digo más: "¡Qué plato!"

NOTAS

[1] Este texto fue escrito en el marco de una beca de investigación patrocinada por la Simon Guggenheim Fundation y constituirá uno de los capítulos del libro *La lógica de Copi*.
[2] Incluida en Copi. *Teatro I*. Buenos Aires, el cuenco de plata, 2011. Trad. Guadalupe Marando.
[3] Ver Handke, Peter. "Los secretos públicos de la Tecnocracia" y "El viaje a La Défense" en *Cuando desear todavía era útil*.
[4] Ver Link, Daniel. *Fantasmas. Imaginación y sociedad*.
[5] "Nueva antropología" y antropofagia constituyen, como se sabe, la matriz de *Cachafaz*.
[6] A propósito de estos asuntos, Raúl Antelo, en una comunicación personal, me sugiere que Ahmed (ese Otro de Occidente) vacía la *sierpe realidad* (esa cinta de Möbius que tal vez sea el lenguaje) y la llena de e-rratas: habrá que meditar sobre esa lección.
[7] Incluido en *Obras (tomo I)*.
[8] VerTiqqun. *Introducción a la guerra civil*.
[9] El narrador es consciente de los disparates en los que incurre, pero (como ya lo hemos visto), lo que designa el campo operacional en el que Copi se mueve es el teatro, llama "coup de théâtre" a esas suspensiones de los órdenes culturales: "Coup de théâtre: les gens se sont mis à ressusciter" (42) y "Deuxième coup de théâtre: le président est de retour" (62). El "Coup de théâtre" es terminología técnica de la dramaturgia, pero además, recuerda al "coup de dés" mallarmeano. La carta que el personaje Copi escribe a su "Maître" está intervenida por algunas notas a pie de página (cuatro) que suponen una instancia enunciativa diferente. Estas notas no están firmadas, pero la convención genérica, ¿qué sentido tiene una nota al pie en una carta?, además del "évidemment" de la tercera nota ("Les limites entre la plage et la ville sont à présent imaginaires, évidemment", 26) sugieren una instancia enunciativa compleja. Cito por la edición original en francés: Copi. *L'Uruguayen*.
[10] Ya Groucho Marx asociaba al Uruguay a cierta esquizofrenia y traducía Uruguay como *Your own way* ("You are going Uruguay, and I'm going my way" en *Animal Crackers*, 1930). El brasileño Murilo Mendes, decía que Uruguay estaba "limitado ao norte por Lautréamont, ao

sul por Laforgue, a leste por Supervielle. O pais nao tem oeste". Las principales producciones de Uruguay son, para el mismo autor: Lautréamont, Laforgue y Supervielle. El Uruguay consta de tres habitantes: Lautréamont, Laforgue, Supervielle, que forman un "governo colegiado". Los demás habitantes se encuentran exiliados en Brasil ("O Uruguay", poema de 1972).

[11] La primera nota cita el delirio: "explicación tan delirante" (como si el resto no lo fuera).
[12] Ver, Amícola, José."L'Uruguayen de Copi como espejo del triple estereotipo".
[13] "[...] tout peut être une place du moment où ils peuvent la définir par un mot. Et pour ça ils ne se gênent pas, croyez-moi. Ils n'arrêtent pas d'inventer tous les mots qui leur passent par la tête. Si l'un d'eux me voyait écrire en ce moment (pour écrire je me cache) il pourrait lui arriver d'inventer un mot pour mon cahier, mon stylo et moi-même [...] et ce mot deviendrait automatiquement une place qu'il remplirait aussitôt, me laissant en quelque sorte en dehors" (14).
[14] Ver la entrevista de Sivia Rudni a Copi en "Teatro: Copi vuelve al primer amor".
[15] "El simulacro o fantasma no es simplemente una copia de copia, una semejanza infinitamente relajada, un ícono degradado [...] (167) El simulacro es precisamente una imagen demoníaca, desprovista de semejanza; o, mejor dicho, a la inversa del ícono, ha puesto la semejanza en el exterior y vive de diferencia" (Deleuze, Gilles, *Diferencia y repetición*. 197-198.
[16] En la mitología hindú, por el contrario, la rata es el vehículo del dios-elefante Ganesha y en el horóscopo chino, se sabe, las características de la rata son la creatividad, la honestidad, la generosidad, la ambición, el despilfarro, la fertilidad, todos los rasgos que se podrían aplicar sin titubeo a la imaginación de Copi.
[17] Ver Deleuze, G. *Diferencia y repetición* pág. 165-166 y también Viveiros de Castro, Eduardo. *Metafísicas caníbales*.
[18] Ver Canetti, Elías. "Poder y paranoia" en *Masa y poder*.
[19] Y para que la teoría psicoanalítica se despojara de esos restos de heterenormatividad (Freud consideraba un "triunfo" el poder defenderse de sus propias tendencias homosexuales).
[20] Ver Copi, "Río de la Plata" en *Obras* (Tomo I).

BIBLIOGRAFÍA

Amícola, José. "*L'Uruguayen* de Copi como espejo del triple estereotipo". *Le Ciremia*. Centre Interuniversitaire de Recherche sur l'Education et la Culture dans le Monde Ibérique et Ibéro-Americain, 2005. Le Ciremia Web. Université François-Rabelais de Tours 29-01-2005.

Canetti, Elías. "Poder y paranoia". *Masa y poder*. Barcelona: Random House/Mondadori-Círculo de Lectores, 2005.

Copi. *La ciudad de las ratas*. Buenos Aires: El cuenco de plata, 2009.

_____ *La torre de La Défense. Teatro I*. Guadalupe Marando, trad. Buenos Aires: El cuenco de plata, 2011.

_____ *L'Uruguayen*. Paris: Christian Bourgois, 1973.

_____ *Teatro I*. Guadalupe Marando, trad. Buenos Aires: El cuenco de Plata, 2011.

_____ "Río de la Plata". *Obras (Tomo I)*. Barcelona: Anagrama, 2010.

Cournot, Michel. "Presentación". *Obras I*. Barcelona: Anagrama, 2010.

Deleuze, Gilles. *Diferencia y repetición*. Buenos Aires: Amorrortu, 2002.

―――― y Félix Guattari. *Mil mesetas. Capitalismo y esquizofrenia*. Valencia: Pre-textos, 1988.

Handke, Peter. *Cuando desear todavía era útil*. Barcelona: Tusquet, 1978.

Link, Daniel. *Fantasmas. Imaginación y sociedad*. Buenos Aires: Eterna cadencia, 2009.

Rudni, Silvia. "Teatro. Copi vuelve al primer amor". *Primera Plana*. 9 enero, 1965.

Schreber, Daniel Paul. *Memorias de un enfermo nervioso*. Ramón Alcalde, trad. Buenos Aires: Perfil Libros, 1999.

Tiqqun. *Introducción a la guerra civil*. Madrid: Melusina, 2008.

Viveiros de Castro, Carlos. *Metafísicas caníbales*. Buenos Aires: Katz editores, 2011.

Capítulo 2
Literaturas transatlánticas: viajes y relocaciones

Puig: el brillo de una vinchita de nylon

GRACIELA GOLDCHULK
Universidad Nacional de La Plata

> *Pilchitas de poliéster*
> *y santidad de virgen*
> Indio Solari, "La murga de la virgencita"

PUIG EXCÉNTRICO

¿Podemos considerar, sin caer en el uso publicitario de la figura, a Manuel Puig como un escritor excéntrico? La pregunta se inscribe en el debate que plantea el propio libro en el que la estamos formulando, y es el formato de este libro, su propia ley de consignación, la primera contraseña de entrada a la cueva de los que no tienen casa. De ese modo, y antes de utilizar esa misma llave (consigna, contraseña) para entrar una vez más y por diferentes lugares a la obra de Puig, ya sabemos que será bienvenido en la casa-archivo que albergue a Copi, a Willcock, a Levrero. Entonces y paradójicamente, Puig sería un excéntrico no porque su nombre no pueda entrar en determinados cánones (de eso nos ocuparemos luego), sino porque su firma se deja reunir con placer, se con-signa, junto a las de otros cuyo nomadismo o sedentarismo ermitaño, cuya extrañeza o extranjería, son irreductibles, lo que los vuelve resistentes a toda reunión.

1. MOTIVOS PARA NO INCLUIR A PUIG EN LA CATEGORÍA DE EXCÉNTRICO

Manuel Puig fue nominado para el premio Nobel de literatura en el año 1982. La nominación partió de la academia sueca y coincidió con el éxito que tuvo en Estocolmo la versión teatral de *El beso de la mujer araña*, ofrecida en un teatro municipal, tres años antes de que la película dirigida por Héctor Babenco resultara finalista de los premios Oscar y William Hurt ganara uno por su interpretación de Molina.

El musical que siguió varios años después a la película, con libro de Terrence McNally, también obtuvo el premio Tony 1993 a la mejor obra, y su intérprete Chita Rivera a la mejor actuación.[1] Por otra parte, estos triunfos en los ámbitos más disímiles, pero igualmente extremos, no dibujan una trayectoria que podríamos definir por su centralidad en el sistema literario, sumamente refractario a quien se aventura fuera de los pasillos de una biblioteca. El anunciado Nobel únicamente se difundió en una nota del vespertino *La Razón*, más que una nota un recuadro del tamaño de un anuncio de evento social, y si ha llegado hasta nosotros es porque familia y amigos se ocuparon de guardar el recorte y enviarlo al escritor, que seguía prohibido en el país. Sin embargo, la objeción es fuerte.

Manuel Puig es el autor de un *best seller* reconocido al mismo tiempo por la crítica, con cifras contundentes que recopila Giselle Rodas.[2] Con *Boquitas pintadas*, además, Puig regresó al cine. Antes de huir a México por las amenazas del grupo parapolicial llamado Triple A (Alianza Anticomunista Argentina), dejó el esbozo del guión para la película que ganó el premio "Pluma de oro" en el festival de San Sebastián. El autor estaba exiliado y la comitiva argentina prescindió de su participación. Mientras entregaban el premio en España, Manuel Puig era entrevistado en México por Elena Poniatowska y confesaba "me hubiera gustado recibir un telefonema" (Goldchluk, *El diálogo* 270). Sin embargo, con los años, la expresión "boquitas pintadas" es más de Manuel Puig que de Alfredo Lepera, y cuando canta Gardel se nos figura que Puig comparte la sonrisa.[3] Podemos afirmar además que varios estudiantes de la provincia de Buenos Aires leen la novela en las escuelas, y esto comenzó a suceder incluso antes de 1983, cuando la llegada de la democracia dejó sin efecto las listas negras en las que figuraba el autor. Aunque los docentes, y sobre todo las docentes que hicieron leer la novela tempranamente lo hayan hecho como un gesto de resistencia o para ofrecer una novedad, la entrada en el canon escolar es también una objeción fuerte.

¿Alcanzan estas objeciones para dejar de lado a Puig con el argumento de que es un escritor consagrado? El problema con Puig es que sigue siendo resistido, para regocijo de sus lectores, por una parte de la *intelligentzia* que todavía está esperando que "se pase la moda". La maravilla con Puig es que eso no importa, aunque lo empapelaran de honores, ahora que en el mismo lugar donde se prohibió la proyección de *Boquitas pintadas* se levanta un cartel de bienvenida que anuncia que General Villegas es el pueblo de Manuel Puig, su literatura seguirá siendo difícil de digerir, con un resto –en medio de tanta corrección política que quiere asimilarlo– no-biodegradable, como una separata inserta en la Historia de la Literatura que "burlando la ley sin transgredirla, tiene lugar sin tener lugar" (Vidarte). Si entendemos la idea de lo no-biodegradable como aquello que permanece siendo una "cosa", que no se descompone para asimilarse por completo a la naturaleza, podemos asirnos de esa bolsita de plástico para pensar qué formas de la cultura toma la literatura de Puig, o mejor dicho qué movimientos hace la literatura de Puig con el lenguaje, forma suprema y cotidiana de la cultura (casi una naturaleza), para convertirla en una "cosa" que persiste con el brillo de una vinchita de nylon. Es en ese hacer, en ese desplazamiento necesario, donde la descolocación de Puig con respecto a la ley (en principio a la ley del texto) nos deja pensarlo como un ex-céntrico, en tanto no se opone ni transgrede, como lo haría un vanguardista, sino que dibuja su propia huella, desvía su mirada.[4]

2. Resignarse a ser excéntrico

Manuel Puig partió de Argentina en 1956 para estudiar la carrera de director de cine en Roma. Después de haber estudiado un año de Arquitectura y de Filosofía en la Universidad de Buenos Aires, la oportunidad se presentó con una beca de la Asociación Dante Alighieri, como premio por ser el mejor egresado de Lengua y Cultura Italiana. Desde el colegio primario, Manuel Puig fue siempre buen alumno, eso también se repitió en el Centro Experimental de Cinematografía (Cinecitta), donde obtuvo el mejor promedio en el examen de ingreso y también en el primer año de cursada. Estos logros no modificaron el hecho de que en el segundo año, que consistía en la realización de un corto, Puig decidiera abandonar al enterase de que el escaso celuloide disponible era para los alumnos italianos, y ningún mérito iba a dársele a Manuel Puig o a Néstor Almendros.[5] Puig no se desanimó, si no iba a ser director, sería guionista. Se dispuso entonces a escribir guiones que revivieran aquellas películas de Hollywood que había amado en su infancia y que tan mal caían en el templo del neorrealismo, ya agonizante a fines de los cincuenta. Con espíritu empresarial, escribió un melodrama estilo *Cumbres borrascosas* llamado *Ball Cancelled;* una comedia "Irenedunniana" de nombre *Summer Indoors* (el adjetivo es de Puig por la actriz Irene Dunne y sus comedias con Charles Boyer y con Cary Grant), es decir de diálogos agudos y moral esquiva: y finalmente *La tajada,* un *women film* de corte acaso neorrealista, asentado en la vida política argentina. Durante muchos años la crítica restó importancia a estas producciones así como a toda la obra guionística de Puig, y es únicamente a partir de un cambio de paradigma crítico, que habilita el estudio de materiales de archivo en diálogo con la obra édita y consagrada de los autores, que comienzan a surgir los primeros trabajos (Pollarolo 2012).[6] Pero volviendo a Puig, algo no funcionaba: sus guiones se veían antiguos a los ojos de los productores, o en todo caso inconvenientes. Si *La tajada,* que cuenta el ascenso de una chica de barrio a estrella del cine nacional durante los años del primer gobierno peronista, tuvo posibilidades de ser filmada hacia 1960 como queda registrado en la correspondencia familiar (Puig, *Querida familia),* el surgimiento del peronismo y la hipocresía de las clases acomodadas que lo combatieron podría resultar un argumento difícil de vender en un país donde la palabra Perón estaba prohibida por decreto.[7] A pesar del fracaso profesional con este tercer guión, Puig encuentra en su escritura que finalmente puede hablar en su idioma y logra definir una poética, casi un credo gritado a voz de cuello por su protagonista Nélida Cuenca: "Sí, algo soy: ... ¡soy cursi!" (Puig, *La tajada* 67). El término, fácilmente asociado a ciertas lecturas generalizadoras de Puig, digamos lecturas que atienden a lo que Alberto Giordano (*Manuel Puig* 2001) nombra "efectos de representación", retoma la nominación que el señorito puso a su ocasional compañera, aquella que se convertiría, de manera inconveniente, en protagonista de la trama. Cuando Nélida dice "¡es que te quiero con el alma!", Julio se ríe y le advierte que "Eso del alma [...] estuvo un poco cursi" (64). Este es el último guión que Puig escribe para intentar vender en la industria: todos los demás serán escritos a pedido o por propuesta de directores.[8] Es, también, la última vez que un personaje grita una reivindicación. Lo siguiente que Puig escribe será *La traición de Rita Hayworth,* novela cuya extrañeza radical fue explicada de manera sencilla pero fallida por la falta de un narrador.

A partir de esta primera novela, la historia de Puig, de la escritura de Puig, es la historia de cómo es posible, materialmente, desaparecer de escena. Puig se deja fascinar por las voces oídas en su infancia, por la propia voz que llega desde una lejanía irreductible, pero sólo convierte eso en literatura, es decir en una cosa que no se puede confundir con la naturaleza del lenguaje, a partir de la aceptación del lugar desde donde no es posible asumir la enunciación. Escribir sin enunciar, sin aceptar el lugar de la enunciación, es un modo de aceptar la excentricidad, no de elegirla. Sólo se puede elegir no pasar por el centro desde un lugar soberano: cuando Juan José Saer decide no aceptar el sistema de consagración que pasa necesariamente por Buenos Aires y se va de Santa Fe a París junto con el paisaje de sus ficciones, cuando Héctor Tizón construye su narrativa a partir de una enunciación que muestra las marcas de una sintaxis y una selección léxica contaminadas por el quechua y se niega al pintoresquismo, ambos escritores quedan ubicados, por necesidad geográfica o glotopolítica, en un lugar excéntrico desde donde enuncian su literatura y es desde ahí que se instalan en el mapa de la literatura argentina. El desplazamiento de Puig, que se formó como escritor fuera de su país y fuera del sistema literario, es de otro orden, y eso se puede ver siguiendo su correspondencia. En sus cartas europeas, que van desde 1956 hasta 1962, la línea biográfica de Puig se transforma en trazo escriturario que nos permite seguir, entre otras historias, la de su "extraterritorialidad lingüística", al decir de Daniel Link:

> No sorprende tanto la extraterritorialidad lingüística de Puig (respecto del italiano, el alemán, *todos* los idiomas), sino más bien la maestría para transferir a la escritura registros y tonos desconocidos en la literatura argentina (y, aún, mundial) hasta su aparición. (AA.VV. 170)

Volvemos sobre lo mismo. Lo que Puig transfiere, traslada, del lenguaje a la literatura (la "cosa" que no termina de disolverse en el paisaje), es el tono, entendido como ese golpe de silencio en el que en el lapso de una duración sin tiempo se acalla la voz de lo general para que surja lo singular intransferible. Si nos "identificamos" con los personajes de Puig; si, en verdad, nos con-movemos sin identificarnos, es porque somos transportados, arrastrados a ese lugar en el que podemos reconocer que no estamos cómodos. De eso se tratará la literatura de

Puig, especialmente a partir de *La traición de Rita Hayworth*: del abandono de la réplica revindicativa (algo soy... ¡Soy cursi!) para recalar en la insistencia de una obstinación, la del detalle que parece hablar por sí mismo, que va más allá del "efecto de realidad" porque una vez cumplida esa función (o cualquier otra, por ejemplo ser índice de clase social o de educación) continúa acumulándose. Cuando el propio gusto deja de justificarse (si a Nélida le gustaban los boleros debe gritárselo a Julio, en cambio cuando Molina hace enojar a Valentín le pide disculpas por cantar "Mi carta" en el momento que el militante acaba de recibir una con malas noticias); cuando los objetos permanecen sin que el escritor que los nombra se apropie de su sentido, lo banal opera como resistencia. No es otra cosa lo que "transfiere" Puig de las películas que había amado en su infancia y eran execradas por sus profesores de cine, aquellas en las que los intelectuales de su época veían una amenaza de colonización cultural, y con las que Puig, al modo del "espectador emancipado" que convoca Rancière (*El espectador* 2010), arma y desarma una gran parte de los discursos sociales para quedarse con eso que permanece y cuyo sentido sigue siendo, de algún modo, inaccesible para quien lo nombra.[9]

3. Las lenguas que Puig transita

Manuel Puig comenzó a escribir profesionalmente en español, antes incluso de sus primeros guiones escritos en italiano y en inglés.[10] Durante todo el tiempo que duró su estadía en Europa, que como dijimos fue entre 1956 y 1962, Puig realizó diversos trabajos: desde profesor de idiomas (enseñando italiano, inglés y español) hasta asistente de diálogos durante las filmaciones, pasando por lavaplatos y mozo, pero el trabajo más constante fue el de traducción de diálogos y subtitulado de películas. De ese modo, en el terreno de la escritura, el español fue, para Manuel Puig, una lengua de traducción, de llegada, antes que una lengua "materna", y la escritura, algo que debe construirse, nunca "natural" y nunca una copia de la oralidad en tanto los subtítulos traducen las palabras que declaman los actores, que antes estuvieron escritas en un guión.

La correspondencia de Puig nos muestra algo de ese camino: en las cartas a la familia aparecen restos del dialecto de Parma-Piacenza que los Delledonne, la familia de la madre, llevaron al Río de la Plata.

Cuando Puig visite al tío Luigi en Zibello, los parientes se sorprenderán de que el argentino traiga consigo esas contraseñas:

> De más está decirles que hablamos desde que llegué hasta que me fui, se tiraban al suelo de la risa con las palabras en parmesano, no podían creer que se hubieran mantenido en las dos generaciones siguientes. Les contaba que la Pety dice ñanca* cuando la mandan a eschancarse* para algo, etc.
>
> (Puig, *Querida familia* 63)[11]

Sin embargo, una característica de la literatura de Puig es que evita cuidadosamente el lunfardo y todo rasgo de "tipicidad" folklórica. Al analizar las cartas observamos:

> La evolución del lenguaje que puede rastrearse al comparar el idioma que Puig usa en las cartas con la escritura de su guión *La tajada*, y más tarde con las diferentes versiones hasta llegar a la definitiva de *La tración de Rita Hayworth*, muestra una sucesiva despersonalización. Ese lenguaje no es de nadie, no se posee sino que se usa. (Goldchluk, Prólogo 13)

Un recorrido somero por los materiales de escritura puede confirmar este gesto que llamé de "despersonalización". Debemos recurrir a Voloshinov (*El discurso* 1926) para recordar que escribir es siempre apropiarse de palabras de otro, y que la actitud del enunciador con respecto a la palabra ajena es la portadora de la evaluación en el discurso. Esta actitud evaluativa es la que construye el "rango axiológico del héroe" entendiendo por héroe no siempre el personaje sino también aquello que se narra, y cuando Bajtin (*Problemas* 1993) retome la perspectiva para analizar la palabra bivocal, será el rango axiológico de la palabra del otro lo que defina el verdadero contenido del discurso, ahora sí especialmente literario. Siguiendo esa línea, Bajtin nos enseña que cuando un discurso está reproducido desde el exterior, cuando se toma en bloque y se "transcribe", tendremos ya sea al relato oral donde el autor acentúa la tipicidad del discurso para imponer su perspectiva apoyándose en lo que se entiende por saber popular, ya sea la parodia (de primer tipo) en la que el autor imprime una orientación opuesta a la palabra parodiada, que permanece pasiva. De ese modo, a través del discurso típico que generalmente es el de las clases populares, lo que se impone es la voz del autor. En la literatura argentina el ejemplo paradigmático es la gauchesca, donde se reproducen gráficamente las peculiaridades de pronunciación del habla "representada", dando por sentado que la lengua de las clases letradas no tiene peculiaridades de pronunciación, el autor "no tiene acento".[12] Una característica de este tipo de discursos que Bajtín llama bivocales y a la vez monológicos es su facilidad para ser leídos en voz alta. Son textos que piden la lectura en voz alta. Cuando en cambio la palabra ajena tiene vida propia, cuando el autor la toma desde dentro y en lugar de representarla la recrea, cuando escuchamos los ecos del pensamiento del otro en pugna con el pensamiento del escritor (ya sea en la parodia activa, en la estilización o en la polémica oculta), se trata de una palabra que no sólo es bivocal sino biacentuada, y ya no es posible leerla en voz alta sin traicionarla. Para su desarrollo, la literatura necesitó inventar la novela moderna, de la mano de la imprenta y la lectura silenciosa.

Este resumen escolar me resulta necesario para comentar por qué, cuando Titín (Ministro peronista, marido de Nélida en *La tajada*) dice "Ellos encantados. Lo que quieren es que alguien del gobierno les *deban* favores" (90, énfasis mío) asistimos a los últimos resabios de enunciación autoral en la escritura de Puig. En esa discordancia entre sujeto y verbo resuena el resguardo de un autor que mira con simpatía a su personaje (son escasos los usos de sintaxis desviada, o de apóstrofes que señalan una s faltante) pero no se mezcla. Es verdad que esa voz autoral no está destinada al lector, sino al actor que podrá convertirla en un acento y brindarle su cuerpo y a un director que decidirá si hay que mezclarse. La desaparición de un guionista es tan efectiva en el momento de la película que podemos encontrar más de la voz autoral de Puig en las acotaciones escénicas que en las ocho novelas que firmó.[13]

El tan mentado "oído" de Puig, capaz de captar los más leves temblores de la lengua, capaz de "reproducir" las voces escuchadas, es en verdad un "oído de tísico" (para usar una expresión popular que nos recuerda que, en ocasiones, el sufrimiento agudiza los sentidos) para detectar lugares en los que el poder se asienta en la naturaleza del lenguaje. En este caso, para detectar que el anhelo sesentista de "ser la voz de los que no tienen voz" era también una forma de autoritarismo. La desterritorialización de Puig, entonces, le imposibilita encontrar un lugar desde donde enunciar su literatura:

Afuera del país pero no exiliado, de viaje por Europa pero no de paseo, extranjero en todas las lenguas, Manuel Puig opera de manera inversa al escritor erudito que delimita un idiolecto preciso, inalienable, que cultiva el jardín de un idioma al cual podrá volver siempre como una patria. Si persigue una forma es aquella que lo llevará a las multitudes por el camino de la alienación. (Goldchluk, Prólogo 13)

Esta dificultad para ubicarse, esta imposibilidad declarada de asumir un lugar (el de director en las películas, el del narrador en las novelas), se traslada también a la crítica. Aunque Puig es considerado "muy argentino" y estuvo prohibido por lo menos desde 1974 a 1983, es raro encontrarlo entre los "escritores exiliados".[14] Tal vez esto no se deba a una falla en la memoria o a un problema de inventario, sino a la expresión de una incomodidad constitutiva de la literatura de Puig, que había comenzado mucho antes del exilio y no cesa con la llegada de la democracia.

4. La extrañeza y el legado

Intentamos trazar un mapa que eligiera puntos de intensidad en la relación de Puig con la escritura de *eso* que pasa del lenguaje a la literatura: aquello que viniendo siempre de afuera (el cine o la voz de la tía, para retomar las estaciones de este recorrido) produce efectos literarios en el interior de la literatura misma. Aquello que parece llevar a la literatura hacia otro territorio (el de la denuncia social, el de los medios de comunicación, el de la reivindicación de las minorías), pero que la máquina de relatos de Puig transmuta en literatura, "transporta". Siempre es un problema de lenguaje, pero nunca está en el lenguaje.

Antes postulé, a través de una cita, que "Puig opera de manera inversa al escritor erudito que delimita un idiolecto preciso, inalienable"; en él se hace carne, se hace letra, el *Monolingüísmo del otro*: "Sí, no tengo más que una lengua; ahora bien, no es la mía" (Derrida 14). Puig repite ese postulado, como señalaba antes Daniel Link, en todos los idiomas. Imposibilitado de refugiarse en una lengua como en una patria, Puig ensayó un modo de escritura políglota poco frecuente. Escribió *Maldición eterna a quien lea estas páginas / Eternal Curse on the Reader of These Pages* de manera simultánea, aunque se publicaran con dos años de diferencia (Seix Barral en 1980 y Random House en 1982). Su novela siguiente,

Sangre de amor correspondido, se publicó en 1982 también en Seix Barral, y simultáneamente por la Editorial Nova Fronteira, con el título *Sangue de amor correspondido* y la aclaración "versión original con revisión de Luiz Ottavio Barreto Leite".[15] En el primer caso, el inglés es una lengua que Puig aprendió desde su infancia y experimentó al vivir en Londres y en Nueva York. En el segundo caso, el portugués es una lengua que aprende por contacto casi al mismo tiempo que escribe la novela, basada como se sabe en la desgrabación de entrevistas con un albañil nordestino que estaba trabajando en su departamento de Río de Janeiro; es, como suele decirse, una lengua que no "domina". De este modo, Puig opera sobre la palabra del otro para armar una novela que, como analiza dos Santos Menezes (*Sangue* 2006), tiene diferencias sustanciales entre las versiones en portugués y en español, pero sobre todo, mientras en portugués "fue escrita en un dialecto del Estado de Río" (Puig cit. por dos Santos 13), en español se escribe desde un lugar indefinido desde el punto de vista lingüístico.[16] Pero queremos detenernos en la primera de las novelas escritas en la lengua del otro.

Es en *Maldición eterna a quien lea estas páginas* donde Puig escribe el alegato más conmovedor sobre el exilio. Un hombre está enfermo de depresión, ha perdido a su familia y también la memoria de ella, no quiere saber cómo murieron ni por qué; una asociación de derechos humanos se ocupa de él. Sabe, en cambio, que viene de Argentina y se encuentra internado en el Hogar "Village", donde conoce a Larry, un profesor de historia retirado que se emplea como acompañante. El señor Ramírez desea sorber la vida de Larry, su energía, sus deseos sexuales; Larry piensa que su vida no tiene nada de interesante, hasta que Ramírez recibe unos libros que renuevan su deseo de investigar. En el momento de definir el legado se dice que son cuatro, pero aparecen tres títulos: "Les liasons dangereuses", "La Princesa de Clèves" y "Adolphe" (Puig, *Maldición* 123). Larry trabaja con todos, pero sólo nos enteramos del comienzo de las anotaciones que están en *Les liasons*, la novela hecha con cartas. Ramírez, en la cárcel, había puesto números sobre algunas palabras, y con ellas se forma la primera frase: "malédiction… éternelle… à… qui lise... ces pages" (124). Del resto sabemos que habla de una huelga y que utiliza para eso el doble sentido que tiene en francés la palabra "grève". Me detengo en esta descripción porque define a la vez una extrañeza con respecto al lenguaje y un sistema de citas que nunca terminará de conformar a quienes persisten en la imagen de un Manuel Puig semianalfabeto, aunque políglota. Escribir reordenando palabras de otro idioma, de otro siglo ¿no es acaso una imagen poderosa de autor que busca desaparecer de la enunciación? Por otra parte, sabemos por declaraciones y por una carta encontrada en el archivo, que la novela surgió del encuentro con un joven sociólogo llamado Michael, en una pileta de natación a la que Puig asistía, y sabemos que Puig vivía en el barrio del Village, y también que el regreso a Nueva York no había sido fácil. Sanz y Rivas recogen las palabras de Puig:

> Había vivido allí cinco años en los sesenta. Había tenido mi casa, mis papeles en orden, mi trabajo [...] Nueve años después estaba sin casa, sin papeles y con un Nueva York que se despertaba con la resaca de los años del hippismo. Ya no había esperanzas de cambio. Encontrar un apartamento silencioso en donde poder escribir fue un vía crucis. Es el único lujo que exijo. Puedo vivir en condiciones muy modestas, pero necesito silencio. En esas condiciones tan precarias nació la idea de esta novela. *Pubis angelical.*

El reportaje es contemporáneo a la escritura de *Pubis angelical*, novela que terminó de escribir en México, en su penúltimo intento por establecerse en ese país (el último sería meses antes de su muerte). Cuando comienza *Maldición eterna* ya consiguió un departamento en el Village. Las muchas notas de escritura (lo que llamamos "prerredaccionales") se ocupan principalmente de la relación entre los personajes, qué quiere uno, qué quiere otro... el tema de la memoria aparece poco, aunque en el apunte que transcribimos parece estructurar la novela.

> recuerda los sustantivos, empezó a estudiar el resto pero es difícil entender científico, profesor Universidad
> recuerda todo lo material, incluso verbos, ningún adjetivo
> ningún noun, "without words you cannot think" said the doctor
> I'm trying to find out the meaning
> ----------
> Primera parte es aprender palabras
> Segunda parte es rescate memoria. (*Archivo digital Puig*)[17]

Este plan de escritura en dos trazos evidencia el fracaso del plan, como sucede con muchos otros apuntes, cuya virtud consiste en dejar de ser esa escritura para que otra suceda. Puig planifica que Ramírez se recupere mediante el aprendizaje de palabras y la consiguiente recuperación de la memoria, pero en el momento de redactar la novela no sucede eso. En primer término, Ramírez ya conoce todas las palabras: "Señor... Larry. Yo sé inglés, sé todas las palabras. En francés, en italiano, sé las palabras. En castellano, mi lengua original, sé todas las palabras, pero..." (Puig, *Maldición* 10), cuando Larry le pregunta "¿De veras sabe todos esos idiomas?", la respuesta es "Sí. [...] Qué día tan feo" (10). El resto de la novela será un duelo en el que cada uno intentará, sin éxito, apropiarse del pasado del otro. Pero era un duelo perdido en la primera página de la novela.

La novela comienza con una pregunta, "–¿Qué es eso?" La pregunta es rara porque "eso" es una plaza, y el personaje no preguntó qué plaza es o cómo se llama esto, sino qué es. A partir de esa impertinencia, su interlocutor despliega nombres: Washington, Larry, señor Ramírez; de ese modo los lectores nos ubicamos en el espacio y tenemos un bosquejo de los personajes (que no son Mr. Larry y Ramírez). El señor Ramírez escucha y pronuncia una de las réplicas que mejor señalan la condición de exiliado: "Gracias. Eso lo sé. Lo que no sé... es qué es lo que se tendría que sentir, cuando se dice Washington". Lo notable es que la réplica se escribió primero en la voz del otro, es decir en inglés.

– My name is Jerry. Your name is Ramirez. The name of the park is Washington. The park is n̶a̶m̶e̶d̶ ̶W̶a̶s̶h̶i̶n̶g̶t̶o̶n̶/ c̶a̶l̶l̶e̶d̶ named Washington.
– Thank you. *Y know that. What I don't know is...* w̶h̶a̶t̶ ̶i̶s̶ ̶s̶u̶p̶p̶o̶s̶e̶d̶ ̶t̶o̶ ̶f̶e̶e̶l̶ ̶w̶h̶e̶n̶ ̶y̶o̶u̶ ̶s̶a̶y̶ ̶W̶a̶s̶h̶i̶n̶g̶t̶o̶n̶ *what one is supposed to feel when one says Washington*. (del *Archivo Digital Manuel Puig*)[18]

La versión que se conserva en español es posterior, el nombre del enfermero está definido Larry, como quedará en ambas ediciones.

– Mi nombre es J̶e̶ ̶[̶J̶e̶r̶r̶y̶]̶ Larry. El suyo es Ramírez. Y Washington es el nombre d̶e̶l̶ ̶p̶a̶r̶q̶u̶e̶ de la plaza. La plaza se llama Washington.
– Gracias. Eso lo sé. Lo que no sé... es lo que y̶o̶ ̶t̶e̶ ̶[̶t̶e̶n̶d̶r̶í̶a̶]̶ s̶e̶ ̶t̶e̶n̶d̶r̶á̶ se tendría que sentir, cuando se dice Washington.

En ambas versiones, las modificaciones tienden a la despersonalización. Si atendemos a la versión en inglés, Puig reemplaza "you say" por "one says", que tiene valor impersonal, pero no deja de señalar a la persona de manera paradógica; si *you* es claramente una segunda persona, *one* es un alguien que remite a la primera pero es tratado como una tercera, una "no persona" al decir de Benveniste, uno cualquiera, el título de un tango.[19] En español, el movimiento es doble, de despersonalización y alejamiento. La primera opción, cambiada al correr de la máquina, es "yo te [tendría] que sentir", que se reemplaza por "lo que se tendrá que sentir", la última sobreescritura de la letra "í" encima de la "a" da la forma "lo que se tendría que sentir", que queda en la versión édita. De ese modo, primero desaparece el yo, se elimina la forma personal, y después (el cambio de verbo está hecho a mano, en una relectura) se pasa del indicativo "tendrá" al potencial "tendría", borrando todo rastro de posibilidad, de accesibilidad a la experiencia. El enunciador, el señor Ramírez, exiliado y torturado hasta perder la memoria, afirma que sabe, se afirma como sujeto al decir que sabe las palabras: plaza, Washington… lo sabe. Lo que no sabe, lo que no le permite decir yo, es lo que tendría que sentir. Hasta tal punto está escindido el sentido y el sentir en la lengua de un exiliado que no se hace posible, ni siquiera para el personaje, enunciar ese yo. Ese "golpe de silencio" (Blanchot, *El espacio* 1992) se da tanto en la lengua que Ramírez nombra "original" y que Derrida llamó "prótesis de origen", como en la lengua del otro, del que se busca asir su experiencia. En este juego de reescrituras, podemos ver que Puig escribe en español desde la experiencia del inglés, dado que el primer escrito está en inglés, pero también escribe en inglés desde la experiencia del español; o mejor dicho, escribe como un recién llegado en todos los idiomas.

La última pregunta, entonces, es: ¿puede escribir el recién llegado? ¿Puede, en sentido estricto, adueñarse de la lengua para obligarla a decir? No es el caso de Puig, que más que adueñarse la ocupa marcando que es de otro. Lo que este excéntrico nos propone, me parece, es el tráfico de objetos de escaso valor en el mercado, donde lo que importa es el tráfico mismo y que el objeto no se degrade, que en cada pase vuelva a inventarse y recupere su brillo, como una vinchita de nylon adornada con strass (pasada por una amiga, sin preguntarle a la madre) en el vestido de quince de una chica de barrio.

112 • Graciela Goldchluk

NOTAS

[1] En Youtube http://www.youtube.com/watch?v=XwNEmInnWJU.

[2] Rodas prepara una edición de *Boquitas pintadas* como tesis de doctorado, para lo cual reúne algunos datos de época: "El beneplácito de los intelectuales frente a la novela se registra en la célebre encuesta de la revista *Los Libros* donde nueve escritores consagrados responden, entre otras, a la pregunta: "¿Cuál es para usted el mejor libro de ficción narrativa publicado en la Argentina en 1969?" La mayoría de ellos (Beatriz Guido, Eduardo Gudiño Kieffer, Germán García, Osvaldo Lamborghini y Marta Lynch) responde de manera unánime: *Boquitas pintadas*. El éxito comercial de esta novela la convierte en un *best seller*. La primera edición que lanza Sudamericana de Buenos Aires fue reimpresa dieciséis veces en el período 1969-1974 (con tiradas de hasta 10.000 ejemplares), signo de su demanda en nuestro país. A ello se suman las ediciones en el exterior: las traducciones portuguesa (*Boquinhas Pintadas*, *Folhetim*, 1970) e italiana (*Una frase, un rigo appena. Romanzo d'appendice*, 1971) aparecen en las listas de los mejores libros del año; sólo en Italia se venden 80.000 ejemplares. Posteriormente, Seix Barral de España publica *Boquitas pintadas* (1972) en la colección Nueva Narrativa Hispánica, que estaba integrada por figuras consagradas del *boom* latinoamericano. Ese mismo año, la novela se publica en Francia (*Le plus beau tango du monde*) y, un año más tarde, en Estados Unidos (*Heartbreak Tango. A Serial*), donde Manuel Puig es nombrado por la *American Library Association* como el autor del Libro Notable del Año" (Rodas, proyecto de Doctorado en Letras, UNLP).

[3] *Boquitas pintadas* es un verso del Fox-trot *Rubias de New York*, con música de Carlos Gardel y letra de Alfredo Lepera, que Gardel canta en la película producida por la Paramount *El tango en Broadway* (1935). De este modo, en Argentina el título remite a un Gardel de exportación, mientras que en las traducciones, que para Puig eran verdaderas "adaptaciones" de sus novelas, se elige en la mayoría de los casos reponer la palabra "tango" en el título. El interés por Gardel fue una constante en Puig. En 1987 se estrenó en Río de Janeiro su obra musical *Gardel. Uma lembrança*. El homenaje tiene mucho de silencio a voces sobre la intimidad del cantante.

[4] Mi primera percepción de que algo así sucedía fue al considerar la no-relación entre la literatura de Borges y la de Puig: "Puig es el primer escritor argentino que mira para otro lado. El desvío de su mirada encuentra otras miradas ávidas de desvío: se instala así otro sistema de lecturas que fisura el sistema impuesto por Borges en la literatura argentina" (Goldchluk, "Borges-Puig" 29). Con los años, al considerar que ambos escritores coincidieron en algunas preferencias cinematográficas (*Fatalidad*, de von Sternberg, las películas mudas de la Garbo, las comedias de Lubitsch), resultó más evidente que esa divergencia era radical y no producto de una estrategia de campo.

[5] Néstor Almendros (español y cubano) fue uno de los primeros amigos que Puig hizo en Roma. Con el tiempo, se convertiría en el director de fotografía preferido de Rohmer y de Truffaut, ganaría un Oscar por su labor en *Days of Heaven* (Dir. Terrence Malick 1978) y trabajaría con Alan Pakula y Martin Scorsese, entre otros. Esta amistad, como otras de esa época, duró toda la vida. Meses antes de morir, Manuel Puig asistió a una Semana del autor en Madrid, donde sus amigos Néstor Almendros, Pere Gimferrer y Luis Goytisolo, junto con otros estudiosos, desmenuzaron su obra y lo entrevistaron por cuatro días.

[6] Los guiones de Puig: *Ball Cancelled, Summer Indoors/ Verano entre paredes* y *La tajada*, tienen circulación académica desde 1996, cuando se publicó *Materiales iniciales para La traición de Rita Hayworth* (Puig 1996), o en el caso de *La tajada* una circulación algo más extendida a partir de la publicación en la editorial Beatriz Viterbo (Puig 1998), pero fue César Aira el primero que consideró ese guión "extraordinario" en su *Diccionario de autores latinoamericanos* (2001: 454). De manera muy reciente, la tesis doctoral de Giovanna Pollarolo (*Los guiones* 2012) inaugura los estudios serios sobre la obra guionística de Puig, centrándose en el "Ciclo hollywoodense". Pollarolo no sólo cuestiona la noción de "copia" con la que el propio Puig se había referido a

sus trabajos, sino que analiza las desobediencias de Puig con respecto a sus modelos y, en un movimiento inusitado, reintroduce la escritura cinematográfica en la obra literaria de Puig. A esa tesis le debo el rescate de estos primeros guiones.

7   Curiosamente, como nos recuerda Gamerro, es Borges el que desobedece la prohibición con su cuento "El simulacro", también de 1960, donde nombra a "Perón" y a "Eva Durate" (47).

8   Para la adaptación de *Boquitas pintadas*, Torre Nilsson insistió por dos años. Posteriormente, Puig adaptó la novela *El lugar sin límites*, de Donoso, para el productor Manuel Barbachano Ponce, en la película que dirigiría Ripstein en 1978. El último trabajo de escritura de Puig fue un guión sobre la vida de Vivaldi (inédito, escrito entre fines de 1989 y comienzos de 1990), encargado por unos productores italianos que cumplían de ese modo la exigencia de William Hurt para aceptar el protagónico. La película no se filmó.

9   Abordo el tema en "El legado banal" (Goldchluk 2006): "Cuando todas 'las reglas del arte' parecían debidamente establecidas en Argentina, frente a una producción literaria que se debatía entre el compromiso político y la indagación filosófica, Puig acepta y reelabora un legado banal. La literatura que inventa funciona como esas comedias en las que un sombrerito, siempre algo ridículo, desata la potencia de la frivolidad y desestabiliza los códigos más estrictos". Me ocupo en ese trabajo de las más conocidas *Ninochka* (Ernst Lubistch, 1939) y *Los caballeros las prefieren rubias* (Howard Hawks, 1953), pero en particular considero *Privilegio de mujer* (*Together Again*, Charles Vidor, 1944), película que conocí en la videoteca de Manuel Puig y que encontré repudiada por estudios feministas. Allí, un pequeño sombrero inadecuado para la alcaldesa que condesciende a comprarlo (Irene Dunne) atraviesa toda la película y se resiste a varios intentos de destrucción, ocultamiento o pérdida, apareciendo en los momentos y lugares más inoportunos, como un verdadero objeto no-biodegradable.

10 Los guiones en inglés ya fueron mencionados. En italiano escribió *Cast* y *Rose Appassite per Apollo*, en colaboración con su amigo Mario Fenelli, con quien también compartía el trabajo de subtitulado y traducciones.

11 Para la edición, elaboré un glosario en colaboración con la familia y con el editor italiano Angelo Morino, dado que los términos que aparecen no siempre corresponden a palabras de la lengua italiana, ni Puig las escribe del modo convencional que corresponde al dialecto. En el glosario se repone la forma canónica de escritura, cuando difiere de la usada en las cartas. En este caso: ñanca. gnanca: no, de ninguna manera; eschancarse: esforzarse.

12 El uso de la voz del gaucho fue analizado en sus matices más políticos por Josefina Ludmer (1998). Para ver el proceso de escritura de una voz que muestra y oculta sus peculiaridades. Ver el "Estudio filológico preliminar" de Élida Lois a la edición de *Don Segundo Sombra*.

13 Algo similar ocurre con las obras de teatro, donde la tercera persona de las acotaciones puede llegar a confundirse con un narrador.

14 Resulta interesante en ese sentido el libro de José Luis de Diego (2001), donde la figura de Puig no es objeto de la atención que merecen otros autores como Goloboff, Martini o Cortázar. No lo elije para hablar de "los que conocieron el peligro de las amenazas antes del golpe militar y optaron por el exilio [...] A manera de ejemplo, abandonaron el país en 1974 Nicolás Casullo, Pedro Orgamide, Tununa Mercado, Edgardo Cozarinsky, Noé Jitrik, en 1975 lo hicieron Juan Gelman y Osvaldo Bayer" (116), ni registra la presencia de Puig entre los grupos que se radicaron en México (158-161), a pesar de que Mercado hizo pública su profunda amistad con Puig y de que en la novela *Pubis angelical* aparecen algunos personajes de ese entorno. En cambio, elije su nombre para ilustrar la noción de émigré propuesta por Said "un exiliado político que ha dejado de serlo y decide continuar viviendo en el exterior" (166), y opone su figura a la de Saer en el momento de abordar la producción argentina en el exilio. Retoma el corte de 1976 que antes había descartado y señala: "La novela de Puig *El beso de la mujer araña* aparece a menudo citada, y comentada como parte de la producción del exilio argentino, *aunque* su publicación en España en 1976 permite suponer que su escritura es anterior al golpe militar del mismo año" (186, énfasis mío), en oposición a *La mayor*, publicada

también en 1976, pero en Buenos Aires. De Diego encuentra los motivos de la diferencia de consideración sobre el lugar de estas novelas como producción en el exilio ya sea por los lugares de edición "o bien porque Puig siempre fue considerado un exiliado más 'político' que Saer" (186), o por los temas que abordan. En una línea de lecturas que consagró la metáfora como la forma más legítima de escribir (y publicar) durante la dictadura, Puig sigue incomodando a los críticos.

[15] Puig recurre a Luiz Ottavio Barreto Leite (que al año siguiente traduciría *Maldición eterna a quien lea estas páginas* para Nova Fronteira), como lo había hecho antes con Agustín García Gil para asesorarse en expresiones "mexicanas" durante la escritura de *Pubis angelical*.

[16] En su tesis de posgrado, dos Santos Menezes (2006) realiza un interesante análisis de las dos versiones, desde el punto de vista del análisis del discurso. Interesa en este caso en particular el análisis de cómo Puig construye un español cuyo lugar de enunciación no pueda precisarse en una región específica de habla hispana. Dos Santos Menezes analiza esto a partir del registro léxico, que utiliza regionalismos de diversos lugares, y de las estrategias de Puig para "evitar el voseo", a partir de la manipulación de tiempos y personas verbales. Si bien dos Santos Menezes trabaja a partir de las versiones publicadas, sus observaciones cobran mayor relevancia en el contraste con los manuscritos conservados, ya que las desgrabaciones de las entrevistas eran completamente en segunda persona del singular, persona que Puig cambia por la tercera.

[17] Las transcripciones que aparecen en este capítulo son tomadas del Archivo digital Manuel Puig, organizado por Graciela Goldchluk y Mara Puig, con colaboración de Pedro Gergho y Giselle Rodas. Agradezco a Carlos Puig la autorización para utilizar el material, tanto en mis artículos como en las clases de Filología Hispánica, así como la generosidad con que publica periódicamente parte de ese material en el sitio de la Biblioteca de Humanidades, con acceso libre y gratuito.

[18] En la transcripción, las palabras en cursiva remiten a agregados manuscritos, y las que están entre corchetes son palabras completadas para su mayor comprensión.

[19] El tango *Uno*, de Enrique Santos Discépolo (1943), reaparece como referencia casi obligada en el momento de pensar una conciencia lingüística de esta forma gramatical: "Uno busca lleno de esperanzas/ el camino que los sueños/ prometieron a sus ansias...".

BIBLIOGRAFÍA

AA.VV. *Argentino de literatura I. Escritores, lecturas y debates*. Santa Fe: Universidad Nacional del Litoral, 2006.

Archivo digital Manuel Puig, organizado por Graciela Goldchluk y Mara Puig, con colaboración de Pedro Gergho y Giselle Rodas. Disponible en parte en http://www.fahce.unlp.edu.ar/biblioteca/labiblioteca/archivo-digital-manuel-puig.

Bajtin, Miajil M. *Problemas de la poética de Dostoievsky*. Buenos Aires: Fondo de Cultura Económica de Argentina, 1993.

Blanchot, Maurice. *El espacio literario*. Barcelona: Paidós, 1992.

Derrida, Jacques. *El monolingüismo del otro o la prótesis de origen*. Horacio Pons, trad. Buenos Aires: Manantial, 1997.

Puig: el brillo de una vinchita de nylon • 115

Diego, José Luis de. ¿*Quién de nosotros escribirá el Facundo? Intelectuales y escritores en Argentina (1970-1986)*. La Plata: Ediciones Al Margen, 2001.

Gamerro, Carlos. "Julio Cortázar, inventor del peronismo". *El peronismo clásico: descamisados, gorilas y contreras*. Guillermo Korn, comp. Buenos Aires: Paradiso, 2007. 44-67.

Giordano, Alberto. *Manuel Puig. La conversación infinita*. Rosario: Beatriz Viterbo, 2001.

Goldchluk, Graciela. "Borges-Puig. El caso Buenos Aires". *Homenaje a Manuel Puig, Estudios/Investigaciones* 9 (La Plata, Facultad de Humanidades y Ciencias de la Educación, 1994): 21-31.

_____ *El diálogo interrumpido. Marcas de exilio en los manuscritos mexicanos de Manuel Puig, 1974-1978*. Santa Fe: Universidad Nacional del Litoral, 2011.

Ludmer, Josefina. *El género gauchesco. Un tratado sobre la patria*. Buenos Aires: Sudamericana, 1998.

Pollarolo, Giovanna. Los guiones del "Ciclo Hollywoodense" de Manuel Puig. Copias, reescrituras y apropiaciones. Tesis doctoral presentada en la Universidad de Ottawa. Disponible en <http://www.ruor.uottawa.ca/en/handle/10393/20724>.

Puig, Manuel. *Maldición eterna a quien lea estas páginas*. Barcelona: Seix Barral, 1980.

_____ *Eternal Curse on the Reader of these Pages*. Nueva York: Random, 1982.

_____ *Sangre de amor correspondido*. Barcelona: Seix Barral, 1982.

_____ *Sangue de amor correspondido* (versión original con revisión de Luiz Ottavio Barreto Leite). Río de Janeiro: Nova Fronteira, 1982.

_____ *La cara del villano/ Recuerdo de Tijuana*. Barcelona: Seix Barral, 1985.

_____ *Ball Canceled, Summer Indoors, La tajada*. en *Materiales iniciales para LA TRAICIÓN DE RITA HAYWORTH*. José Amícola comp.; G. Goldchluk, J. Romero y R. Páez colaboradoras. La Plata: Centro de Estudios de Teoría y Crítica Literarias, Publicación especial Orbis Tertius N° 1, 1996.

_____*Querida familia: Tomo 1. Cartas europeas (1956-1962)*. Compilación, prólogo y notas Graciela Goldchluk. Asesoramiento cinematográfico Italo Manzi. Buenos Aires: Entropía, 2005.

Rancierère, Jacques. *El espectador emancipado*. Ariel Dilon, trad. Pontevedra: El lago ediciones, 2010.

Santos Menezes, Andreia dos. *Sangue de amor correspondido x Sangre de amor correspondido. Análise de um caso emblemático de contato entre o PB e o E*. 2006. Tesis de posgraduación en Lengua española y literatura española e hispanoamericana. Universidad de San Pablo. Disponible en www.teses.usp.br. (Consultada el 09/02/2012)

Sanz, Lorenzo y Héctor Anabitarte Rivas. "Manuel Puig: no puedo prescindir de alusiones políticas". Madrid, 31 de mayo 1979: 5. (El recorte está extraído del archivo Puig, no se consigna el nombre de la publicación.)

Vidarte. "Prier d'insérer (Se ruega insertar)", publicado en Volubilis. *Revista de pensamiento* 3 (1996). Uned. Melilla. Marzo. Tomado de la página Derrida en castellano: http://www.jacquesderrida.com.ar/ (consultada el 27/01/2012)

Voloshinov, Víctor. "La palabra en la vida y la palabra en la poesía", en Mijail Bajtín, *Hacia una filosofía del acto ético. De los borradores y otros escritos* (1926). Comentarios de Iris Zabala y Augusto Ponzo, traducción del ruso de Tatiana Bubnova. Barcelona: Anthropos; San Juan: Universidad de Puerto Rico, 1997.

Valêncio Xavier y el pensamiento del Mal

RAÚL ANTELO
Universidade Federal de Santa Catarina

> *Los enfermos poseen un conocimiento peculiar del estado social. En ellos la desmesura se transforma en un certero olfato de la cargada atmósfera en la cual viven inmersos sus contemporáneos.*
>
> Benjamin, "Imágenes que piensan"

A "la hora del ocaso amarillo", momento de *El oro de los tigres*, Borges recuerda "el tigre de fuego de Blake", el que le trae "la vaga luz, la inextricable sombra / y el oro del principio" (OC 1139), es decir, un reluciente incendio en lo más cerrado de la noche, que no es sino un vestigio de lo ya vivido. El poema de William Blake, "The Tiger", lo recordamos, dice:

> Tiger, tiger, burning bright,
> In the forest of the night,
> What immortal hand or eye
> Could frame thy fearful symmetry?

El escritor brasileño Valêncio Xavier Niculitcheff (1933-2008) deshizo la disyuntiva de Blake, *hand or eye*, por una superposición de ambos términos y, al mismo tiempo, desdobló el reluciente incendio nocturno, *burning bright*, en una flexión de lo que arde que, como sabemos, después de Duchamp, es siempre el arte, *the hot ars/arse*. Resultó:

> Tigre tigre
> Ardendo ardente
> Nas florestas da noite
> Que imortal olho mão
> Pôde traçar tua terrível
> Simetria?[1]

La simetría, o en otras palabras, el Sistema, no es sino el Mal y la imagen funciona como fusión de lo háptico (lo tangente, la mano) y lo óptico (lo escópico, el ojo). A ella no se accede fácilmente ni tampoco se la alcanza: tan sólo se la toca, animalmente. La versión de Valêncio Xavier para el concepto de Blake no se limita al papel, a lo que está a mano, sino que escande y marca una película del cineasta marginal Ozualdo Candeias, *Pinturas rupestres do Paraná* (1992), orientada por Xavier para su proyecto *Cineamericanidad*.[2] Esas pinturas rupestres, que fueron descubiertas por Annette Laming, José Emperaire y Oldemar Blasi,[3] en 1956, el año de *Grande sertão: veredas*, son vestigios ocres abandonados en las paredes de las grutas del valle del Iapó-Tibagi y, como tales, son hechos estéticos. La poesía existe en los hechos –proclamaba Oswald de Andrade en el manifiesto *Pau Brasil* (1924)– porque las casillas de azafrán y ocre en los verdes de la favela, bajo el azul del descubrimiento, son hechos estéticos, pero son también hechos fundantes, las primeras imágenes en movimiento, la primera historia cultural de Paraná, ese estado brasileño tan heterogéneamente construído por inmigraciones europeas en el XIX. No son esos dibujos rasgos mínimos o tenues sobrevivencias, sino coincidencias contundentes de lo *manimal*, palabra-valija con que Valêncio funde, en la película, lo propio del *bicho homem*, es decir, del hombre (*man*) y de la bestia (*animal*). Eso le permite alejarse del límite utópico de un origen primordial (buscado afanosamente por el modernismo de 1922) para plantear la simple inexistencia de la *res extensa*. No hay *la* literatura porque no hay *el* tacto: hay con-tacto y creación de mundo y ello connota necesariamente el Mal. A conclusión semejante arribaba también, a mediados de los 50, Georges Bataille, al analizar los dibujos de Lascaux, en los que descubre el *nacimiento* del arte, y no el de una simple etapa entre otras muchas.

> El verdadero nacimiento del arte, la época en que había tomado el sentido de una eclosión milagrosa del ser humano, parecía antiguamente situarse mucho más próxima a nosotros. Se hablaba así del milagro griego, y fue a partir de Grecia que el hombre nos pareció ser un semejante. Quise subrayar el hecho que el período de la historia más puramente milagroso, el momento decisivo, debe remontarse a tiempos más lejanos. Lo que diferenció al hombre de la bestia toma para nosotros la forma espectacular del milagro, pero no se trata tanto del milagro griego, sino, de ahora en más, del milagro de Lascaux. (*Lascaux* 15-16)

En ese nacimiento del arte, sitúa pues Bataille la transición del *homo faber* de los antropólogos, el hombre del trabajo, que no se adentró en el camino que conduce al juego, y el *homo sapiens*, el hombre del conocimiento, que sí lo hizo. Y lo hizo tan decididamente que, a partir de estos primeros esbozos, surgió un arte colmado de genio e inventiva. El *homo sapiens* era, para Bataille, el hombre que abrió el estrecho mundo del *homo faber*. Pero este nombre, *sapiens*, no se justificaba, a su juicio, porque el aporte introducido por el saber es paradójico: es el arte y no el conocimiento lo que este *hombre* aporta al hombre. Su apelativo *sapiens* denota una época en la que más ingenuamente que hoy se atribuía al conocimiento la distinción entre hombre y animal. Y Bataille, como Valêncio, ya sospechaba que, en el fondo, la cuestión era *manimal*.

> Si se trata del hombre de la Edad del Reno, en particular del hombre de Lascaux, lo diferenciamos con mayor justeza de su predecesor insistiendo no ya sobre el conocimiento sino en la actividad estética que es, esencialmente, una forma de juego. Seguramente, la bella expresión de Huizinga, *Homo Ludens* (el hombre jugando, en particular, el admirable juego del arte), es mucho más conveniente, siendo la única acertada. Sólo ella replica con deseable precisión al *Faber* de Neardenthal. El *Faber* permanece agarrotado, encogido. Su impulso no alcanzó para triunfar sobre la pesadumbre de las formas cuadrúpedas. Fue, torpemente, vecino del antropoide. Su aspecto logrado (que incluso subrayan, por oposición, la inmundicia, la frecuente fealdad de la humanidad), su garbo resuelto, soberano, de hombre reidor y seductor, de hombre lúdico, comienza con aquel que la antropología no supo hasta Huizinga nombrar de modo apropiado. Él lo señaló: *Homo Ludens* no tipifica tan sólo aquel hombre cuyas obras dieron a la verdad humana la virtud y el brillo del arte, sino señala a la humanidad entera. Además, ¿no es acaso el único nombre que se opone a *Faber*, designando una actividad subordinada, un elemento, el juego, cuyo sentido solo tiene finalidad en sí mismo? Fue de todas formas cuando jugó, y jugando, que el hombre supo dar al juego la permanencia y el aspecto maravilloso de la obra de arte, que el hombre asumió el aspecto físico que hoy corresponde a su dignidad. Por supuesto, el juego no es la causa de la evolución, pero no es dudoso que el pesado hombre de Neardenthal coincida con el trabajo, y el hombre liberado con el florecimiento del arte. Nada puede probar, por cierto, que el juego haya aliviado a la larvada humanidad: pero ésta no tuvo la fuerza necesaria para crear el humano mundo del juego que vinculó para siempre la significación del hombre a la del arte, que nos liberó, aunque más no sea provisoriamente, de la triste necesidad, y nos hizo acceder de algún modo a ese maravilloso destello de la riqueza, para el que todos sentimos haber nacido. (49-50)

Esa posición de Bataille, lo sabemos, lleva agua a su concepción del arte como transgresión, pero es importante recordar también que la efectividad de dicha transgresión era, para Bataille, separada e independiente de los datos precisos de la realidad factual. Si de una cierta obra nos esforzamos por dar una explicación específica, decía, podemos argumentar que una bestia ocre, en una caverna, como la filmada por Candeias y Valêncio, fue grabada con la intención de alejar a los espíritus. Pero la cosa no se agota en la función. Cada hecho revela una intención práctica singular, que se *suma* a esa intención plural que Bataille detecta al describir las condiciones fundamentales del paso del animal al hombre, y que son la prohibición y la transgresión por medio de la cual la prohibición queda superada. Estas condiciones, arcaicas, son la mismas que rigen nuestra vida contemporánea, con lo cual la modernidad sería menos la tensión dialéctica entre tradición y ruptura (tal como sostenía el autonomismo) y sí la fusión *manimal* de lo arcaico y lo contemporáneo. Oponerse a ella mostraría, de hecho, ignorar la relevancia del espíritu de transgresión para definir la autonomía, la libertad y, consecuentemente, la democracia o comunidad. Estas debieran encontrarse desde el principio identificadas por la transgresión, pero la prohibición antecede necesariamente a la transgresión, argumentaba Bataille.

> La parte de hipótesis que introduzco se limita a situar el paso de la prohibición a la transgresión, y se evidencia a partir del momento en que la transgresión, liberándose en el movimiento de la fiesta, tuvo, en fin, en la actividad, el lugar eminente que la religión le dio. Tal principio no sabría oponerse a las interpretaciones precisas que cada obra circunscribe aisladamente. Una obra de arte, un sacrificio, si se me comprende bien, participan de un espíritu de fiesta que desborda el mundo del trabajo y, aunque no al pie de la letra, el espíritu de las prohibiciones necesarias para la protección de este mundo. Cada obra de arte posee aisladamente un sentido independiente del deseo de prodigar que la familiariza con todas las otras. Pero podemos adelantar que, una obra de arte en que este deseo no es sensible, o lo es muy débilmente, es una obra mediocre. Del mismo modo, todo sacrificio tiene un sentido preciso, como garantizar la abundancia de las cosechas, la expiación, o cualquier otro objetivo lógico: sin embargo, de alguna forma responde a una búsqueda del instante sagrado, superando el tiempo profano, en donde las prohibiciones garantizan la posibilidad de vida. (54)

La demanda de un instante sagrado, de creación, que supere el tiempo profano de producción, es uno de los motores de la estética

Valêncio Xavier y el pensamiento del Mal • 121

de Valêncio Xavier. En su libro *O mês da grippe* (1981), que podríamos parangonar a las *Galaxias* de Haroldo de Campos o el *Catatau* de Paulo Leminski, Valêncio ensaya una puesta en obra de estas hipótesis. Busca en él una escritura experimental posutópica, una geografía de ectopías diseminadas, un corpus topográfico que bucee lo singular-plural en la cultura brasileña contemporánea, a través de la inserción de fotografías, dibujos, grafismos y, en ese sentido, hace suyos los previos planteos de Bataille. Examinémoslo de cerca.

Donde hay construcción, lo sabemos, hay destrucción. Comentando un documental posdictadura, *Conterrâneos Velhos de Guerra* (1992), Valêncio Xavier recuerda que la película de Vladimir Carvalho se abre con un poema de Brecht que se oye muchas veces repetido en sus mismas preguntas esenciales:

> "quem construiu a Tebas das sete portas? Nos livros estão os nomes dos reis / Arrastaram eles os blocos de pedra?... Para onde foram os pedreiros na noite em que a Muralha da China ficou pronta?" Vladimir Carvalho responde a pergunta mostrando as imagens e vozes daqueles que construíram Brasília. É como se hoje pudéssemos ver / ouvir aqueles que construíram as Tebas, as Babilônias, o mundo em que vivemos. Há vinte anos, Vladimir vinha filmando, procurando saber para onde foram os que construíram Brasília. Foram para a fome, a doença, a miséria, a morte. Revelam as tantas mortes por acidentes, escondidas pelas autoridades. Filma e dá voz também aos poderosos, e a gente vê a mentira jorrar de suas bocas. No nervoso depoimento em que o arquiteto Oscar Niemeyer nega ter tido conhecimento do massacre dos operários no acampamento de Pacheco Fernandes, vemos como a verdade acaba por surgir da mentira dos ídolos de pés de barro, e vemos quem foram os verdadeiros construtores de Brasília. Na cena dos trabalhadores soterrados no desabamento de uma construção, tirada de reportagem que a televisão não deixou ir ao ar, vemos a mão negra de unhas brancas de um candango soterrado surgindo da lama, é a mais bela / trágica imagem do cinema. (24)

Como Carvalho con su película, el mismo Valêncio intentó, a su modo, en *O mês da grippe*, generar "a mais bela / trágica imagem" de la literatura, preguntándose cómo empezó Curitiba, cómo sobrevivió a la epidemia de gripe española en 1919. Pero para mejor entrar a ese texto de la más pura heterogeneidad, detengámonos en su umbral, el epígrafe de *O mês da grippe*, que es, precisamente, una frase del Marqués de Sade:

Vê-se um sepulcro cheio de cadáveres, sobre os quais se podem observar todos os diferentes estados da dissolução, desde o instante da morte até a destruição total do indivíduo. Esta macabra execução é de cera, colorida com tanta naturalidade, que a natureza não poderia ser, nem mais expressiva, nem mais verdadeira. (*O mez da grippe* 5)

La cita nos instala en el corazón mismo de las relaciones entre salud, enfermedad y sociedad.[4] Pero ¿cuál es realmente la relación de esta frase con la poética de Valêncio Xavier? O antes: ¿cuál es el motivo de la presencia de Sade[5] y tan luego en la apertura de esa experiencia narrativa tan desconcertante? Para responder a estas preguntas hay que recordar que, en "El caballo académico", esa colaboración-epígrafe, con la cual Georges Bataille también estrena, en 1929, en la revista *Documents*, el escritor francés ya decía que los bosques pútridos y los resbaladizos pantanos de los trópicos reafirman la respuesta abyecta a todo lo que en la tierra es armonioso, denso y pautado, a todo lo que busca imponer autoridad, a través de un aspecto austero y correcto. Y, gracias a una imagen utilizada también por Dalí, en *La edad de oro*, dice Bataille que ocurre lo mismo con los subsuelos de nuestras casas, donde se esconden y se devoran mutuamente las arañas, "como si un horror infecto fuera la contrapartida constante e inevitable de las formas elevadas de la vida animal" (162). En seguida, en la misma revista *Documents*, Bataille definiría también lo *informe*, diciendo que toda la filosofía tiene un solo objetivo: dar un ropaje matemático a lo existente. Pero era importante asimismo subrayar lo contrario, que el universo no se asemeja a nada y que no es nada más que *informe*, o sea, que el universo es algo así como una araña o un esputo.[6] Y una vez más, definiendo su concepto de *esteta*, Bataille dirá que la reclamación automática contra una forma mental desorganizada posee, ella misma, sus límites más o menos previsibles.

> El infeliz que dice que el arte no evoluciona más porque con eso se aleja de los "peligros de la acción", también está diciendo algo que se podrá entender como el zapato de la muerta. En efecto, aunque sea bastante desagradable de percibir, el envejecimiento es lo mismo para un lugar común que para un sistema de carburación. Todo aquello que, en el orden de las emociones, responde a una necesidad digna, está condenado a un perfeccionamiento que, por otro lado, somos obligados a observar con la misma curiosidad inquieta (o cínica) de un suplicio chino cualquiera. (236)

La referencia textual al suplicio chino nos lleva inmediatamente a la atracción que el mismo Bataille sentía por las imágenes, particularmente, la fotografía de ese ceremonial de sacrificio oriental, que le fue obsequiada por su psicoanalista, el doctor Adrien Borel, imagen que provoca su brillante análisis de la mutilación sacrificial de Van Gogh, pero fundamentalmente, una de sus obras más importantes, *Las lágrimas de Eros*.[7] Todas ellas son, como se comprende, peculiares imágenes de acefalia y asimismo de poder soberano, con las cuales el escritor postula el bajo materialismo contra el materialismo dialéctico idealizador.

Traigo a cuento estas nociones porque las ideas de Bataille encuentran un correlato semejante en la conferencia del arquitecto antropófago Flávio de Carvalho, en el Congreso de Estética de París, en 1937. En esa ocasión, Carvalho defendió una curiosa teoría de la historicidad moderna, en la que, en secuencia al impresionismo y a la dialéctica – decía– viene "Sangre y Exposición de Heridas", o sea, expresionismo. Después de la depreciación dialéctica, prosigue, de hecho, un período de acción en que la sangre corre y las heridas están expuestas a la luz solar, en otras palabras, es cuando el cubismo, poseído por el espíritu dadaísta, hace su entrada de una manera tan explosiva que hace saltar al mundo anárquicamente en mil pedazos.

> Disseca-se, corta-se, decapita-se para ver o que tem dentro, o expressionismo e certas manifestações de fauvismo tornam-se torturadas demonstrações de sadismo. A emoção transpira em osmoses através de todos os poros do quadro, a forma torna-se claramente secundária – sangue, angústia sofredora, e morte são fontes de prazer. O mundo é massacrado e a sensação de luta fornece o tom fundamental. (2)

Producto de un deseo sadeano de mutilación, el objeto estético "no debe ser tocado porque no tiene superficie". Esa emoción abyecta inunda entonces la superficie sensible del objeto y lo hincha o completa a tal punto que cualquier tactilidad se convierte en meramente repulsiva. Sin embargo, la emoción objetiva es tan grande que destruye toda la tensión de superficie y elimina, finalmente, la forma.

> A exibição de chagas e feridas marca o fim de uma etapa: as feridas devem ser curadas e fechadas com uma pomada idêntica à empregada pelo Marquês de Sade na cura das feridas causadas pela fustigação das suas mulheres nuas.[8]

Pues, además de la teoría sadeana del objeto caníbal, en ese mismo congreso de París, en agosto de 1937, fue presentada otra particular redefinición de la Estética. Me refiero a la de Paul Valéry, orientada a la contribución de lo arbitrario y de la sensación en la definición del arte moderno, tesis que él más tarde incluiría en *Varietés IV*. De hecho, argumentaba Valéry en esa oportunidad que:

> el artista no puede en absoluto desprenderse del sentimiento de lo arbitrario (*arbitraire*). Procede de lo arbitrario hacia una necesidad determinada, y de cierto desorden hacia cierto orden; y no puede prescindir de la sensación constante de esa arbitrariedad y ese desorden, que se oponen a lo que nace bajo sus manos y que le parece necesario y ordenado. (153)

Y eso provoca que el artista sea acompañado por dos sensaciones complementarias, ambas referidas al mismo fenómeno, la necesidad de lo arbitrario y la necesidad por lo arbitrario, aquello que hubiese podido no ser y hasta hubiese debido no ser, es decir, lo improbable, y aquello que nos parece pudo no ser y se impone con la misma fuerza que lo que podía dejar de ser y debía ser lo que es.[9] Esa diferenciación le permitía a Valéry trazar dos campos metodológicos: el de la Estésica, que cuida de las sensaciones, y el de la Poética, o de las regularidades de esas mismas percepciones.

> Yo formaría un primer grupo que bautizaría: *Estésica* (*Esthésique*) y en el que pondría todo lo que se refiere al estudio de las sensaciones; pero más particularmente se colocarían allí los trabajos que tienen por objeto los estímulos y las reacciones sensibles *que no tienen papel fisiológico uniforme* y *bien definido*. Son, en efecto, las modificaciones sensoriales de las cuales puede prescindir el ser vivo, y cuyo conjunto – que contiene, a título de *rarezas*, las sensaciones indispensables o utilizables – es nuestro tesoro. En él reside nuestra riqueza. Todo el lujo de nuestras artes, está extraído de sus infinitos recursos. Otro montón reuniría cuanto concierne a la producción de las obras; y una idea general de *la acción humana completa*, desde sus raíces psíquicas y fisiológicas hasta sus empresas sobre la materia o sobre los individuos, permitiría subdividir este segundo grupo, que yo llamaría *Poético* (*Poétique*), o más bien *Poietico* (*Poïétique*). Por una parte, el estudio de la invención y de la composición, el papel del azar, el de la reflexión, el de la imitación; el de la cultura y el ambiente. Por otra parte, el examen y el análisis de las técnicas, procedimientos, instrumentos, materiales, medios y factores de acción. (*Variedad II* 158)

Para concluir, más adelante, que:

> Acaso el Arte sólo esté hecho de la combinación de tales elementos. La necesidad de completar, de *responder* bien por lo simétrico o por lo semejante, la necesidad de colmar un tiempo vacío o un espacio desnudo, la de llenar una laguna, una espera, o la de ocultar el presente desagradable con imágenes favorables –son otras tantas manifestaciones de una potencia que, multiplicada por las transformaciones que sabe operar el intelecto, armada con una multitud de procedimientos y de medios emprestados a la experiencia de la acción práctica, ha podido elevarse hasta esas grandes obras de algunos individuos que alcanzan aquí y allá el más alto grado de *necesidad* (*nécessité*) que la naturaleza humana pueda obtener de la posesión de su *arbitrario*, como en respuesta a la variedad misma y a la indeterminación de todo lo posible que hay en nosotros. (*Variedad II* 162-163)

Sin embargo, es importante resaltar que, aunque normalmente se piense que el esfuerzo de Valéry se pautaba por regular metodológicamente el fenómeno poético, el blanco de su discurso en ese congreso de 1937 consistía, no obstante, en aislar, en el acto poético, que incluso sólo podría ser captado *in actu*, el estado naciente –el origen, el Ursprung– de la *poiesis*, y que este origen dialéctico en todo obedecía al arbitrio del contagio y del contacto estésicos, como mucho antes había mostrado Carl Einstein. En efecto, Valéry argumentaría, en otro ensayo de ese mismo año, "La invención estética", que la naturaleza compleja del acto artístico explica que el estado naciente de los poemas obedezca a un tema, a un grupo de palabras, a un simple ritmo o hasta a un esquema de forma prosódica, aquello que hoy llamaríamos la matriz significante, pero que, en todo caso, esos elementos son siempre gérmenes (*germes*) en desarrollo en cuanto pieza organizada. Valéry señala que es un hecho importante apuntar la equivalencia de tales gérmenes que conectarían el arte a un estado mórbido generalizado, tal como también teorizaba Flávio de Carvalho. Una hoja de papel blanco; un tiempo vacío; un lapso; un error de lectura... En resumen, que la invención poética no debe ser confundida con la simple imaginación, sin condiciones y sin materia, sino que ella se disemina, sadeanamente, en obediencia al contagio del azar y a la diseminación del Mal (*Ouvres* 1415). Por lo tanto, vemos la sutil línea de continuidad que se establece entre la pantanosa invocación de Sade, por parte de Bataille (donde Sade no es tomado, necesariamente, como un valor de uso, sino como índice de lo imposible y esto, como vemos, ya en sus primeros textos), la controlada reivindicación valeriana de lo estésico, como efecto de contagio mórbido, capaz de así robustecer la Estética y, por último, la radical reivindicación de la revulsión, en Flávio de Carvalho, como efecto de lo que él mismo llamaba "Sangre y Exposición de Heridas". No quiero prolongarme en la fortuna sadeana, algo ya encarado por Éric Marty, que renueva, en los años 60, la concepción literaria, con Bataille, en *La literatura y el Mal* y, con Blanchot, en *Sade y Lautréamont*. Como sabemos, tales ideas, más allá de su rescate con Lacan o Foucault, tuvieron una inmediata recepción en la conturbada América Latina post 1968. Un filósofo como Oscar del Barco, dialogando sin duda con las experiencias narrativas de Libertella, Lamborghini, Sarduy o Germán Garcia, sentenciaba en 1971 que, durante más de un siglo, fue imposible leer a Sade (12) y esa imposibilidad no se debía a la simple represión de su obra, sino a la imposibilidad de leer lo ilegible que, en última instancia, era el gran mérito de la escritura de Sade.

> La posibilidad de leerlo se abre junto con la fisura que desde mediados del siglo pasado comienza a desgarrar el cuerpo hasta entonces homogéneo de la sociedad burguesa. Por esa fisura correrá la hemorragia alucinada de Rimbaud, Lautréamont, Mallarmé y antes que nadie de Sade. Sin ella el misterio-Sade se hubiera sellado para siempre, pero con esa fisura –vale decir con el cuestionamiento material del fundamento de nuestra sociedad– se abrió la posibilidad de aprender a deletrear el texto-enigma de Sade. (Del Barco 12)

Nuevamente la herida. Nuevamente el contagio. Oscar del Barco recurre al guión, una forma mínima y portátil de sintaxis o montaje (misterio-Sade, texto-enigma) para aludir a la fisura o grieta del bloque histórico, la hemorragia simbólica y el contagio de ideas disolventes, elementos todos que fueron montados también por Lacan, en la forma de un guión, Kant-Sade. Pues esa a-causalidad del enigma Sade es justamente la causalidad de lo Real y, en ese sentido, se esconde en ese indicio una efectiva arqueología del saber, una vez que:

> el enigma del encierro de Sade [...] es, a su vez, el enigma del encierro de nuestra sociedad: la lectura de Sade es nuestra propia lectura, se trata de nosotros mismos. El encierro de Sade se inscribe en el mismo gesto que encierra a los mendigos y los locos, que persigue a los revolucionarios y cerca a los poetas. La exclusión de Sade se emparenta con la exclusión de Marx,

con la condena de Joyce, con el suicidio de Roussel, con la locura de Artaud. La sociedad de la razón no puede mirarse en esos espejos endemoniados que en lugar de reflejar un rostro agradable le muestran una masa sangrienta. Una sociedad esencialmente criminal siempre va a encerrar a aquéllos que la llevan al lugar del crimen y le hacen ver la víctima. Una sociedad criminal como la nuestra necesita tener la conciencia tranquila, aplacada, y, en consecuencia, debe encerrar por la fuerza, en un encierro dentro del encierro, a todos esos fantasmas empecinados en romper. La burguesía no pudo soportar el "realismo" de Sade, pues para eso hubiera tenido que aceptarse en Sade; por lo tanto, no pudo resolver el enigma. En lo monstruoso de su obra, Sade retrata su sociedad, la retrata en lo más profundo, en su mecanismo, pero a su vez nos lleva al límite y nos proyecta fuera. El realismo de Sade es una catapulta que nos lanza al espacio vacío. (Del Barco 12)

Por lo tanto, planteemos la cuestión en pocas palabras: siendo el texto de Sade, en cuanto texto realista, completamente imposible, inviable, insoportable, el problema, en rigor, está justamente en el "objeto textual sadeano".[10] No tiene "género". En ese sentido, es "anormal". Su autor es un filósofo radicalmente materialista, poeta y novelista, pero también un dramaturgo y autor de diálogos socráticos que se diseminaron aún en una poderosa correspondencia, además de haber sido un utopista genial, un agudo panfletario y un pornógrafo inigualable. "¿Cómo definirlo si su definición escapa?" – se pregunta del Barco, a la manera futura, in-operante, de Barthes, en relación a Bataille, en el segundo postulado de "De la obra al texto" (1971):

¿Cómo clasificar a Georges Bataille? ¿Este escritor es un novelista, un poeta, un ensayista, un economista, un filósofo, un místico? Es tan incómodo responder a esa pregunta, que generalmente se prefiere olvidar a Bataille en los manuales de literatura; en efecto, Bataille escribió textos o quizás un solo y mismo texto. Si el Texto suscita problemas de clasificación (por cierto es una de sus funciones "sociales") es porque siempre implica cierta experiencia del límite. (*O rumor da lingua* 73)

Pero esa pregunta cínica todavía presupone un hombre Sade, con un mensaje social a ser transmitido. "¿Pero si no hubiera mensaje alguno al margen de la escritura? –se pregunta también agudamente del Barco– ¿Si no hubiera autor ni lector? ¿Si, en realidad, tuviéramos que ingresar a un nuevo espacio, precisamente al espacio de la escritura?", justamente porque "el texto sadiano es la posibilidad del mundo fuera de las antinomias, fuera del encierro etnocéntrico" (12-13). Así, en el momento en que la dualidad dolor / goce se disuelva, en el acto de la máxima soberanía, se abre simultáneamente la llave de las dicotomías (materia / espíritu, dios / hombre, significante / significado) y, al institucionalizar el crimen, "Sade se sitúa en el límite", y pone a toda la sociedad al revés, de patas para arriba ("no se trata de una provocación sino de la institucionalización de lo que no es posible, de aquello que en esta sociedad es impensable como Norma"). Y en ese sentido, del Barco lee el enigma-Sade como el propio enigma de la profanación: "mediante la institucionalización del Mal, Sade corroe su antinomia y habla de otra cosa". De ahí que no hesite en revolver *das Ding* y leer a "Sade" como el "objeto Sade":

> esa máquina de tiempo que está allí, silenciosa y enigmática, para demostrar que hay un mundo, para dar vuelta las cosas; eso que de una u otra manera no deja descansar esta sociedad, que como una rata muerta en medio de una mesa bien servida está allí como una presencia autónoma, que no quiere decir nada al margen de sí misma, que no implica una enseñanza o un mensaje, pero que como presencia es lo inaceptable, la corrupción de algo aparentemente incorrupto, el hueco de algo lleno, ese objeto que no se dirije a nadie pero que hace temblar el mundo. (...) En otras palabras, el objeto Sade puede resumirse en la terrible visibilidad de lo invisible. (12-13)

La rata muerta es como el zapato de la difunta, en Bataille, un poderoso índice de abyección, y la "visibilidad de lo invisible", o mejor aún, la invisibilidad de lo visible es la línea que Foucault había perseguido poco antes en un texto para *Critique*, "La pensée du dehors" (1966), al enfatizar que la ficción no consiste en "faire voir l'invisible, mais à faire voir combien est invisible l'invisibilité du visible" (524). Sin embargo, existe en el fragmento anterior una expresión de del Barco que vale la pena rescatar: la máquina del tiempo está ahí, silenciosa y enigmática, para demostrar que existe mundo, "para dar vuelta las cosas". Se trata de una expresión que reverbera la premisa lacaniana, tantas veces disciplinadamente atendida por Barthes —la realidad se muestra; lo Real se demuestra— y que volverá a aparecer mucho después en las lecturas sintomáticas y post autonómicas de autores contemporáneos, como Josefina Ludmer.

Por lo tanto, valdría decir de Valêncio Xavier lo mismo con que Barthes cuestionaba a Bataille: ¿cómo clasificarlo? ¿Valêncio Xavier es un novelista, un poeta, un ensayista, un cineasta, un filósofo? Es

Valêncio Xavier y el pensamiento del Mal • 129

tan incómodo responder a esa pregunta que generalmente se prefiere olvidar a Valêncio Xavier en los manuales de literatura. De hecho, Valêncio escribió muchos textos, *Desembrulhando as Balas Zequinha* (1973), *Curitiba, de Nós* (1975), *Maciste no Inferno* (1983), *O Minotauro* (1985), *O Mistério da Prostituta Japonesa & Mimi-Nashi-Oichi* (1986), *A Propósito de Figurinhas* (1986), *Poty, Trilhas e Traços* (1994), *Meu 7º dia* (1998), *Minha Mãe Morrendo e o Menino Mentido* (2001) o *Crimes à Moda Antiga* (2004). O tal vez haya escrito un solo y mismo texto, como Bataille. En ese sentido, si el Texto suscita problemas de clasificación, y ésa es justamente una de sus funciones sociales, es porque el texto, *O mês da grippe*, en este caso, siempre implica cierta experiencia del límite. Y ahí se podría decir, simplemente: Valêncio Xavier *escribe*. Porque Valêncio Xavier comprendió que escribir es un verbo intransitivo.

Sade en *Justine*. Cervantes en el *Quijote*. Michelet en *La Hechicera*. La modernidad en seguida descubrió un espacio de imaginación cuya potencia el siglo XX redoblaría aún más en imágenes fotográficas. No fueron pocos los escritores que utilizaron fotografías en sus narrativas: Georges Rodenbach, Alexander Kluge, Rolf-Dieter Brinkmann. Pero antes de ellos, Breton en *Nadja*. Cortázar en *Último Round*. Pasolini en *La divina mímesis*. Javier Marias en *Negra espalda del tiempo*. Sebald en *Vértigo*. O las 188 imágenes que Elio Vittorini inserta en la séptima edición (1953) de *Conversación en Sicilia*, antecedente confeso del trabajo de Xavier. He aquí algunos ejemplos de aquello que, con Foucault, podríamos llamar, el *fantástico de biblioteca*:

> Este nuevo lugar de los fantasmas, ya no es la noche, el sueño de la razón, el incierto vacío que se abre ante el deseo: es por el contrario la vigilia, la atención incansable, el celo erudito, la atención al acecho. En adelante lo quimérico nacerá de la superficie negra y blanca de los signos impresos, del volumen cerrado y polvoriento que se abre a una nube de palabras olvidadas; se despliega cuidadosamente en la callada biblioteca, con sus columnas de libros, sus títulos alineados y sus estanterías que la cierran por todas partes, pero que del otro lado se abren a mundos imposibles. Lo imaginario se aloja entre el libro y la lámpara. Lo fantástico ya no se lleva en el corazón; tampoco se lo espera en las incongruencias de la naturaleza; es extraído de la exactitud del saber; su riqueza está aguardando en el documento. Para soñar no es preciso cerrar los ojos, hay que leer. La verdadera imagen es conocimiento. Son las palabras ya dichas, las recensiones exactas, masas de informaciones minúsculas, ínfimas parcelas de monumentos y de

reproducciones de reproducciones, son ellas las que llevan los poderes de lo imposible para la experiencia moderna. Sólo el rumor asiduo de la repetición puede transmitirnos lo que ha tenido lugar sólo una vez. Lo imaginario no se constituye contra lo real para negarlo o compensarlo; se extiende entre los signos, en el intersticio de las repeticiones y los comentarios; nace y se forma en el entredós de los textos. Es un fenómeno de biblioteca. (219-220)

Pues *O mês da grippe* es un archivo, pero no por contener la totalidad de los textos e imágenes conservadas sobre la enfermedad extendida sobre la sociedad de Paraná, ni mucho menos por abrigar el conjunto de trazos que fue posible salvar de su desastre y aniquilación. Es un archivo porque exhibe el funcionamiento de las reglas que determinan la aparición y el borramiento de los enunciados, su permanencia o supresión, en los registros de la vida de Curitiba, su simple existencia en cuanto acontecimientos o cosas. No son documentos de algo oculto, sino monumentos que hablan en función de su eterna mudez, como figuras de cera, coloridas con tamaña naturalidad, que "la naturaleza no podría ser ni más expresiva, ni más verdadera", como decía el Marqués de Sade. La misma cera, además, que la escultora Maria Martins usaría para dar forma a lo informe y que, por su intermedio, permitió que Marcel Duchamp captase la emergencia de la cuarta dimensión, la misma que rasga el tiempo e inserta los comentarios de la década del 70 en el escenario mismo del morbo diseminado, reeditando así la plena violencia de la Historia. A través de ese anacronismo, mirada y representación se cruzan en un contra-recuerdo, una fuga alucinatoria o la simple retención agrietada de un presente, bajo todos los aspectos, evasivo[11] (Didi-Huberman 90-91).

"Os primeiros mortos tinham mortalha, eu mesma costurei algumas. Depois era de qualquer jeito, faltou até caixão. Vinham buscar os mortos, antes de enterrar tiravam do caixão pra servir para outro." Dona Lúcia – 1976 (*O mez da grippe* 33)

"Como saber quantos morreram? O governo não ia dizer o número verdadeiro dos mortos para não alarmar. Até hoje, ninguém sabe ao certo." Dona Lúcia – 1976 (39)

"Muitas famílias saíram da cidade, com medo da gripe. Quem podia, saía. Mas ir para onde? As outras cidades também estavam doentes." Dona Lúcia – 1975 (41)

Valêncio Xavier y el pensamiento del Mal • 131

La indecibilidad entre el otrora y el ahora, entre *aion* y *chronos*, funciona, en el texto de Valêncio, como una indecisión relativa al número.

> A epidemia declina ou augmenta?
> É o povo cuja sorte está em jogo a todo o momento interroga.
> Ninguém lhe diz, porém. Não se publica uma nota estatística pela qual se veja que a marcha da molestia que nos infelicita está sendo acompanhada cuidadosamente, e com esforços empregados para debela-la. (55)

Pues aunque no exista Estado, existe biopolítica más allá de él. ¿Cómo evaluar esa diseminación de tiempos, ese contagio del Mal? Podemos rescatar la peste en múltiples direcciones. Una de ellas es justamente en cuanto alegoría biopolítica. Síntesis de las violencias del siglo XX, la Shoah, nos dice el historiador italiano Enzo Traverso, es la fusión de pulsiones dionisíacas de asesinos fanatizados y masacres pasteurizadas, practicadas por una modernidad desapasionada y burocrática (183). La peste de Valêncio preanuncia la Shoah.

> Kirie eleysson allamão te cuspo
> escarro lesma em cima de ti allamão
> allamão cabeça de mamão
> allamão mão peluda (49)

Otra vertiente de la peste sería rescatarla como resto que el funcionalismo intenta a toda costa barrer hacia fuera de la escena. A principios del siglo XX, en 1908, más precisamente, Adolf Loos sentó las bases de esa posición al asociar ornamento y delito; Alois Riegl, cuestionando, en esa misma sintonía, la hegemonía constructiva clásica, creó también, con la noción de *Kunstwollen*, un cierto relativismo que enfatizaba el contenido patético en el arte y el carácter genético de las anamorfosis.[12] Uno de los ejemplos brasileños más característicos de la *Kunstwollen* de irreverencia es Glauber Rocha. Su obra no espera la posibilidad de una superación o evolución, ni siquiera de una revolución, porque esos valores son lo que se pierde con la ausencia de pueblo (Goddard 93). El pueblo falta, decía Klee en su famosa conferencia de Iena y otro tanto pensaba Kafka. Del mismo modo y no por casualidad, al describir el panorama cinematográfico del siglo, Valêncio observa que el barroquismo singular de *Deus e o Diabo na Terra do Sol,* donde se superponen, anacrónicamente, la violencia de los bandidos mesiánicos, con la de los terratenientes y del propio Estado modernizador, se destacaba, incluso, porque:

> Quando o cinema de "esquerda" ainda se apegava aos cânones do neo-realismo italiano–haja vista *Vidas Secas* de Nelson Pereira dos Santos, também de 1963–Glauber buscava uma revolução formal, mais para Eisenstein e Brecht do que para Vittorio de Sica e Zavattini. (24)

Y, apoyándose en la opinión de Randal Johnson, Valêncio agregaba, a la manera barthesiana, que *Deus e o Diabo na Terra do Sol* "trata com o real enquanto renega o realismo como meio de representação" ("100 anos em 100 filmes" 24). Deberíamos sumar a ellos a Jurgis Baltrušaitis, una de las fuentes lacanianas para conceptualizar la pulsión escópica, cuya primera obra, *La Stylistique ornementale dans la sculpture romane* (1931), continúa siendo, a su modo, una rehabilitación de la peste ornamental vienense, combatida por Loos, en la forma de ciertas *perspectives dépravées*.[13] La anamorfosis, como aspecto fantástico o aberrante de la perspectiva, considera cada elemento de una composición como suplemento de una unidad, perdida o simplemente inexistente. Son, en resumen, las mismas tesis sobre anamorfosis que un compañero acefálico de Bataille, Roger Caillois, desarrollaría durante la Shoah y que repercutirían, poderosamente, en la refutación de la fenomenología, tratada más tarde por Lacan. En su seminario sobre los cuatro conceptos fundamentales del psicoanálisis, Lacan deja claro, por ejemplo, que en la relación escópica, el objeto del que depende la fantasía a la que el sujeto está colgado en una vacilación esencial, es la mirada. Su privilegio, y es por eso, justamente, que el sujeto durante mucho tiempo ha podido desconocerse como estando en esa dependencia, se debe a su propia estructura. Lacan explica que, desde el momento en que el sujeto intenta acomodarse a la mirada, se convierte en un objeto puntiforme, ese punto de ser desvaneciente con el que confunde su propio desfallecimiento. Por eso, de todos los objetos con los que el sujeto puede reconocer la dependencia en la que está el registro del deseo, la mirada se especifica como la más inasequible. Más que cualquier otro objeto, la mirada es desconocida y quizás por esta razón el sujeto encuentra tan fácilmente el medio de simbolizar su propio rasgo desvaneciente y puntiforme en la ilusión de la conciencia de *verse viéndose*, en que se elide la mirada. Si

Valêncio Xavier y el pensamiento del Mal • 133

por lo tanto, como concluye Lacan, la mirada no es este reverso de la conciencia, es preciso imaginárnosla (83).

La cuestión desmaterializa radicalmente la consistencia fenomenológica del sujeto, reduciéndolo a una pantalla proyectiva donde las imágenes dejan su marca. Es exactamente lo opuesto a lo que defendía la Teoría Crítica, que se amparaba en la autonomía de la forma y a partir de ella condenaba la dimensión háptico-óptica. De hecho, en una ponencia de 1966, Theodor Adorno todavía reiteraba su clásica prevención contra el barroco, aunque le concedía el mérito, señalado también poco tiempo después por Guy Debord, de ser el último estilo "que répertoire l'histoire de l'art" (112), de donde el barroco sería una especie de fosa común, de depósito anticuario o inventario de lenguajes, que Adorno compara además con el gusto posmoderno por el neón.[14] Pero mucho tiempo antes de esa reacción, en muchas instancias de la *Obra de los Pasajes*, que es, en su momento compositivo, 1928, la síntesis heterogénea, el remolino activo, de dos movimientos opuestos en el pensamiento de Benjamin: por un lado, el estudio sobre el *Trauerspiel* y, por el otro, los fragmentos de *Einbahnstrasse*,[15] allí también se recogen frecuentes condenaciones de la peste ornamental vienesa, como en el fragmento del anillo de Saturno, o en la sección S, "Pintura, *Jugendstil*, novedad";[16] y en esa misma línea de trabajo, el neobarroco contemporáneo revelaría esa deriva, en la medida en que deberíamos ver en él no exactamente una poética, sino una *poiética*, como diría Valéry, de fondo estésico, una "contaminación" entre el arte, la teoría y la crítica, produciendo sutiles anamorfosis.[17]

De esa misma manera, recogemos en el texto de Valêncio, específicamente, en el relatorio del Dr Trajano Reis, Director del Servicio Sanitario, el mismo espíritu "zapato de la muerta" observado antes, en el epígrafe del Marqués de Sade, y con el cual se abría esta lectura:

> Quando de fadiga não puderam os coveiros abrir sepulturas, mandei gratificar a outros indivíduos para que as fizessem, de modo a evitar a decomposição dos cadáveres. (*O mez da grippe* 61)

La idea, además de subrayar el énfasis constructivo que se puede reconocer en todo trabajo deconstructivo, destaca también que la fotografía registra, pero no ve. Ése, sin embargo, es el trabajo de la literatura, de tal modo —se concluye— que sadismo y fetichismo, tal

134 • Raúl Antelo

como Benjamin lo afirmaba también en su *Obra de los Pasajes* (J 71, 3), se sobreponen en las fantasías que buscan reducir toda la vida orgánica a un dominio apropiado y manipulado por lo inorgánico, o sea, a un espacio controlado por el universo de la técnica, en expansión irresistible.[18] La contribución de Valêncio Xavier, problematizando ese dominio, es decisiva y singular en ese aspecto. No podremos ser negligentes con él, al trazar la génesis de lo anautonómico en la ficción contemporánea de América Latina.

NOTAS

[1] Es un fotograma de la película *Pinturas rupestres do Paraná*.
[2] Incluye dos películas de Ozualdo Candeias, *As pinturas rupestres do Paraná*, con música de Ney Rodrigues, y *A América do Sul*, que rescata varios cortos de Candeias filmados en 1965 (*Os índios Guarani do Paraguai, Os Índios Urus do Peru, Um Carnavalito do Peru, Assunção do Paraguai* y una procesión en Santana de Acuña, Colombia) y, por último, *A Bela Época do Cinema Brasileiro* de Jean-Claude Bernardet.
[3] El descubrimiento se habría dado fortuitamente. Un reportaje en colores de la revista *O Cruzeiro* despierta la atención de un poblador de la región de Paraná que afirma haber visto cosas parecidas. Se arma entonces una expedición que confirma el hallazgo de figuras semejantes a las documentadas por Koch-Grünberg, en el libro-guía de Mário de Andrade para *Macunaíma*. Ver Annette Laming y José Emperaire, "Découvertes de peintures rupestres sur les Hauts Plateaux du Paraná", *Journal de la Société des Américanistes*. De la misma autora, ver *La Signification de l'art rupestre paléolithique*, ; *L'Archéologie préhistorique*, Annette Laming, rusa de nacimiento, fue discípula de André Leroi-Gourhan, quien había estudiado con Marcel Mauss. Un artículo de este antropólogo estructural, "La Main", y otro de Georges Bataille, "Production, échange et dépense improductive" integran el volumen *Matériau / Technologie / Forme*.
[4] Además de los pioneros estudios de Foucault, cabe registrar las contribuciones de Gabriela Nouzeilles, Francois Delaporte, Luis Duno, Margaret Healy, y Nancy Stepan. CHOMSKY, Aviva et al. – *The Cuba Reader: History, Culture, Politics*. Durham, Duke University Press, 2003, p. 150-153.
[5] Ver Éric Marty, *Pourquoi le XXe. Siècle a-t-il pris Sade au sérieux?* Annie LeBrun, *Sade. De pronto un bloque de abismo y– No se encadena a los volcanes*.
[6] "Informe". *Documents*, nº 7, Paris, dez 1929, también incluído en *Oeuvres Complètes* I.
[7] Ver José Assandri, *Entre Bataille y Lacan*. Ensayo sobre el ojo, golosina caníbal.
[8] Flávio de Carvalho, "O Aspecto Psicológico e Mórbido da Arte Moderna" *Diário de S. Paulo*, 22 jun. 1937. Presentada al congreso de París de 1937, la tesis fue reiterada en el *Primeiro Salão de Maio*, en São Paulo.
[9] "Ce qui nous semble *avoir pu ne pas être* s'impose à nous avec la même puissance *de ce qui ne pouvait pas ne pas être*, et *qui devait être ce qu'il est*" (*Oeuvres* (1309).
[10] Ver a ese respecto Luz Rodríguez Carranza, "El *objeto Sade*. Genealogía de un discurso crítico: de *Babel*, revista de libros (1989-1991) a *Los libros* (1969-1971)" en *Descartes. El análisis en la cultura*.
[11] Georges Didi-Huberman, *La invención de la histeria*. Charcot y la iconografía fotográfica de la Salpetrière. Trad. T. Arias e R. Jackson. Madri, Cátedra, 2007, p. 90-1.
[12] Ver Aloïs Riegl, *El culto moderno a los monumentos*: caracteres y origen.
[13] Jurgis Baltrusaitis, *Anamorphoses ou Thaumaturgus opticus. Les perspectives dépravées II*.

[14] "Il dirait ce besoin manifestement irrésistible qu'on a d'imiter l'*up-to-date* américain, selon un modèle dont on a une idée vague, sans se soucier d'aucune exigence de nature constructive ni structurelle: en modernisant, par exemple, le premier bar venu, d'une façon qui ne répond à aucune logique interne ni même au seul besoin de confort des consommateurs concernés, mais exclusivement à la peur de les voir se soustraire aux sons du juke-box ou au goût du coca-cola, ou même de les laisser prendre leur temps et des les encourager à la conversation. Au vu du style qui, aujourd'hui, fait à nouveau sa percée (et c'est plutôt un anti-style, dont l'unité est assignée par le monopole et non par la vision du monde, injustement vantée), il va falloir revoir et corriger le jugement porté sur le style. Esthétiquement, le mal radical, c'est bien moins l'absence de style que l'unité suspecte. Cette idée touche aussi, avec une force rétroactive, les époques où le style n'était pas sa propre parodie. Le style en tant qu'idéologie – dont le baroque est la formule courante – est le pendant de la situation contemporaine. Cette dernière, en effet, réclame de l'art un nominalisme extrême : le produit singulier, qui tire de soi la justesse de sa forme, prime sur toute canon formel préétabli. Selon la critique adressée par le sujet esthétique à la forme qu'il n'a pas lui-même pénétrée de part en part, cette forme n'est plus, désormais, qu'un non-être, à valeur purement répressive. Magnifier le baroque comme style répond à une poussée que est restée en arrière du développement social lui-même exige qu'elle rétrocède ainsi" (113-4).

[15] Ver Gerhard Richter, "Uma cuestión de distancia. La calle de dirección única de Benjamin a través de los Pasajes". En Alejandra Uslenghi, ed., *Walter Benjamin: culturas de la imagen*.

[16] En el fragmento S 8, 4 dice que los tres motivos en que se muestra el *Jugendstil* son el hierático, el perverso y el emancipado. Pero, mucho antes (G1,7) afirmaba que "resulta muy significativo que el *Jugendstil* fracasara en el interior, y en consecuencia en la arquitectura, y haya en cambio obtenido en plena calle, como cartel, tan buenos resultados", lo que lo lleva a concluir (G 2 a, 2) que "la publicidad se emancipa en el *Jugendstil*". Walter Benjamin, *Obra de los pasajes*.

[17] Destaco el excelente trabajo que Valentín Diaz viene haciendo sobre los orígenes de las categorías del neobarroco en Sarduy. Ver Severo Sarduy, *El barroco y el neobarroco*.

[18] "Poder estar en comunión con el cosmos, vincular pasado y futuro, producir semejanzas entre representación y alteridad sin restricciones: esas podrían ser las oportunidades de la tecnología y la industrialización, empleadas racionalmente hasta su máximo potencial más allá de la explotación de la naturaleza bajo el capitalismo. Pero recordemos que esta imagen de absoluta unidad y apertura era una sátira de utopistas como Fourier y los sansimonianos; que Benjamin admiraba las caricaturas de Karl Krauss por 'penetrar en aquellos a quienes representa para aniquilarlos' y que concluyó su tributo al fantasista utópico Paul Scheebart, escrito en los últimos meses de su vida, recordando que 'el arte no es el foro de la utopía […] De ese algo mayor – la realización de la utopía – no se puede hablar, solo dar testimonio'". Detlef Mertins, "Walter Benjamin y el inconsciente tectónico". Alejandra Uslenghi, comp., *Walter Benjamin: Culturas de la imagen* (204).

Bibliografía

Adorno, Theodor W. "Du mauvais usage du baroque". *L'art et les arts*. Paris: Desclée de Brouwer, 2002.

Assandri, José. *Entre Bataille y Lacan*. Ensayo sobre el ojo, golosina caníbal. Buenos Aires: Cuenco de Plata, 2007.

Barco, Oscar del. "El enigma Sade". *Los libros nro. 1*. Buenos Aires, Jul. 1969.

Barthes, Roland. *O rumor da lingua*. Mario Laranjeira, trad. São Paulo: Editora Brasiliense, 1998.

Baltrusaitis, Jurgis. *Anamorphoses ou Thaumaturgus opticus. Les perspectives dépravées II*. Paris: Flammarion, 2008.

Bataille, Gaston. *Lascaux o el nacimiento del arte*. Axel Gasquet, trad. Córdoba: Alción Editora, 2003.

_____ "Le cheval académique". *Oeuvres Complétes I*. Pref. Michael Foucault. Paris: Gallimard, 1970.

_____ "Informe". *Documents nro. 7* (Paris, 1929).

_____ "Esthéte". *Documents a 2 Nro. 4* (Paris, 1930).

_____ Leroi-Gourhan, André y Guidot, Raymond. *Matériau / Technologie / Forme*. Centre Beaubourg, 1974.

Benjamin, Walter. "Imágenes que piensan". *Obras*. Jorge Navarro Pérez, trad. Madrid: Abada, 2010.

_____ *Obra de los pasajes*. Juan Barja, trad. Madrid: Abada, 2010.

Borba, Maria Salete. *Para além da escritura: a montagem em Valêncio Xavier*. Florianópolis: Universidad Federal de Santra Catarina Press, 2005.

Borges, Jorge Luis. "El oro de los tigres". *Obra Completa*. Buenos Aires: Emecé, 1974.

Carvalho, Flávio de. "O Aspecto Psicológico e Mórbido da Arte Moderna" *Diário de São Paulo* (22 jun. 1937).

Delaporte, Francois. *Disease and Civilization. The Cholera in Paris 1832*. Cambridge: MIT Press, 1986.

Díaz, Valentín. "Apostilla". En Sarduy, Severo. *El barroco y el neobarroco*. Buenos Aires: Cuenco de plata, 2011.

Didi-Hunerman, Georges. *La invención de la histeria. Charcot y la iconografia fotográfica de la Salpetrière*. T. Arias y R. Jackson, trad. Madrid: Cátedra, 2007.

Duno, Luis. "Narrativas somáticas y cambio social: notas para el caso venezolano". *Estudios* 34 (Caracas, jul-dic. 2009): 403-437
Foucault, Michel. *Dits et écrits*. Paris: Gallimard, 1994.
_____ "Sin Título". *Entre filosofía y literature*. Buenos Aires: Paidos, 1999.
Goddard, Jean-Christophe. "Deleuze y el cine político de Glaube Rocha. Violencia revolucionaria y violencia Nómade". En Zarka, Yves-Charles et al. (ed) *Deleuze politico*. Buenos Aires: Nueva Visión, 2010.
Healy, Margaret. *Fictions od Disease in Early Modern England: Bodies, Plagues and Politics*. New York: Palgrave, 2001.
Lacan, Jacques. *O seminário. Livro 11*. M. D. Magno, trad. Río de Janerio: Zahar Editores, 1979.
Laming, Annette y José Emperaire. "Découvertes de peintures rupestres sur les Hauts Plateaux du Paraná". *Journal de la Societé des Américanistes* XLV (1956): 165-178.
_____ *La Signification de l'art rupestre paléolithique*. Paris: Picard, 1962.
_____ *L'Archéologie préhistorique*. Paris: Seuil, 1963.
Le Brun, Annie. *Sade. De pronto un bloque de abismo*. Silvio Mattoni, trad. Buenos Aires: Cuenco de plata, 2008.
_____ *No se encadena a los volcanes*. Mariano Fiszman, trad. Buenos Aires: Argonauta, 2011.
Marty, Éric. *Pourquoi le XXe. Siècle a-t-il pris Sade au sérieux?* Paris: Seuil, 2011.
Mertins, Detlef. "Walter Benjamin y el inconsciente tectónico". Uslenghi, Alejandra (ed). *Walter Benjamin y la cultura de la imagen*. Buenos Aires: Eterna cadencia, 2010.
Nouzeilles, Gabriela. *Ficciones somáticas. Naturalismo, nacionalismo y políticas médicas del cuerpo. (Argentina 1880-1910)*. Rosario: Viterbo, 2000.
Richter, Gerhard. "Una cuestión de distancia. La calle de dirección única de Benjamin a través de los Pasajes". En Uslenghi, Alejandra (ed.) – *Walter Benjamin: culturas de la imagen*. Buenos Aires: Eterna cadencia, 2010.
Riegl, Aloïs. *El culto moderno a los monumentos: caracteres y origen*. A. Pérez López, trad. Madrid: Visor, 1987.
Rodríguez Carranza, Luz. "El *objeto Sade*. Genealogía de un discurso crítico: de *Babel*, revista de libros (1989-1991) a *Los libros* (1969-1971)" *Descartes. El análisis en la cultura*, a.9, Nros 15-16 Buenos Aires (1997): 125-145.

Stephan, Nancy. "Imperialism and Sanitation". En: Chomsky, Aviva, et, al. *The Cuba Reader: History, cultura, Politics.* Durham: Duke UP, 2003.

Traverso, Enzo. *L'Historie comme champ de bataille. Interpréter les violences du XXe. Siécle.* Paris: La Découverte, 2011.

Valêncio, Xavier. "100 anos em 100 filmes". *Gazeta do Povo* (Curitiba, 7 septiembre 1995).

_____ *O mez da grippe e outros livros.* São Paulo: Companhia das Letras, 1998.

Valéry, Paul. *Variedad II.* Aurora Bernárdez y Jorge Zalamea, trads. Buenos Aires: Losada, 1956.

_____ "Discours sur l'Esthétique". *Ouvres.* Jean Hytier, ed. Paris: Gallimard, 1957.

El viaje (de regreso) de Sergio Pitol

JOSÉ RAMÓN RUISÁNCHEZ SERRA
University of Houston

El viaje (2000) comienza con el lamento de un narrador en primera persona. Este yo autodiegético se reprocha el hecho de nunca haber escrito sobre Praga:

> Y un día, de repente, me hice la pregunta: ¿Por qué has omitido a Praga en tus escritos? ¿No te fastidia volver siempre a temas tan manidos: tu niñez en el ingenio de Potrero, el estupor de la llegada a Roma, la ceguera en Venecia? ¿Te agrada, acaso, sentirte capturado en ese círculo estrecho? ¿Por pura manía o por un empobrecimiento de visiones, de lenguaje? ¿Te habrás vuelto una momia, un fiambre, sin siquiera haberte dado cuenta? (11)

Primero que nada subrayo el término narrador, porque se trata de una autoficción, de un territorio intermedio entre el libro de memorias y la novela, lo que invita e impide decir sin más Sergio Pitol. Cuando mucho se podría escribir "Sergio Pitol". *El viaje* es un libro sobre la delicada diferencia y el juego entre el sujeto de enunciación y el sujeto del enunciado.[1]

A partir de esa condición intersticial hay que regresar con minucia al inicio del inicio para hacer énfasis en que *El viaje* comienza con el nexo copulativo "y". No "Un día" sino "Y un día"; se trata del clásico recurso al inicio *in medias res*, pero en lugar de constatarlo, resulta mucho más rico examinarlo: además de continuarse un asunto que estaba sucediendo y al que un pliegue nos permitirá regresar con más interés, este "Y" nos lleva a otro libro, *Domar a la divina garza* (1988), como advirtieron, en su momento, la mayor parte de sus reseñistas.[2] Pero ese nexo "Y" no es sólo una simple bifurcación. Los vasos comunicantes llevan también a *El arte de la fuga* (1996) y *El mago de Viena* (2005);[3] pues *El viaje* es "un breve capítulo de la intensa biografía, de los desconocidos diarios" de

Pitol (González). Aunque se puede pensar que tales diarios no sean sino la fantasía de una totalidad que le presta encanto a este (falso) fragmento. Porque es inevitable –al ser un viaje de la memoria, el progreso es retrógrado– tengo que regresar a la pregunta por Praga. Al producirse de manera instantánea, al parecer de manera inmotivada genera una escisión del personaje: se reconviene en segunda persona, le reprocha a otro o, mejor, se reprocha *desde* otro. Y en ese diálogo comienza el vals del sujeto de la enunciación con el del enunciado; del sujeto del esfuerzo de memoria con el que, mediante su olvido, atesora lo que no se logra recordar que *El viaje* tensará como nadie lo ha hecho en la literatura en español.[4] Precisamente en esto radica la radical extrañeza de Pitol. Si se piensa por ejemplo en la gran obra del siglo xx construida desde la memoria: *La muerte de Artemio Cruz* de Carlos Fuentes, el contraste es obvio, pero también instructivo: mientras que el juego de los pronombres y los tiempos verbales en el libro de Fuentes es de rigurosa complementariedad y acaban cristalizando en una imagen total y explicativa, en Pitol se preserva la fragmentariedad y en lugar de construirse un yo completo, el punto de llegada es precisamente el tipo de grieta que caracteriza la subjetividad postkantiana: la diferencia entre yo y yo.[5]

Como economía, *El viaje* comienza como la formulación de una deuda, una ausencia que se debe reparar, un olvido que se intenta enmendar. El narrador, después de rememorar las maravillas de Praga y su densidad cultural, vuelve hacia la experiencia propia, y decide que: "Debería revisar mis diarios de todo ese tiempo, como lo hago siempre antes de iniciar cualquier cosa, para revivir la experiencia inicial, la huella primigenia, la reacción del instinto, el primer día de la creación" (13). Pero lo que le sucede con los diarios de Praga es distinto a lo habitual: "Leí varios cuadernos, centenares de páginas y para mi estupor no encontré nada sobre Praga. Nada, sí, nada que pudiera servirme de pie para escribir un artículo, mucho menos un texto literario" (13). Así, la deuda con la ciudad magnífica y literaria donde el narrador pasó tantos años productivos, importantes, se reduplica ya que incluso en los diarios falta algo; la ausencia es doble. No sólo no ha producido un texto "literario" sobre Praga, sino que la "huella primigenia" nunca existió.

Me parece absolutamente irresistible recordar con las *Tesis* de Walter Benjamin que: "La verdadera imagen del pasado pasa súbitamente. Sólo la imagen, que relampaguea de una vez para siempre en el instante de su congoscibilidad, se deja fijar en el pasado" y un poco más adelante: "ya que cada imagen del pasado corre el riesgo de desvanecerse para cada presente que no se reconozca en ella" (44, traducción modificada). *El viaje* parece transformarse desde estas primeras páginas en una reflexión narrativa sobre este tema de las *Tesis*: ¿Y si el momento crucial ha brillado frente a nosotros y se escapa para siempre? ¿Qué hacer con esa sospecha? ¿Cómo sobrevivirla? ¿Cómo encararla?[6]

Para comentar la ausencia, el narrador prosigue: "Me resultó –me lo sigue siendo– incomprensible. Como si por la mañana me acercara al espejo para afeitarme y no lograse contemplar mi rostro, no por falta de vista, sino por la inexistencia de la cara" (13). La imagen es interesante y sorprendente porque, a pesar de tratarse de una des-aparición, no deja de ser nítida: es una imagen de la desaparición de la imagen.[7]

Más interesante aún resulta que, justo en el momento que se enuncia la aparente imposibilidad de pagar la deuda porque ha desaparecido la memoria primigenia de Praga, la ciudad misma genera un caudal de recuerdos personales. Casi imperceptiblemente se pasa de la angustia del olvido a la memoria misma. El revés de la des-aparición, es la epifanía. Cuando los personajes en la obra de Pitol se enfrentan con el *horror vacui*, algo aparece.

De pronto, el personaje pasea por la capital de Bohemia mapa en mano, al encuentro de su historia, de sus rincones literarios, de sus prodigios obvios y también de los más recónditos:

> Di vuelta a un callejón modesto en exceso, con empedrado deficiente. De repente, mientras caminaba, vislumbré a la distancia un bulto informe en la acera de enfrente. Al acercarme lo vi moverse. Era un viejo decrépito, de cabellos hirsutos, evidentemente borracho. No supe si trataba de levantarse o de ponerse en cuclillas. Tenía caídos los pantalones a la altura de las rodillas. Una escena tan áspera y grotesca como las de Goya. Pienso que al bajarse los pantalones para defecar se había derrumbado y batido en su propios excrementos. Chillaba imprecaciones con un tono siniestro. Nadie pasaba por el callejón salvo el suscrito. Lo rebasé, con cautela, siempre desde la otra acera, y después de andar unos metros no resistí volver la cabeza para mirar hacia atrás. Era patético, cada esfuerzo por levantarse volvía a tirar de espaldas al anciano; los pantalones y calzoncillos a media pierna le servían de atadura, le entorpecían los movimientos. Todavía ahora me aturde aquella repentina caída sobre sus excrementos, y sus berridos de cerdo en el matadero. (18)

El lector experto en Pitol, encuentra aquí el eco que une a sus libros más recientes con los primeros, que propone la economía de su obra. Hacia el final de *Domar a la divina garza*, cuando el licenciado Dante C. de la Estrella sufre su definitiva derrota, ésta se signa de manera escatológica:

> Les grité que me arrojaran mis prendas. Buscaba una palabra, la más hiriente, para lanzarla tan pronto como tuviera mis cosas en la mano. Me pareció ver en el balcón cierto brillo metálico. Algo rozó mis sienes, algo me golpeó en un hombro. Levanté la mirada y vi que Marietta Karapetiz y Sacha sacudían sobre mí unas bacinicas. En ese momento ocurrió lo peor. Zuleima, Omar y el joven adiposo vaciaron sobre mí una gran palangana colmada de inmundicias. Traté de huir y no pude. Resbalé; la mayor parte del contenido me cayó encima. Oí sus carcajadas, sus gritos indecentes, sus chillidos. Había quedado en cuatro patas, como un puerco, enfangado en una materia resbaladiza y repugnante. Había perdido los lentes. Me levanté como pude, caí otro par de veces y me golpeé de mala manera. (201)

Al final de *Domar a la divina garza*, por la simple potencia de lo que está recordando, el licenciado de la Estrella vuelve a cagarse encima cuando termina de narrar su historia. Así de fuerte elige Pitol hacer el regreso de lo recordado; algo que atraviesa el cuerpo para volverlo a humillar. Además si prestamos atención al calce, nos damos cuenta que *Domar a la divina garza* está firmada precisamente en Praga.

La relación entre este pasaje del inicio de *El viaje* y el final de *Domar a la divina garza* esboza la complejidad verdadera del sistema de la memoria en la narrativa de Pitol: la memoria personal atraviesa, irremediablemente, el sistema de los libros. Pero además, no lo hace en forma de citas que se pueden visitar a voluntad, sino de acuerdo a la figura siempre cambiante del regreso de la memoria. El término "figura" adquiere entre la baja latinidad y su uso por los Doctores de la Iglesia, el sentido de "profecía real"; esto es que los hechos narrados en el texto profético –típicamente el Antiguo Testamento– no sólo pueden activarse como una alegoría que predice hechos ulteriores –los narrados en el Nuevo Testamento– sino que poseen verdad histórica en sí mismos. "La interpretación figural, nos dice Auerbach, establece entre dos hechos o dos personas una conexión en la que uno de ellos no se reduce a ser él mismo sino que además equivale al otro, mientras que el otro incluye al uno y lo consuma" (99). En este caso, me interesa pensar la figura como una modificación *doble*, que corre en ambos sentidos; esto es, el hecho más reciente, *también* es modificado al resonar con uno previamente narrado.

Vale la pena ahondar en esto, tomando en cuenta que el primer capítulo de *Domar a la divina garza* es, precisamente, una confesión donde "Un viejo escritor se prepara para iniciar una nueva novela" (9), y reflexiona sobre su arte, poniendo al descubierto las reglas que lo llevaron a escribir este libro. No es poco importante que entre los dos posibles tipos de personajes a los que sabe dar vida, cuente a aquellos que "Sucios y desdentados, apenas logran advertir la celeridad con que la memoria se les va agostando. Su venganza consiste, precisamente en eso, en clausurar todos los canales que los comunican con el pasado" (12). Igualmente interesante es que nada de lo que cuenta en *El viaje* aparezca en este prólogo confesional, ensayístico, en cierta medida autobiográfico.

¿Cómo debe leerse el hecho de que *El viaje* comience tematizando la preocupación por una deuda de la memoria en un escritor obsedido por crear personajes castigados por su ingratitud con el pasado? ¿Cómo debe leerse el hecho de que *El viaje*, más bien pronto, tope con el momento climático de otra novela, escrita en Praga, pero que se desarrolla en Estambul? En resumen ¿cómo debe ser leído el último trayecto de la obra de Sergio Pitol en cuanto discurso sobre la memoria y su imposibilidad?

De entrada: como un discurso de complejidad, de permanente construcción, donde nunca se llega a la cartografía definitiva, donde cada nueva imagen del pasado, modifica la figura de la historia, pero al mismo tiempo revela carencias, huecos, donde la ficción suple a la memoria cuando se ha perdido su "huella primigenia", y en muchas ocasiones, la ficción, a su vez lleva a nuevos recuerdos, aunque no necesariamente del momento que se desearía rememorar, sino de momentos traumáticos: el trauma en la ficción de Pitol se puede ejemplificar en la imposibilidad de completar una figura, en el ejemplo más claro, la de resolver un viejo misterio en *El desfile del amor*. En cambio, en los libros de su ciclo más reciente, y centralmente en *El viaje*, el trauma es interno: el sujeto está desde el principio escindido y su escisión no se resolverá al avanzar el libro sino, por el contrario, este desencuentro se convertirá en la única definición posible del yo narrativo.

El surgimiento azaroso de la memoria traumática nos permite, o acaso nos obliga a pensar en la manera en que el recuerdo inevitablemente atraviesa la vergüenza, en el sentido que la entiende Emmanuel Lévinas: "Es nuestra intimidad, es decir nuestra presencia ante nosotros mismos, lo que es vergonzoso. No revela nuestra nada, sino la totalidad de nuestra existencia... Lo que la vergüenza descubre es el ser que *se descubre*" (citado en Agamben 110). Hasta aquí, la parte que explicaría por qué la vergüenza tiene que ver con el aspecto confesional de la memoria. Sin embargo, Agamben va más allá y me parece que su intuición resulta sumamente valiosa: "Avergonzarse significa: ser entregado a lo inasumible. Pero lo así inasumible no es algo externo, sino que procede de nuestra misma intimidad; es decir, de lo que hay en nosotros de más íntimo (*por ejemplo, nuestra propia vida fisiológica*)" (110, énfasis mío). Esto último vuelve mucho más interesante y sutil la relación entre *El viaje* y *Domar a la divina garza*; no solamente porque *El viaje* es una novela que celebra lo escatológico y se ocupa de sus "orígenes" como señala Ignacio Echevarría, sino porque sugiere la profunda, inevitable relación entre los procesos del cuerpo que nos resultan más aterradores y la memoria. La mierda es entonces la huella más penosa de la memoria, mojón en los dos sentidos del término.

Pero la memoria es, sobre todo, caprichosa; así, después de unas pocas páginas más de autobiografía praguense, el libro da un coletazo. La exploración de sus diarios en busca de materiales sobre Praga ha sido fútil: "Al final de cuentas no escribo de Praga, lo haré más tarde, pero esa ciudad mágica me condujo a otros fragmentos de mi diario: al país de las grandes realizaciones y los terribles sobresaltos" (25): la URSS. Ésta es la forma de la memoria, la búsqueda de algo desemboca en una cosa distinta; una ciudad en otras ciudades, un ensayo literario en una memoria que es en realidad una novela.

Apenas unas líneas después, el narrador explica: "recibí sorpresivamente una invitación de la Unión de Escritores de Georgia para visitar esa república en el mes de mayo". La visita no se produce como esperaba ya que: "Unos cuantos días más tarde, la Secretaría de Relaciones Exteriores me transmitía una invitación para ir a Moscú del 20 al 30 de mayo de aquel año" y, aunque "Di por hecho que era un alcance a la carta de Georgia", no es así pues "Desde que llegué a Moscú, comencé a preguntar por la fecha de salida a Tbilisi, pero los burócratas que me recibieron se desentendía de la cuestión" (25). El libro de Praga se convierte en el del viaje a Georgia, que en realidad, torna un viaje a Rusia pero que terminará, cuando ya parece improbable, en su destino: Tbilisi, pero también, como bifurcación última del "Y" con el que comienza el libro, en un recuerdo de infancia que tuvo lugar en Potrero, Veracruz. Con esta invitación a dos destinos distintos se cierra el prólogo y pasa a un capítulo fechado "19 de mayo": al parecer el viaje en sí. El protagonista aborda el avión, se encuentra con una conocida que parece prefigurar a la Marietta de *Domar a la divina garza*, y se acuesta a releer *Miguel Strogof*. El capítulo siguiente lleva por título "20 de mayo" y más allá de los meros hechos, ensaya sobre un tema fundamental: el cambio, el principio del deshielo soviético:

> A los jóvenes les quedaban otras posibilidades de evasión: la amistad como culto, el sexo para algunos, la religión para otros, la cultura para muchos, pero en general la excentricidad [...] El logro de ser uno mismo sin depender gran cosa de los demás y deslizarse por ese camino hasta donde sea posible, sencillamente dejarse llevar. Las preocupaciones del excéntrico son diferentes a las de los demás, sus gestos tienden a la diferenciación, a la autonomía hasta donde sea posible de un entorno pesadamente gregario. Su mundo real es el interior. (31-32)

La excentricidad –que descubre no sólo en el personaje que "aligera la novela europea desde el siglo XVIII" (32) sino en los propios autores de su genealogía, de Gogol a Vila-Matas– es el nombre de la figura de la memoria que Pitol propone; esa ruta que jamás es recta. Pero también es el otro nombre de una ética cuya base no es la semejanza sino la radicalización de la diferencia, pero cuyo resultado son "espacios encantados, esas colmenas de "inocentes" donde la razón y el sentido común se adelgazan y un temperamento "raro" o una leve demencia puede ser la mejor barrera para defenderse de la brutalidad del mundo" (34). El excéntrico está mejor capacitado para escapar a los totalitarismos, no sólo opresivos, sino de opinión. Escapa hacia dentro y, por lo tanto, su fidelidad adquiere las formas de la memoria; se ajusta a su imposibilidad de ser positiva y recta, a su diferencia con el deber ser de la historia lineal. Excéntrico, Pitol le es fiel a las infidelidades de su memoria: escribe desvergonzadamente lo que lo avergüenza y así logra salvar algo que no elige sino que lo elige a él.

En este sentido, la elección de un pasaje escatológico del *Periquillo Sarniento* ante una segunda prefiguración de Marietta (ya apellidada Karapetián e interesada en un "santo niño cagón" mexicano) no sorprende pues es el "ejemplo de un lenguaje que acaba de romper sus ataduras con el idioma jurídico y eclesiástico usado hasta entonces en los libros. Un esfuerzo por buscar el lenguaje adecuado a las circunstancias de la nueva nación" (37). Y de nuevo, al leer a Fernández de Lizardi, parecen coincidir sujeto de la enunciación y del enunciado, aparentemente Pitol se escribe a sí mismo; al preferir a los excéntricos, hace la crítica radical de la literatura canónica mexicana, lo que le permite fundar un nuevo canon. Un canon de lento avance, pero que con la aparición de *El arte de la fuga* acaba de comprenderse: Álvaro Enrigue, Pablo Soler Frost, David Toscana, Fabrizio Mejía Madrid, Fabio Morabito, son ejemplares en su abandono de la tradición de Carlos Fuentes y su manera de optar por una excentricidad pitoliana. Incluso quien parecería el heredero más robusto de la herencia de Fuentes, Juan Villoro, optó finalmente por combinarla con una fuerte corriente ex-céntrica que proviene de Pitol, Carlos Monsiváis y Alejandro Rossi.[8]

Ahora bien, esta lectura, las charlas sobre autores dilectos, son apenas una preparación para la última gran sorpresa estructural de *El viaje*. Después de un capítulo más sobre la estancia rusa, aparece algo al parecer heterogéneo al flujo de la novela, una bifurcación más: "La carta de Meyerhold", una discusión del conmovedor texto que escribe Vsiévolod Meyerhold en sus últimos días. Este recorrido por los últimos días de la URSS se desdobla también como un gran homenaje a los escritores rusos, sobre todo, quienes fueron víctimas de la historia, cuyos monumentos de cultura son la contrafaz de los monumentos de la barbarie sufrida. Al intentar el pago de una deuda con la historia personal, Pitol la paga también con su pasado de escritor: la deuda de lo leído con los escritores héroes, con los actores culturales mártires, con "un elocuente santoral" (Echeverría). Los lugares donde el adentro del enunciado y el afuera de la enunciación parecen indistinguibles son los de la rememoración emocionada, agradecida de lo leído. Tanto el sujeto de la enunciación como el sujeto del enunciado se unen en lo que han leído.

En los siguientes capítulos, seguimos las peripecias de un típico protagonista de las narrativas de Pitol que es siempre, al mismo tiempo, la arqueología de *Domar a la divina garza*. Ejemplo de ambas: la visita a la casa de Gógol que lo lleva al recuerdo de su agonía entre las manos y las sanguijuelas del padre Matéi y a portarse como un personaje de Gógol; esto es, como un excéntrico, o sea, un personaje de Pitol.

Una exploración aparte, merece "Peces rojos".[9] Uno de los textos más conmovedores de *El viaje*, y de toda la obra de Pitol:

> Nada había visto tan deslumbrador como aquella página colorida. Un cuadro bañado de luz, iluminado desde arriba, pero también desde el interior de la tela. En una pecera nadaban unos cuantos peces cuyo reflejo se mecía en la superficie del agua. Era un triunfo absoluto del color. El cubo que contenía a los peces formaba parte del eje vertical de cuadro y se apoyaba en una mesa redonda sostenida por un solo pie. Estaba, claro, en el centro. Todo el resto de la tela era una selva de hojas hermosas y de flores; estaban en el primer plano, en el fondo se les veía a través del cristal del recipiente, enardecidas, arracimadas, luminosas, perfectas. (79)

Se trata de una página de una revista médica, una buena reproducción apenas. Pero además es la epifanía del arte; no sólo como posibilidad de belleza sino, además, de lo que Benjamin llama "astillas del tiempo mesiánico"; aquello que nos permite detener el flujo del tiempo para ver como si fuera por primera vez. Lo que resulta extraordinario es precisamente el pliegue reflexivo que posibilita la revelación de los poderes del arte, pero que a su vez los potencia:

> Si hubiese vivido en la Antártida, o en el corazón de Sonora, o del Sáhara, donde nadie nunca ve flores ni peces ni agua, podría comprender que aquella precipitación florida me hiciera enloquecer. Pero vivía en Córdoba, al lado de Fortín de las Flores, medio de jardines suculentos, y aun así aquello me parecía un milagro. (79)

Lo interesante, lo que importa, lo que deslumbra es que se trata, precisamente, del momento en que el arte revela su capacidad de rebasar la representación del mundo, el momento en que el niño descubre que lo representado es lo de menos, que el pincel *modifica* los objetos y enseña a ver. Éste es uno de los descubrimientos que le permitirán, más tarde, convertirse en escritor. "Conviví con mis peces rojos y su entorno fascinante durante tres años. Fue mi mejor amuleto; una señal, una promesa" (80). ¿Pero una promesa de qué? ¿Una señal de qué?

Del secreto del mundo. De la manera en que se revelan las figuras de la memoria:

> Años después, al entrar en una sala del Museo Pushkin de Moscú, la que alberga algunos de los óleos más extraordinarios de Matisse, me encontré de golpe con el original de aquellos *Peces rojos* míos. Más que una experiencia estética, fue un trance místico, una revaloración instantánea del mundo, de la continuidad del mundo. (80)

Me gusta que el cuadro no tenga autor hasta el final del texto, cuando el nombre propio, Matisse lo devuelve al campo de la circulación cultural, pero sólo para que el posesivo "míos" se lo reapropie mediante el afecto. El breve capítulo es ejemplar porque muestra acaso que el aura no se ha perdido del todo en la época de la reproducción mecánica, que su especificidad puede haberse modificado, pero que no depende de la existencia única de una obra, sino más bien es una experiencia de índole figural: mientras exista la promesa de lo ulterior, poco importa si la plantea un lienzo invaluable o una fotografía barata recortada de una revista; mientras cifremos la promesa de algo más en una experiencia (estética) real, el aura insiste. La constelación de lo inesperado redibuja la vida misma hacia el futuro y, desde el futuro donde se cumple la promesa (siempre diferente a lo que se esperaba, a lo que se deseaba) hacia el pasado.[10]

Cuando ya parece completamente improbable, el protagonista logra llegar a Georgia y, para su felicidad, encuentra allí la pieza última que necesitaba para comenzar, en cuanto regrese a Praga, una novela que habrá de llamarse *Domar a la divina garza*. Pero lo importante es que esta iluminación no proviene del paisaje o de la antigüedad acumulada de la ciudad, sino de su último reducto: un cagadero comunal, que al mismo tiempo le resulta dantesco y fraterno. Entonces este viaje que siempre ha sido diverso de sí, se convierte en otra cosa. En figura en ambos sentidos de la flecha del tiempo: en arqueología de *Domar a la divina garza* pero, al mismo tiempo –no olvidemos que *El viaje* es un libro posterior– en el texto que cumple una promesa planteada en la novela. La promesa cumplida revela una economía compleja que es necesario detallar. Primero que nada, el brillo de su llegada oculta, pero sólo momentáneamente, el hecho de que su satisfacción es parcial. Por ejemplo: la iluminación en la letrina comunal es a su vez la promesa

El viaje (de regreso) de Sergio Pitol • 149

de un libro que aún habrá de escribirse. La promesa cumplida a su vez obliga. La promesa sigue prometiendo. Suplementariamente, la economía de la promesa produce una inversión, al menos parcial, en el flujo del tiempo. En ocasiones el cumplimiento parece anteceder, al menos en lo enunciado, a la formulación de la promesa. Esto se debe a que siempre que se cumple, hay una modificación de la promesa. *El viaje* cumple –"cumple", incumple– la promesa de un libro sobre Praga. El cumplimiento de una promesa siempre es perverso y por lo tanto, modifica retrospectivamente lo que aparentemente se prometía.

Esto revela, bajo la excentricidad de Pitol, un hondo realismo. Por supuesto un realismo radicalmente diferente al que se practicó digamos entre *Los bandidos de Río Frío* de Manuel Payno (1892) y las novelas de Carlos Fuentes, un realismo que nos obliga a releer cuidadosamente la siempre nueva *Pedro Páramo*; el realismo siempre excéntrico del deseo. La más honda verdad de la narrativa de Pitol es la de la metonimia, permanentemente desplazada de un objeto a otro del deseo, pero al mismo tiempo equivocada de manera productiva: si bien los personajes de Pitol, incluso el yo mismo de su fase autoficcional, jamás alcanzan lo que en un principio creían desear, aprenden a reconocer la sabiduría del deseo desde sus "equivocaciones", a reescribir de manera retrospectiva la narrativa de lo deseado: prácticamente cada uno de los libros de Pitol narra un fracaso, que *por el hecho de ser narrado* cambia de naturaleza.

Y habría que releer, entonces, precisamente desde esta economía, el hecho de que tanto *Domar a la divina garza* como *El viaje* terminen con la mierda como el "tesoro" que cumple la promesa del deseo inicial. ¿No es profundamente perspicaz el gesto de colocar la sustancia más repulsiva como tesoro y, al mismo tiempo, mostrar que verdaderamente es un tesoro: pues origina la posibilidad de narrar? ¿No se podría entonces reformular la diferencia entre sujeto del enunciado y sujeto de la enunciación como la distinción entre quien sabe y quien ignora que lo que guarda en lo más hondo de su interior es un montón de mierda *y* que esta mierda *es* su tesoro?

Esta figura permite pensar en el final del libro, ese final que está compuesto en realidad de mútiples finales: la salida de un Moscú tórrido hacia una Praga fresca, ya casi fría, que sería uno, lleva después (y al mismo tiempo antes), a un último capítulo breve: "Iván niño ruso", donde Pitol regresa de nuevo a su infancia: "Mi madre había muerto unos meses atrás" (140), comienza el fragmento, lo cual nos acerca a *El arte de la fuga* (y por lo tanto al ámbito de sus primeros cuentos) con su prodigioso pasaje de la hipnosis y el recuerdo de la muerte de la madre precisamente. En un libro viejo, que le da la abuela, se encuentra con:

> fotos o dibujos de niños de distintos lugares y diferentes razas. Una de esas criaturas tenía labios abultados y pómulos salientes, rasgos que le daban un aspecto animal, y ese carácter lo potenciaba un espeso gorro de piel que le cubría hasta las orejas. Al pie, se leía: *Iván, niño ruso*. (140)

Y un día, mientras los demás hacen la siesta, se va a mirar los mangos junto al río donde se ha ahogado su madre. Se le aparece Billy Scully, hijo del ingeniero en jefe del ingenio, le pregunta quién es, cómo se llama:

–Iván –respondí.
–¿Iván qué?
–Iván, niño ruso. (141)

En el cierre del texto, se discute cómo la mitomanía era una de sus defensas de niño solitario, que a veces regresaba con el alcohol, lo que "me encolerizaba y deprimía a un grado desproporcionado. La única excepción fue la de mi identificación con Iván, niño ruso, que aún a veces me parece ser auténtica verdad" (141).[11]

El viaje se transforma por última vez, llega a un destino que es una deuda pagada, la promesa que perversamente se cumple: si bien no en lo geográfico, porque regresa al territorio veracruzano consabido, llena desde el futuro una deuda con el pasado, porque se encuentra el yo.

Y sólo entonces, cuando el arco se ha completado desde la primera hasta la última página y, desde el mirador del libro completo, se abre la posibilidad del recuerdo como mirada retrospectiva, puedo regresar a mi primera pregunta. Casi con dolor he venido llamando narrador a quien cuenta en *El viaje* su viaje hacia sí mismo: quien logra recuperar el rostro, desde el terror de haberlo perdido. Lo hice para no distraer con otro problema la espléndida complejidad de la trama del libro. Sin embargo, una vez mostrado cómo el trazo del libro parte de una deuda de la memoria y su fruición desviada en una constelación diferente de la que se intentaba lograr mediante el trabajo de recordar, de escribir,

El viaje (de regreso) de Sergio Pitol • 151

la pregunta vuelve a ser pertinente: ¿por qué no podemos decirle, llanamente Sergio Pitol?

La buena educación crítica nos enseña a desconfiar del pacto al que nos entregamos cada vez que se nos ofrece una autobiografía, unas memorias. El sujeto de la enunciación no es el sujeto del enunciado. Sergio Pitol no es "yo". Desde luego. Mi pregunta es, en los términos más sencillos posibles, ¿quién es Sergio Pitol? Responder que Pitol es su cuerpo biológico, el "viviente", como diría Agamben no es una respuesta satisfactoria. Quién es Sergio Pitol está más cerca, creo, de la tensión entre la colección de sus enunciados y su cuerpo, el espacio irresoluble de su síntesis, que de la elección de alguno de los dos: la figura entre el cuerpo y sus ficciones.

La lección de Pitol cuando tensa la tesis benjaminiana es precisamente que la imposibilidad de hacer buena historia, es la salud de la historia; su imposibilidad de fijarse a voluntad, la desaparición de ciertas "huellas primigenias" es probablemente la condición de visibilidad de otras, acaso más profundas, más importantes, que detienen el mundo y llevan a otra temporalidad, a romper con el tiempo "vacío y homogéneo" para frenar, tropezar, y en esos baches volver a ver.

La importancia de aprender a leer del modo que Pitol escribe, no es saber de "quienes gustan que les guste la literatura" (Echeverría) y pueden, en vez de leer biografías gigantes o novelas obvias, disfrutar el bel letrismo, como señala no sin justicia Echeverría apoyándose en el término de César Aira. La importancia de lo que hace Pitol no es la gastada novedad del "gesto posmoderno".

Mientras más me atrevo a leerlo de manera radical, más hondo llega *El viaje*. Leo en Zizek:

> Como hemos visto, en términos de Kant hay causas que me determinan, pero puedo determinar de manera retroactiva que causas habrán de determinarme: como sujetos hay objetos y motivaciones patológicos que nos afectan pasivamente; pero, en el ámbito reflexivo, tenemos el poder mínimo de aceptar (o rechazar) que nos afecten de este modo –esto es, determinamos de manera retroactiva las causas que han podido determinarnos o, al menos, *el modo* de esta determinación lineal. La "libertad" es entonces inherentemente retroactiva; al nivel más elemental, no es simplemente un acto libre que, de la nada, inicie una nueva cadena causal, sino el acto de ratificar que nexo/ secuencia de necesidades habrán de determinarme. Aquí habría que agregar una torsión hegeliana a Spinoza: la libertad no es sólo "la necesidad que sé/

reconozco" sino la necesidad reconocida/asumida, la necesidad constituida/ realizada a través de este reconocimiento. Este exceso del efecto sobre sus causas, entonces, significa también que el efecto es, de manera retroactiva, causa de su causa. (Zizek, *Parallax* 204)

El viaje puede sin duda leerse a la luz de esta definición donde la libertad se define como una causa retroactiva. Esto es, como parte de la misma economía de la promesa y el deseo. Un efecto que, finalmente, al asumirse, crea una causa de su causa. Especialmente cuando se lee junto con *Domar a la divina garza* pero sobre todo con esos otros textos que Pitol "iba escribiendo mientras edificaba su novela [...que] ahora se va describiendo como un proyecto literario excéntrico y de largo aliento" (Enrigue).

El texto de Pitol, empero, no es un ejemplo dócil de lo que Zizek propone. De hecho, plantea la posibilidad fascinante de un posible puente entre Zizek a Benjamin, un texto que puede actuar como espacio de su conversación. Lo que no dice Zizek y exige Benjamin es la posibilidad de redefinir en cualquier momento las causas a las que nos afiliamos. La polémica de Benjamin contra el historicismo es precisamente que cree y actúa desde la posibilidad de escribir o, incluso, "descubrir" la versión definitiva de la historia, actuando desde un punto de vista que no asume que es inevitablemente móvil. Y en la dirección contraria, Pitol muestra que la construcción del sujeto de la enunciación de la historia que proponen las *Tesis* está cambiando siempre, en el instante de la iluminación, frente al *Denkbild* como señala Rodríguez Hernández, al contemplar la planta que sólo florece en el momento de peligro. Si lo único que podemos hacer es reconstruir nuestra causalidad, Pitol es el mejor de los narradores para mostrar la crisis de una de estas cadenas causales y el momento en que, una iluminación permite/ hace necesario elegir otra.

La lección de Pitol es de claridad: en su miopía, en su imposibilidad de proceder en línea recta, en la inevitable fragmentación de esos diarios presupuestos como totalidad por algunos, está la lección del verdadero funcionamiento de la memoria, de la historia personal y, por lo tanto, de la libertad. Pitol es esta confesión, esta relectura, estos meandros que nunca dejan de sorprender.

Finalmente y regresando a la posibilidad de *El viaje* como un texto donde es posible la conversación entre Zizek y Benjamin, importa cómo los poderes de su heterodoxia incomodan los momentos fuertes de decisión, construyendo o, mejor, erosionando el sujeto de la enunciación historiográfica benjaminiana que, en la duda, en los meandros es también el sujeto-momento de libertad en Zizek.[12]

Precisamente esta misma heterodoxia, esa exploración de las indecisiones invitan no sólo a colocar a Pitol en el canon de la narrativa mexicana —ya la publicación de sus obras completas ha construido sólidamente ese pedestal— sino a interpretarlo como punto que obliga a una relectura de las certezas y de las ideas recibidas. Desde Pitol se debe ejercer una crítica que privilegie no la positividad de la "alegoría nacional", sino la del remplazo de la mentira de la "Historia de bronce" con otra historia, con historias cuya característica principal es estar siempre en flujo, indecisas, huyendo de un significado último, de cualquier ejemplaridad.

Asumiendo este tipo de mirada retrospectiva, *El águila y la serpiente* tiene más importancia en la obra de Martín Luis Guzmán que *La sombra del caudillo*. Con este tipo de mirada retrospectiva, el eterno *desencuentro* de Juan Preciado y Pedro Páramo, y de Pedro Páramo y Susana San Juan, es el corazón que genera la narrativa del libro central del siglo XX mexicano.[13]

NOTAS

[1] Vale la pena señalar que la lectura de estos términos a la que me refiero proviene del siguiente pasaje: "Cuando me postulo/defino de manera directa como un ser finito, que existe en el mundo entre otros seres, al nivel de la enunciación (la posición desde donde hablo) objetivizo inmediatamente el límite que me separa del resto del mundo; esto es, adopto la posición infinita desde la que puedo observar la realidad y localizarme en ella" (Zizek, *Less* 153). Para el sujeto de la enunciación hay una claridad, en cuanto a los límites porque logra contemplarse desde afuera. En cambio, para el sujeto del enunciado, para el "yo" que está sujeto a las acciones enunciadas, la posibilidad de desentrañar la diferencia entre subjetividad y circunstancia, entre yo y mundo es, al final, impostulable: "la única manera en que puedo afirmar mi finitud es aceptando que mi mundo es infinito ya que no puedo localizar su límite dentro del mismo" (154).

[2] Para una aguda lectura que subraya no sólo la relación entre las dos novelas, sino la aparición continuada del autor como figura clave en la ficción de Pitol, ver el artículo de Leticia Mora Brauchli, especialmente (172-74, 190).

[3] Los tres libros fueron publicados en España como un solo volumen titulado *Trilogía de la memoria*. De manera semejante, *El desfile del amor*, *Domar a la divina garza* y *La vida conyugal* han sido publicadas bajo el rótulo colectivo del *Tríptico del carnaval*.

Ignacio Sánchez Prado, en su importante trabajo actual sobre las genealogías de Pitol, admite agrupar la obra de ficción en estas constelaciones semejantes pero su verdadera contribución es leerlas como trabajos de agotamiento de una posibilidad narrativa: "Aunque aquí es sólo posible especular, creo que el trabajo de Pitol con las orillas de la tradición modernista, tanto en su lado anglófilo como en su manifestación eslava, lo llevan a agotar líneas vigesémicas de la novela que hacen improbable la escritura de otro libro dentro del género. Por eso, los libros subsecuentes, la llamada *Trilogía de la memoria* y otros textos autobiográficos, van al encuentro del yo del escritor: resultan en la fundamental incognoscibilidad de la ficción descubierta en el *Tríptico del carnaval*.

Interesa aquí subrayar la compleja bifurcación de ese yo, que nunca es inocente, como se señaló más arriba y cómo Pitol tematiza de manera explícita la relación entre estos dos núcleos de su obra.

[4] Por supuesto, este tipo de escisión subjetiva puede pensarse, al nivel del imaginario, a partir del yo ideal y el ideal del yo, concebidos por Freud y desarrollado por Lacan en su "Subversión del sujeto y dialéctica del deseo en el inconsciente freudiano". El yo ideal es la imagen con la que identifico la posibilidad de ser amado; el ideal del yo, es la posición perfecta para observar al yo ideal.

[5] Exploro ciertas posibilidades de lectura menos tradicionales de la novela de Fuentes en mi artículo: "Artemio Cruz, testigo".

[6] No soy el primero que señala la relación entre Pitol y Benjamin: Pitol mismo escribió sobre Benjamin y Raúl Rodríguez Hernández explora persuasivamente el uso que los dos autores hacen de los materiales donde aparece la "huella primigenia". Aunque me parece que la "inspiración" que le atribuye a Pitol en los materiales de Benjamin, sobre todo el *Diario de Moscú* (131) es excesiva.

[7] Ya en esta des-aparición inicial está concentrada la poética que caracteriza lo más interesante de la obra de Pitol: contra el ajuste perfecto de todas las piezas en *La muerte de Artemio Cruz*, como ejemplo de la narrativa del Boom, en Pitol lo que predomina es el exceso y la carencia, el exceso como contrafaz de la carencia. Puede ser –como en *El desfile del amor*– un misterio no resuelto, pero cuya naturaleza irresoluble se debe, con frecuencia, al exceso de pistas, de datos, de sospechosos; pero también, recuérdese *La vida conyugal*, puede ser una trama abolida por su propia lógica llevada a un extremo donde se toca el gozo y la pesadilla del carnaval. Este des-ajuste lo convierte en un raro por excelencia, por vocación.

[8] Habría que volver a pensar las constelaciones de la narrativa mexicana reconfigurada por el avance de la excentricidad memorística pitoliana, frente a esfuerzos de volver a la urgencia realista agrupados en torno a la necesidad de contar la oleada de violencia acendrada por la "guerra contra las drogas" de la presidencia de Felipe Calderón.

Me parece que hay que leer con cuidado libros como el colectivo e importante *Trazos en el espejo* donde quince narradores menores de cuarenta años escriben textos autobiográficos donde predomina el gesto de combinar la memoria con lo íntimo corporal.

[9] Para otra lectura del mismo pasaje, ver el artículo de José Luis Martínez Suárez (254).

[10] Vale la pena señalar aquí que el tomo VI de sus *Obras reunidas* estará dedicado por completo a sus ensayos sobre artes plásticas.

[11] Juan Villoro ofrece una lectura particularmente hermosa de este pasaje en su ensayo "Iván, niño ruso".

[12] Luz Rodríguez Carranza, citando a César Aira, afirma que si una historia no llega a lo real jamás, el deseo de esa llegada sí es real (9), esa zona de deseo co-provocado entre el texto y su lector resulta especialmente interesante en el caso de los textos de Pitol, donde precisamente el personaje que no logra recordar su propia historia es un mediador de ese deseo, en definitiva es la encarnación del lector figural. Desde luego, las implicaciones del contacto entre lector figural y el lector que genera el deseo de lo que lee, rebasan el espacio de esta nota, pero no quería dejar de señalar su potencial como ulterior línea de investigación.

[13] Y a pesar de que Pitol no escribe poesía, gracias a su concepción del sujeto, y de su relación con el pasado, la enunciación en la poesía más importante que se está escribiendo en esta década –pienso en *El amor en el mundo* de Juan Alcántara, en la obra poética de Fabio Morábito,

en *Cabaret provenza* de Luis Felipe Fabre, en *Nunca cambies* de Inti García Santamaría– puede leerse como un proyecto afín al instaurado por su narrativa, ya que sus procedimientos creativos son los tropos ideales para analizarla: se trata de una poesía francamente sustractiva, donde se trabaja decididamente la indecisión.

Como ejemplo final, extremo; como invitación, como retirada, dejo la pregunta: ¿no es la obra monumental de Roberto Bolaño *2666* mucho más productiva desde las indecisiones y asociaciones trabajadas por Pitol que como un monolito continuador del boom?

Bibliografía

Agamben, Giorgio. *Lo que queda de Auschwitz*. Antonio Gimeno Cuspinera, trad. Valencia: Pre-Textos, 2005.

Auerbach, Erich. *Figura*. Yolanda García Hernández y Julio A. Pardos, trads. Madrid: Trotta, 1998.

Benjamin, Walter. *Ensayos escogidos*. H.A. Murena, trad. México: Coyoacán, 2001.

Echevarría, Ignacio. "Los orígenes de la divina garza" en Babelia. 8 diciembre 2001. <www.elpais.com/articulo/narrativa/origenes/divina/garza/elpepuculbab/20011208elpbabnar_2/Tes>.

Enrigue, Álvaro. "*El viaje*, de Sergio Pitol" en Letras Libres España. Madrid. Abril 2002. <www.letraslibres.com/index.php?art=7442>.

García Díaz, Teresa (Coord.). *Victorio Ferri se hizo mago en Viena*. Xalapa: U Veracruzana, 2008.

González, Enrique Héctor. "De regreso a la URSS" en La Jornada Semanal, 11 marzo 2001. <www.jornada.unam/2001/03/11/sem-libros.html>.

Lacan, Jacques. *Écrits II*. Paris: Points, 1999.

Martínez Suárez, José Luis. "*El Tríptico de la Memoria:* evocación y vida". *Victorio Ferri se hizo mago en Viena*. Teresa García Díaz, coord. Xalapa: U Veracruzana, 2008. 249-264

Monsiváis, Carlos. "Entrevista de Sergio Pitol" en Babelia. 8 octubre 2005. <www.ddooss.org/entrevistas/Sergio_Pitol.htm>.

Mora Brauchli, Leticia. "*Domar a la divina garza*: el rito de la escritura o la escritura del rito". *Victorio Ferri se hizo mago en Viena*. Teresa García Díaz, coord. Xalapa: U Veracruzana, 2008. 167-182.

Payno, Manuel. *Los bandidos de Río Frío*. México: Porrúa, 2003.

Pitol, Sergio. *Domar a la divina garza*. México: ERA, 2000.

_____ *El viaje*. México: ERA, 2000.

_____ *El mago de Viena*. Bogotá: FCE-Pre-Textos, 2006.

Rodríguez Carranza, Luz. "El efecto Duchamp" *Orbis Tertius* 15. Universidad Nacional de la Plata, 2009. <http://www.orbistertius. unlp.edu.ar/numeros/numero15/01.%20Rodriguez%20 Carranza,%20Luz.pdf>.

Rodríguez Hernández, Raúl. "Seduction, Constellation, Illumination: The Afterlife of Walter Benjamin in the Writings of Sergio Pitol". *Discourse* 32/1 (Winter 2010).

Ruisánchez Serra, José Ramón. "Artemio Cruz, testigo". *Revista de la Universidad de México*. México: diciembre, 2008. <http://www. revistadelauniversidad.unam.mx/5808/5808/pdfs/58ruisanchez. pdf>.

_____ "Fabre. El fragmento que no acaba", en las Actas del congreso *Imágenes y realismos en América Latina*. Leiden: Unviersiteit Leiden, 2011. <http://imagenesyrealismosleiden.wordpress. com/2012/01/24/actas/>.

Sánchez Prado, Ignacio. "Humores cosmopolitas. Sergio Pitol, la comedia literaria y el problema de la genealogía novelística". 5 mayo 2012. <http://ignaciosanchezprado.blogspot.com/2012/05/ humores-cosmopolitas-sergio-pitol-la.html>.

Trazos en el espejo: quince autoretratos fugases. México: ERA, 2011.

Villoro, Juan. "Iván, niño ruso" *Letras Libres*. México, diciembre 2004. <http://www.letraslibres.com/revista/tertulia/ivan-nino-ruso>.

Zizek, Slavoj. *The Parallax View*. Cambridge: MIT, 2006.

_____ *Less than Nothing*. London: Verso, 2012.

Paisagem quadrilíngue:
deslocamentos poéticos em Murilo Mendes

FRANCINE FERNANDES WEISS RICIERI
Universidade Federal de São Paulo, Campus Guarulhos

Pela posição *excêntrica* que ocupa em relação aos desdobramentos operados na poesia lírica, no Brasil, ao longo do século XX, a produção poética de Murilo Mendes (1901-1975) permanece suscitando reflexões e lançando curiosas luzes sobre o panorama contra o qual se constrói e para cuja compreensão será, a despeito de sua aparente dissonância ou peculiaridade, caso particularmente elucidativo. Sob certa perspectiva, sua escrita pôde ser interpretada como uma espécie de *pot-pourri*. Nesse sentido, teríamos um trabalho poético em cuja trajetória seria possível perceber sucessivas adesões a novos procedimentos técnicos e concepções da lírica e/ou da imagem poética que seriam operacionalizados, com maior ou menor rigor, e, em seguida, substituídos ou redimensionados por um escritor essencialmente inquieto a respeito de seu objeto de trabalho e investigação, a poesia.

Assim descrita, essa visão talvez não pareça tão demeritória e portadora de restrições ao conjunto da poesia de Murilo como frequentemente o foi. Contudo, implícita por vezes (entre outras censuras) a ideia de um "franco-atirador" (a formulação é do próprio poeta), no pior sentido da expressão, o que incluiria alguma inconsistência boa dose de casualidade quanto aos achados literários decorrentes e, em alguns casos, uma interpretação por parte da crítica (ou de outros poetas) que não deixa de ser caricata e se alimenta não raro de episódios da biografia ou do anedotário associado a Murilo Mendes. Esse quadro é bem delimitado por José Guilherme Merquior, um dos críticos iniciais mais sensíveis para com a literatura muriliana:

> Murilo Mendes é um poeta deslocado na tradição dominante da lírica de língua portuguesa. A audácia de suas imagens, o feitio irredutível de seus ritmos, a violenta frequentação do visionário de onde brotam ambas essas características, e a conjunção impassível, de uma absurda naturalidade, com que a plena fantasia e o mais vulgarmente cotidiano se entrelaçam em seu

verso – tudo isso foge à média de uma tradição poética estabelecida no predomínio do sentimental-convencional, sem arestas nem conflitos, sem asperezas de expressão e sem sustos de comunicação. (Merquior 69)

A formulação de Manuel Bandeira quanto a ser Murilo Mendes "o mais complexo, o mais estranho e seguramente o mais fecundo poeta" (629) de sua geração já indiciava que houvesse algo de surpreendente ou insólito nessa escrita. À medida, contudo, que o poeta visto com espanto ou desconfiança (pelas mais diversas razões) foi sendo retomado em sucessivos estudos, organizaram-se algumas alternativas àquela perspectiva crítica. Abordado por pesquisadores que assumiram uma explícita simpatia pela diversidade e complexidade de sua obra, Murilo Mendes parece ter sido melhor explorado. No entanto, passou também a ser objeto de diversos procedimentos analíticos ou teóricos por meio dos quais sua especificidade pudesse ser, de algum modo, *domesticada* ou subsumida nesta ou naquela tendência da lírica brasileira, neste ou naquele grupo de poetas ou procedimentos poéticos.

Uma decorrência direta de tal abordagem foi o estabelecimento de uma divisão do trabalho do escritor em *fases* passíveis de delimitação precisa, como diagnosticou Irene Miranda Franco, na abertura de um texto de 2002 (*Murilo Mendes: pânico e flor*), enquanto descrevia sua recepção crítica. Por uma dessas divisões em fases, teríamos uma "primeira etapa de transfiguração do real, ditada pela forte influência de procedimentos surrealistas"(13), em que se assinalaria, ainda, sobretudo a partir da morte do pintor Ismael Nery, decisivo parceiro intelectual de Murilo Mendes, a marca da conversão ao catolicismo, operada concomitantemente a esta perda. Já a segunda *fase* seria discernível por "uma maior atenção ao significante como material de manipulação por excelência"(13), que configuraria uma possível *adesão* às vanguardas que, na segunda metade do século XX, no Brasil, voltavam-se para propostas *concretistas* de abordagem do poético:

> Em outros termos, a fase inicial seria mais inventiva, descomprometida em relação a referentes imediatos; mais voltada à transfiguração da realidade, enquanto a segunda voltar-se-ia à representação mais direta de coisas, pessoas, países, obras de arte. Menos imagística, teria mudado o *olhar transfigurador* de antes em *olhar crítico*. (Franco 13)

Essa segunda abordagem (posterior à recusa pura e simples) pode ser questionada sob diversos ângulos, mas em especial por aquilo que, nela, privilegia a *categorização* do escritor, sua submissão a grupos e tendências e que indiretamente reafirma a premissa de uma escrita *inaceitável*. Reduzido Mendes a "poeta modernista", "poeta católito", "poeta surrealista", ou "poeta concretista", esfacelam-se algumas das divisas centrais dessa poética, tais como a componente de investigação assumidamente anárquica e a postulação da liberdade de inquirição: "Quanto a mim, diria que o meu maior instinto é o da liberdade, que procuro aplicar a mim e a todos" (Mendes, *Poliedro* 1020). Ou ainda, ficam esquecidas as particularidades do que, nele, é a ligação com o surrealismo, a conversão ao catolicismo e sua transposição para o poema, bem como as sinuosas relações com os poetas concretos.

De resto, o acomodamento da complexidade de sua trajetória em *fases* (que, no entanto, em alguns críticos, serviu para estabelecer as linhas de força de alguns livros ou períodos), em especial no que diz respeito ao que teria sido a transformação *irracionalista* → *construtivista*, conduziu, em certos casos, à compreensão de sua escrita como um processo *evolutivo*. Ou, a uma descrição dos movimentos, por vezes violentos, discerníveis na passagem entre um e outro livro, entre um e outro poema, como um processo através do qual ele passaria paulatinamente e à medida que *amadurecia,* do desastre ao acerto. Ou quase.

Murilo Marcondes de Moura, em *Murilo Mendes: A poesia como totalidade*, argumenta a favor de uma compreensão mais matizada das oscilações e retomadas, dos movimentos presentes na escrita do poeta:

> É preciso, no entanto, fazer uma ressalva imprescindível ao abordarmos a obra de Murilo Mendes, na qual o conflito ou a tensão de contrários constituem a matéria direta: tudo nela é uma questão de predominância. Predomina na primeira fase a poesia francamente imagética e ela própria criadora de realidades, enquanto na última uma absorção mais direta do mundo objetivo. Ao fazer tal distinção, não queremos afirmar, portanto, que até certo momento o poeta era menos "realista" do que no momento seguinte, ou que o mundo tornou-se mais aceitável (a sua obra testemunha o contrário), ou ainda que a sua obra dividiu-se em duas metades inconciliáveis; queremos dizer apenas que ela se encaminhou para uma relação mais objetual com a realidade e que tal encaminhamento (a rigor, o assunto central de nosso trabalho) foi o resultado de sucessivos embates, sendo que o mais importante deles, a nosso ver, deu-se no final dos anos 30 e, principalmente, nos anos 40. (134)

Sem adotar a primeira ou a segunda abordagens e com o objetivo de tentar discutir com alguma consistência a trajetória pouco convencional do escritor, sem esquecer a recepção que a acompanhou, talvez seja pertinente arrolar, ainda a caráter de introdução, alguns dos principais desencadeadores do estranhamento de que foi objeto sua poesia. Como assinalava Merquior, posto em contraste com a tradição lírica brasileira, Murilo Mendes constitui indubitavelmente um caso "raro". Sua poesia opera deslocamentos consideráveis, seja em relação aos versos sentimentais oitocentistas, seja em relação ao verso mais convencional quanto à técnica e aos temas (que predominou no final do XIX) e mesmo em relação à dicção coloquialista, nacionalista, espontaneísta que se firmou entre poetas modernistas na década de 1920. Ainda que alguns destes últimos traços possam se fazer presentes, neste ou naquele poema, neste ou naquele livro, nesta escrita contraditória, plural.

Ainda na referida década, um poema dedicado a Jorge Burlamarqui (um dos integrantes do grupo de católicos *essencialistas* reunidos em torno de Ismael Nery) constituía-se enquanto um "Mapa" um tanto perturbador (transcrevo um fragmento extraído do segmento inicial do poema):

MAPA
                              A Jorge Burlamarqui

Me colaram no tempo, me puseram
uma alma viva e um corpo desconjuntado. Estou
limitado ao norte pelos sentidos, ao sul pelo medo,
a leste pelo Apóstolo São Paulo, a oeste pela minha educação.
Me vejo numa nebulosa, rodando, sou um fluido,
depois chego à consciência da terra, ando como os outros,
me pregam numa cruz, numa única vida.
Colégio. Indignado, me chamam pelo número, detesto a hierarquia.
Me puseram o rótulo de homem, vou rindo, vou andando, aos solavancos.
Danço. Rio e choro, estou aqui, estou ali, desarticulado,
gosto de todos, não gosto de ninguém, batalho com os espíritos do ar,
alguém da terra me faz sinais, não sei mais o que é o bem
nem o mal.
Minha cabeça voou acima da baía, estou suspenso, angustiado, no éter,
tonto de vidas, de cheiros, de movimentos, de pensamentos,
não acredito em nenhuma técnica.
Estou com os meus antepassados, me balanço em arenas espanholas,
é por isso que saio às vezes pra rua combatendo personagens imaginários,

Paisagem quadrilíngue • 161

depois estou com os meus tios doidos, às gargalhadas,
na fazenda do interior, olhando os girassóis do jardim.
Estou no outro lado do mundo, daqui a cem anos, levantando as populações ...
Me desespero porque não posso estar presente a todos os atos da vida.
(Mendes, *Poemas* 116)

Compósito de uma multiplicidade de imagens que se sobrepõem e deslocam mutuamente, o poema parece sugerir alguns caminhos para abordagem dessa lírica que acolhe a dispersão. Nele figuram: uma peculiar conjunção entre marxismo e catolicismo, entre participação no mundo e edificação de uma poesia avessa a *técnicas* ou rótulos, que entrelaça metafísica e matéria. Nele desenham-se, ainda: arenas espanholas ou embates quixotescos, corpos despedaçados sobrevoando a baía ou fazendas do interior com jardins de girassóis, um sujeito dividido entre o Apóstolo São Paulo e os sentidos ou o medo, consciente ou rindo com os doidos da família, aproveitando intuições e procedimentos das mais diferentes vanguardas (poéticas, plásticas ou musicais) ou antevendo levantes populares. O mapa de uma escrita que aproxima valores semânticos dissociados e que configura relações: entre tradições, entre textos, entre poetas, entre artes.

O objetivo deste ensaio é discutir aspectos relativos ao processo de construção de alguns escritos de Murilo Mendes, que, em 1957, deslocou-se para Roma, onde, em clima de efervescente convívio intelectual, atuou como professor de Cultura Brasileira até o ano de sua morte. Tomando como referência textos extraídos dos livros em prosa escritos nesse período de *exílio*, bem como de livros de poemas deste e outros momentos, pretende-se examinar essa concepção do poético em que *convergem* um forte diálogo com a Espanha, com a Itália, com a tradição poética francesa, além dos óbvios vínculos com a tradição de língua portuguesa, de que o poeta nunca se afasta totalmente, mesmo quando ensaia poemas em italiano ou passeia pelo espanhol e pelo francês.

O livro *Poemas*, que reúne poemas escritos entre 1925 e 1929, portanto, a primeira hora tanto da escrita de Murilo Mendes quanto do Modernismo no Brasil, abre-se com uma sugestiva "Canção do Exílio". Poema-paródia, o texto incorre, em um só movimento, em diversas das tendências que teriam definido aquele primeiro grupo de poetas *modernistas* no país. A alusão à "Canção do Exílio" do poeta romântico

Gonçalves Dias (1823-1864) é, também, uma retomada das outras *canções* parodísticas que punham em cena a preocupação nacionalista, o coloquialismo e o humor irreverente dos *modernistas*. Gonçalves Dias escrevera em Coimbra um texto saudosista em que predominavam a melancolia e a saudade da terra natal, evocada a partir da descrição de uma natureza exuberante e paradisíaca. Em Murilo Mendes, que até então não se afastara do país, a canção parece efetuar uma espécie de inserção nas tendências poéticas que então se manifestavam. No entanto, seus versos povoam-se de referências não nacionais:

> Minha tem macieiras da Califórnia
> onde cantam gaturamos de Veneza.
> Os poetas da minha terra
> são pretos que vivem em torres de ametista,
> os filósofos são polacos vendendo a prestações.
> A gente não pode dormir
> com os oradores e os pernilongos.
> Os sururus em família têm por testemunha a Gioconda.
> Eu morro sufocado em terra estrangeira.
> Nossas flores são mais bonitas
> nossas frutas são mais gostosas
> mas custam cem mil réis a dúzia.
>
> Ai quem me dera chupar uma carambola de verdade
> e ouvir um sabiá com certidão de idade!
> (Mendes, *Poemas* 87)

A despeito da possibilidade de aproximarmos o texto do que teria sido o nacionalismo *crítico* de seus contemporâneos (discernível também no livro *História do Brasil*, de 1932), não se pode deixar de registrar no poema uma marcada ironia, além da dissonância com a cultura *local*, tanto no campo da natureza, quanto naquele relativo à cultura. Isso se depreende seja na alusão ao que seria o evasionismo do poeta simbolista negro, Cruz e Sousa (1861-1898), seja na referência ao mau gosto da casa decorada com uma reprodução da "Monalisa" de Leonardo da Vinci, seja na denúncia de um país em que se importava de tudo um pouco e no qual pareciam inóspitos tanto pernilongos quanto preços. A "Canção" nunca despertou maior atenção dos críticos, sendo, de todo modo, arrolada entre os poemas que, no início da carreira do escritor, revelariam busca de dicção ou pesquisa de temas. No entanto, a especificidade de sua relação com a cultura europeia tornou-se progressivamente mais discernível em seus escritos e mais excêntrica em relação a seus pares.

Júlio Castañon Guimarães, em um ensaio que se dedica à poesia e a prosa críticas de Murilo Mendes, ao comentar textos do escritor voltados à literatura, destaca um ensaio de 1961, sobre a poesia de Mário de Andrade, Oswald de Andrade e Raul Bopp, intitulado "Conflito de culturas em três poetas brasileiros". Após analisar historicamente os significados do nacionalismo em literatura, no Brasil, desde o século XIX e os românticos, Mendes discute o que seriam "propostas ou tentativas de ruptura" com a cultura europeia. Propostas de uma ruptura que, no entanto, nunca teria ocorrido. Os esforços, que considera legítimos, de "caracterização de nossos dados nativos" bem como sua "consequente re-elaboração através da obra literária" seriam apenas esforços: "Vivemos sob o signo da pluralidade de culturas" (195).

À "alma crivada de raças" que Murilo Mendes discerne em Mário de Andrade corresponderia uma escrita crivada de línguas, ou melhor, construída sob o signo de uma "pluralidade de culturas", que se constitui em vários planos. As relações com a França, para iniciar pelo caso mais evidente, não seriam, de resto, discerníveis apenas neste escritor. A língua francesa desfrutava, no período de sua formação intelectual, do estatuto de língua de cultura: livros das mais diferentes nacionalidades e procedências eram usualmente lidos em suas traduções para o francês ou mesmo traduzidos a partir de tais versões. Nesse sentido, o fato de que Murilo tenha escrito textos em francês ainda na década de 30, quando não tivera experiência de viagens ou mesmo de residência fora do país, não o aparta do comportamento usual em intelectuais ou homens de letras de seu tempo.

Um aspecto inerente ao modo de composição, em especial, dos primeiros poemas de Murilo, contudo, traria à tona com algum impacto essa relação. Trata-se de seu processo de composição da imagem poética, já de saída associado pela recepção crítica ao surrealismo. O poema "Saudação a Ismael Nery", do mesmo livro de que extraímos "Mapa" parece permitir a discussão dessa questão:

Saudação a Ismael Nery

Acima dos cubos verdes e das esferas azuis
um Ente magnético sopra o espírito da vida.
Depois de fixar os contornos dos corpos
transpõe a região que nasceu sob o signo do amor
e reúne num abraço as partes desconhecidas do mundo.
Apelo dos ritmos movendo as figuras humanas,
solicitação das matérias do sonho, espírito que nunca descansa.
Ele pensa desligado do tempo,
as formas futuras dormem nos seus olhos.
Recebe diretamente do Espírito
a visão instantânea das coisas, ó vertigem!
penetra o sentido das ideias, das cores, a totalidade da Criação,
olho do mundo,
zona livre de corrupção, música que não pára nunca,
forma e transparência.
(Mendes, *Poemas* 115)

O poema parece interessante não apenas pela intersecção entre procedimentos que remeteriam ao cubismo e ao surrealismo. A uma primeira leitura, a saudação dirigida ao amigo parece compor um retrato para cuja consecução vão se somando recortes, facetas prismáticas, de cuja junção final, de cuja *montagem*, resultaria um *retrato* marcado pela fragmentação. A imagem composta seria o resultado da soma de cada uma de suas particularidades, de cada um dos ângulos por meio dos quais foi possível observá-la. De todo modo, ao longo do processo ocorrem justaposições de elementos provindos de campos semânticos díspares, em especial na abertura do poema, em que cubos verdes e esferas azuis conjugam-se a um Ente que sopra o espírito da vida. O mito cosmogônico, encenado à maneira de Breton, pressupõe outros arranjos, que encontram sua força imagética em junções insólitas. Assim, se os versos de três a cinco parecem sugerir a criação do cosmos, a relação metonímica estabelecida com os versos seguintes tem sabor surrealista, ao encenar criaturas humanas impelidas por ritmos e conteúdos oníricos, diante do espírito que nunca descansa.

No entanto, e já me esquivando de qualquer pretensão a um comentário totalizador sobre o poema, para além de se anotar aí a força do trabalho imagético, seria possível registrar as peculiaridades do *catolicismo* que se apresenta nestes versos. Ismael Nery era um artista plástico (e poeta) de sólida cultura, que teria comungado com Mendes também do apreço pelas vanguardas europeias e pelas possibilidades que trariam à arte brasileira. Possivelmente a partir de uma junção de ideias tomistas, alquímicas, além de aspectos do pensamento de Nietzsche e Husserl, organizou um sistema filosófico partilhado oralmente com um grupo de amigos e conhecido como *essencialismo*. Como explica André Teixeira Cordeiro, "tratava-se de uma filosofia para a vida prática", que supunha "a abstração do espaço e do tempo": distantes dessas noções "interpretaríamos com maior precisão as questões que a vida nos apresenta" (591).

Uma das relações com o essencialismo que se pode discernir na lógica das imagens que organizam o poema seria a redução da passagem do tempo a um fluxo contínuo e único, em um processo capaz de iluminar os elementos *essenciais* da existência, permitindo a "visão instantânea das coisas", a apreensão do "sentido" da totalidade da Criação. Outra seria um embaralhamento de duas imagens de criação: a artística e a divina. Poderíamos imaginar, ainda, uma última junção *surreal*: a da figura demiúrgica e a do poeta-pintor saudado nos versos. A de um homem que se erige à estatura do divino por se empenhar em uma busca pessoal, não cerceada pelos limitadores do catolicismo convencional, em especial quanto ao erotismo. A livre fusão entre matéria e espírito, entre doutrina e experiência, presente em poemas de Murilo Mendes, chegou mesmo a ser considerada desrespeitosa para com aquela religião: um catolicismo *herético*, segundo alguns críticos, o que pode ser ilustrado pela declaração do próprio escritor, que afirma só se sentir "católico" quando em companhia de "não-católicos".

Toda essa reconstituição pareceria desligada dos objetivos deste texto se não conduzisse à discussão das relações entre Murilo Mendes e o *essencialismo* de Nery. Dessa amizade derivam alguns dos mais bem sucedidos resultados imagéticos que Murilo conseguia extrair do estudo sistemático da arte surrealista, também das pinturas do amigo, bem como das conversas sobre alguns dos interlocutores com que Nery travara contato, na década de 1920, em Paris: André Breton, Van Dongen, Joan Miró, Marc Chagall. Em especial, pela ligação intelectual do escritor com as artes plásticas, de cujo estudo sistemático e de cuja análise erudita derivou reflexões concretas que pôde, com grande frequência, atualizar em seus poemas, ou mesmo naquelas análises que escreveu, como crítico de arte diletante, em seu período italiano.

Enfim, a despeito de o *essencialismo* emprestar substrato a diversas das mais ousadas imagens presentes em livros os mais variados de Murilo, a questão central seria aquela segundo a qual o *essencialismo* teria permitido ao poeta conjugar uma vasta região indômita associável ao campos mais *primitivos* do onírico, da fé, dos movimentos anímicos ao exercício intelectualista da arte. Em seus *retratos-relâmpago*, escritos entre 1965 e 1966, passa-se em revista essa relação entre surrealismo e lógica compositiva, que parece ter sido responsável por sua constante recusa em declarar-se poeta surrealista. No "retrato-relâmpago" que prepara para Magritte afirma:

> Com a perspectiva do tempo o surrealismo, ao qual o heterodoxo Magritte se conservou fiel, pode ser hoje interpretado em chave menos rígida. Tratava-se sem dúvida de explorar a área do irracional, do inconsciente – pessoal ou coletivo – examinados através das poderosas lentes de Freud; de escamotear a história em benefício da anarquia individualista, intemporal. Os pintores, fazendo "tabula rasa" de uma tradição plástica relacionada com a ordem burguesa, serviam-se da técnica do automatismo para inventar uma atmosfera ao mesmo tempo poética e polêmica, incluindo o mau gosto como instrumento de luta – até o mau gosto das cores. Segundo a senha de Rimbaud tratava-se de desarticular os elementos. Naquela hora, imediatamente depois de um conflito universal por excelência desarticulador, seria possível criar algo de ordenado e construído? Dada chegou e dentro em pouco cedeu o passo ao surrealismo.
>
> •
>
> Todavia certos pintores – como também certos escritores – apesar de praticarem o culto do sonhos e do inconsciente, que muito antes de Freud os ligava aos românticos [...], não eram de fato uns instintivos, mesmo porque percebiam nitidamente a polaridade entre forças cerebrais e forças ancestrais. Em breve fundou-se uma linha divisória da teoria e da prática. [...] Não foi por acaso que alguns adeptos da doutrina passaram sem choque para o marxismo, que comporta, além do seu aspecto destruidor e polêmico, toda uma construção. O surrealismo, teoricamente inimigo da cultura, tornou-se num segundo tempo um fato de cultura; e muitos surrealistas, superando a técnica do automatismo, dispuseram-se a trabalhar com um método planificador. Por isto mesmo, quando há uns vinte anos atrás Breton procedeu em Nova Iorque à revisão analítica do movimento, a contragosto incluía Magritte entre os pintores surrealistas, insinuando que o seu processo de compor não era automático, antes plenamente deliberado. (Mendes, *Retratos* 1255)

Apesar de longa, a citação parece necessária por contribuir com a composição de uma certa *paisagem quadrilíngue,* em que Murilo Mendes se situa, no exercício de um trabalho de cerca de cinquenta anos em operações de linguagem. Um trabalho para o qual parece pertinente o sentido histórico da desarticulação imagética que encontra no surrealismo (da desarticulação *instintiva* por meio do qual o *essencialismo* lhe permitiria um *catolicismo* quase nietzschiano – vale o paradoxo –, já que empenhado na construção de um homem que escolhe e edifica seus próprios valores), sem prescindir do empenho do cálculo e da inteligência analítica, do "método planificador". Trata-se, de fato, de uma proposta de autonomia e responsabilização pela escrita, avessa aos automatismos, nos mais diferentes níveis de sentido aí implicados, como se poderia pensar também a propósito do seguinte trecho do "Murilograma ao Criador":

> Constróis minha forma em cruz
> Desde nove bilhões de anos.
> Minha forma
> Devo eu fabricá-la no tempo
> Com estas mãos autônomas:
> A WORK IN PROGRESS
> OPERA APERTA.
>
> (Mendes, *Convergência* 662)

A homenagem à heterodoxia de Magritte formula com precisão essa junção entre a "desarticulação" do estabelecido (em termos de imagens, de repertórios, dos textos produzidos, ou em termos dos conceitos revisitados, como o conceito de nacionalismo) e a inclusão de uma vigilância racional que se responsabiliza pelo trabalho realizado. França e Brasil, nesse sentido, são mais que países, são mais que o local e o estrangeiro: dizem respeito a tradições partilhadas, a objetivos culturais perseguidos em comum, a um diálogo entre o plástico, o poético, o musical, um diálogo entre tradições culturais e literárias, entre concepções díspares do processo de escrita, da organização política do mundo, da convicção (ou de sua ausência) em dimensões *espirituais.*

Talvez o trecho ajude a entender, ainda, outras formulações aparentemente paradoxais: que os poetas preferidos de Murilo Mendes sejam, simultaneamente, Mallarmé e Rimbaud. Que seu apreço por

Valéry nunca exclua a retomada de Breton. Que João Cabral de Melo Neto estabeleça uma relação mestre-discípulo com este poeta que considerou, entre os brasileiros, como sendo o mais diferente de si. Ou, ainda, que seu retrato-relâmpago de Tarsila do Amaral consiga reunir de modo tão eloquente esses dois espaços, aparentemente, díspares:

> Na década de 20, Tarsila efetua esta operação capital: por via da técnica europeia assimila o espírito caipira de São Paulo e Minas, transpõe nas suas telas "azul puríssimo, rosa violáceo, amarelo vivo, verde cantante, tudo em gradações mais ou menos fortes, conforme a mistura do branco". Descobre o lado animal do vegetal, torna plástico o sortilégio tupi ou africano. Mais uma vez realiza-se uma síntese de culturas, de acordo com a nossa vocação e fatalidade histórica. Tarsila inaugura um eixo inesperado: Sabará-Paris. Encontram-se num território ideal Henri Rousseau, Léger, Gleizes, Lhote e nossos ingênuos decoradores de capelas, arcas e baús, muitos deles anônimos.
> (Mendes, *Retratos* 1250)

Nesse sentido, o conceito de "exílio" parece tornar-se, de algum modo, inoperante: em que momento o *exilado* estaria "fora", "excluído", "distante"? No "Murilograma para Mallarmé", *exílio* aparece mesmo como aquilo que "aplaca":

> No oblíquo exílio que te aplaca
> Manténs o báculo da palavra
>
> Signo especioso do Livro
> Inabolível teu & da tribo
> (Mendes, *Convergência* 676)

E, se o espaço cultural e simbólico da França inclui o belga Magritte, o bielorrusso Marc Chagall, o catalão Joan Miró e o holandês Van Dongen, o eixo Sabará-Paris (que une a cidade de Sabará do mesmo estado de Minas Gerais onde nasceu Murilo Mendes à França) pode vir a unir, ainda, outras línguas e outros poetas. No poema "Mapa", transcrito páginas atrás, incluem-se, na paisagem, arenas espanholas, embates quixotescos:

> Estou com os meus antepassados, me balanço em arenas espanholas,
> é por isso que saio às vezes pra rua combatendo personagens imaginários,

Ao longo da década de 50, Murilo Mendes vai se deslocando gradativamente para o continente europeu. A primeira viagem é de 1952 e, em 1957, inicia uma carreira docente que se estenderá pelos dezoito anos seguintes, até sua morte na casa da família da esposa, Maria da Saudade Cortesão, durante férias em Portugal. Associados a esse período são *Siciliana* (com poemas escritos entre 1954 e 1955) e *Tempo Espanhol*, publicado em 1959. Ao lado de *Parábola* (1946-1952) e *Sonetos Brancos* (1946-1948), esses versos foram considerados sinalizadores do que seria uma diferença compositiva no poeta, que teria assumido uma inflexão mais atenta ao trabalho formal. O movimento seria comum ao de outros poetas brasileiros, como o Jorge de Lima de *Invenção de Orfeu* e Carlos Drummond de Andrade, de *Claro Enigma*.

Sem abandonar o cuidado com o trabalho imagético que, de certo modo, percorre diversos momentos de sua escrita, o pós-guerra coincidiria com uma dicção mais *classicizante*, o retorno a metros e formas hauridos na tradição, além de uma busca de maior contenção. Gradativamente, parece haver também um direcionamento para o que pode ser entendido como uma tentativa de sintetizar a peculiaridade de propostas de trabalho artístico, seja de pintores, seja de poetas com os quais se familiariza cada vez mais, em suas constantes viagens à Espanha, Portugal e França. De algum modo, Mendes passa a constituir um cânone pessoal, uma galeria de *contemporâneos, precursores* e *projetos* em alguma medida *afins,* ou de que se considera devedor, que não deixa de coincidir com a formulação oblíqua de uma *poética* pessoal.

O processo será um dos traços definidores de sua escrita ao longo dos anos 60, enformando boa parte do que discernimos no modo de estruturação em especial do livro *Convergência*. Nele, há toda uma seção composta exclusivamente por *murilogramas* dedicados a uma extensa galeria de artistas que inclui: João Sebastião Bach, Clara Rocha, Bashô, Guido Cavalcanti, Holderlin, Gérard de Nerval, Baudelaire, Rimbaud, Mallarmé, a esposa Maria da Saudade, Camões, Antero de Quental, Cesário Verde, Fernando Pessoa, António Nobre, Manuel Bandeira, Oswald de Andrade, Graciliano Ramos, Drummond, Cecília Meireles, João Cabral de Melo Neto, Gabriela Mistral, Teilhard de Chardin, Dallapiccola, Debussy, Claudio Monteverdi, Werbern, T.S. Eliot, Ungaretti, Nanni Balestrini, Pascal, Heráclito de Éfeso. Ah, sim, há um "Murilograma ao Criador". Outro a N.S.J.C.

E a seção de abertura do livro é constituída por *grafitos:* "Grafito num muro de Roma";"Grafito na pedra de meu pai"; "Grafito na casa de minha mãe"; "Grafito na ex-casa paterna"; "Grafito para Ipólita"; "Grafito numa cadeira"; "Grafito no Pão de Açúcar". E, então, os grafitos para Mário de Andrade, Sousândrade, Mário Pedrosa, Augusto dos Anjos. Há um "Grafito em Marrakech", outro "em "Meknés", Tânger, Fez. Há um grafito para Li-Po. Outro para Hokusai. Outro para Shri Râmakrishna. Um "Grafito segundo Kafka". E ainda: Paolo Uccello, Piranesi, Santa Teresa de Bernini, Borromini, Giuseppe Capogrossi, Ettore Colla, Anton Pevsner, Sergei Eisenstein, Casimir Malevithc, Vladimir Maiacovski.

De fato, parece haver em *Convergência,* sobretudo se observarmos a obra por um certo ângulo, em especial pela desigualdade dos resultados obtidos formal e tecnicamente em cada um dos textos que a compõem, algo de exercício ou "estudo", como sugeriu Murilo Marcondes de Moura, ou de um "certo automatismo expressivo, mais de forma do que de fundo" (Moura 61), como entendeu Dámaso Alonso. Contudo, não há como deixar de observar aí a escolha pessoal de um cânone colhido no longo e intemporal discurso das formas e técnicas que compõem a arte poética. É uma galeria que, contudo, já vinha sendo elaborada, como podemos supor em diversos momentos, mas que se marca com clareza no poema de *Tempo espanhol* (1959) que transcrevo:

> Aos poetas antigos espanhóis
>
> Da linguagem concreta iniciadores,
> Mestres antigos, secos espanhóis,
> Poetas da criação elementar,
> Informantes da dura gesta do homem;
> Anônimos de Castela e de Galícia,
> Cantor didático de Rodrigo El Cid,
> Arcipreste de Hita, Gonçalo de Berceo,
> Poetas do *Romancero* e dos provérbios,
>
> Vossa lição me nutre, me constrói:
> Espanha me mostrais diretamente.
> Que toda essa *faena* com a linguagem,
> Mestres antigos, secos espanhóis,
> Traduz conhecimento da hombridade
> (O homem sempre no primeiro plano).
> (Mendes, *Tempo* 579)

Organizado em quatorze versos, o poema se adequaria à forma do soneto sem dificuldades, não tendo sido, contudo, apresentado assim. Ocorre inclusive a formulação de um raciocínio que se arma nos quartetos e encontra sua resolução nos seis versos finais. Pelo sistema de contagem utilizado em língua portuguesa, há um predomínio de versos decassílabos, de que se afastam apenas os quatro versos que finalizam a primeira estrofe, com contagem predominante de onze sílabas (o penúltimo tem doze). O predomínio do decassílabo em ritmo heróico (acentos dominantes na sexta e décima sílaba e comumente associado ao tom épico), parece associável ao tema proposto. Na primeira estrofe podem ser lidos como heróicos os quatro primeiros versos, que corresponderiam ao quarteto inicial de um soneto, em que se apresenta o problema a ser desenvolvido. Nos quatro versos seguintes, o decassílabo estoura, mas o versos 5 e 8 têm tônicas em 7 e 11, em andamento aproximável ao do heroico, enquanto os versos 6 e 7 escapam tanto à regularidade quanto ao ritmo. Já na segunda estrofe, a única exceção ao heróico é o verso final.

No verso final, precisamente, a *lição* dos mestres antigos de Espanha reverte em abandono de um eventual plano épico (marcado, neste caso, pelo andamento heróico) e aparece envolvida em parênteses, designando o conhecimento que daquela lição se depreende. Na primeira estrofe, os quatro versos finais, separados dos iniciais por ponto e vírgula, constituem casos exemplares da lição com os mestres aprendida. Esses versos se introduzem pela palavra "anônimos", implicada ainda na ideia do substrato folclórico de um *romanceiro:* coleção de poemas narrativos de tradição oral. Na alusão ao Arcipreste de Hita, como aos poetas do *Romanceiro* e dos provérbios, mas em especial na referência ao *Cantar de Mio Cid,* avulta, enfim, a hipótese da escrita como trabalho menos *autoral* que coletivo. Como transmissão de um patrimônio comum a várias gerações, como mudança e adequação à circunstância do contar, como predomínio da vivência cultural sobre a preservação do detalhe técnico ou formal.

Nesse sentido, os "desvios" métricos soam pertinentes com o contexto em que se inserem. O verso final, que decepcionaria alguns leitores, conjuga-se de modo igualmente feliz à estrutura do poema. Posto *em primeiro plano* no fechamento, o *homem* aparece resguardado pelos sinais gráficos, linha tênue que separa, neste caso, o literário e do que lhe seria externo. Ainda assim, a gesta em que se espelha o poeta modernista surge povoada dos cantares e cantadores "anônimos", que conferem caráter coletivo às construções consideradas modelares. Por outro lado, parece bastante óbvio que o verso final põe em questão a possibilidade da "poesia social", de que Murilo Mendes não se esquivou. Comentando, a certa altura, algumas ponderações de Manuel Bandeira acerca da impotência da poesia frente à questão social, Murilo reagiu com um texto enfático, ao qual deu o título "Manuel Bandeira cai no conto do vigário":

> É preciso tomar a sério a questão social. Isto não impede de tomar também a sério a poesia. A poesia não poderá acabar enquanto houver um alento de vida no mundo. *A poesia não pode ser interrompida porque existe a questão social.* Isto é para os trouxas. Quanto a mim acho formidável ser poeta; sei que a poesia é eterna, definitiva, inexpugnável – e que todos os políticos, economistas, "simpatizantes", críticos, editores e ensaístas não prevalecerão contra ela. (Mendes, "Manuel" 38)

Ao preparar um texto (1953) a propósito do *Romanceiro da Inconfidência* de Cecília Meireles, que considerou "alta categoria" de poesia social, retomou o problema:

> A poesia social sempre me seduziu. De resto, tentei-a várias vezes. O que desaprovo é a poesia tipo manifesto e programação política, cumprindo desajeitadamente um papel que antes compete ao artigo de jornal e à literatura de comício – à prosa, enfim. Na mesma ordem de ideias um certo tipo de pintura social que retira o poeta do seu pequeno mundo ambiente, e cortando o cordão umbilical do egoísmo e do individualismo, abre-lhe perspectivas muito mais vastas, dentro da dimensão histórica ou do mito, esta me parece ser o caminho mais fecundo e com maiores possibilidades de futuro. (Mendes, "A Poesia Social" 52-3)

O trecho causaria certo estranhamento, caso recordássemos que o poeta permaneceu até o fim da vida acossado por censuras dirigidas ao que seria uma *adesão* acrítica (e evasionista, ou alienada) ao surrealismo (de que nunca participou, ao menos não *assim*). A este respeito é elucidativo que apenas vivendo na Itália tenha se sentido um pouco à vontade com aquilo que a herança surrealista teria acrescentado a seu trabalho. Em *Poliedro* (1972), escrito em pleno *exílio*, Murilo se sai com um texto em prosa, em que põe em cena essas dificuldades:

Paisagem quadrilíngue • 173

> O Uruguai é um belo país da América do Sul, limitado ao norte por Lautréamont, ao sul por Laforgue, a leste por Supervielle. O país não tem oeste.
> As principais produções do Uruguai são: Lautréamont, Laforgue, Supervielle. O Uruguai conta com três habitantes: Lautréamont, Laforgue, Supervielle, que formam um governo colegiado. Os outros habitantes acham-se exilados no Brasil visto não se darem nem com Lautréamont, nem com Laforgue, nem com Supervielle. (Mendes, *Poliedro* 1023-1024)

Ao destacar três poetas que comungam de uma boa dose de "irracionalismo" em seus processos de produção poética, o texto identifica o estranhamento que eventualmente pudessem causar e produz uma deportação dos eventuais leitores insatisfeitos para o Brasil, terra de que se teria banido qualquer modalidade de *irracionalismo* na fatura poética: quaisquer (e todos) os hipotéticos uruguaios que se indispusessem com aqueles escritores certamente encontrariam refúgio e descanso no Brasil. Observe-se como a voz poética de "Mapa", poema aqui transcrito, reaparece nesse texto. Em "Mapa":

> (...) . Estou
> limitado ao norte pelos sentidos, ao sul pelo medo,
> a leste pelo Apóstolo São Paulo, a oeste pela minha educação.

No primeiro poema, os "limites" acabavam por delinear aquele espaço vazio em que um sujeito não se pode constituir. O espaço que, limitado pelos medos, não se assimilasse a esses medos. Nem se definisse pelos sentidos e pela carne sempre presentes, nem pudesse ser preenchido pela afinidade com o pensamento do apóstolo Paulo. E que também não estivesse contido no que indicia ou poderia indiciar uma "educação". Limites, portanto, não *definiriam*, não imprimiriam sobre a pele, como tatuagem, a marca de uma *identidade:* os limites apenas tornariam verossímil a suspeita de um vazio. A suspeita de um espaço aberto à construção.

Projetando-se sobre o país vizinho, o Uruguai, as limitantes se projetam por sobre as condições de possibilidade de uma poesia. Que um país, ainda que pequeno em extensão, encontre-se de todo limitado (a ponto de não lhe restar um oeste) por três formulações metonímicas alusivas a um punhado de palavras em papel é formulação paralela àquela em que Murilo Mendes constitui um mapa que não leva a uma afirmação identitária definível. Ou outro mapa, que não leva a uma afirmação poética unívoca, que se possa *esclarecer* por um termo crítico ou histórico, seja ele qual for. Isto considerado, talvez não pareça tão estranho que só no período italiano de "Uruguai" Murilo Mendes pareça sentir-se mais à vontade com as marcas surrealistas que já se ausentavam gradativamente de seus poemas. Por outro lado, mais ou menos por esse tempo, o *irracionalista* começa a ser censurado (ou celebrado) pela guinada formal. O livro *Convergência,* em especial, recebe rapidamente outra *identificação:* concretista. Também não é difícil perceber o que há de pertinente no novo rótulo. Ele poderia derivar de vários aspectos localizáveis nos poemas ou no contexto de sua produção. Das relações simpáticas de parte a parte entre Murilo e os principais nomes do grupo concretista no Brasil. Da presença evidente, no livro, de alguns *maneirismos* à moda dos concretos (os "estudos" de Murilo M. Moura, ou os *automatismos formais* de Dámaso Alonso). Da incorporação de uma certa anti-discursividade, de uma relativização do verso enquanto medida semântica ou técnica basilar do poema, da exploração eventual da *palavra* enquanto princípio de estruturação poemática. Em alguns casos, de jogos de permutação e deslocamento, de experimentações sonoras, processos de seriação ou agrupamento, construções assintáticas, neologismos. Da possibilidade de aproximação entre uma formulação como "murilograma" e os ideogramas, objeto de reflexão acurada e demorada entre concretos. Joana Matos Frias, no entanto, adverte:

> [...] deverá relativizar-se um pouco a presença concretista em *Convergência,* no que diz respeito, nomeadamente, à eleição do espaço gráfico a elemento estruturador do poema, à valorização da página em branco, à abolição do verso e à criação de uma sintaxe visual ou espacial. Estes procedimentos encontram-se, com efeito, muito atenuados ao longo de toda a obra. Aquilo a que se assiste, fundamentalmente, e que poderia apontar para um determinado contacto de Murilo Mendes com os poetas concretistas diz respeito à criação obsessiva de uma sintaxe de justaposição paralelística e ao jogo com os significantes nas suas relações de atração e repulsa. (Frias 138)

Para discutir essa última formulação, tomemos um poema que mantém uma estrutura sintática bastante convencional, e que aparece na seção final de *Convergência,* intitulada "Sintaxe" (posterior aos "Grafitos" e "Murilogramas" da primeira parte). A seção se abre com um grupo de poemas organizados sob o título "Texto de informação". O poema a que me refiro é o quarto de uma série de seis:

> 4
> Inserido numa paisagem quadrilíngue
> Tento operar com violência
> Essa coluna vertebral, a linguagem.
>
> Esquadrinho nas palavras
> Meu espaço e meu tempo justapostos.
> E dobro-me ao fascino dos fatos
> Que investem a página branca:
>
> Perdoai-me
> Valéry
> Drummond.
>
> (Mendes, *Convergência* 706)

Se a paisagem quadrilíngue a que remete o poema pode, por algum tipo de inferência, remeter à experiência biográfica de Murilo Mendes, que percorreu, ao longo da vida, ao menos quatro universos culturais diversos, cada um desses universos *delimitado* por uma língua que o organizaria (para não mencionar a língua inglesa), talvez pudéssemos encontrar, nesse poema, uma síntese biográfica e uma síntese poética. Contudo, sendo a *linguagem* a coluna vertebral que sustenta as operações que o poema assim considerado encenaria, a segunda estrofe apresenta um "problema" que talvez valha a pena explorar.

"Operar a linguagem" talvez possa ser considerada atividade paralela àquela presente na estrofe seguinte, ou seja, a de esquadrinhar (pesquisar, investigar, analisar) um *tempo* e um *espaço* justapostos "na palavra". O tempo e o espaço a que se refere a voz poética como "seus". O que sugere, ainda, algumas impossibilidades de definição, algumas instabilidades de sentido: estariam espaço e tempo justapostos *na palavra (apenas nela)*? À palavra caberia a tarefa de constituir esta justaposição? Ou a palavra seria precisamente o objeto que se esquadrinha, aquilo que se investiga (sendo tempo e espaço – justapostos – o resultado da operação de investigação dela, palavra)? Tempo e espaço em um e outro caso, ou em ambos, ou em apenas um deles (qual?), estariam, portanto, *dentro* ou *fora* da palavra? Estariam, se estiverem *fora*, situados no *interior* desse *fora*, o sujeito biográfico? Seriam o tempo e o espaço *biográficos* de

Murilo Mendes? Como no mencionado *Tempo espanhol*, ou em outro de seus livros *Espaço espanhol*?

Mergulhado em uma instabilidade semântica (que, a rigor, nada no poema permite resolver; que, a rigor, o poema parece convidar à permanência), o sujeito poético "dobra-se" ao *fascino* (assim em italiano, mesmo) dos fatos (dobra-se a seu apelo), que investem a página branca. E, nesse caso, a transitividade verbal é bastante clara. Uma investida: operação violenta. E, não se pode esquecer: os dois períodos que constituem a estrofe, ainda que separados por ponto, estão delimitados por uma conjunção coordenativa: "e". De algum modo, portanto, justapõem-se. Uma justaposição se força, para além do ponto, por intermédio da conjunção que introduz o segundo período.

O "problema" a merecer exame mais detido, seria o desse espaço (em) branco, a página, objeto de tantas das inquietações discerníveis no empenho vanguardista de poetas ditos *concretos*. A página branca e/ou a palavra, objeto das operações violentas que o poema descreve (realiza) evocam um outro texto de Murilo Mendes, presente na coletânea em prosa que recebeu o título *A invenção do finito*. O texto "Fontana" é dedicado ao trabalho do escultor e pintor nascido na Argentina e radicado na Itália, Lúcio Fontana (1899-1968).

Murilo Mendes inicia sua reflexão com uma frase do biologista J.B.S. Baldane: "A realidade não só é mais fantástica do que pensamos, mas é mais fantástica do que podemos imaginar" (Mendes, *A invenção* 1316). Diante de uma complexidade que a mente humana se revela incapaz de abarcar, Murilo Mendes propõe, como um dos "deveres fundamentais do artista de nossa época" não permitir "que os sábios monopolizem a interpretação da nova realidade física do universo" (1316). Fontana, "cujo aspecto fundamental é o de um inventor" (1316) teria procurado se desincumbir de tal tarefa. Na década de 40, seu *Manifesto espacial*, surgido na Itália, bem como o anterior *Manifesto blanco* (que não assinou, mas que teria sido preparado na Argentina, sob influência de suas ideias) apelariam para que os homens de ciência contribuíssem com o desenvolvimento de uma arte "a quatro dimensões", o que evidenciaria que "o artista e o homem de ciência poderiam marchar lado a lado" (1316):

Paisagem quadrilíngue • 177

No seu livro sobre os problemas da física contemporânea, Werner Heisenberg declara que no plano das ciências da natureza o objeto da pesquisa não é mais a natureza em si, mas entregue à interrogação humana. Nesta perspectiva, o homem, em matéria de novidade, só encontra a si próprio. E ajunta: "As fórmulas matemáticas não representam mais a natureza, mas o conhecimento que temos dela; isto quer dizer que renunciamos à descrição da natureza".

Encontramos uma concepção paralela a esta no método no artista abstrato, método que é o resultado de um longo processo de decantação de elementos, pois isso implica um exercício contínuo de classificação, fixação ou exclusão de valores múltiplos que os sentidos e o cérebro apresentam à análise do artista, e que ele transpõe em estruturas pessoais. (Mendes, *A invenção* 1317)

Se, enfim, não se pretende mesmo descrever a natureza, as operações de Fontana, celebradas por seu crítico brasileiro (perfurações, cortes na tela ou na cerâmica, com obscurecimento mesmo dos limites entre pintura e escultura) criariam formas inéditas que justificariam a palavra "inventor" a ele aplicada. Do ato de cortar a tela ou a cerâmica, Murilo Mendes deduz um conceito pleno de consequências: "o universo abre sempre e cada vez mais as suas portas"(1317). Trata-se de "aperfeiçoar nossa energia visual", lei máxima do artista:

A óptica espacial dos quadros e cerâmicas de Fontana insere-se num amplo contexto de uma época que procura destruir a superestrutura do mito, descobrir sua própria visibilidade, *construir* a visibilidade da técnica, instalar uma nova noção de imagem, portanto de signo. Mas a que se refere o signo? A um dado preciso, justamente: a matéria é algo que se pode romper. Num artista como Fontana a fantasia constitui uma lúcida exigência racional técnica, a própria base do trabalho, e não um apêndice ornamental. "*C'est bon d'enfourcher un dada, mais ne pas croire que ce soit Pégase*", dizia Bonnard. Assim Fontana, atingindo em suas obras recentes o extremo da ascese linear, evita qualquer desvio hiperbólico; mas uma tal simplicidade é o resultado da transmutação de complexos valores inventivos em valores líricos. (Mendes, *A invenção* 1318)

Assim, furar a tela e agredir o branco parecem ser meios de produzir ruptura no espaço convencionalizado para a inserção do não espaço no âmbito da reflexão. Se voltássemos ao poema, talvez pudéssemos assinalar que o sujeito poético se "dobra" (transitivo na voz reflexiva) diante do *fascino* dos fatos: o que pode sugerir que tal sujeito se duplica, torna-se maior; pode ainda significar que ele cede, curva-se ao *fascino* dos fatos que investem a página branca, que, contudo, não se fura. O mesmo livro *A invenção do finito* encerra-se com o "Texto branco", que se organiza com uma sequência de treze aforismos, dos quais o sexto, professa: "O branco mistura, separa, elimina. Corrige o temperamento do artista que tende à sobrepor-se à obra de arte." (Mendes, *A invenção* 1347) Se, no poema, interpretarmos que o sujeito poético (o artista?) dobra-se (curva-se, cede) aos fatos que, por sua vez, investem a página branca, talvez se possa pensar nesse empenho de *correção* ao temperamento do artista, assim, atenuado, eliminado, esmaecido do processo.

De resto, a página branca, atacada pela presença dos "fatos" convocaria, na terceira estrofe, um singular pedido de perdão que traz à cena simultaneamente Drummond e Valéry. Ao lado de Valéry, se tivéssemos que operar rapidamente, e já que estamos no âmbito do Murilo *concretista*, Drummond, aqui, talvez seja o Drummond de *Claro enigma: o* Drummond da sofisticação do significante. Neste caso, talvez pudéssemos pensar que o pedido de perdão contivesse referência a uma poesia em que, outrora, o "temperamento do artista" possa ter se sobreposto à obra de arte. Em todo caso, seriam hipóteses demais e sustentadas pelo recurso argumentativo a um livro (*A invenção do finito*) que traz uma epígrafe significativa: "[...] *Je ne peux que faire mienne la pensée de Lacan: ce n'est pas l'homme qui constitue le symbolique, mais c'est le symbolique qui constitue l'homme. Quand l'homme entre dans le monde, Il entre dans du symbolique qui est déjà là (Roland Barthes)*" (Mendes, *A invenção* 1298).

Sem poder desenvolver aqui plenamente a extensão ou uma mínima extensão das implicações que a citação de Lacan pelas mãos de Barthes pode acrescentar à reflexão sobre *A invenção do finito,* remeto a um texto de Raúl Antelo, em que se desenvolvem mais adequadamente algumas de tais implicações: "A (infinita) invenção do finito" (2003). De todo modo, Lacan traz necessariamente à cena uma teorização em que o sujeito não se constitui concretamente, não é passível de ser preenchido ou revestido por algum conceito, ou palavra, ou definição, restando à compreensão como *brecha ontológica,* como fenda. Como o branco (sugere Antelo), ou como aquilo que atravessa o branco (do papel), aquilo que o perfura, aquilo que o violenta: as ferramentas de Fontana, as ferramentas de Murilo.

Talvez não seja demais destacar que o verbo "esquadrinhar" abriga, em português, o radical *quadr-,* que contém a carga semântica definidora

Paisagem quadrilíngue • 179

de palavras como "quadro", "quadrado", "enquadrar". Assim, o poeta que esquadrinha parece muito próximo de poéticas como aquelas presentes nos trabalhos poéticos ou pictóricos dos artistas evocados nos citadíssimos dois últimos versos do conjunto de poemas "Texto de Informação" (e que parece *informar,* por sua vez, a poética ou as poéticas de *Convergência*):

> Webernizei-me. Joãocabralizei-me.
> Francispongei-me. Mondrianizei-me.
> (Mendes, *Convergência* 706)

Aqui teríamos, algum tipo de jogo com os significantes, como apontou Joana Frias a propósito do livro, além de uma sintaxe de justaposição paralelística. Os versos parecem conter, enfim, na alusão a Ponge, Webern, João Cabral de Melo Neto e Mondrian, uma explícita declaração de princípios: o serialismo, o concreto, o anti-sentimental, a objetividade, a matéria, o poeta que esquadrinha. Contudo, decidir por tal leitura implicaria, ainda, decidir por um total achatamento da compreensão de cada um desses universos criativos a uma única linha mestra e a um único princípio de composição, o mesmo para Valéry e Drummond. Seria apagar *Pedra do Sono*, de João Cabral, cujas imagens de extração surrealista foram declaradamente hauridas no universo muriliano da primeira hora. Seria esquecer que, naquele mesmo "Texto branco", o décimo primeiro aforismo assim retomava a ideia de branco: "Segundo Mondrian: a realização de um equilíbrio. O abstrato contido no esquema da vida real" (1347). Seria aceitar como pertinentes o *murilo surrealista, o murilo poeta católico, o murilo concretista, o murilo categoria historiográfica.*

E, se Lacan permanece na epígrafe contida na página inicial, a palavra *real* nos envia de volta ao *simbólico* em que se encontram, dispersos e inacessíveis ao toque, "os fatos" cujo *fascino* investe o papel do poema. Se voltássemos ao poema "Aos poetas antigos espanhóis", a esta altura, só seria possível, ainda, acrescer a linguagem, essa violência, de que participam comunitariamente os mestres celebrados e o *homem* que o verso final declara em primeiro plano. E que só pode ser *declarado* como em primeiro plano por que o sustenta um plano outro, que aparece no "Murilograma a Debussy", como "a fortespuma da escritura":

1.
Tangencia Stéphane Mallarmé.
•
Considera a estrutura do silêncio.
•
Abole o eixo da tonalidade.
•
Balança vertical pesa a medida.
•
Clepsidra separa o dia da noite.
•
Suspende a fúria do ventomemwagner

2.
Como um sol frio agarrado no ombro
Pronuncia a palavra: acordes livres.

Reserva ritmo e sangue para um outro
Que nunca o viu nem vê; mal o ouvirá.
•
O espaço da pauta se concede margens
Entre puras IMAGES assimétricas.

Não falarei cristal, já deformado:
Mas falo a fortespuma da escritura.

3.
A música que – consciente – planejou
Era-lhe imposta qual estrela ou nuvem.

Roma, 1965.

A fortespuma da escritura, essa violência.

BIBLIOGRAFIA

Antelo, Raul. "A (Infinita) Invenção do Finito". *UniLetras* 25/1 (2003): 63-73.

Bandeira, Manuel. "Murilo Mendes". *Poesia Completa e Prosa*. Luciana Stegagno Picchio, ed. Rio de Janeiro: Editora Nova Aguilar, 1990. 629.

Cordeiro, André Teixeira "Deixar-se como Herança para a Humanidade, Ismael Nery e a Fase Surrealista". *Travessias: Revista Eletrônica de*

Pesquisas em Educação, Cultura, Linguagem e Artes da Unioeste 10 (2009): 588-614.

Franco, Irene Miranda. *Murilo Mendes: Pânico e Flor*. São Paulo: 7Letras, 2002.

Frias, Joana Matos. "Murilo Mendes e o Cosmotexto Ideogramático". *Revista da Faculdade de Letras, Línguas e Literaturas* XVI (1999): 124-142.

Guimarães, Júlio Castagnon. *Territórios/Conjunções: Poesia e Prosa Críticas de Murilo Mendes*. Rio de Janeiro: Imago, 1993.

Mendes, Murilo. *A Invenção do Finito*. In: *Poesia Completa e Prosa*. Luciana Stegagno Picchio, ed. Rio de Janeiro: Nova Aguilar, 1994. 1297-1361.

_____ "A Poesia Social". Cecília Meireles. *Obra Poética em um Volume*. Rio de Janeiro: Nova Aguilar, 1985. 52-53.

_____ *Convergência*. *Poesia Completa e Prosa*. Luciana Stegagno Picchio, ed. Rio de Janeiro: Nova Aguilar, 1994. 623-740.

_____ "Manuel Bandeira Cai no Conto do Vigário". *Boletim de Ariel* V/2 (1935): 38.

_____ *Poemas (1925-1929)*. *Poesia Completa e Prosa*. Luciana Stegagno Picchio, ed. Rio de Janeiro: Nova Aguilar, 1994. 85-124.

_____ *Poliedro*. *Poesia Completa e Prosa*. Luciana Stegagno Picchio, ed. Rio de Janeiro: Nova Aguilar, 1994. 977-1049.

_____ *Retratos-Relâmpago*. *Poesia Completa e Prosa*. Luciana Stegagno Picchio, ed. Rio de Janeiro: Nova Aguilar, 1994. 192-1295.

_____ *Tempo Espanhol*. *Poesia Completa e Prosa*. Luciana Stegagno Picchio, editora. Rio de Janeiro: Nova Aguilar, 1994. *575-621*.

Merquior, José Guilherme. "Murilo Mendes ou a Poética do Visionário". *Razão do Poema. Ensaios de Crítica e Poética*. Rio de Janeiro: Topbooks, 1996. 69-89.

Moura, Murilo Marcondes de. *Murilo Mendes: a Poesia como Totalidade*. São Paulo: EDUSP/Giordano, 1995.

Capítulo 3
Territorios de lo íntimo: afectos y efectos de lo excéntrico

Mario Levrero y la caligrafía del sueño

DIEGO VECCHIO

Université Paris 8

1

Para ser autor, hace falta algo más que escribir, publicar o posar. Para ser un autor, hace falta un lector. Es más: se puede llegar a nacer como autor, antes de escribir, publicar o posar, a condición de ser leído. Es lo que le ocurrió a Jorge Mario Varlotta Levrero. Antes de que empezara a escribir, publicar y posar, encontró un lector perspicaz, como Ángel Rama, quien leyó lo que aún no había escrito. Los libros no llegan solos al mundo de la literatura. Son precedidos por bibliotecas reales y virtuales, que determinan el lugar que han de ocupar, central o lateral, en esa sucesión de nombres, obras y fechas, llamada tradición, historia, canon.

2

En 1966, aparece una célebre antología, intitulada *Aquí, cien años de raros*, en que Ángel Rama lee la historia de la literatura uruguaya, apropiándose de una categoría inventada por Rubén Darío, en un libro de 1896. Ambas obras aparecen en un momento de irrupción de movimientos, no meramente nacionales y locales, sino resueltamente intercontinentales y globales, como pudieron ser el modernismo o aquello que fue dado en llamar, para bien y para mal, el *boom*.

Los parentescos pueden resultar a veces engañosos y el del libro de Rama con el de Darío no lo es menos. En *Los raros*, Darío recopila, desde una perspectiva cosmopolita, aunque pasablemente afrancesada, una serie de semblanzas de autores "simbolistas" o "decadentistas", según un corte horizontal, que le permite leer como contemporáneos, entre otros, a Jean Moréas, Rachilde, Leconte de Lisle, Lautréamont, Léon Bloy, Jean Richepin, Edgar Allan Poe, José Martí, Verlaine, Ibsen, Eugenio de Castro o Fra Domenico Cavalca. En su antología, Rama traza, por el contrario, un corte vertical en las letras uruguayas, para exhumar, con las clásicas nociones de autor y literatura nacional, una tradición secreta, intermitente y paralela a la tradición oficial, dominada por un realismo sano, fecundo, vigoroso, aunque por momentos primario y sencillo. A esta tradición paralela, Ángel Rama le llama los raros.

3

El fundador de este linaje es un autor maldito, que nació en Montevideo, pero que escribió en francés un único libro, antes de extinguirse a los 24 años, llamado Isidore Lucien Ducasse, más conocido como el conde de Lautréamont, considerado también como fundador de otro linaje, llamado surrealismo.

Como muchas tentativas de esta índole, la genealogía de Rama está hecha de torsiones y contorsiones de la cronología en las que habría que leer, más que cierta falta de rigor o distracción, la imposibilidad para hacer coincidir nombres, fechas y obras en una misma historia, la resistencia de ciertos autores a ocupar el lugar que se les asigna, los litigios en las relaciones de parentesco literario. Entre la publicación de los *Cantos de Maldoror* (1869) y la antología (1966), transcurren 97 años y no cien. O bien la antología de Rama se adelanta o bien los *Cantos de Maldoror* fueron publicados con un ligero atraso. Para que la publicación de la antología coincida con el centenario de la publicación de *Maldoror*, Ángel Rama se ve obligado a ejecutar una pirueta. Toma en cuenta la fecha en que Isidore Ducasse comienza a escribir su libro maldito, fecha de lo más incierta, dada la biografía lacunaria de Lautréamont.

4

A esta primera torsión, hay que agregar otras. A Lautréamont se le suman los nombres de Horacio Quiroga, Federico Ferrando, Felisberto Hernández, José Pedro Díaz, L. S. Garini, Armonía Somers, María Inés Silva Vila, Gley Eyherabide, Héctor Massa, Luis Campodónico, Marosa di Giorgio, Jorge Sclavo, Mercedes Rein y Tomás de Mattos.

La lista sorprende por su heterogeneidad. ¿En que se parecen Lautréamont y Felisberto Hernández? ¿Horacio Quiroga y Marosa de Giorgio? ¿Armonía Somers y Pedro Díaz? ¿Qué rasgo en común comparten estos autores, si es que comparten algún punto en común? ¿Qué permite reunir a autores tan disímiles?

5

Como ocurre con tantas otras etiquetas –renacimiento, modernismo, *nouveau roman*, neobarroco– se trata de una operación más promocional que conceptual. Rama lanza su antología en un contexto marcado por la fundación de la editorial Arca, la reedición de Felisberto Hernández o la internacionalización de la "nueva narrativa" hispanoamericana. Definida como el revés de la tradición realista, a esta tradición paralela no le queda más remedio que adoptar una identidad puramente negativa: se trata de un anti-realismo. Para distinguirlo de aquel otro anti-realismo, que cundía en la otra orilla del Río de la Plata con el nombre no menos equívoco de "literatura fantástica", Ángel Rama prefiere reservar, para sus raros, el término de "literatura imaginativa".

Aquí se produce un deslizamiento: los raros no son solamente anti-realistas sino también anti-racionales. Esta literatura imaginativa "trata de enriquecerse con ingredientes insólitos emparentados con las formas oníricas, opera con provocativa libertad y, tal como sentenciara el padre del género, establece el encuentro fortuito sobre la mesa de disección del paraguas y la máquina de coser, lo que vincula esta corriente con el superrealismo" (Rama 9).

6

¿Aquella tradición paralela que Ángel Rama intenta identificar sería un nuevo avatar del surrealismo, que irrumpiría y sobreviviría en las letras uruguayas, cuando en Francia, parece ser, ya estaba extinto? ¿O algo que tiene que ver con el surrealismo, pero que lo excede, como por ejemplo, cierta relación entre el sueño, el inconsciente y la literatura?

7

Otra definición posible de los raros: una caligrafía del sueño.

8

En 1968, Mario Levrero publica, como separata de la revista *Los Huevos del Plata*, un relato intitulado *Gelatina*, que vuelve a publicar en 1970, en forma de libro, en la editorial Tierra Nueva, acompañado por otros diez relatos, con el título *La máquina de pensar en Gladys*. En 1970, también publica, en la misma editorial, su primera novela, intitulada *La ciudad*, que obtiene una mención del semanario *Marcha*. Ni bien aparecen estos dos libros, Ángel Rama los captura en la máquina genealógica que había estado construyendo y aceitando desde hacía varios años y para los cuales tenía, parece ser, un lugar reservado.

9

A la antología sobre los raros, sucede en 1972 un ensayo sobre la generación crítica, donde Ángel Rama vuelve a la carga con sus esquemas historiográficos, esta vez armado con la vieja –y práctica– noción de generación.

Según Rama, tres generaciones se suceden en el siglo XX en las letras uruguayas, separadas por un lapso de catorce años: la generación de 1939, la generación de 1955, la generación de 1969. La irrupción de esta última generación coincide, unos años más, unos años menos, con la fecha de publicación de la antología de los raros. Esta nueva generación no se define solamente contra la tradición realista sino también contra la generación crítica, asociada al semanario *Marcha* y a las figuras de Juan Carlos Onetti o Mario Benedetti.

A partir de 1967, se deja sentir, según el sismógrafo de Ángel Rama, un nuevo estremecimiento en las letras uruguayas, con un aluvión de obras publicadas por autores que nacieron en la década del treinta pero que comienzan a publicar tardíamente (como Jorge Onetti, Mercedes Rein, Gley Eyherabide), autores residentes en el extranjero (como Luis Campodónico, Ulalume González León) o jóvenes narradores que acaban de publicar sus primeros libros (como Cristina Peri Rossi, Teresa Porzekanski y, esta vez sí, Mario Levrero).

10

Mario Levrero es incluido retrospectivamente en una antología a partir de la lectura que Ángel Rama hace en *La generación crítica* de sus primeras ficciones, donde intenta describir cierta caligrafía del sueño, emparentada con el surrealismo y Kafka.

Según Rama, la marca del surrealismo se deja ver en Levrero a través del "funcionamiento del psiquismo libre" y la producción de imágenes persuasorias, cerradas, de oscura emoción, que celebran un derrumbe gozoso, como las de su cuento *La casa abandonada*. La huella de Kafka aparece en el contar derivativo. Estas primeras ficciones "se construyen sin que evolucionen internamente prefiriendo un derivar lateral, trasladándose a otros personajes, otras situaciones, otros estados. Este régimen de acumulación heteróclita es la que instaura el clima onírico de sus relatos y es una de las conocidas operaciones de montajes propias de la técnica kafkiana aunque la superior capacidad religante y significante de Kafka se ha perdido aquí sustituida por una acumulación que puede no tener fin, que estrictamente no lo tiene salvo la voluntad caprichosa del autor" (Rama, *La generación crítica* 241-243).

11

Si Ángel Rama intenta inscribir a Levrero en una historia de la literatura uruguaya, Levrero, por su lado, hace todo por correrse de ese lugar. Este gesto inaugural, marcará la historia de su recepción.

"Me consideraba un poco raro cuando escribí el primer texto", afirma en una entrevista, publicada en *La idea fija*. "Yo no tenía muchas lecturas, y menos autóctonas, y me parecía que lo que yo había escrito no tenía nada que ver con la literatura uruguaya, lo veía completamente descolgado. Entonces un amigo me dijo: "No seas pretencioso, leé a Felisberto Hernández". Leí a Felisberto Hernández y encontré parentescos. Después seguí buscando ese tipo de literatura, y me di cuenta de que lo que yo escribía no era tan raro como pensaba".

"El surrealismo, desde luego, debe haber tenido alguna influencia sobre todo el mundo", afirma en el mismo reportaje, "pero salvo algunos ejercicios deliberados, no lo siento como una influencia especial, más importante que muchas otras, literarias o no". Levrero reconoce, sin vacilar, la influencia de Kafka o de Carroll (pero de un Carroll que le arrebata a los surrealistas para ponerlo bajo tutela de Kafka): "Kafka es una influencia directa; mi primera novela es casi un intento de traducción de Kafka al uruguayo (traducción en un sentido amplio, quiero decir). Carroll es una influencia más remota, y especialmente en algunos aspectos que se toca con Kafka; imagino que Carroll habrá tenido influencia sobre Kafka, pero no puedo demostrarlo. Me emocionó especialmente la aparición de un personaje de Carroll en la película *El Proceso*, de Orson Welles. No supe que nadie mencionara este asunto, pero hay un personaje que habla como la oruga de *Alicia en el País de las Maravillas*".

12

¿Qué significa que su primera novela sea un "intento de traducción de Kafka al uruguayo"? ¿A qué Kafka se refiere? ¿El Kafka de los relatos? ¿El Kafka de las novelas inconclusas? ¿El Kafka de los diarios y de las cartas? ¿Qué operaciones de traslación, pero a la vez de transformación, supone esta "traducción"?

13

La primera novela de Levrero se abre con el siguiente epígrafe:

– Veo allá lejos una ciudad, ¿es a la que te refieres?
– Es posible, pero no comprendo cómo puedes avistar allá una ciudad, pues yo sólo veo algo desde que me lo indicaste, y nada más que algunos contornos imprecisos en la niebla.

Esta cita de Kafka, sacada de los *Cuadernos en octava*, también podría haber sido tomada de *América*, *El proceso* o *El castillo*, sobre todo de *El castillo*. En esta suerte de trilogía kafkiana, el espacio va perdiendo toda marca referencial, hasta convertirse en "contornos indefinidos en la niebla", es decir, en lugares que perdieron sus atributos de lugar, como por ejemplo los nombres o los predicados que permiten identificarlos. Esta evanescencia del espacio sigue una gradación. En *América*, hay topónimos y topónimos claramente identificables. Karl Rossmann desembarca en Nueva York y tras un largo periplo, termina en el teatro al aire libre de Oklahoma. A pesar de estos nombres referenciales, la ficción está bastante reñida con la geografía y esto desde el principio. Lo primero que vislumbra el protagonista al entrar en el puerto de Nueva York es uno de sus íconos más representativos, la "estatua de la Libertad", envuelta en una haz de luz, pero que, en lugar de sostener una antorcha, blande una espada.

En *El proceso*, los nombres de lugar han desaparecido. Joseph K. vive en una ciudad anónima, en que algunos comentadores han pretendido reconocer a Praga, a partir de tal o tal indicio (por ejemplo, la calle Saint-Jules donde se sitúa la sede del tribunal al que acude el protagonista un domingo por la mañana para el primer interrogatorio o la catedral gótica donde el capellán pronuncia la parábola del guardián de la ley, asimilada a la catedral de San Vito). Lo cierto es que esta ciudad nunca es nombrada. Las referencias espaciales son meramente funcionales. El narrador habla de "la pensión", "el banco", "la casa del pintor Tintoretti", "la casa del abogado Huld", pero en ningún caso de una ciudad que pueda ser convenientemente situada en un mapa.

En *El castillo*, este procedimiento de desvanecimiento del espacio se radicaliza. Los lugares no solo han perdido el nombre sino también la consistencia. En el comienzo de la novela, al llegar a la aldea en medio de la noche, K se detiene en un puente y alzando los ojos, mira hacia la colina rodeada de brumas y tinieblas, donde en principio se erige el castillo del conde Westwest. Pero del castillo no logra ver nada, ni siquiera el más débil resplandor, ni siquiera un contorno indefinido. El espacio se reduce de este modo a dos regiones desconectadas: el mundo del castillo, arriba en la colina y, abajo, el mundo de la aldea. La calle de la aldea, bordea al castillo, pero nunca lo alcanza.

14

Como en *El castillo* de Kafka, en la primera novela de Levrero la ciudad aparece como un espacio inaccesible y por eso mismo, fuera del relato. *La ciudad* es paradójicamente una novela sin ciudad. O más exactamente, la ciudad es evocada recién en el último capítulo, cuando, tras una serie de peripecias, el narrador logra llegar a una estación de ferrocarril y compra un boleto de primera clase para Montevideo. Por más que se suba a un tren, no es seguro de que algún día llegue a su destino. Desde el principio hasta el final, la novela transcurre en un espacio por así decirlo *para-montevideano*, espacio abierto, donde se erige una casa abandonada y húmeda, una ruta, un pueblo perdido en medio de la ruta, que ni siquiera puede ser llamado pueblo, dado que se reduce en lo esencial a una estación de servicio.

15

En una entrevista con Elvio Gandolfo, publicada en la revista *El Péndulo*, en 1982, Levrero afirma que *La ciudad* formaría, junto a *El Lugar* y *París*, una trilogía involuntaria (involuntaria porque la unidad entre las tres novelas no fue postulada desde el principio, como un programa a ejecutar, sino al final, como una revelación y un descubrimiento retrospectivo). En esta trilogía, parece ser, habría un común denominador: el espacio. O como precisa Levrero: "la búsqueda más o menos inconsciente de una ciudad".

Esta ciudad que, en la primera novela está fuera del relato, en *El Lugar* estaría parcialmente adentro. El protagonista llega a una ciudad, sin nombre, pero recién en la tercera y última parte. Este espacio urbano es precedido en la primera parte por un espacio cerrado, asfixiante y amenazador, reducido a un laberinto de habitaciones, que se contrapone al espacio abierto y selvático de la segunda parte.

París marca una ruptura. La novela comienza y termina en París. Por primera y única vez, la ciudad coincide con la novela, a tal punto que se podría decir wittgensteinianamente que los límites de la novela son los límites de la ciudad. Pero el París de Levrero está tan reñido con la geografía como la América de Kafka. Por cierto, hay referencias a la plaza del Odeón o a ciertos acontecimientos históricos, como la Resistencia. Pero en Levrero la ciudad se reduce en lo esencial a un asilo-prostíbulo, al que se puede entrar, pero del que no se puede salir. Si en Kafka hay espacios que no se pueden alcanzar, en Levrero hay espacios de los que no se puede escapar.

16

A pesar de las declaraciones de Levrero, las tres novelas no se dejan reunir fácilmente en Una. El motivo de la ciudad —que se llama a veces Montevideo y a veces París, que a veces se encuentra afuera, adentro, o en la periferia del relato— es, por lo visto, demasiado movedizo como para llegar a producir una unidad. Lo mismo podría decirse si consideramos el término más general de espacio. ¿Qué unidad existe, de hecho, entre el espacio abierto de *La ciudad* y el espacio cerrado que aparece al principio de *El Lugar*? ¿O entre la ciudad sin nombre que aparece al final de *El Lugar* y el París de *París*?

Tal vez haya que encontrar la unidad —si es que existe dicha unidad— en algún otro elemento menos variable de una novela a otra, como puede ser la construcción de la trama o el tipo de narrador.

17

En lugar de la intriga clásica, construida en torno al nudo y al desenlace, o de la intriga moderna, construida en torno a distorsiones temporales y narrativas, las tramas de las novelas de Kafka y de Levrero son más bien lineales y acumulativas (más que derivativas, como afirma Rama). Una vez planteada la situación inicial (arresto de Joseph K. o desembarco en Nueva York, llegada a París o despertar en una habitación desconocida), los episodios se encadenan, unos tras otros, sin grandes rupturas, a partir de un personaje, que funciona como un hilo conductor.

En Levrero, este personaje es también el narrador, un narrador sin nombre, que es el mismo y que no es el mismo en las tres novelas. En Kafka, en cambio, narrador y protagonista están disociados.

Al "traducir a Kafka al uruguayo", Levrero transforma la tercera persona en primera, transformando un relato impersonal en un relato hiper-subjetivo. Pero este cambio de persona gramatical no implica necesariamente traición, es decir, una coronación restauradora de su Majestad el Yo. El yo de los relatos de Levrero (al igual que el narrador en tercera persona de Kafka) es un sujeto miope.

18

Las caligrafías del sueño de Kafka y de Levrero están fundadas en una restricción del punto de vista. Por eso mismo, resulta más significativo lo que no se ve, lo que se ignora, lo que no se dice, lo que está latente, que lo que se percibe, lo que se sabe, lo que se formula y se manifiesta. Para utilizar un término cinematográfico o fotográfico, lo más importante está fuera de campo.

En *El proceso*, no se explica cabalmente cuál es la falta, delito o crimen, cometido por Joseph K. En *El castillo*, nunca se dice porqué a K, a pesar de haber sido contratado como agrimensor, le es vedado el acceso al castillo. Del mismo modo, no se explica por qué el protagonista de *La ciudad* al principio de la novela se encuentra en una casa abandonada y húmeda; o por qué motivo el protagonista de *París* llega a París, tras un viaje de trescientos años en ferrocarril.

Esta miopía narrativa produce el famoso "efecto de extrañeza", que se suele asociar a estos "relatos oníricos". La expresión no deja de ser equívoca. Un relato onírico no es necesariamente el relato de un sueño. Produce la ilusión de un sueño, pero no se confunde con él.

19

Kafka, por su lado, prefiere evitar en sus novelas los relatos de sueños. Hay un texto, destinado al principio a *El proceso*, pero que, por alguna razón, Kafka descartó y prefirió publicarlo, en 1919, en *Un médico de campo*, como relato autónomo, con el título *Un sueño*, junto a la fábula del guardián de la ley. En este sueño tachado, Joseph K se encuentra en un cementerio, ante un sepulcro, que acaba de ser abierto. Dos hombres hunden la lápida. Aparece un tercer personaje, un artista, que se pone a escribir con un lápiz una inscripción fúnebre: "Aquí descansa...". El artista no se anima a escribir el nombre del difunto. Joseph K. comprende que se trata de él. Y se acuesta en la fosa, desde donde atisba su nombre escrito con espléndidas florituras sobre la lápida. Arrobado por esta visión, se despierta.

Así como no es necesario, para hablar de ciertos temas que se refieren a la cultura judía, incluir a un judío errante, del mismo modo tampoco hace falta insertar un sueño para producir un relato onírico.

Más que en el sueño, en sus ficciones, Kafka hace hincapié en el despertar. Algunos de sus relatos, como *El proceso*, pero también *La metamorfosis* y de algún modo *El castillo*, comienzan con un personaje que es arrancado del sueño y empieza a vivir una especie de pesadilla. El sueño, que es omitido, funciona como una especie de puntuación, que en lugar de señalar el final, marca el principio.

En la correspondencia y en el diario, en cambio, los relatos de sueños proliferan, a tal punto que Félix Guattari había concebido el proyecto de armar una antología con sesenta y cinco sueños de Kafka: treinta y cuatro sacados de los *Diarios*, doce de sus cartas a Felice, siete de sus cartas a Milena, cuatro de sus cartas a Max Brod, tres a su hermana Ottla, dos a su amigo Felix Weltsch y apenas dos de los *Cuadernos en octava*, sin olvidar el sueño tachado de *El proceso*.

20

A la inversa de Kafka, Levrero no desdeña incluir relatos de sueños en las novelas de la trilogía.

El relato puede referir un sueño clásico, esto es: un sueño que tuvo lugar mientras el personaje dormía, recordado al despertar, sueño que se distingue por lo tanto del estado de vigilia, al cual sucede y con el cual alterna. En la primera parte de *El Lugar*, el protagonista dice:

> Mis sueños se volvieron más trabajosos. Recuerdo uno de ellos que me pareció repetirse muchas veces a lo largo de este período: se trataba de un juicio, en el que yo era el acusado. Al despertar no recordaba ninguna escena precisa, pero creía recordar seres, de gran corpulencia, que debatían en forma exhaustiva en torno a "mi caso"; yo el acusado, no era tenido en cuenta. Estaba presente pero no me hacían preguntas, ni se me señalaba, ni se me daba ninguna oportunidad de defensa; en realidad parecía no existir para ellos, más que como tema de discusión. Sin embargo, alguien, aunque no recuerdo las palabras, me defendía (sin entusiasmo, tratando de ser objetivo), y alguien (con la misma objetividad) me acusaba. Diría mejor que varios seres trataban, mediante discusión, de ponerse de acuerdo sobre ese tema que era yo; nadie buscaba tener razón, sino que parecían buscar la verdad, y querer actuar con justicia.
> Nada supe sobre el resultado de estos debates, ni que se tomara ninguna decisión; solo diré que me despertaba más cansado que de costumbre, y con el sentimiento de haber participado en un hecho real.
> Lamentaba que la memoria rescatada para la vigilia fuera tan escasa e

imprecisa, y notaba cómo estos sueños ejercían una influencia perniciosa, paralizante, sobre mis acciones del día. (43)

El relato puede referir también un "sueño paralelo", es decir, un sueño que extiende su dominio más allá del espacio nocturno y onírico, invadiendo la vigilia y el día, a la manera de una fantasía o sueño diurno, transformando la sucesión en simultaneidad. El protagonista de *París* afirma:

> No; no puedo dormir. Pero en cambio, puedo soñar; soñar voluntariamente despierto. Creo recordar haber utilizado este truco, más de una vez, durante el viaje; de cualquier manera, sé que en este momento me es posible hacerlo sin dificultad. Es cierto que no trae verdadero descanso a la mente ni al cuerpo; en la mente se forma un estado pasivo de alerta, un espectador que al mismo tiempo es actor de la obra que se va a representar; pero el espectador ignora el argumento, y asimismo lo ignora el actor, y el escenario es infinito. (36-37)

De este modo, el protagonista puede estar tumbado en la cama de su habitación en el asilo-prostíbulo, pero al mismo tiempo, caminando por una playa desierta. Mientras conversa con Juan Abal o con Angeline en su habitación, al mismo tiempo puede hablar en la playa con un hombre, supuestamente árabe, en una lengua desconocida y tocarlo y sentir debajo de sus vestimentas y a la vez tocar a Juan Abalos y sentir bajo la tela su cuerpo fofo. Estos sueños se presentan, ya no como recuerdo, sino como percepción alucinatoria. Así la frontera entre sueño y vigilia se borra, produciendo un estado de confusión donde la conciencia se desdibuja, absorbida por un estado onírico generalizado.

Existe, por último, un "sueño negro", esto es un sueño sin imágenes, ni palabras, ni pensamientos, que no deja ningún recuerdo y que por ello mismo escapa a la posibilidad de ser narrado, pero que funciona como una puntuación, ya sea para marcar un cambio de capítulo o de sección, o sea para cerrar (como ocurre con *La ciudad*) o abrir la novela (como ocurre en *El Lugar*).

21

Levrero asocia a la trilogía un cuento intitulado *Siukville*, escrito en 1972 y publicado en 1987, en *Espacios libres*, que se deja leer como una suerte de reescritura de *La ciudad*.

Al igual que en el final de esta primera novela, en este cuento tenemos a un personaje que se encuentra en una estación de ferrocarril, aguardando desde hace un tiempo indefinido, tal vez semanas, tal vez años, la llegada del tren que lo llevará hasta una ciudad imaginaria, llamada Siukville. Durante esta espera, juega a los naipes con un viejo y de pronto, irrumpe en su mente una imagen de un callejón, marginado por casas grises, altas y antiguas, que corresponden a un lugar donde nunca ha estado, pero que identifica con Praga.

En este contexto, Praga remite a Kafka. Lo curioso es que Praga aparezca recién en este cuento de 1972, que forma parte de la trilogía, pero a la manera de una parte desprendida. ¿Por qué en la trilogía que Levrero escribe traduciendo a Kafka al uruguayo, la ciudad se llama París y no Praga? ¿Por qué esta interferencia? ¿Se trata de un "error" de traducción?

Es verdad que tal vez situar una novela escrita bajo la tutela de Kafka en Praga hubiera resultado demasiado kafkiano. En realidad, las novelas de Levrero pueden transcurrir en cualquier lugar; es decir, en ninguno en particular. Pero a este lugar Levrero lo llama precisamente París. ¿Qué significa París en su geografía literaria?

París no solo aparece en la trilogía sino en otros relatos, como por ejemplo, *Las orejas ocultas (Una falla mecánica)*, también publicado en *Espacios libres* o como en *La cinta de Moebius* publicado en *Todo el tiempo*,

En este cuento, pasablemente cortazariano, el narrador es un niño que hace un viaje por el mundo acompañado por su familia (sus padres ganaron en un sorteo dos pasajes). Tras una serie de peripecias marítimas y aéreas, los viajeros terminan en un hotel de París. A espaldas de sus padres, el narrador hace una escapada nocturna, donde encuentra a una serie de personajes, entre los cuales se encuentra un escritor llamado Isidore a secas, pero en el cual, no es muy difícil reconocer a Isidore Ducasse.

22

En la geografía literaria de Levrero, París remite a Lautréamont y, quiérase o no, a la caligrafía del sueño inventada por el surrealismo.

23

El surrealismo nace no solamente de un encuentro fortuito entre un paraguas y una máquina de coser en una tabla de disección, sino también de la interferencia, seguramente menos fortuita, entre literatura y ciencia. *Surrealismo* es el nombre que le da un estudiante de medicina, que se convierte en poeta, llamado André Bretón, a "un automatismo psíquico puro por el cual se intenta expresar, ya sea verbalmente, ya sea por escrito, ya sea de cualquier otra manera, el funcionamiento real del pensamiento. Dictado del pensamiento, sin la intervención reguladora de la razón, ajeno a toda preocupación estética o moral" (Bretón, 328, trad. mía).

24

A fuerza de ser citada, celebrada o condenada, esta definición del *Primer manifiesto del surrealismo* de 1924 ha perdido toda su extrañeza. De hecho ¿qué relación puede existir entre un movimiento literario y un concepto científico, entre la literatura y el funcionamiento real del pensamiento? En la lista de insignes predecesores literarios del surrealismo, entre los cuales figuran Dante, Shakespeare, Young, Swift, Sade, Chateaubriand, Constant, Hugo, Desbordes-Valmore, Poe, Baudelaire, Rimbaud, Mallarmé, Jarry, Roussel, Lautréamont, ¿por qué se infiltra el nombre de un hombre de ciencia, como Sigmund Freud?

25

Bajo el estandarte del surrealismo, Bretón despliega un proyecto que no es solamente literario o estético, sino también antropológico y psicológico. Sigmund Freud es invocado, no solo como garante de esta noción de automatismo psíquico, sino también en tanto descubridor de un nuevo continente, hasta entonces menospreciado por el racionalismo: el mundo del inconsciente, el mundo de los sueños. Para exhumar sus tesoros, el surrealismo inventa esa caligrafía llamada "automatismo psíquico", concebida como un procedimiento de escritura pura, auténtica, espontánea, inagotable, al alcance de todos, sin la intervención reguladora de la razón, que se opone a la escritura programada, calculada, restringida, tributaria de los prejuicios de la lógica, la moral y el buen gusto.

26

Esta alianza entre el surrealismo y el psicoanálisis, no está exenta de litigios y malentendido. Según el *Primer manifiesto*, Bretón comienza a interesarse en Freud hacia el año 1916, a los veinte años, durante la guerra, cuando es nombrado médico residente en el centro neuropsiquiátrico de Saint-Dizier, dirigido por el doctor Raoul Leroy, donde aplica el método freudiano de las asociaciones libres a enfermos mentales, obteniendo, según su opinión, producciones no exentas de valor estético.

¿Pero qué pudo haber leído Bretón de Freud durante la Primera Guerra Mundial?

En 1916, Freud no había sido traducido todavía al francés y Bretón no sabía alemán. El conocimiento que tiene Bretón del psicoanálisis es, al principio, de segunda mano, a través de algunos manuales de divulgación (como *La Psychoanalyse* de Emmanuel Regis y Angelo Hesnard) y probablemente, a través de conversaciones con los dadaístas de Zurich, uno de los centros de implantación y difusión del psicoanálisis a principio del siglo XX. En una carta a Tzara, Bretón confiesa que Kraepelin y Freud le habían procurado vivas emociones. Tzara, por su lado, escribe en un manifiesto dadaísta que el psicoanálisis es una enfermedad peligrosa.

27

El caso es que, hacia 1919, Bretón percibe, una noche, antes de dormirse, de manera insistente, una frase, netamente articulada, pero ajena al sonido de la voz, que se abre paso en su mente, algo así como (el recuerdo no es exacto): "Il y a un homme coupé en deux par la fenêtre", "Hay un hombre cortado en dos por la ventana", frase acompañada de la imagen de un hombre que caminaba, cercenado por la mitad por una ventana. Esta frase es acompañada por una sucesión casi ininterrumpida de frases, tan extrañas como las primeras.

Bretón asimila esta experiencia nocturna a la técnica de las asociaciones libres inventada por Freud y procura obtener de sí mismo lo mismo que los psicoanalistas obtienen de los pacientes, esto es, un monólogo formulado en la abstención de todo juicio crítico, que sea como un equivalente, en lo posible, del pensar en voz alta. De este modo, Bretón produce en 1919, junto a Philippe Soupault, una serie de textos automáticos, escritos a velocidad variable, que publicará en 1920 en *Los campos magnéticos*.

28

En 1921, Bretón aprovecha unas vacaciones en el Tirol para ir hasta Viena y solicitarle una entrevista al profesor Freud. El profesor Freud le da cita en su consultorio, por la tarde. Al llegar al número 19 de la calle Berggasse, Bretón se encuentra con un consultorio de médico de barrio. Lo recibe una criada que no es particularmente bonita. La sala de espera está decorada con mal gusto y atestada de pacientes de la especie más vulgar. De pronto, se abre una puerta y aparece un anciano, de baja estatura, sin mayor distinción: el profesor Freud. Durante la entrevista, Bretón le habla, no sin fervor, de Charcot y de Babinsky. El profesor Freud le responde con algunas frases deslavadas, del tipo: "Su carta es una de las más conmovedoras que he recibido en mi vida", "Por suerte, tenemos todas nuestras esperanzas puestas en la juventud". Desencantado, Bretón escribe un texto que publica de la revista *Littérature* sobre este encuentro, o mejor dicho, desencuentro.

29

Hacia la misma época, Freud recibe la visita del dramaturgo francés H.-R Lenormand, a quien tampoco conocía demasiado, autor de una obra de teatro, justamente olvidada, de inspiración psicoanalítica, intitulada *Le mangeur de rêves*. A diferencia de Bretón, Lenormand tuvo la amabilidad (o la astucia) de llevarle una caja de chocolates y una carta de recomendación de su analista suizo. Freud lo condujo hasta su biblioteca. Mostrándole a Shakespeare y a los trágicos griegos, exclamó: "Estos son mis maestros", "Estos son mis garantes". Lenormand quedó vivamente impresionado por la importancia y la modestia de esta confesión (cit. por Alexandrian Sarane, 56).

30

A partir del año 1921, Freud comienza a ser traducido al francés. Bretón, que es un hueso duro de roer, no se inmuta por el desencuentro y lo lee de manera minuciosa, tal como lo demuestran las notas de lecturas de la *Interpretación de los sueños*, traducida en 1926 por Meyerson, con el título de La *Science des rêves*, que apunta en el así llamado "Cahiers de la girafe".

La lectura de primera mano de Freud no disipa el malentendido. Por el contrario, lo exacerba aún más. En *Los vasos comunicantes* (1930), Bretón consagra uno de los tres ensayos a la teoría del sueño de Freud. Siguiendo al primer capítulo de la *Ciencia de los sueños*, comenta la bibliografía científica sobre el tema, reprochándoles a los filósofos y científicos, lo mismo que Freud les reprochó. Pero Bretón no puede con su genio y termina recriminándole a Freud, entre otras cosas, haberse inspirado en las ideas sobre la interpretación simbólica de los sueños de Volkelt, "autor sobre el cual la bibliografía establecida al final del libro guarda un silencio significativo" (Bretón, 109, traducción mía).

Ni bien hubo recibido el libro, Freud le escribe a Bretón tres cartas, ofuscado de que pusiera en duda su honestidad intelectual, explicándole que el nombre de Volkelt aparece en la bibliografía de las primeras ediciones alemanas de la *Traumdeutung*. El traductor francés había utilizado la séptima edición, donde este nombre, por un error no intencional, fue omitido. El intercambio epistolar termina con una confesión. A Freud no le queda muy claro qué es y qué pretende el surrealismo. "Tal vez no esté hecho para comprenderlo", escribe, "yo que estoy tan alejado del arte" (Bretón 213, traducción mía).

31

En el *Primer manifiesto*, Bretón asocia surrealismo y psicoanálisis, pero la terminología que utiliza –automatismo psíquico– no es freudiana. Freud habla de regla fundamental y de asociación libre, en el mejor de los casos de compulsión, pero no de automatismo psíquico. El problema no es simplemente terminológico, sino fundamentalmente epistemológico. En este desfase terminológico se deja leer la impronta sobre el surrealismo de otros saberes, contemporáneos o anteriores al psicoanálisis, científicos o paracientíficos, cuando no resueltamente ocultistas, que pululan entre el siglo XIX y el siglo XX y que se disputan, no sin litigio, un mismo objeto epistemológico. Llamémosle, para bien o para mal: el inconsciente. Como muchas definiciones, la definición de surrealismo de Bretón resulta ser una especie de *collage*, obtenido por obra y gracia del demonio de la analogía, por asimilación de conceptos científicamente incompatibles.

32

La escritura automática y el método freudiano de las asociaciones libres, tienen un punto en común. En ambos casos, se trata de producir un discurso, cancelando todo juicio crítico estético, ético o lógico. Pero esta convergencia no tendría que hacernos perder de vista las numerosas divergencias.

El método freudiano nace contra lo que Freud llama la inquisición hipnótica. En lugar de hipnotizar a sus pacientes, ejerciendo una forma de poder y de violencia que lo repugna, Freud prefiere someterlos a la regla fundamental, pidiéndole que le cuenten todo lo que se les ocurra, sin ningún tipo de censura ética, estética o lógica. Con la producción de este discurso –aparentemente libre, pero en realidad ineluctablemente determinado– Freud busca hacer irrumpir recuerdos traumáticos que fueron desalojados de la conciencia y que por ello, tuvieron un efecto patógeno sobre el sujeto. Pero no basta con abandonarse a un monólogo, cancelando todo juicio crítico, para recordar lo que fue olvidado. Los recuerdos reprimidos no irrumpen automáticamente. Para hacer advenir lo inconsciente, es necesario vencer ciertas resistencias y someter el discurso del paciente a una interpretación. El discurso producido por el método freudiano es indisociable de un dispositivo clínico y, por ende, de la transferencia.

Estos elementos están ausentes en el surrealismo. El automatismo psíquico da lugar, no a un discurso oral, sino a un discurso escrito, con cierto valor estético, o en todo caso destinado a la publicación, fuera de todo dispositivo clínico y fuera de toda hermenéutica, material preconciente más que inconsciente.

33

En la teoría de la escritura automática de Bretón, se dejan leer las marcas de ciertas teorías psiquiátricas o psicológicas que se interesaron, antes que el psicoanálisis, en la vida onírica o en los estados hipnoides, como es el caso de los trabajos de Alfred Maury sobre las alucinaciones hipnagógicas.

Por alucinación hipnagógica, Maury entiende ciertos fenómenos visuales o auditivos que se producen en el estado intermedio entre el sueño y la vigilia, cuando la atención se relaja, los órganos de los sentidos dejan de ser solicitados por el mundo exterior y, en medio de la oscuridad y el silencio, un sujeto comienza a percibir con los ojos cerrados imágenes fantásticas y empieza a oír sonidos o frases imaginarias. En realidad, más que alucinaciones son ilusiones. No se trata de un fenómeno patológico o excepcional. Todo el mundo tiene alucinaciones hipnagógicas. Algunos sujetos menos, otros más. Las frases e imágenes que irrumpen en la mente de André Bretón, en 1919, son en realidad alucinaciones hipnagógicas.

34

En el término "automatismo psíquico" de Bretón hay también una resonancia del automatismo psicológico de Pierre Janet.

Para Pierre Janet, la personalidad presenta dos tipos de actividades: las actividades creadoras, asociadas a la voluntad y a la conciencia y las actividades reproductoras, sin conciencia, asociadas al automatismo. Ambas actividades coexisten en un mismo sujeto. Pero cuando la personalidad presenta una incapacidad o una dificultad de síntesis, los fenómenos automáticos pueden adquirir cierta autonomía, como ocurre en la catalepsia, en el sonambulismo, en la histeria, en las alucinaciones negativas, produciendo una desintegración de la personalidad. De este modo, un grupo de percepciones, imágenes, pensamientos, recuerdos, deseos, forman una segunda serie, una segunda personalidad, si se prefiere, que escapa a la conciencia y a la voluntad.

Como muchos psiquiatras y psicólogos de su época, Janet se interesa en la escritura automática y la practica con algunas de sus pacientes histéricas, como Léonie, que se pone a escribir con una mano anestesiada sin saber lo que escribe, revelando la coexistencia en un mismo sujeto de dos pensamientos, de dos voluntades, de dos acciones, una con conciencia y la otra sin conciencia. La escritura automática es una forma de escritura inconsciente (aunque este inconsciente de Janet, al que habría de llamar subconsciente, no se deja asimilar al inconsciente de Freud).

El automatismo representa para Janet una forma de actividad psicológica inferior y en sus formas exacerbadas, un estado de miseria psicológica. En este punto, Bretón diverge radicalmente. La escritura automática surrealista representa una forma superior de actividad psíquica y no inferior, una forma de liberación del sujeto y no de degradación. De ahí su apología.

35

En esta concepción entusiasta de la escritura automática, el surrealismo celebra una alianza con otros saberes que se sitúan en las fronteras de la ciencia, por no decir fuera, tales como la parapsicología y el espiritismo o como le gustaba decir a William James, la psicología gótica. Antes de ser objeto de estudio de la psiquiatría y de la psicología, la escritura automática y los dibujos automáticos fueron técnicas de comunicación con los fantasmas.

De hecho, Bretón define por primera vez al surrealismo como automatismo psíquico, en *Entrada de los médium*. Como en el *Primer manifiesto* de 1924, en este artículo de 1922, Bretón asocia el descubrimiento de la escritura automática a las alucinaciones hipnagógicas que lo acometen en 1919, sobre las cuales se funda la experiencia de escritura automática de los *Campos magnéticos*, en colaboración con Soupault, descripta en términos de dictado mágico. Pero, a diferencia del *Primer manifiesto*, en *Entrada de los médium*, Bretón describe otras caligrafías del sueño, emparentadas con la escritura automática.

La primera es el relato de sueños o, como prefiere decir Bretón, para evitar toda estilización, estenografías de sueños, publicadas en la revista *Littérature*, junto al texto sobre su desencuentro con Freud. Se trata de sueños surrealistas. No porque representen imágenes disparatadas e incongruentes que resultan de un montaje sorprendente de objetos disímiles, sino porque ponen en escena a los miembros del cenáculo, transformando a Pierre Reverdy, Paul Eluard, Aragon o Soupault en restos diurnos. Tal vez Emile Malespine, fundador de la revista *Manomètre* y del movimiento *suridealista*, no estaba muy equivocado al afirmar que todo sueño que recordamos se parece a una carta que escribimos pensando en su publicación futura.

La segunda práctica es lo que Bretón llama "sueño hipnótico". En septiembre de 1922, Bretón y algunos amigos organizan (o simulan organizar) algunas sesiones de espiritismo con el objetivo de provocar el estado de transe mediúmnico en ciertos sujetos dotados, como René Crevel, Robert Denos o Benjamin Péret, e interrogarlos, ya no para entablar un diálogo con los espíritus de ultratumba, sino para producir un discurso proferido en estado de sonambulismo, liberado de los controles de la conciencia, como el discurso obtenido por la escritura automática.

36

En 1933, Bretón escribe otro artículo, "El mensaje automático", donde vuelve a abordar el problema de la escritura automática y su relación con el espiritismo.

El tono es más bien desencantado. La historia de la escritura automática resultó ser, al igual que la historia de Justine de Sade, la de un continuo infortunio. Bretón se siente obligado a reconocer que la experiencia no respondió a las promesas suscitadas en 1919. Enumera una serie de obstáculos encontrados a esta apertura total de las compuertas del "inconsciente": imposibilidad de anular totalmente el juicio crítico, búsqueda de un efecto literario, rivalidad entre poetas, heterogeneidad del resultado, oscuridad del proceso, intermitencia o estancamiento de la inspiración, falsificaciones y simulaciones. Hasta llega a admitir, no sin inquietud, que la escritura automática tiene efecto nocivo para la salud mental. Practicada con cierta asiduidad y sin moderación, esta práctica conduce a la alucinación.

A pesar del desencanto, Bretón se esmera en machacar las diferencias entre surrealismo y espiritismo. Aquel que reprobaba los límites

impuestos por la razón a la imaginación, no puede dejar de experimentar una viva repugnancia ante ciertas formas de lo sobrenatural, como puede ser la creencia en la vida ultraterrena. El médium que cae en trance y se abandona a la escritura o al dibujo automático, cree transcribir un mensaje dictado por un espíritu de ultratumba. Mientras que el poeta surrealista es perfectamente consciente de que esa voz exterior viene de su interior y se abstiene de creer en "esa broma lamentable".
A veces no hay peores enemigos que los mejores aliados.

37

Hay en Levrero, como en Bretón, cierta interferencia entre literatura y psicología gótica, pero con un cambio de signo. Aquello que a principios del siglo XX era un saber contemporáneo, no exento de prestigio intelectual y social (los primeros parapsicólogos fueron en general hombres de ciencia, caballeros victorianos o las dos cosas a la vez), en las postrimerías del siglo XX es un saber desprestigiado y degradado, una especie de ciencia baja y plebeya, que le llega desde Europa, pero también desde Brasil.

38

Oscar González Quevedo, un sacerdote jesuita, que también hizo carrera en la televisión, desenmascarando en un célebre programa falsificaciones ultraterrenas (en los momentos más acalorados de sus debates con los espiritistas, lanzaba esta frase anatémica: "Eso no existe"), funda en 1970, en la Universidad Anchieta de San Pablo, el Centro Latinoamericano de Parapsicología, también conocido como CLAP, cuyo objetivo era el estudio e investigación científica de fenómenos paranormales. Años más tarde, Miguel Torri, ex-sacerdote, "para-psico-terapeuta" y representante en Uruguay del CLAP, le encarga a Levrero la redacción de un *Manual de parapsicología*, que terminará publicado en Buenos Aires, en 1979, por las ediciones de la Urraca, como suplemento de una revista de ciencia ficción.

39

Otro malentendido con Levrero: la ciencia ficción. En su caso, habría que entender este término no como un género literario, sino como otro procedimiento que consiste en crear ficciones a partir de saberes científicos o paracientíficos.

40

Inspirándose en los libros del padre Quevedo y de otros escritos de divulgación parapsicológica, Levrero redacta este manual. En sus primeras páginas, pueden leerse dos definiciones: "La Parapsicología es la ciencia que tiene por objeto la comprobación y el análisis de los fenómenos aparentemente inexplicables que pueden ser el resultado de las facultades humanas" (15). Y un poco más adelante: "La Parapsicología es la ciencia que estudia los fenómenos del Inconsciente" (16). Ambas definiciones establecen una ecuación entre fenómenos aparentemente inexplicables e inconsciente.

¿Qué hay que entender por inconsciente en este contexto?

Por cierto, no se trata del inconsciente freudiano, cortejado por André Bretón y parodiado por Felisberto Hernández, ni del inconsciente lacaniano, que introduce Oscar Masotta a fines de los sesenta en la otra orilla del Río de la Plata y que dejará sus huellas en escritores como Héctor Libertella u Osvaldo Lamborghini, sino de un inconsciente mucho menos prestigioso y mucho más marginal, una suerte de inconsciente categoría B, que en lugar de manifestarse en el síntoma neurótico, en el lapsus, el acto fallido, el sueño o el chiste, se revela en fenómenos fuera de lo común, designados con nombres imposibles, tales como "percepción dermo-óptica", "hiperacusia", "radiestesia", "xenoglosia", "tiptología", "momificación", "ectoplasmia", "monición", "telepatía", "clarividencia": *el inconsciente metapsíquico.*

41

El punto de partida de los fenómenos parapsicológicos es un estado de disociación psíquica, que Levrero llama "trance", que también se produce en la hipnosis, el sonambulismo, o los estados de ausencia que nos asaltan todos los días, a veces de manera imperceptible, caracterizado por la abolición de la conciencia y la liberación de las fuerzas inconscientes. El psiquismo no se deja reducir al campo de la conciencia. Existen percepciones que la conciencia no percibe, o recuerdos que la conciencia no recuerda, movimientos que la conciencia no controla, lenguas que la conciencia nunca ha hablado o aprendido e incluso personalidades que la conciencia ignora. En ciertos estados de conciencia alterados, estas percepciones, recuerdos, movimientos, lenguas, personalidades segundas pueden llegar a aflorar. Para Levrero, el sujeto es siempre un sujeto desdoblado. Los fenómenos parapsicológicos se producen contra el yo o en ausencia del yo. De ahí el interés que le suscita a Levrero la *prosopopesis*, más conocida como personalidades múltiples, donde un sujeto se desdobla de manera espontánea o inducida, dando lugar a una o más personalidades alternativas, completamente diferentes de la personalidad habitual, con nombres, tendencias, recuerdos o rasgos de carácter propios. Las diferentes personalidades pueden ignorarse o pueden conocerse. Pueden hablar de la otra personalidad, como si fuera un extraño o enemigo, como ocurre en los casos de posesión diabólica.

42

Para Levrero, hay una analogía entre los fenómenos oníricos y la creación literaria. En una columna publicada en la revista *Postdata*, afirma sin vacilar: "Los sueños son la materia prima del arte y de la ciencia y están en la raíz del instinto religioso" (*Irrupciones I* 38). En el *Manual de parapsicología*, se puede leer:

> Son muy abundantes los casos conocidos de descubrimientos, invenciones y obras de arte ideados, resueltos, completados o aun realizados totalmente durante el sueño, incluso en estado de sonambulismo espontáneo. En opinión de algunos psicólogos, durante el sueño se producen operaciones intelectuales muy superiores a las que realizamos cuando estamos despiertos. A menudo, también el hombre común encuentra la solución de un problema mientras duerme, sea a través de un ensueño, o por una "iluminación" al despertar. La sabiduría popular habla, no sin razón, de "consultar con la almohada".
> A lo largo de la historia, el hombre ha hablado de musas, genios inspiradores,

etc., y los artistas conocen bien el estado de inspiración en que realizan sus mejores obras, hasta con un sentimiento de "estar poseídos por un ser superior". En realidad, nuestras facultades inconscientes realizan de continuo un trabajo muy complejo –y bastante poco estudiado por la ciencia– de computación, elaboración, combinación, dramatización, etc. de todos los datos que llegan a nosotros por distintas vías (normales, extranormales y paranormales). (19-20)

Al igual que los fenómenos oníricos, la creación literaria también se produce en un estado de trance, en que el sujeto se escinde. Lo que permite esta asociación entre sueño y literatura es precisamente la disociación. El yo que escribe no coincide totalmente con el yo del escritor. "El escritor es un ser misterioso que vive en mí" afirma en un reportaje con Pablo Rocca " y que no se superpone con mi yo, pero que tampoco le es completamente ajeno". En este sentido, todo texto literario es un texto susurrado por ese otro yo, al que Levrero llamará alternativamente daimón, demonio familiar, diablillo intuitivo, alma en pena, espíritu travieso. Las Musas practican el dictado telepático.

43

Mientras que la escritura automática de los surrealistas está fundada en la frase, el dictado telepático de Levrero está fundado en la imagen. Para Levrero, no se escribe a partir de palabras, ni mucho menos de ideas, sino de imágenes. En una conversación con Pablo Silva Olazábal, afirma: "La literatura propiamente dicha es imagen. No quiero decir que haya que evitar cavilaciones y filosofías, y etcétera, pero eso no es lo esencial de la literatura. Una novela, o cualquier texto, puede conciliar varios usos de la palabra. Pero si vamos a lo esencial, aquello que encanta y engancha al lector y lo mantiene leyendo, es el argumento contado a través de imágenes. Desde luego, con estilo, pero siempre conectado con tu imaginación" (Silva Olazábal 15).

En el centro de la creación literaria, está, para Levrero, la noción de imaginación. Por cierto, no se trata de la imaginación reproductiva concebida como facultad de representación de objetos ausentes y por lo tanto, facultad derivada y tributaria de la percepción y la memoria, sino de una imaginación creadora, definida en tanto operación o dispositivo de producción de imágenes, imaginación soberana, liberada de la reproducción de lo real. De ahí la importancia que tienen para Levrero el sueño y los fantasmas.

44

El término *imaginación* deriva del latín *imaginatio* que intenta traducir el término griego de *phantasia*, no sin dificultad, puesto que, antes de designar la representación de objetos ausentes, como es el caso de *imaginatio* o *imaginación*, *phantasia* remite a lo que aparece y se muestra bajo la luz.

Phantasia proviene de *phaos*, luz, que puede ser luz del día, luz de la inteligencia, luz divina, es decir, iluminación. De ahí su parentesco con los verbos *phaino*: alumbrar, hacer brillar, hacer ver, hacer visible, mostrar, indicar, manifestar, dar a conocer y *phantazomai*: hacerse visible, dejarse ver, mostrarse, aparecer; o con los sustantivos como *epiphaneia*: manifestación o *phantasma*: fantasma, espectro, sombra.

Curiosamente aquello que aparece y se manifiesta ante la luz puede ser también la oscuridad.

45

Hay imágenes que no se dejan transcribir. Por ejemplo, cierta imagen insistente, por momentos compulsiva, que Levrero describe en estos términos:

> Hace ya algún tiempo que, con bastante frecuencia, se me forma espontáneamente la imagen de mí mismo, escribiendo reposadamente con una lapicera de tinta china sobre una hoja de papel blanco de muy buena calidad.

Y luego agrega:

> Desgraciadamente esta imagen que me asalta de improviso, casi a diario, no viene nunca acompañada del texto que se supone estoy escribiendo; sin embargo, en forma paralela y por completo independiente de esta imagen, está el deseo de escribir sobre ciertas experiencias mías, lo que corresponde a algo que llamo para mí "novela luminosa" y que se contrapone a la llamada –también para mis adentros– "novela oscura". (*Novela luminosa* 455)

46

Levrero da varias versiones de la relación que existe entre esta novela luminosa y esta imagen autorreflexiva. Por momentos pueden estar disociadas, como es el caso aquí, al principio del primer capítulo de *La novela luminosa*. Pero también pueden estar asociadas en una relación de causalidad, como ocurre en el *Diario del canalla*:

> Cuando comencé a escribir aquella novela inconclusa, lo hice dominado por una imagen que me venía persiguiendo desde hacia cierto tiempo: me veía escribiendo algo –no sabía qué– con una lapicera de tinta china, sobre un papel de buena calidad. Hoy, también sin ningún motivo visible, retomo la escritura manual y con la misma lapicera. Observo lo que escribo y me sorprende ver una letra tan despareja. Hago ahora un esfuerzo por conseguir una letra mejor, y sigo escribiendo sólo con una finalidad caligráfica, sin importarme lo que escriba, sólo para soltar la mano. (131)

47

Una tercera posibilidad: ya no se trata de una imagen autorreflexiva obsesiva, sino de una experiencia trascendente. En "El prefacio histórico a la novela luminosa", Levrero escribe:

> No estoy seguro de cuál fue exactamente el origen, el impulso inicial que me llevó a intentar la novela luminosa, aunque el principio del primer capítulo dice expresamente que este impulso precede de una imagen obsesiva [...]. Mis dudas se refieren más bien al hecho de que ahora, al evocar aquel momento, se me aparece otra imagen, completamente distinta, como fuente de impulso; y según esta imagen que se me cruza ahora, el impulso inicial fue dado por una conversación con un amigo. Yo había narrado a este amigo una experiencia personal que para mí había sido de gran trascendencia, y le explicaba lo difícil que me resultaría hacer con ella un relato. De acuerdo con mi teoría, ciertas experiencias extraordinarias no pueden ser narradas sin que se desnaturalicen; es imposible llevarlas al papel. Mi amigo había insistido en que si la escribía tal como yo se la había contado esa noche, tendría un hermoso relato; y que no solo podía escribirlo, sino que escribirlo era mi deber. (13)

Según Levrero, la primera imagen autorreflexiva resultó ser un recuerdo encubridor, que terminó eclipsando, por una especie de censura o de resistencia, a esta segunda imagen, que sería, parece ser, el verdadero origen de la novela luminosa.

48

Sea cual fuere su origen, la novela luminosa nace de la tentativa de transcribir una imagen que no se deja transcribir en palabras y que, por lo tanto, no se deja narrar en una historia. Tal vez porque dicha imagen está fuera del alcance de la literatura y del mismo lenguaje. Al ser narrados, parece ser, los hechos luminosos dejan de ser luminosos y se vuelven, no tanto oscuros u opacos, sino algo seguramente peor: hechos triviales. De ahí que Levrero considere que este proyecto de escribir una novela luminosa resulta "un gran fracaso".

49

Están aquellos que fracasan al triunfar, pero también aquellos que triunfan al fracasar. Al igual que el sueño negro de sus primeras ficciones, esta imagen que no se deja atrapar por las palabras funciona como una puntuación, que marca un antes y un después. Este obstáculo infranqueable produjo las condiciones de posibilidad de *otra escritura*. Para escribir lo que no se deja escribir, Levrero adopta una especie de procedimiento digresivo, que consiste en escribir sobre otra cosa y fundamentalmente escribir otra cosa.

50

Hacia los años ochenta, cuando es asaltado por esta imagen obsesiva de escritura y el deseo de escribir una novela luminosa, Levrero comienza a redactar, de manera intermitente, un diario íntimo, que irá publicando, parsimoniosamente, en varias entregas. En 1992, aparecen, en *El portero y el otro*, acompañados por una serie de cuentos, como si no hubiera diferencia entre géneros de ficción y géneros íntimos, *Apuntes bonaerenses* y *Diario de un canalla*. En 1996, *El discurso vacío*. En el 2005, de manera póstuma, seis capítulos de *La novela luminosa*, precedidos de un diario de cuatrocientas páginas, redactado entre agosto del 2000 y agosto del 2001, gracias a la obtención de la beca Guggenheim.

51

Entre el *Diario de un canalla* y el *Diario de la beca*, hay diferencias notables. Lo que caracteriza las primeras entregas de estos diarios íntimos es, además de su brevedad, la falta de material íntimo. En lugar de explayarse sobre su vida sentimental, laboral, familiar, literaria, intelectual o corporal, como lo estipulan las reglas del género, Levrero prefiere dedicarse a la observación minuciosa de animales domésticos (un pichón de paloma) o "paradomésticos" (una rata), con los que convive durante un tiempo en su departamento porteño. Los *Apuntes bonaerenses* y el *Diario de un canalla* deben de ser uno de los diarios menos egotistas de toda la literatura.

52

En *El discurso vacío*, hay un ligero desplazamiento. La redacción del diario, que se reduce en lo esencial a las aventuras y desventuras de Pongo, el perro de su esposa, alterna aquí con una serie de ejercicios caligráficos que practica Levrero, en el marco de una "autoterapia grafológica", con la esperanza de mejorar su personalidad. Estos ejercicios caligráficos son indisociables de la trascripción de sueños. No en vano el libro se abre con el relato de un sueño, donde Levrero se transforma en un fotógrafo y captura con su cámara una serie de imágenes, entre ellas, dos lesbianas, quienes, a pesar de estar ubicadas a bastante distancia una de otra, parecen besarse, por efectos de la perspectiva.

Este interés por la caligrafía ya estaba anunciado por aquella imagen autorreflexiva, donde se veía escribiendo a mano, con tinta china, sobre un papel de muy buena calidad, trazando una letra despareja, que intenta mejorar, sin prestarle demasiada atención a lo que escribe, para "soltar la mano".

Pero, para "soltar la mano", también es posible practicar cierta forma de caligrafía hipnoide, que en el *Manual de parapsicología* Levrero llama psicografía, más conocida como escritura automática, siguiendo las siguientes instrucciones:

Se toma un papel blanco, más bien grande, y se apoya el lápiz en él como "para escribir". Fijando la atención en otra cosa (es decir, autoinduciéndose alguna forma de trance), cabe esperar que dentro de cierto lapso, variable según los individuos, la mano empiece a escribir "sola". Al principio, pueden ser garabatos sin sentido, pero a medida que se profundiza en la práctica, probablemente aparecerán "mensajes" escritos. El operador suele no reconocer su letra, y a veces ni siquiera sabe leerla. Otras veces, la escritura se presenta con una inversión especular. El "mensaje" tiene un efecto sorprendente, aunque sea trivial, por su carácter de inesperado, e incluso de "ajeno". (46)

53

En el *Diario de la beca*, se produce una verdadera revolución egotista. Levrero describe en detalle, no solamente su vida cotidiana, hecha de obsesiones, manías, rituales, prohibiciones, dolores, insomnio, consumo de pornografía, sino también su vida onírica. Hay unos treinta sueños transcriptos. Levrero no solo se contenta con contar sus propios sueños sino que también a veces refiere sueños ajenos, que amantes o amigos le han contado y que conserva escrupulosamente en un archivo. Levrero fue un archivista de sueños.

54

Los sueños que transcribe Levrero en este diario son muy semejantes a los sueños que introduce en sus ficciones, a tal punto que se vuelve imposible, por no decir superfluo, distinguirlos. La caligrafía del sueño no se amolda a la división entre lo imaginario y lo real. Levrero sueña como escribe y de algún modo escribe como sueña. No es casualidad que en las transcripciones de sus sueños recurra a una terminología literaria. Sus sueños tienen argumento, mayor o menor tiempo narrativo, a veces están divididos en capítulos, otras veces son realistas y sus acciones se desarrollan en "tiempo real". De hecho, en su taller literario, Levrero propone a sus alumnos transcribir un sueño y a partir de esta trascripción, escribir un segundo relato borrando las huellas del primero. A pesar de esta imposibilidad para distinguir un sueño real (verdaderamente soñado) de un sueño artificial, (inventado para una novela), el mero hecho de incluirlos en un escrito íntimo y no en una ficción, nos obliga a leerlos de otra manera, ya no como los sueños de un personaje, sino como los sueños de un autor.

55

¿Pero quién es el autor? Porque Jorge Mario Varlotta Levrero se encarnó en varios autores. Esencialmente en dos: Jorge Varlotta, Mario Levrero. Como la novela luminosa está firmada por Mario Levrero, lo más lógico sería atribuirle estos sueños a Mario Levrero. Lo que no hace más que desplazar el problema. En la entrada del domingo 20 de agosto del 2000, Levrero apunta:

> Toda la noche fue así: algo rarísimo, soñaba que estaba despierto, percibiendo perfectamente mi cuerpo acostado, el contacto del cuerpo con el colchón y el peso del cobertor que me molestaba en las piernas, la presencia de Chl a mi derecha, los ruidos de la calle, el calor veraniego de este tiempo tormentoso... hasta que de pronto oía la voz de Chl: "Estás roncando", y me despertaba, sorprendido, muy sorprendido de que pudiera roncar estando despierto y sin darme cuenta. (55)

56

"Soñaba que estaba despierto": la fórmula recuerda la célebre paradoja del mentiroso, a tal punto de que se podría hablar de la paradoja del soñador. No tanto porque el verbo "soñar" engendre como el verbo "mentir" una especie de espiral vertiginosa entre diferentes niveles de lenguaje, borrando la frontera entre la verdad y la mentira, sino porque al asociar soñar con su contrario se produce un cortocircuito entre el dormir y el despertar: para soñar que se está despierto es necesario estar dormido. La experiencia onírica produce una subjetividad desdoblada, fundada en la falta de coincidencia entre lo que un sujeto hace y lo que dice, lo que piensa y lo que sueña, el autor del sueño y el autor de la vigilia.

57

Este desdoblamiento aparece también en ciertos sueños eróticos, que plantean el clásico problema de la responsabilidad del soñante en lo que sueña. El 17 de febrero del 2001, Levrero escribe:

> Ayer me costó más que nunca [despertarme], porque estaba soñando algo de tipo erótico, aunque no muy explícito, con relación a mi amiga de la infancia que murió hace meses. Me parece de mal gusto este sueño erótico con una mujer que no solo está muerta, sino que además está viviendo alegre y plácidamente en una dimensión que bien podríamos llamar "Reino de los Cielos"; algún día tendré que explicar el porqué de esta afirmación. Pero como apuntan unánimemente teólogos y santos, uno no es responsable del contenido de sus sueños. (355)

58

Levrero no solo transcribe los sueños sino que también los interpreta, buscando un sentido ahí donde aparentemente no hay ningún sentido, según dos hermenéuticas epistemológicamente incompatibles: una hermenéutica de inspiración psicoanalítica y otra hermenéutica parapsicológica.

59

El lunes 28 de mayo del 2001, Levrero sueña que entraba en una pieza, tal vez una cocina, donde había una canasta. En la canasta, veía varios objetos, entre ellos, un gran gusano verdoso o amarillento.

> El tamaño era desproporcionado –como medio metro de largo, o más, y unos diez centímetros de diámetro, o más– como si más bien fuera un muñeco con forma de gusano, o un adorno de mal gusto; pero era un gusano real. Alguien le había asestado una cuchillada, y la gran cuchilla, como la que uso yo para cortar la carne cruda, estaba todavía enterrada en el cuerpo; el cuerpo se había dividido en dos partes, pero no del todo. La parte izquierda era más larga que la parte derecha, y se veía a cada lado de la cuchilla un círculo de esa carne seccionada, que era de un color más claro que el del exterior del cuerpo. El gusano estaba completamente quieto, por lo que supuse que estaría muerto; y no había a la vista ni sangre ni ninguna clase de humor que pudiera haber segregado la herida; el corte era nítido y, digamos, seco. (436)

Al despertar y recordar el sueño, Levrero también lo interpreta a partir de nociones psicoanalíticas, largamente popularizadas, como la de complejo de castración o complejo de Edipo. Hay toda una serie de sueños que Levrero interpreta en términos de castración, empezando por el primer sueño del libro, que aparece en el prefacio histórico a la novela luminosa, donde la doctora que lo había derivado al cirujano que lo operó, le da un frasco que contiene su vesícula en perfectas condiciones; o el sueño del 24 de enero del 2001 donde se ve orinando con el pene fisurado; o el sueño que tiene al día siguiente, donde vuelve a evocar a su amiga de infancia muerta, no sin cierto sentimiento erótico. "Ya tengo la clave: el putísimo Edipo resurgente, causa de todos mis males (y desgraciadamente, de todos mis bienes). Pero con la clave no hago nada. Espero que el inconsciente me siga ayudando" (271).

Pero, más allá de estas interpretaciones silvestres, Levrero también advierte cierto trabajo del sueño, mucho más singular, fundado en la permutación lingüística, o si se prefiere, de cierto desplazamiento a lo largo de una cadena asociativa. El corte –literal– del gusano le hace pensar en el corte –metafórico– de su relación sentimental con Chl.

> Vi claramente que ese gusano había estado formado por mí más Chl, que alguien (Chl) había comenzado un corte, una separación, pero no lograba concluir su propósito, y que era tarea mía darle el corte final y devolvernos la libertad. Es como castrarse, sí; más ampliamente, como mutilarse, o sin como: es una mutilación. Necesaria, por más dolorosa que sea. Pero en el sueño no había dolor. (437)

60

El 30 de octubre del 2000, transcribe otro sueño, con una trama intrincada, que no recuerda muy bien, donde se produce una serie de asesinatos, vagamente relacionados con una historia de amor. Al día siguiente, en lugar de ir al supermercado, Levrero cambia repentinamente de decisión y se dirige a un puesto de libros usados, con la convicción de que el librero había recibido algunas novelas policiales de la colección Rastros. No solo encuentra cinco novelas policiales, sino que una de ellas, intitulada *La muerte asiste a la boda*, confirma el carácter premonitorio de su sueño, al asociar asesinato y amor.

En esta hermenéutica parapsicológica, que coexiste con la hermenéutica freudiana, el sueño ya no es interpretado en función de la vida anímica de un sujeto, sino en virtud de una serie de sincronicidades. Ya no es un sueño cerrado sino un sueño abierto. Ya no es el producto de un inconsciente individual, sino de un inconsciente colectivo, donde todo está conectado: lo que está adentro con lo que está afuera, lo que está abajo con lo que está arriba, lo sublime con lo abyecto, lo trivial con lo extraordinario.

Los sueños no solo están sincronizados con el mundo, sino también con los sueños de otros sujetos, que a su vez no dejan de producir efectos en el mundo, en forma de cicatrices (una amiga sueña con Levrero y a Levrero se le aparece una cicatriz en el cuello) o apariciones (Levrero vislumbra un fantasma en el corredor de su casa, cerca de la habitación del hijo de su ex-mujer y al día siguiente Chl le confiesa que había soñado intensamente con el hijo de su ex-mujer).

Lejos de ser "bromas lamentables", para Levrero los fantasmas son la aparición sensible de un pensamiento o de un sueño, o si se prefiere una forma de encarnación de lo incorporal. No se trata, desde luego, de cualquier pensamiento o sueño. En el fantasma espectral hay un fantasma pulsional.

La novela luminosa resulta ser, no tanto una tentativa fallida por transcribir lo que no se deja transcribir: imagen que no se traduce en palabras, experiencia trascendental que no se deja narrar, iluminación que no se deja capturar por la máquina del lenguaje, sino un nuevo avatar de la caligrafía del sueño esbozada en sus primeras ficciones, que pretendían ser una traducción de Kafka al uruguayo, convertida ahora en un garabateo de epifanías descendentes y metapsíquicas.

BIBLIOGRAFÍA

Alexandrian, Sarane. *Le surréalisme et le rêve*. Paris: Gallimard, 1974.
Béguin, Albert. *Le romantisme et le rêve*. Paris: José Corti, 1939.
_____ "Les romantiques allemands et l'inconscient". *Création et destiné I*. Paris: Ed. du Seuil, 1972.
Béhar, Henri. "Dada est un microbe vierge, la psychanalyse une maladie dangereuse". *Hypnos : esthétique, littérature et inconscients en Europe (1900-1968)*. Frédérique Toudoire-Surllapierre y Nicolas Surlapierre, eds. Paris: L'improviste, 2009. 191-212.
_____ ed. *Mélusine, Cahiers du centre de recherche sur le surréalisme. Le surréalisme et la science* 27. Lausane: L'Age d'homme, 2007.
Bretón, André. "Interview du professeur Freud". *Les pas perdus. Œuvres complètes I*. Paris: Gallimard, Bibliothèque de la Pléiade, 1988.

_____ "Entrée des médiums". *Les pas perdus*. *Œuvres complètes* I. Paris: Gallimard, Bibliothèque de la Pléiade, 1988.

_____ "Premier manifeste du surréalisme". *Œuvres complètes* I. Paris: Gallimard, Bibliothèque de la Pléiade, 1988.

_____ "Les vases communicants". *Œuvres complètes* II. Paris: Gallimard, Bibliothèque de la Pléiade, 1992.

_____ "Le message automatique". *Point du jour*. *Œuvres complètes* II. Paris: Gallimard, Bibliothèque de la Pléiade, 1992.

_____ "Entretiens radiophoniques". *Œuvres complètes* III. Paris: Gallimard, Bibliothèque de la Pléiade, 1999.

_____ "Cahiers de la girafe". *Folie et psychanalyse dans l'expérience surréaliste*. Fabien Hulak, ed. Nice: Z'édition, 1992.

Darío, Rubén. *Los raros*. Buenos Aires: Losada, 1992.

de Rosso, Ezequiel (compilador). *La máquina de pensar en Mario: ensayos sobre la obra de Levrero*. Buenos Aires: Eterna Cadencia, 2013.

Freud, Sigmund. *La interpretación de los sueños (primera parte)*. *Obras completas* IV. José L. Etcheverry, trad. Buenos Aires: Amorrortu, 1987.

_____ *La interpretación de los sueños (segunda parte)*. *Obras completas* V. José L. Etcheverry, trad. Buenos Aires: Amorrortu, 1987.

_____ *Cinco conferencias sobre psicoanálisis*. *Obras completas* XI. José L. Etcheverry, trad. Buenos Aires: Amorrortu, 1987.

_____ y Josef Breuer. *Estudios sobre la histeria*. *Obras completas* II. José L. Etcheverry, trad. Buenos Aires: Amorrortu, 1987.

Gandolfo, Elvio (compilador). *Mario Levrero un silencio menos: conversaciones con Mario Levrero*. Buenos Aires: Malsalva, 2013.

_____ Ezequiel de Rosso (compilador) *La máquina de pensar en Mario: ensayos sobre la obra de Levrero*. Buenos Aires: Eterna Cadencia, 2013.

_____ "El lugar: eje de una trilogía involuntaria". Entrevista con Elvio Gandolfo, en *Elvio Gandolfo, Mario Levrero un silencio menos*, 21-23.

_____ "La literatura es como las palabras cruzadas", entrevista con Eduardo Berti y Jorge Warley, en *Elvio Gandolfo, Mario Levrero un silencio menos*, 22-32.

_____ "Las realidades ocultas", entrevista con Cristina Siscar, en *Elvio Gandolfo, Mario Levrero un silencio menos*, 40-46.

_____ "Si lo que escribo puede ayudar a alguien creo que mi vida está más que justificada". Entrevista con Carlos María Domínguez, en *Elvio Gandolfo, Mario Levrero un silencio menos*, 47-54.

"Espacios libres". Entrevista con Saurio, en *Elvio Gandolfo, Mario Levrero un silencio menos*, 150-168.

Guattari, Félix. *Soixante-cinq rêves de Franz Kafka*. Paris: Editions lignes, 2007.

Hulak, Fabian, ed. *Folie et psychanalyse dans l'expériencie surréaliste*. Nice: Z'édition, 1992.

Kafka, Franz. *El castillo*. Buenos Aires: Emécé, 1962.

―――― *América*. Buenos Aires: Losada, 1977.

―――― *Cuadernos en octava*. Buenos Aires: López Crespo, 1977.

―――― *Relatos completos I*. Buenos Aires: Losada, 1979.

―――― *Relatos completos II*. Buenos Aires:1981.

―――― *El proceso*. Buenos Aires: Losada, 1984.

―――― *Obras completas I*. Barcelona: Galaxia Gutemberg, 1999.

―――― *Obras completas II*. Barcelona: Galaxia Gutemberg, 2000.

―――― *Obras completas III*. Barcelona: Galaxia Gutemberg 2003.

―――― *Sueños*. Madrid: Errata Naturae, 2010.

Janet, Pierre. *L'automatisme psychologique*. Paris: Ed. Odile Jacob, 1989.

Labarrière, Jean-Louis. "Phantasia". *Vocabulaire européen des philosophies*. Barbara Cassin, ed. Paris: Seuil/Le Robert, 2004. 931-935.

Levrero, Mario. *Manual de parapsicología*. Buenos Aires: Ediciones de la Urraca, los libros del Péndulo, 1980.

―――― "*El lugar*: eje de una trilogía involuntaria". Entrevista con Elvio Gandolfo. *El Péndulo*, segunda época, 6/17-19 (1982).

―――― "La literatura es como las palabras cruzadas", entrevista con Eduardo Berti y Jorge Warley. *El Porteño*, 10 (diciembre de 1986).

―――― "Las realidades ocultas", entrevista con Cristina Siscar. *El Péndulo*, tercera época, 15/47-50 (mayo 1987).

―――― *Espacios libres*. Buenos Aires: Punto sur, 1987.

―――― "Y había que escribir o volverse loco", entrevista con Carlos María Domínguez. *Crisis* 60 (mayo 1988).

―――― "Introspección y realismo", entrevista con Pablo Rocca. *Brecha* 345 (julio 1992).

―――― *El portero y el otro*. Montevideo: Arca, 1992.

―――― *La máquina de pensar en Gladys*. Arca: Montevideo, 1998.

―――― "Espacios libres", entrevista con Saurio. *La idea fija* 2 (septiembre 2000) <http://www.laideafija.com.ar/especiales/levrero/LEVRERO_reportaje.html>.

_____ *Irrupciones I*. Montevideo: Cauce, 2001.
_____ *Irrupciones II*. Montevideo: Cauce 2001.
_____ *El discurso vacío*. Buenos Aires: Interzona, 2006.
_____ *La ciudad*. Madrid: Mondadori, 2008.
_____ *El Lugar*. Madrid: Mondadori, 2008.
_____ *París*. Madrid: Mondadori, 2008.
_____ *La novela luminosa*. Barcelona: Mondadori, 2008.
_____ *Todo el tiempo*. Montevideo: Hum, 2009.
Maury, Alfred. "Des hallucinations hypnagogiques ou erreur des sens dans l'état intermédiaire entre la veille et le sommeil". *Annales médico-psychologiques* XI (1848): 26-40.
Rama, Ángel. *Aquí, cien años de raros*. Montevideo: Arca, 1966.
_____ *La generación crítica*. Montevideo: Arca, 1972.
Silva Olazábal, Pablo. *Conversaciones con Mario Levrero*. Montevideo: Trilce, 2008.
Starobinski, Jean. "Freud, Bretón, Myers". *La relation critique*. Paris: Gallimard, 2001.

Andrés Caicedo: "Rareza, belleza y sabor", o un pozo que no quiso llamarse Macondo

FELIPE GÓMEZ GUTIÉRREZ
Carnegie Mellon University

"Puede que no haya fondo, hermano"
–Andrés Caicedo, *Angelitos empantanados*

"rareza tiene mi guajira, rareza, belleza y sabor"
–Ray Barreto, "Rareza en guajira"

Aunque dista mucho de poseer la celebridad de algunos escritores del Boom latinoamericano, el nombre y la obra de Andrés Caicedo (1951-1977) han ganado cierta significación y resonancia en la última década. Varios han sido los factores generadores de este efecto. Uno de ellos, que viene muy al caso para los propósitos de este volumen, es la excentricidad y resistencia demostrada por la escritura de Caicedo frente a las normas de la literatura canónica del tiempo en el cual escribió, factor que ha funcionado a la vez para mantenerle inicialmente alejado de las garras de la industria cultural y, más recientemente, para incorporarlo en ella. Tres elementos son, a mi parecer, esenciales al considerar la excentricidad de la escritura de Caicedo frente a los cánones colombianos y latinoamericanos (y en especial frente a la tradición del realismo mágico), y quizás hayan sido también determinantes para el hecho de que su obra literaria haya permanecido durante décadas "en el margen del margen" (Duchesne-Winter, "Introducción" 9): por una parte, la adopción de temáticas urbanas presentadas por medio de personajes juveniles o adolescentes, con una marcada influencia sobre estos personajes de la relativamente nueva cultura de los medios (e.g. el cine, la radio, el disco) y de las drogas; por otra parte, la interrupción y el oscurecimiento que sus textos imponen sobre escenarios y discursos apolíneos y caniculares de la ideología nacional (y de narraciones definidas por el realismo y la coloquialidad) mediante la superposición de ambientes nocturnos y necróticos y la recurrente intervención de personajes (generalmente femeninos) que son a una vez neogóticos y tropicales, con características caníbales, vampíricas y, en general monstruosas, ubicados siempre en el entorno de la acelerada urbanización de la ciudad de Cali de la segunda mitad del siglo XX; finalmente, su exploración y cuestionamiento de las representaciones heteronormativas de la sexualidad, de los tres sin duda el aspecto que ha sido menos explorado hasta el momento por la crítica. A continuación daré un breve panorama del proceso de recepción y difusión de la obra de Caicedo para luego pasar al análisis de algunos de los elementos de esa excentricidad que ha sido progresivamente empleada para ingresar la marginalidad de Caicedo en el terreno de lo canonizable. Por razones de espacio, en este ensayo me concentraré en el primero de esos elementos, que sin embargo tiene hondos entrecruzamientos con los dos restantes.[1]

PERFIL DE UN ESCRITOR QUE MURIÓ MARGINAL

El carácter marginal y el desconocimiento en el que se sumían tanto la figura del Andrés Caicedo escritor como su obra hacia mediados de los años ochentas fueron puestos de relieve en la secuencia inicial del documental *Andrés Caicedo: Unos pocos buenos amigos* que hiciera el director caleño Luis Ospina en 1987. Cámara en mano, y acompañado por la actriz Ana María Aristizábal, Ospina se plantaba en el medio de la icónica Plaza de Caycedo,[2] en pleno centro de la ciudad natal del escritor, para hacerles a transeúntes y residentes la pregunta "¿Sabe Ud. quién fue Andrés Caicedo?". Las respuestas ofrecidas por los interrogados, que van desde la negación y el silencio hasta la hipótesis aventurada de que se trataría de un guerrillero o un nadaísta, no dejan lugar a dudas. Así lo sentencia Aristizábal al final de este segmento: "¡Nadie sabe!". A diez años de su muerte, y en la ciudad en la que creció y a la que le dedicó casi la totalidad de su vida y obra, nadie conoce ni se acuerda de Andrés Caicedo. Ospina puntualiza este hallazgo en el documental mediante la cita de unas líneas provenientes de la novela *¡Que viva la música!* de Caicedo: "Que nadie sepa tu nombre y que nadie amparo te dé. Que no accedas a los tejemanejes de la celebridad. Si dejas obra, muere tranquilo, confiando en unos pocos buenos amigos".

Como lo testimonia el documental de Ospina, Andrés Caicedo

Andrés Caicedo: "Rareza, belleza y sabor" ... • 225

fue un escritor poco leído durante su corta vida, quizás en parte dada su actitud claramente disidente y extravagante frente a los cánones de la literatura colombiana y latinoamericana de la década de los sesentas. Aún en vida, y en las décadas posteriores a su muerte, cuando no figuraba como un ilustre desconocido por fuera de su círculo familiar y de amistades en la ciudad de Cali, a Caicedo se le consideraba primordialmente como un personaje dado a los excesos, drogadicto, maniático, y con tendencias suicidas, o a lo sumo como un crítico que publicaba sobre cine en los periódicos locales de la ciudad de Cali, tal como se hace manifiesto en las notas necrológicas que aparecen en los diarios el día después de su muerte.

Pese a que es dudoso que su nombre sea hoy en día moneda corriente en los círculos no especializados, difícilmente podría decirse de Caicedo que siga siendo un desconocido de las letras latinoamericanas al nivel que lo patentizaba el documental de Ospina en la década de los ochentas. Felipe Van der Huck, entre otros, así lo manifiesta al decir que Caicedo "no era, pues, un desconocido el día en que se suicidó, pero sin duda no tenía la misma celebridad que [...] lo ha convertido en una especie de 'santo'" (113). El proceso mediante el cual, siete lustros después de su suicidio, Caicedo ha pasado de ser un (menos que ilustre) desconocido a ser un nombre identificable en los ámbitos de la cultura, la literatura y la crítica cinematográfica en lugares como Colombia, Argentina, Perú y Chile, y un producto mercadeable para las industrias de la cultura a nivel internacional ha tenido que ver sin duda con la laboriosa empresa de amigos y colegas miembros del Grupo de Cali y compañeros en el proyecto del Cine Club San Fernando y la revista *Ojo al cine* como el mismo Ospina, Carlos Mayolo, Eduardo "La Rata" Carvajal, y Ramiro Arbeláez, y de discípulos y admiradores como Oscar Campo y Sandro Romero Rey. A esto hay que sumarle sin duda la inversión y el trabajo de distribución realizados por la Editorial Norma durante décadas, encabezado personalmente por una de las hermanas mayores de Caicedo, que alcanzó un cénit con la vinculación del escritor *McOndista* chileno Alberto Fuguet en la "dirección y montaje" de la "autobiografía" de Caicedo *Mi cuerpo es una celda* (2008). Este último fue sin duda un trampolín mediante el cual la obra y la figura de Caicedo lograron la internacionalización aspirada por el proyecto editorial de Norma y la familia Caicedo, y dio paso recientemente a la venta de los derechos de su novela a la empresa cinematográfica Dynamo y los de traducción de sus textos más difundidos al francés (Gallimard) y al inglés (Penguin Classics). Finalmente, aunque sin duda sus logros en este respecto son por naturaleza más modestos, no puede despreciarse la labor de críticos y estudiosos quienes, especialmente en la última década, han contribuido al proceso de ingreso de la obra caicediana en las tibias aguas de los textos canonizables. Esa labor constante e inconclusa, de la cual el presente texto forma parte, no habría sido posible sin el esfuerzo diseminador de la industria editorial y de los amigos, discípulos y familiares de Caicedo que se han señalado anteriormente.

La rareza de Caicedo: un motor generador

Es innegable la participación e importancia de los actores nombrados arriba, a pesar de que no puede minimizarse el papel que han tenido la espectacularidad de su muerte suicida y el uso que de ella han hecho la industria cultural y la crítica en la consagración de Caicedo como icono. Felipe Van der Huck ha explorado el proceso de su consagración literaria, argumentando que "[e]l valor y el significado atribuidos a su suicidio no se pueden comprender por fuera de esa estructura de relaciones en la que participan diferentes agentes e instituciones comprometidos en la producción literaria" (111). Sin embargo, podría argumentarse que el corazón mismo del fenómeno Caicedo ha existido también como un fenómeno de lectura, si no totalmente externo a la industria y la academia, y al uso que se ha hecho de las circunstancias de su suicidio como marca organizativa para su historia de vida y su escritura, por lo menos integrado a ellos. La activa respuesta de una creciente ola de lectores/as ha sido igualmente agente y engranaje del motor que ha impulsado a agentes e instituciones, críticos, revistas, editoriales, escritores y otros lectores a interesarse por la difusión y la crítica de la obra caicediana. Duchesne-Winter habla de "un Evento Caicedo, en el sentido astrofísico de la expresión, a juzgar por el evento fugaz pero casi cósmico que representó este escritor para muchos jóvenes en su época y que creen experimentar todavía otros tantos en nuestros días al entrar en contacto con su obra" (Introducción 9). Ese "evento" es el mismo motor que ha hecho que durante décadas audiencias mayoritaria pero no exclusivamente jóvenes hayan querido

Andrés Caicedo: "Rareza, belleza y sabor" ... • 227

circular de mano en mano los textos caicedianos y emprender lecturas tanto secretas como públicas, tanto individuales como colectivas, de su obra. Es lo que de aquí en adelante llamaré la *rareza* o la *excentricidad* de la obra caicediana, su diferencia frente a la literatura "adulta", establecida o canónica lo que considero que constituye gran parte del núcleo generador mediante el cual Caicedo y su obra han sobrevivido y se han ido encaramando, con un dejo de ironía, en el estrato de los canonizables. Pues la reciente visibilidad y el relativo éxito editorial que ha obtenido su obra no es, como pudiera pensarse, indicador de la fragilidad de su rareza, sino todo lo contrario. Como nos lo recuerda Van der Huck siguiendo las teorías de Bordieu, la "renuncia a las 'ataduras ambiguas con el mercado' es, sin embargo, uno de los elementos que ha asegurado a Caicedo un reconocido éxito editorial. Sin duda, el mercado se beneficia incluso de quienes se le oponen y renuncian a él" (117).

La rareza de la escritura de Caicedo podría definirse por contraste con algunos de los rasgos característicos de la escritura del boom, tomando como base la distinción que se ha hecho de esta última frente a lo que se ha llamado el "post-boom". Si *Cien años de soledad* se toma como novela modelo y representativa del boom (Donoso; Gass; Hart; Lindstrom; Rama; Swanson), en la literatura de Caicedo se puede señalar por contraste una estructura más sencilla y comprimida, el rechazo a la división entre la alta cultura y la cultura de masas al igual que a la mitificación de la historia mediante la hipérbole, la consecuente incredulidad respecto de los mega-relatos, y una actitud intrascendente frente a la realidad y a la literatura caracterizada por su arraigo en "la vivencia compartible con el lector" (Giardinelli 74), así como por la "desproblematizada asunción de la humilde cotidianeidad como fuente abastecedora de vida e inspiración" (Skármeta 138). Hay además en Caicedo un interés en la exploración de la cultura popular y del *kitsch* y el *camp* en su relación con la clase media y con los universos lumpen, temas y clasificaciones de por sí incompatibles con las convenciones y preferencias de la estética del boom tal como aparecen por ejemplo en García Márquez. La escritura de Caicedo, como la de muchos de los escritores categorizados dentro del post-boom, se centra en lo urbano, dándole protagonismo dentro de este ámbito a elementos de la cultura juvenil como la marginalidad, el cine, la moda, los géneros musicales populares, las drogas, el sexo, etc., que se ofrecen como manifestaciones culturales asumidas de manera integral por los personajes. En síntesis, frente a los parámetros establecidos por la canonización del estilo y las temáticas del boom, la escritura caicediana examina y explota una vía alternativa de exploración literaria que se nutre de la experiencia juvenil urbana cotidiana: "Caicedo abre una senda para la generación de escritores asfixiada por los modelos literarios que se erigen después del boom: mundos mágicos, paraísos perdidos, personajes irreales que ya poco tienen que ver con nuestra fragmentada realidad" (Gómez, A.). De allí, por ejemplo, el interés evidente que despierta en escritores como Fuguet lo caicediano, pues halla en ello una preocupación central de su propia obra, por ejemplo, las maneras en que la literatura puede responder a las nuevas problemáticas surgidas a partir de las condiciones culturales de la tendencia a la globalización iniciada en la segunda mitad del siglo XX, y la constatación de que modelos como el de la escritura de García Márquez funcionan menos para comunicar esa experiencia que los creados por ejemplo por Kerouac, Burroughs o Bukowski (Gómez, A.).

Quizás Fabián Casas haya sido quien lograra capturar con mayor intuición y poder evocativo la rareza de la escritura de Caicedo al intentar dibujar e inscribirlo dentro de una constelación de escrituras "que crecen [...] con la contingencia de las matas de pasto en los intersticios de las paredes viejas" (23). Siguiendo con la imagen poética propuesta por Casas, las paredes viejas corresponderían a las del edificio canónico e institucionalizado de aquellas escrituras que Jitrik ha denominado como "típicas", en contraste con las "atípicas" que Casas asimila a las matas de pasto que en las paredes se apoyan y adquieren asidero, pero que también crecen a pesar de ellas, de su concreta existencia, a pesar, en fin, de estar a su sombra y no adscribirse a sus mismos códigos semióticos. Para Casas, las excéntricas matas de pasto corresponderían a escrituras de "registro urgente, [en las que] no hay lugar para ponerse a pensar los meditados adjetivos borgeanos" (23). Jitrik, a su vez, al intentar definirlas habla de "rupturas" y gestos que se mantienen liminalmente "como tumores enquistados, como indigeribles o inasimilables" (12), para finalmente contribuir un principio *sine qua non* que ilumina los textos atípicos: "constituyen el fundamento, en ellos aletea lo que luego se tipifica y es exhibido, ellos son el laboratorio de la significación, en ellos triunfa la escritura si la escritura es el riesgo extremo y no sólo el utilitarismo de la transcripción" (14). Para sintetizar, esta otra literatura, que se opone a la tipificación, contendría en su verdor y resistencia la energía y vivacidad que Jitrik considera imprescindibles.

Al intentar presentar la "literatura impresentable" (23) e intraducible de Caicedo para una audiencia argentina, Casas resalta la influencia de su escritura en la confección de *Cosa de negros* de Washington Cucurto (2003), lo compara con Arlt por la urgencia y velocidad de su escritura, con Alejandro López por el humor de *La asesina de lady Di*, con Leónidas Lamborghini y con el poeta Ricardo Zelarayán. En el ámbito latinoamericano, Casas sitúa a Caicedo al lado de algunos de los que llama, citando a Burroughs, escritores de "La Interzona": el José Emilio Pacheco de *Las batallas en el desierto*, el Oswaldo Reynoso de *Los inocentes*, o el Junot Díaz de *Los Boys*. En todos ellos, como en Caicedo, Casas halla en común la imposibilidad de que se les galardone con los premios de editoriales poderosas, la marginalidad y la capacidad para el "contagio lento", y el que en su escritura no se planteen representar un país, o lo representen como fatalidad (22-3).[3]

REGISTRO DE LA ADOLESCENCIA EN "LA CITY"

La obra literaria de Caicedo, el grueso de la cual escribió entre los 17 y los 25 años, es de textura adolescente y da amplia muestra de experimentación lingüística y organizativa, además de ofrecer evidencia de sus líneas de exploración temática. Antonio Díaz Oliva ha dicho de manera acertada que "Caicedo adelantó tópicos que años más tarde los intelectuales latinoamericanos desarrollarían profusamente: La ciudad como centro de creación y destrucción de los jóvenes; la influencia de la música y el cine en la forma de escribir; las drogas, la violencia callejera, etc… todos elementos que Caicedo exploró anticipadamente para estos lares, en los años 60 y 70" (Díaz Oliva). De hecho, es fácil constatar que gran parte de la obra de Caicedo se enmarca en un sórdido y violento espacio urbano y juvenil dividido por barreras socioeconómicas, con una explícita preocupación por los personajes adolescentes de clase media alta y su constitución como sujetos en primera instancia de la cultura popular, por encima de la identidad como sujetos nacionales, sexuales o raciales. Casas la ha llamado una "literatura peligrosa" que "infecta, demuele" y "nos convierten de nuevo en adolescentes" (18) y ha resaltado la manera en que combina esa temática adolescente inspirada en la primera parte de la obra de Vargas Llosa (especialmente en *La ciudad y los perros*, de la cual hizo una extensa adaptación teatral[4]) con la violencia y el terror que puede hallarse en novelas como *La naranja mecánica* de Anthony Burgess y en las obras de Lovecraft (20). Otras fuentes de inspiración para sus personajes y problemáticas pueden hallarse en el Bryce Echenique de *Un mundo para Julius*, el José Agustín de *Final en la laguna*, el Carlos Fuentes de *Terra Nostra*, y mucha de la obra de Cortázar (incluidas sus traducciones de Poe), pero también muy a menudo en películas de jóvenes rebeldes como las protagonizadas por James Dean y en algunas canciones de los Rolling Stones como "Street Fighting Man", de la que deriva el epígrafe de su relato largo "El atravesado": "El verano ya está aquí/ el tiempo para pelear en las calles es correcto" (9).[5]

Como en la citada novela de Vargas Llosa, en una buena parte de la obra de Caicedo el enfoque está puesto en la vida escolar de los adolescentes, quienes a pesar de asistir a instituciones educativas elitistas, privadas y en muchos casos religiosas (y no militares, como es el caso de la novela del peruano) comparten muchas de las experiencias de "los perros", especialmente en lo relacionado con la estricta disciplina impuesta sobre los jóvenes y la voluntad que tienen ellos de desbordarla para acercarse, por vocación o curiosidad, al crimen y el pecado. A diferencia de Vargas Llosa, sin embargo, la escritura de Caicedo, que aparece por lo general mediante narradores en primera persona, incluso femeninos y travestis, se precia conscientemente de no ofrecer una prosa ni "brillante ni clásica", dándole prioridad en cambio a su empleo en la construcción del pathos de los personajes, y a testimoniar el carácter urgente de lo narrado. Los personajes adolescentes, su pathos y su discurso son inseparables del entorno urbano en el que viven, y en el que elementos de la cultura popular como el cine, la música popular y las drogas forman parte integral de su experiencia.

Una mirada panorámica por el resto de su obra corrobora la centralidad que esta temática posee dentro de sus preocupaciones: "Infección", por ejemplo, un breve relato escrito en 1966 (cuando Caicedo tenía apenas 15 años), muestra a un narrador que repasa y cartografía sus odios hacia la urbe, su gente, y sus amigos, en una clara muestra de los sentimientos de *angst, ennui* y pena metafísica

Andrés Caicedo: "Rareza, belleza y sabor" ... • 231

característicos de la adolescencia frente a la vida de los adultos y la incomprensión de la sociedad en la que vive. Estos sentimientos vienen enmarcados en su escritura con un "tono de escritor *maldito* y la secreta influencia del poeta Eugenio Guerra" (Ospina y Romero Rey 19), como puede percibirse en cada una de las páginas del relato: "Sí, odio todo esto, todo eso, todo. Y lo odio porque lucho por conseguirlo [...] Lo odio porque odiar es querer y aprender a amar. ¿Me entienden? [...] Por eso, odio a todo el mundo, no dejo de odiar a nadie, a nada.../ a nada/ a nadie/ ¡sin excepción!" (Caicedo Estela, *Destinitos* 32). De igual manera, muchos de los textos escritos por Caicedo en 1969 son narrados por personajes no sólo jóvenes sino además enfermos, solitarios, aislados y víctimas de encierro voluntario o necesario. Es el caso del narrador de "Por eso yo regreso a mi ciudad" (*Destinitos* 33-5), quien se dedica a observar desde la ventana de su cuarto a los transeúntes que pasan desde su ventana, intentando a toda costa evitar ser visto por ellos, e incluso acosado por el terror de que eso suceda, que le hace "lanzar[s]e contra el suelo, de cabeza, temblando de miedo" o sentirse "[t]emeroso como un animal apresado" (33). La ventana en forma de iglesia, sus seis barrotes en forma de lanza, una malla de alambre recubierta por un papelillo rojo, y la hiedra que crece "de modo que los barrotes quedan como lanzas coronadas con olivo" (34) actúan como filtro y máscara o nivel de protección para el individuo frente a la ciudad que vive y crece en el exterior y ante la cual ha decidido encerrarse en vida. Otros de esos personajes son noctámbulos exploradores de la noche vacía y solitaria, "la noche del peligro, mano" ("Vacío", *Destinitos* 36), que se dedican a cartografiar los lugares del consumo y los espacios tomados por el comercio multinacional como será el caso del edificio comercial de Sears Roebuck. Los tres relatos que conforman el volumen *Angelitos empantanados o historias para jovencitos*, por su parte, presentan a personajes jóvenes de clase media-alta en su búsqueda ingenua de la marginalidad en los sectores sureños en que se concentran las clases sociales más bajas. Al internarse estos personajes en mundos corrompidos por la prostitución o la violencia, las tramas de estas historias se desarrollan en situaciones casi risibles y desenlazan en acciones que les convierten en asesinos o suicidas antes de que sean asesinados ellos mismos.

"El atravesado" es quizás el texto en el que mejor se evidencia la manera en que la obra de Caicedo se ocupa del esfuerzo de un sector juvenil por dejar testimonio de su resistencia frente a la autodestrucción a la que le condena el sistema (Torres Rotondo). En este texto Caicedo recurre a la oralidad de una voz narrativa para relatar en primera persona la exploración y la incorporación del protagonista en el ámbito de las pandillas juveniles en una ciudad que crece y se desarrolla para ingresar en los parámetros de una modernidad definida por el capitalismo en su fase de transnacionalización y temprana globalización. Se trata de una ciudad reprimida por leyes y mandatos adultos (encarnados por maestros, rectores y policías) en la cual el interés de los colegiales se centra en las pandillas y sus peleas. El relato es situado durante la edad de oro de peleador callejero y escenificado con base en referencias a los ambientes duros y lumpenizados del sur de la ciudad de Cali con sus pandillas o galladas, y a una nostalgia de las décadas de los cincuentas y sesentas construida a partir de referentes como las películas *Rebelde sin causa* y *The Wild One* o la pionera canción de rock-and-roll "Rock Around the Clock". El relato se estructura sobre la necesidad de recuperar y representar mediante la oralidad discursiva una memoria de eventos recientes en los que se evidencian las tensiones entre la juventud urbana y su ciudad, atropellada por el afán desarrollista de las nuevas políticas económicas que vienen con el ingreso a la modernidad, y especialmente con la integración de Colombia en los planes de la Alianza para el Progreso. Este marco socioeconómico se da además en el contexto de la Violencia que rodea y mantiene sitiada a la ciudad, arrojando en su periferia flujos constantes no sólo de cadáveres sino además de migrantes desplazados que entrarán a engrosar las filas de las clases empobrecidas, desempleadas y no asalariadas. La oralidad del personaje principal, Héctor Piedrahita Lovecraft (obvia referencia al escritor H.P. Lovecraft), permite construir, más que los acontecimientos, la atmósfera en la que ocurren. Surgiendo de las entrañas de la ciudad, "el atravesado" va describiendo el proceso mediante el cual él mismo se constituye en un peleador de pandilla en la misma época en que el sector estudiantil se consolida en movimientos de protesta y es reprimido con fuerza desproporcionada por la policía y el ejército en el marco de los Juegos Panamericanos celebrados en Cali en 1971, de una manera que recuerda lo ocurrido en Tlatelolco apenas unos años antes. H.P. funda entonces una pandilla e intenta con ella retomar el estacionamiento del centro comercial Sears Roebuck, un espacio idealizado por el recuerdo de lo que fue durante su infancia, antes de ser adquirido por el comercio transnacional. El enfrentamiento tiene como consecuencia la llegada de la policía y la posterior masacre de pandilleros: "El 26 de febrero prendimos la ciudad de la Quince para arriba, la tropa en todas partes, vi matar muchachos a bala, niñas a bolillo, a Guillermito Tejada lo mataron a culata, eso no se olvida. Que di piedra y me contestaron con metralla" (72).

La anécdota adolescente, matizada frecuentemente por el humor y el candor que revela la subjetividad del narrador, pero además inscrita en un violento y opresivo ambiente urbano, es el recurso con el cual Caicedo se propone derrumbar en este relato las verdades y ocultamientos de la historia adulta y oficial, y el empleo de este recurso constituye una de las maneras en que la escritura caicediana se sale de los esquemas y tradiciones de lo canónico para abordar aquello que Duchesne-Winter llama las "transformaciones de la subjetividad contemporánea" (Introducción 9), muchas de las cuales son resultantes de la interacción entre población, urbe, consumo transnacional y medios de comunicación. La encrucijada en la que Caicedo sitúa su discurso sería entonces la de la emergencia de una nueva vida social y un nuevo orden económico, producto de la modernización posindustrial orientada hacia el consumo, los medios y el espectáculo con un entramado multinacional. Podría decirse que García Márquez había ya establecido un foco fundacional de lo macondiano en la convergencia entre los ideales de progreso y desarrollo de la economía transnacional por una parte y la represión armada frente a cualquier intento por detener su maquinaria, por otra en la recordada ficcionalización de la masacre de las bananeras en *Cien años de soledad*. El aporte de Caicedo a este escenario reside en el protagonismo que se le da a lo juvenil en su interacción rebelde contra la imposición de una economía transnacional ya no orientada hacia la extracción de recursos naturales sino hacia la mercantilización y el imperativo del consumo de un estilo de vida, representado aquí por el oligopolio comercial Sears Roebuck. Por otra parte, estriba en la representación que hace Caicedo mediante imágenes casi cinematográficas rápidamente asociables a las presentadas en películas como *La naranja mecánica* o *Rebelde sin causa*. En un perceptivo análisis Sergio Ramírez Lamus construye sobre la metáfora caicediana del adolescente precoz una teoría de la relación existente entre clases sociales y adolescencia, resaltando la importancia de la excentricidad que exhibe la escritura de Caicedo en el momento de su creación: "[l]as tradiciones académicas de la *intelligentzia* nacional han demostrado incapacidad para explicar qué sucede cuando un país deja de ser Macondo y se convierte en el escenario de valores urbanos de violencia social cotidiana o consumismo maniático" (97). Es Caicedo, afirma Ramírez Lamus, uno de los "miembros poco ortodoxos y más bien trágicos" de esa *intelligentzia* capaces de abordar el "delicado tema de la adolescencia" recurriendo a "formas de expresión donde aparecen símbolos y modos de significación emparentados con una nueva percepción algo cinematográfica y 'mass-mediática' del asunto" (98).

La incorporación de elementos de la cultura popular es uno de los rasgos esenciales de la rareza de la escritura de Caicedo, y le hace partícipe del grupo de escritores (y artistas) que desde fines de los años sesenta crean y desarrollan esta tendencia, en muchos casos haciendo empleo del *pastiche* para crear una nueva retórica que dé cuenta, y acentúe la transmisión, de la experiencia de una vida urbana que muda con el movimiento constante que va a la par de la tecnologización. En su libro *Kitsch Tropical*, Lidia Santos genera una teorización del tipo de discurso literario y artístico que inscribe "el uso de estos productos [de la cultura popular] en un proyecto de ruptura con el ideario estético y político que les era contemporáneo" (12), ideario en el cual era corriente la catalogación de la cultura de masas como "cultura espuria", inmediatista y fragmentada ("híbrido espiritual de retazos contradictorios" según el relativismo antropológico), contrapuesta a una cultura genuina, armoniosa en su conjunto de ideas y valores (12). Para teorizar el discurso, Santos analiza casos de movimientos centrados en las artes visuales, la música popular y la literatura.[6] En todos ellos señala cómo, "[r]adio y telenovelas, folletines y novelas rosas, ritmos considerados fuera de moda, como el tango y el bolero, y narrativas cinematográficas serie *b* pasan a ser citados", bien sea mediante la parodia, el *pastiche*, o a través de la cita (11-12), mucho de lo cual puede observarse igualmente en la literatura de Caicedo. "Los versos de letras de canciones populares son de este modo equiparados a los versos y las frases de los escritores y de los autores académicos, igualmente citados" (12 n3). Aún más, el empleo y transformación de la cultura popular en "artificios estéticos" estaría dirigido a "cuestionar el proyecto realista contenido, por ejemplo, en las narrativas del *Boom* literario [...], especialmente las del realismo maravilloso [*sic*]" (14), máxime en cuanto éstas son consideradas por la crítica occidental, a la manera en que lo hiciera Jameson, como los "últimos vestigios de naturaleza que sobrevivían al capitalismo clásico" (citado en Santos 94). Esto sucede en un contexto en el cual muchos lugares de América Latina experimentan el desvanecimiento de las utopías marxistas con la irrupción de las dictaduras militares, las ideas de revolución colectiva se subsumen bajo los ideales de la revolución individual pregonados por la contracultura estadounidense, las ciudades crecen de manera acelerada y desproporcionada como producto de una intensa migración campo-ciudad, y medios como la radio, la televisión y el cine se consolidan como parte de la cotidianidad de la experiencia urbana y como vehículo empleado por el mercado para incentivar la transformación de ciudadanos en consumidores. Muchos de estos factores históricos y socioculturales se hacen presentes en la obra de Caicedo en conjunción con la hibridización de su escritura con el lenguaje y las temáticas de los medios.

La interacción de la escritura caicediana con elementos de la cultura popular con frecuencia se apoya en referencias cinematográficas como sucedía en "El atravesado". Por otra parte, el cine como temática se puede rastrear en textos como "El espectador" (*Destinitos* 53-59), en que la ciudad de Cali se transforma en meca del cine; esa misma transformación de la ciudad, que se presenta además con una imagen apocalíptica y nostálgica es narrada desde la óptica de la estrella de cine Lalita Dos Ríos en "Los mensajeros" (*Destinitos* 126-30). La afición y el interés de Caicedo por el cine son evidentes, dado que escribió una amplia cantidad de textos críticos sobre películas para periódicos locales, regionales y nacionales, además de haber colaborado con la revista peruana *Hablemos de cine* y fundado, dirigido y escrito la mayoría de los textos para la importante revista *Ojo al cine*, surgida de su Cine Club de Cali en el Teatro San Fernando durante los años setentas. La mayoría, si no todos, de estos escritos han sido recopilados y prologados por Ospina y Romero Rey en el mamotrético volumen homónimo *Ojo al cine*.[7] A pesar de conocer y escribir sobre cine latinoamericano y europeo (Buñuel, Bergman, Chabrol, Godard, Truffaut, etc.), y dedicar no pocos textos al cine oriental y a los esfuerzos por hacer películas dentro del medio nacional, es el cine de Hollywood el que Caicedo elige, como dice Héctor Fernández L'Hoeste, para "postular un imaginario alterno para su vivencia colombiana" (245), y dentro de éste especialmente las películas de Roger Corman y Sam Peckimpah, y las de Arthur Penn hasta *Bonnie and Clyde* (1967). En lugar de escribir de manera dogmática o escapista sobre la problemática colombiana, Fernández L'Hoeste sostiene que Caicedo lo hace aprovechando "los guiños cinematográficos (en especial con respecto a la violencia, emanantes de Peckinpah), los ecos humorosos del *camp* (por la mayor parte partiendo de la influencia de Corman) y el goce de una intimidación siniestra (nuevamente Corman), para aludir a una temática cercana" (246). Tanto Fernández L'Hoeste como Fuguet hacen hincapié en el dato significativo de que Caicedo, a diferencia de García Márquez, Álvaro Mutis y tantos intelectuales colombianos y latinoamericanos del boom y posteriores, hasta Fernando Vallejo, no ubique su quimera cinematográfica en París, Barcelona o Roma, sino en Hollywood, Los Ángeles o Nueva York (Fernández L'Hoeste 247; Fuguet "Entrevista"). Igualmente se destaca su característica relación con el lenguaje del cine de Hollywood como medio para narrarse a sí mismo y su condición de joven inmerso dentro de las problemáticas latinoamericana y colombiana, y la evidencia que arroja esta relación sobre el "estar más obsesionado con el presente que con el pasado (a diferencia de García Márquez)" (Fuguet, "Entrevista").

Otra arista de su relación literaria con la cultura popular se encuentra en la afición y el interés de Caicedo por el *western* y el género negro. Sus coqueteos con la literatura criminal y el *hardboiled* se encuentran en "Felices amistades" (*Destinitos* 60-64), en que el asesinato se presenta como una obra de arte con obvias referencias a De Quincey, y también, durante su etapa productiva posterior, en el relato "En las garras del crimen" (*Destinitos* 75-87), en el que se juega con el género negro y el *thriller* tanto literario como cinematográfico y con la analogía entre la escritura y la detección. Más allá de estos pocos escritos dedicados por entero a estas temáticas y a experimentos y parodias de las convenciones del género, la estética caicediana, como anota Fernández L'Hoeste nuevamente, halla uno de sus fundamentos en la novela negra y, más generalmente, en la cultura popular norteamericana de la posguerra (246). Tanto en los filmes que le interesan como en esta literatura y expresiones de la cultura popular Caicedo descubre la denuncia de "las fisuras en la fibra burguesa de la clase media, tan aparentemente

Andrés Caicedo: "Rareza, belleza y sabor" ... • 237

impoluta" (246) que se prestará como material propicio para el tipo de crítica que busca establecer dentro de su sociedad local. La música popular funciona como otra veta dentro de la cual Caicedo halla elementos tanto para construir su estética como para denunciar las fisuras y las divisiones de clases dentro de su sociedad. La música en la novela de Caicedo es asignada un papel central de metalenguaje que le permite, mediante su escritura, al estilo de Puig contar una historia de movilidad social (aunque descendente en este caso) al tiempo que expone los diferentes niveles de la sociedad caleña y las estrategias empleadas por cada uno de esos niveles bien sea con fines territorializadores o su contrario. El ejemplo más representativo de esto se encuentra en su novela *¡Que viva la música!* (1977), en la cual una narradora relata, empleando y desafiando varias de las convenciones del *Bildungsroman*, la historia de su desclasamiento, partiendo de un entorno de clase acomodada del norte de la ciudad para terminar ejerciendo como prostituta en la zona roja del centro de la urbe caleña.[8] Su relación con la música hace de la protagonista de la novela de Caicedo un buen ejemplo de esos individuos cuya postura contracultural no se acomoda a los parámetros de la derecha ni de la izquierda: la narración revela el proceso mediante el cual rompe con su clase social "burguesa" originaria, al tiempo que también le da la espalda a la militancia y la ideología ortodoxa de izquierda al confesar a su audiencia que lo que quiere con su narración es "empezar a contar desde el primer día que falté a las reuniones [de lectura de *El capital* de Marx], que haciendo cuentas lo veo también como mi entrada al mundo de la música, de los escuchas y del bailoteo" (*¡Que viva la música!* 12). A lo largo de la primera mitad de la novela el rock es el que manda la parada. La música, su conformación de una audiencia juvenil y "el bailoteo" son fundamentales en el proceso de aprendizaje de este personaje, quien confiesa salir de su ignorancia en lo que a música se refiere gracias a amigos que sirven como intermediarios culturales y que le inician en el gusto por el rock, traduciendo y mejorando las letras en inglés para su comprensión. En estas páginas la novela se va infectando del espíritu juvenil y contracultural asociado con la música rock de la época y con bandas como The Animals, Grand Funk y The Rolling Stones, brindándole cuidadosa atención a detalles de la cultura popular juvenil como la muerte del guitarrista Brian Jones o las carátulas de algunos discos importados. También se puede apreciar la adopción de una postura rebelde frente a la sociedad y la generación de los padres (llevada al extremo en la historia de parricidio, matricidio y "nanicidio" del Flaco Flores, (56-60)) y la centralidad que adquiere el mundo de las fiestas, las drogas y los excesos. El valor del capital cultural se adscribe en esta sección de la novela al conocimiento que tienen los individuos de la cultura del rock, su música, las letras, y la capacidad de hablar o entender inglés. De allí la admiración y el agradecimiento que profesa la narradora por quienes conocen la música y de quienes ella recibe ese conocimiento:

> Tenía yo un radio viejo en mi cuarto y pensé sintonizarlo, pero recordé que me habían prestado discos, me los prestó un amigo Silvio, que me dijo: "se los presto para que aprenda a oír música". [...] Silvio era sincero y se interesaba por mí, por mi cultura, y además era verdad que yo no sabía nada de música. La que más sabía era Mariángela: decía nombres de músicos y de canciones en inglés. (19)

Los discos de Silvio son significativos para la narradora como instrumentos para "aprender música e inglés" (19). La importancia de otros personajes, como su amigo Ricardito el Miserable, se cifra en términos análogos: es él quien le introduce en el consumo de las drogas importadas y sirve como intermediario de innovaciones culturales también importadas de los Estados Unidos, además de que actúa como traductor/traidor de las letras de las canciones. Por su parte, Leopoldo Brook, guitarrista gringo y pelirrojo, es lo más cercano a "*the real thing*" que la narradora podrá encontrar: "Oh maravilla: la primera palabra que le salió para decirme se le vino fue en inglés. Y se cortó todo. Me pidió perdón. 'No, no –le dije– me gusta. Si me hablaras siempre en ese idioma... ¡si me enseñaras!' Y luego, la gran confesión: 'Soy tan ignorante'" (60). Con Brook tendrá la narradora su primera relación afectiva y perderá la virginidad "encima de la primera cama de agua (*Made in USA*) que veía" (68).

La centralidad del inglés, el rock y la cultura popular estadounidense se irá desvaneciendo con el paso de las páginas. En su deambular la protagonista eventualmente adquirirá desprecio por el rock y predilección por otro tipo de música. Hacia la mitad de la novela la protagonista descubre "la salsa a la astilla",[9] lo cual le impulsa a cruzar el puente que funciona como umbral divisorio entre las clases enriquecidas que habitan el norte de la ciudad y los estudiantes y proletarios que habitan el sur:

> [O]í acordes nuevos, durísimos pero lejanos. [...] Sonaba en casa, no de ricos, al otro lado de la calle que yo no pretendía cruzar, allí donde termina Miraflores. No sé cómo se llama el barrio del otro lado, puede que ni nombre tenga, que la gente que vive allí haya aprovechado para también llamarlo Miraflores, pero no, no es; son casas desparramadas en la montaña, jóvenes que no estudian en el [colegio] San Juan Berchmans [...]. (93-95)

El descubrimiento de la salsa le permite al personaje además descifrar la lógica y la mecánica de lo que percibe como el imperialismo cultural subyacente en la música rock, sus contenidos, la moda y el estilo de vida que acompañan a este estilo musical. Es así como empieza a manifestar un afán por distanciarse de su sentimiento inicial hacia el rock y llevarlo hacia el extremo opuesto. Al contemplar su nuevo y sureño entorno, la narradora comprende que para ella el norte está muerto, inerte, que carece de agencia y de posibilidades de acción debido en gran parte a la penetración cultural que le ha alienado, que le ha alejado de su verdadera naturaleza. No es casualidad que a medida que se adentra más en el sur, los escenarios en los que la Mona se mueve se vayan tornando más "naturales", más rurales, idílicos, que sean, en síntesis, menos tocados por la urbanización y por la globalización y también menos sometidos por la individualización y la alienación de la ciudad modernizada. Lo que halla en el sur que la hace sentir de esa manera hacia su pasado norteño es el espíritu de la gente que lo habita, sus precarias condiciones materiales pero también su actitud gozosa frente a la vida, que está en estrecha relación con los ritmos y las letras de la música que escuchan y que bailan: en suma, unas cualidades vinculadas de cerca con el ser "de cierta manera" que Benítez Rojo en *La isla que se repite* postula como esencial e identificador en la cultura caribeña.[10] Lo que impele a la Mona a declararle la guerra al "imperialismo cultural yanky" (100) y sentenciar que "[h]ay que sabotear el *Rock* para seguir vivos" (104) o, lo que le permite, en síntesis, adquirir una "*conciencia política estructurada*" (104)[11] es la constatación de que existen escenarios en que habita una cultura más ligada a sus raíces culturales y lingüísticas, que ha seguido un camino paralelo de desarrollo que le parece a ella más auténtico que los modelos importados desde Norteamérica pero que, al mismo tiempo, se distancia de la cultura oficial y sus representaciones de lo nacional, que también rechaza: "siempre rechazo cumbias y pasodobles y me cago en Los Graduados" (103).[12] Como también sucedía con el rock que la Mona escuchaba y bailaba en la etapa anterior, la audiencia de esta "nueva" música conforma una subcultura juvenil y comunitaria que gira alrededor de "la rumba" y del desafío a los valores tradicionales de la sociedad caleña y de una jerárquica cultura nacional dictada en gran medida desde la gran urbe capitalina, sede del Gobierno, de la Iglesia y de sus burocracias institucionales. Pero a diferencia de lo que sucedía con el rock en los estratos económicos de "la gente linda", en estos barrios del sur mucho gira en torno a lo que *dicen* las canciones, que por estar escritas y cantadas en su idioma, son accesibles a todos los oyentes/bailadores y por ende tienen una enorme capacidad de convocatoria y de acción ideológica. Al hacerse comprensibles a nivel lingüístico, las letras posibilitan la decodificación y/o la aceptación no mediada de los mensajes ideológicos contenidos en ellas. La compenetración de la narradora con este tipo de música es generada en gran medida por la posibilidad que le ofrece de entender las historias y los mensajes transmitidos por sus letras, cantadas en español. "Gigantesca luna y un viento de las montañas, profundo, acompañó la comprensión total del momento: que todo en esta vida son letras" (93), dice la narradora de ese instante de iluminación. Y más adelante insiste: "Me inflé de vida, se me inflaron los ojos de recordar cuánto había comprendido las letras en español, la cultura de mi tierra" (100-101).

La narración de Caicedo en éste, quizás el texto más conocido de los suyos, y en el que se abraza con más ahínco el tema de la música popular, presenta una idea provocadora de dos tipos de subculturas juveniles latinoamericanas que habitan un espacio geográfico claramente delimitado por cuestiones socioeconómicas y raciales que también inciden en sus opciones políticas. Está por un lado una subcultura derivada de la *counterculture* estadounidense, y que establece su identidad en proporción con el grado de imitación que se logra frente al modelo que copia de una manera que sigue muy de cerca planteamientos sobre la función de la imitación en la formación de las culturas latinoamericanas y reflexiones sobre estratificaciones sociales derivadas de ella (Bhabha;

Schwarz). De la misma manera, tiene puntos de evidente contacto con la conceptualización del *kitsch-pasivo* elaborada por Guimaraes y Cavalcanti y según la cual "un consumo desenfrenado de productos industrializados, generalmente en imitación de los elementos típicos de una elite" es generado por "la búsqueda de un status socio cultural" (citado en Santos 101). La identidad copiada de este grupo de jóvenes termina siendo desechada como problemática por la narradora, para quien el lenguaje extranjero (el inglés) limita la comprensión de aquello que se imita. En contraste y contraposición a la subcultura de este grupo de jóvenes se presenta la subcultura de la música salsa, hecha y cantada (por lo general) en español, y que incorpora elementos de la fusión de razas, culturas y ritmos que sería compatible con una lectura no blanqueada de la historia de la América hispana desde la invasión española.

La visión de identidad que estaría proyectando este grupo estaría relacionada muy de cerca con la noción de "transculturación" acuñada por Fernando Ortiz en su *Contrapunteo cubano*.[13] La decisión de Caicedo de emplear la música como telón para escenificar las divisiones sociales e ideológicas presentes en la juventud de su generación y para contemplar también divisiones y heterogeneidades al interior de los distintos grupos sociales que pasaban por invisibles dentro de las esquematizaciones sociales derivadas del marxismo parece operar dentro de los parámetros de lo observado por Silvia Spitta con relación a que la aceptación entre la crítica del término de Ortiz y de su analogía musical implícita ha tenido que ver con que los procesos de transculturación son más evidentes y distinguibles en la música y las *diferencias entre* culturas se pueden ver mejor en las maneras en que las culturas forman los cuerpos y los ritmos (162). Ausente de la concientización de la narradora de Caicedo están, sin embargo, aspectos como el papel comparable que tienen los medios en la producción, reproducción y mercadeo de la manifestación cultural que se asume como más autóctona y "original" (e.g. la esencial función que cumplen el sello musical Fania y el empresario judío neoyorquino Jerry Massuci en su aparición, difusión y globalización); la noción del rock como un género musical igualmente híbrido influido en su desarrollo por músicos y cantantes hispanos y africanos, entre otros; el papel de latinos no hispanohablantes (especialmente neoyorquinos o *newyoricans*) en el desarrollo de la salsa, etc. Pero dejando esto de lado, lo que su narración revela es el papel de la música en la articulación de los discursos ideológicos de hegemonía y resistencia, y dentro de ellos el lugar de las letras mediante las cuales se comunican esos discursos, como también lo atestiguan los casos examinados por Frances Aparicio en su *Listening to Salsa*. A pesar de ser un espacio de "escape" y de "entretenimiento", en la novela el esparcimiento musical también le proporciona a oyentes y bailadores la posibilidad de adelantar lecturas e interpretaciones políticas en relación con las letras de la música, y estas lecturas no están limitadas a las clases de individuos que han recibido un nivel de educación formal más avanzado (Aparicio 219-37).

Si bien el gusto de la juventud por la música popular mediatizada a través de la radio y la industria discográfica está presente en muchos de los textos de Caicedo, es en esta novela en la que se le da un nivel protagónico y definitivo. La rareza de la escritura de Caicedo se manifiesta acá al permitir que se permee el texto literario por los sonidos y los discursos de esta música, muy a la manera de lo que podría ocurrir en *Tres tristes tigres* de Cabrera Infante o *De donde son los cantantes* de Severo Sarduy, o incluso en *La guaracha del Macho Camacho* de Luis Rafael Sánchez. Este elemento puede tomar el dramatismo que adquiere la narración de la protagonista en su huida de un episodio en que "la violencia progresaba si la belleza conducía" (166), al cruzarse con tres campamenteros blancos quemados por el sol que entonan las sesenta y seis repeticiones del verso "lluvia con nieve" de la canción homónima de Mon Rivera, que se despliegan como un muro de palabras cubriendo buena parte de una página (177-78); o tomar la forma de una clave lingüística que torna indescifrable e intraducible la narración para los no iniciados y que la protagonista narra del siguiente modo, a bordo de un autobús que le interna en las profundidades del Sur:

> Ala-lolé-lolé lalá-lo-loló lolalala-la-la-lá oiga mi socio oiga mi cumbia que voy en cama-calá alala-lelelee lolo-lolá epílame pa los ancoros como le giro este butín guagpancó ala-lolé-l-o-o-o--la oiga mi socio, oiga mi cumbilá, le voy a encamacaló le-e-lo-la-alolo-lo loló epílame pa los ancoros como le giro este butín gua-guan-có cuando mi mene era chiquitín y ya empezaba a rodar pachitum y ya empezaba a rodar pachitum jamercoyando y no me pudo tirar pallá pallá oye-ló ala-le-le-loo lolololololololá y el niche que facha rumba aunque niña bien tullida cuando varan a la pira lo altare la araché [...]. (154-5)

La fabulosa intromisión musical, en su ñáñigo original, de la canción "Lo altare la arache" en interpretación de Richie Ray y Bobby Cruz se da cita en el libro por cuenta de la masa de negros pasajeros que a bordo del autobús se dirigen a su trabajo en la periferia urbana y cuyos "tres radios comenzaron a transmitir, como un conjuro, la misma canción" (154), una que les hace sonreír "como si les comunicara un mensaje secreto de rebelión y tragedia" (155).

La importancia de la música para la novela está explícita desde el título mismo de la novela, pero además se evidencia con la inclusión de una discografía en sus páginas finales. Presentada por un personaje llamado Rosario Wurlitzer, esta discografía se ofrece como una compilación con intenciones exhaustivas de la música que "la autora ha necesitado, para su redacción" y que "tiene que sonar evidente para el lector aguzado" (191). Posando como uno de estos expertos, o lectores aguzados, Wurlitzer añade que aunque ha intentado localizar los intérpretes de las versiones más populares de los temas, incluyendo el sello de publicación, ha "escuchado casi todo el material que ella menciona a través de puertas abiertas, en radios o en los buses" (191), dando cuenta tanto de su carácter popular como de su papel dentro de la cotidianidad de la experiencia urbana. La música listada en esta discografía, y especialmente la música salsa, se entreteje con la escritura en la novela de Caicedo creando significados y aportando al ritmo y la cadencia. No se trata únicamente de transcripciones de letras que se insertan en la página como en los ejemplos anteriores, sino además de una completa y verdadera contaminación del lenguaje de la narradora y los personajes por los discursos mediáticos de la radio y el disco que lo transforman en una retórica con textura novedosa y diferente de toda literatura anterior. Así, por ejemplo, al cruzar el río e ingresar al territorio salsero del sur, la narradora dirá:

> Perpleja, atendí a la bullaranga de aquéllos a quienes estremecía el bembé, un, dos, tres y brinca, butín, butero, tabique y afuero. Mis ojos serían como de pez mirando aquello, nadie se quedaba sentado, esa música se baila en la punta del pie, Teresa, en la punta del pie, si no, no, si no, no [...]. Ninguna de las peladas envidió mi hermosura, ven a mi casa a jugar bembé [...], vete de aquí Piraña, mujer que todo lo daña, y la pelada a la que iba dedicada la canción se puso roja y voltió la cara, tenía bonito pelo, butín Guaguancó [...] el niche que facha rumba, háganle caso que está callao y viene de frente tocando el

tumbao, se me acercaron dos muchachos que decían a los gritos haberme visto [...], yo no les creí, te conozco bacalao aunque vengas disfrazao, así les contesté [...] yo molesto a los hombres que como siempre se rieron, me pidieron baile en lugar de pedirme identificación. (95-96)

En ejemplos como este, que son ubicuos en la novela, es posible ver los diferentes estratos del lenguaje que son permeados por la música, las letras y el baile. No solamente aparece con un efecto de simultaneidad con la narración y los pensamientos del personaje y dictamina el ritmo de narración y lectura, sino que además funciona, en el nivel de lo narrado, como medio de comunicación entre los otros personajes (e.g. con la "dedicatoria" o con la respuesta que da la narradora a los muchachos que dicen conocerla) e incluso, en forma de baile, como sustituto para el documento de identificación que en las fiestas del norte habría sido requisito de entrada y barrera de exclusión. Por otra parte, al nivel de la escritura es interesante notar la densidad y la extensión de las citas musicales con que se construyen el par de párrafos que ocupan sendas páginas en las que aparecen estas líneas.[14] Si bien una de las cualidades valoradas por la literatura clásica y la escritura canónica occidental es la capacidad del/de la escritor/a para hacer referencias intertextuales a otras obras pertenecientes al canon, en textos como el de Caicedo este tipo de citas coexisten, aunque casi marginalizadas, junto con las citas a la cultura popular, que adquieren mayor importancia y jerarquía. Con las citas intertextuales de canciones populares de Cortijo y su Combo, Rubén Blades y Willie Colón, y de Richie Ray y Bobby Cruz que funcionan entremezclándose con la narración, la escritura, los pensamientos y los diálogos de los personajes, Caicedo como escritor, y su personaje como narradora, se erigen como autoridades salsómanas y exigen de sus lectores el mismo nivel de conocimiento, o al menos disposición para el aprendizaje. Como lo diría ella al inicio de la novela, "[d]esearía que el estimado lector se pusiera a mi velocidad, que es energética" (15). El resultado de esta contaminación recíproca de discursos produce un efecto no sólo de "oscurecimiento" del lenguaje de la escritura, que incorpora así vocablos, cadencias y ritmos de lo africano y lo caribeño que son parte integral, aunque invisibilizada, tanto de la historia y la cultura local caleña, como de las colombiana y latinoamericana; sino que además funciona como una cifra similar a la que operaba con la inserción del ñáñigo en las letras del ejemplo citado más arriba, pues contribuye a la conformación de un discurso que sólo los "iniciados" pueden comprender en su totalidad, y que para el resto puede producir confusión y desorientación.

Si bien la rareza de la escritura caicediana frente a los puntales de literaturas canónicas coetáneas en Colombia y Latinoamérica inicialmente pudo marginarle del tipo de difusión y reconocimiento crítico y editorial reservado en la época para obras cobijadas por el manto del realismo mágico, es a esa excentricidad también que se ha debido en buena parte el seguimiento a veces fanático o de culto de muchos de sus lectores, un factor que han sabido incorporar los medios y las industrias culturales para llevarle a modestos niveles de atención crítica y éxito editorial a lo largo de la última década. Cuando se le compara con las obras canónicas del boom y del realismo mágico, ha de destacarse en la literatura caicediana su empleo de personajes adolescentes en la interacción que tienen con la novedosa experiencia de una ciudad que se acomoda a los empujes de una modernización económica transnacional y globalizadora. Como puede constatarse a través de los textos de Caicedo, uno de los efectos de dicha modernización es la constitución de una nueva franja de consumidores entre el público juvenil, y los medios masivos como el cine, el disco y la radio se convierten en un vehículo principal para lograr ese propósito. En sus textos Caicedo logra registrar el desenvolvimiento de la angustia y la identidad de los jóvenes y adolescentes en esa nueva ciudad latinoamericana, los conflictos que se producen al nivel de clases sociales y su acceso a las diferentes vetas de ese consumo, así como del resquebrajamiento tanto de las ideologías en las que se ha fundamentado la idea de lo nacional como de las utopías con que se ha intentado desafiar los avances del consumo y el imperialismo transnacional. Aún más, lo que irrumpe con gran peso en esos textos es la transformación de la subjetividad de los jóvenes ciudadanos, lo cual se comunica no sólo a nivel temático sino además retórico, con la contaminación y coexistencia de los lenguajes de la "alta cultura" literaria y la cultura de masas, incluyendo los lenguajes del cine, la industria de la música, la subcultura de las drogas o de las pandillas, etc. Mientras concluyo la escritura de este ensayo no puedo evitar mencionar la amplia cobertura y difusión en todo tipo de medios de la exposición "Morir y dejar obra" que se realiza en la biblioteca

Luis Ángel Arango de Bogotá, en conmemoración de los 35 años del suicidio de Caicedo, con varios coloquios y eventos paralelos. Aunque podría asumirse como una profunda ironía que los elementos de esa rareza que se ha discutido arriba adopten cada vez mayor centralidad, quizás sea más apropiado aceptarlo como hecho característico de "[u]n mercado capitalista que antes que 'crear vínculos con el *Otro*, convierte al *Otro* en mercancía; y en lugar de servir para pensar(se) constituye un dispositivo de imaginación de la infinitud y eterna renovación vampírica del capital" (Jáuregui 588). Dado el profundo interés de Caicedo por los personajes vampiros y caníbales, podría quizás ser más que una coincidencia inevitable el que su literatura acabara siendo devorada por las leyes de canonización frente a las cuales exhibió y desarrolló su excentricidad.

Notas

[1] Mis contribuciones iniciales al análisis de los otros dos elementos pueden encontrarse en las publicaciones "Caníbales por Cali van: Andrés Caicedo y el gótico tropical" y "Andrés Caicedo y la sexualidad de los angelitos".

[2] El nombre de esta plaza, sitio tradicional de congregación y espectáculos desde tiempos coloniales, y en la actualidad concurrido lugar de operaciones de escribanos públicos, lustrabotas y vendedores ambulantes, así como punto de encuentro y tertulia para desocupados y desempleados y sitio obligado de visita por turistas, debe su nombre no al escritor en cuestión sino a Joaquín de Caycedo y Cuero, último Alférez Real de la ciudad de Cali, cuya estatua en bronce preside la plaza.

[3] Ospina y Romero Rey en su prólogo a *Destinitos fatales* ya resaltaban a mediados de los ochentas estos aspectos de la escritura de Caicedo, presentando sus textos como "uno de los pocos ejemplos en la literatura colombiana que no pertenece a la "cultura oficial:, ni sus textos van a ser de obligada lectura escolar, ni recibirá condecoraciones post-mortem. Sin embargo [...] representa una de las obras más vitales, agresivas, trágicas, inteligentes y profundamente divertidas, que se hayan producido en muchos años en Colombia" (24).

[4] Caicedo escribe además el ensayo "Los héroes al principio" sobre *La ciudad y los perros* de Mario Vargas Llosa.

[5] La version original de The Rolling Stones que Caicedo traduce dice "[...] summer's here and the time is right for fighting in the street, boy".

[6] Los casos analizados por Santos incluyen el del tropicalismo brasilero y el movimiento Tucumán Arde de Argentina, junto con los de escritores considerados pioneros como Manuel Puig y Jose Agrippino de Paula y los de aquellos vistos como fuentes de consolidación de esta tendencia, entre los cuales estarían Luis Rafael Sánchez, Severo Sarduy, Haroldo de Campos, Clarice Lispector y César Aira.

[7] De hecho, es a través de este volumen que Alberto Fuguet "descubre" a Caicedo en una librería de Lima, como lo hace constar en su artículo "El hombre que veía demasiado" y en su libro *Apuntes autistas* (2007), así como en la entrevista que le hace Carlos Sotomayor. Una versión revisada de "El hombre que veía demasiado" se incluyó como parte del prólogo escrito por Fuguet para la edición latinoamericana de la novela inconclusa de Caicedo *Noche sin fortuna* publicada por Editorial Norma en 2009.

[8] Sobre la manera en que la novela de Caicedo desafía la noción del cronotopo de Bakhtin puede consultarse el ensayo de Valencia.

[9] Sobre el perene debate generado entre los que favorecen el empleo de la palabra "salsa" para referirse a este tipo de música y los detractores de tal vocablo hay numerosas fuentes. Véase por ejemplo Padura Fuentes. Utilizo aquí el término por ser el empleado por Caicedo en su novela.

[10] Para un análisis del elemento de la rumba y sus componentes como base de una lectura de la novela de Caicedo a la luz de la teoría de Benítez Rojo sobre la performance y la "cierta manera" de los pueblos caribeños puede consultarse el ensayo de Ortiz Caraballo.

[11] Las bastardillas aparecen en el texto original a menos que se indique lo contrario.

[12] No deja de parecer irónico que la narradora adopte esta postura frente al rock cuando la escritura misma de Caicedo está tan marcada por la cultura popular estadounidense, y parecería indicar una ruptura de esta obra con ejemplos anteriores de su obra. Sin embargo, el final de la novela, en el que se da cabida a una noción integradora y transcultural de la identidad, problematiza esta idea.

[13] El término fue acuñado por Ortiz para responder, desde un locus latinoamericano, al concepto de "aculturación" desarrollado por la antropología durante los cuarentas. La noción de transculturación implicaba una resistencia a la idea de la homogeneización de una cultura receptora a manos de una cultura invasora, proponiendo en cambio un "toma y daca", un intercambio que iría en ambas direcciones.

[14] Romero Rey ha compilado una amplia identificación de citas musicales en su libro *Andrés Caicedo, o la muerte sin sosiego*, 59-90.

OBRAS CITADAS

Andrés Caicedo: Unos pocos buenos amigos. Dir. Luis Ospina: Instituto Colombiano de Cultura & Compañía de Fomento Cinematográfico, 1986. Documental.

Aparicio, Frances. *Listening to Salsa: Gender, Latin Popular Music, and Puerto Rican Cultures*. Music / Culture. George Lipsitz, Susan McClary y Robert Walser, eds. Hanover: Wesleyan UP, 1998.

Benítez-Rojo, Antonio. *The Repeating Island: The Caribbean and the Postmodern Perspective*. 1992. James E. Maraniss, trad. 2nd. ed. Durham: Duke UP, 1996.

Bhabha, Homi K. "Of Mimicry and Man: The Ambivalence of Colonial Discourse". *October* 28 (Spring 1984): 125-33.

Caicedo Estela, Andrés. *Destinitos fatales*. Luis Ospina y Sandro Romero Rey, eds. Bogotá: Oveja Negra, 1988.

_____ *El atravesado*. 1975. Santafé de Bogotá: Norma, 2001.

_____ "Maternidad". Caicedo Estela, *El atravesado* 73-82.

_____ *Ojo al cine*. Luis Ospina y Sandro Romero Rey, eds. Santa Fe de Bogotá: Norma, 1999.

_____ *¡Que viva la música!* 1977. Sexta ed. Santafé de Bogotá: Plaza y Janés Editores, S.A, 1996.

_____ y Alberto Fuguet. *Mi cuerpo es una celda: Una autobiografía.* La Otra Orilla. Dirección y montaje Alberto Fuguet. Bogotá: Grupo Editorial Norma, 1a ed., 2008.

Casas, Fabián. "Andrés Caicedo: El Atravesado". *Matas de Pasto.* Buenos Aires: Eloísa Cartonera, 2005. 17-23.

Díaz Oliva, Antonio. "Las penas del joven Andrés". *Zona de Contacto.* N.p., 2002. Red. Enero 1, 2012.

Donoso, José. *Historia personal del "boom".* Barcelona: Anagrama, 1992.

Duchesne-Winter, Juan. Introducción. Duchesne-Winter y Gómez Gutiérrez 9-13.

Duchesne-Winter, Juan, y Felipe Gómez Gutiérrez, eds. Introducción. *La estela de Caicedo: Miradas críticas.* Pittsburgh: Instituto Internacional de Literatura Iberoamericana, 2009.

Fernández L'Hoeste, Héctor D. "Delirios de modernidad (y violencia): premonitorios destellos de Hollywood en la obra de Andrés Caicedo". Duchesne Winter y Gómez Gutiérrez 245-59.

Fuguet, Alberto. "Andrés más Caicedo: Dos encuentros". *Noche sin fortuna.* Verticales de Bolsillo. Bogotá: Editorial Norma, 2009. 9-16.

_____ "El hombre que veía demasiado". *El Malpensante* 32 (ago-sep 2001): 47-9.

_____ "Entrevista a Alberto Fuguet (Sobre Andrés Caicedo)" por Carlos M. Sotomayor. N.p., 2009. Red. Diciembre 21, 2011.

García Márquez, Gabriel. *Cien años de soledad.* 1967. ed. de Jacques Joset. Letras Hispánicas 215. 5a. ed. Madrid: Cátedra, 1994.

Gass, William H. "The First Seven Pages of the Boom," *Latin American Literary Review* XV/29 (1987): 33-56.

Giardinelli, Mempo. *Así se escribe un cuento.* Buenos Aires: Beas Ed., 1990.

Gómez, Andrés. "Caicedología". *Filosofía y vida.* N.p., 2009. Red. Enero 1, 2012.

Gómez Gutiérrez, Felipe. "Andrés Caicedo y la sexualidad de los angelitos". *Arcadia* 69 (Jun-Jul 2011): n. pag. Red. 8 Nov. 2011.

_____ "Caníbales por Cali van: Andrés Caicedo y el gótico tropical", *IKALA: Revista de Lenguaje y Cultura* XI/17 (Escuela de Idiomas, Universidad de Antioquia, Medellín-Colombia, Ene - Dic 2007): 121-42.

Guimaraes, Dina y Lauro Cavalcanti. *Arquitetura kitsch: Suburbana e rural.* Rio de Janeiro: Funarte, 1979.

Hart, Stephen. *A Companion to Spanish-American Literature.* London: Tamesis, 1999.

Jameson, Fredric. "Third-World Literature in the Era of Multinational Capitalism." *Social Text* 15 (Fall 1986): 124.

Jáuregui, Carlos. *Canibalia. Canibalismo, calibanismo, antropofagia cultural y consumo en América Latina.* Madrid: Iberoamericana, 2008.

Jiménez Camargo, Camilo Enrique. *Literatura, juventud y cultura posmoderna. La narrativa antiadulta de Andrés Caicedo.* Bogotá: Universidad Pedagógica Nacional, 2006.

Jitrik, Noe. Prólogo. *Atípicos en la literatura latinoamericana.* Noe Jitrik, ed. Buenos Aires: Universidad de Buenos Aires, 1996. 11-15. 1997.

Lindstrom, Naomi. *Twentieth-Century Spanish American Fiction.* Austin: U of Texas P, 1994.

Ortiz, Fernando. *Contrapunteo cubano del tabaco y el azúcar.* Caracas: Biblioteca Ayacucho, 1987.

Ortiz Caraballo, Carlos Daniel. "La rumba, base para la construcción de una estética caribeña auténtica en *¡Que viva la música!* de Andrés Caicedo". Duchesne-Winter y Gómez Gutiérrez 227-44.

Ospina, Luis, y Sandro Romero Rey. "Prólogo: Invitación a la noche". Caicedo Estela, *Destinitos fatales* 7-25.

Padura Fuentes, Leonardo. *Los rostros de la salsa.* La Habana: Editorial Unión, 1997.

Patiño Millán, Carlos. "Una hermosa modelo que se convirtió en vampiro". *Angelitos empantanados o historias para jovencitos.* 1995. Cara Y Cruz. Santafé de Bogotá: Norma, 1997. 2. 9-19 (Cruz).

Romero Rey, Sandro. "Toda la música de ¡Que viva la música!" *Andrés Caicedo, o la muerte sin sosiego. Historias No Contadas.* Bogotá: Editorial Norma, 2007. 59-90.

Rama, Ángel. "El boom en perspectiva". *La crítica de la cultura en América Latina.* Caracas: Biblioteca Ayacucho, 1985. 266-306.

Ramírez Lamus, Sergio. "Metáfora del adolescente desclasado". Duchesne-Winter y Gómez Gutiérrez 97-109.

Santos, Lidia. *Kitsch tropical: Los medios en la literatura y el arte de América Latina.* Colección Nexos y Diferencias: Estudios Culturales Latinoamericanos. Vol. 2. Madrid: Iberoamericana - Vervuert, 2001.

Schwarz, Roberto. *Que horas são?* Sao Paulo: Companhia das Letras, 1987.

Skármeta, A. "Al fin y al cabo, es su propia vida la cosa más cercana que cada escritor tiene para echar mano". *Del cuerpo a las palabras: la narrativa de Antonio Skármeta.* Madrid: L.A.R., 1983. 131-147.

Spitta, Silvia. "Transculturation, the Caribbean, and the Cuban-American Imaginary." *Tropicalizations: Transcultural Representations of Latinidad.* Aparicio, Frances and Chávez-Silverman ed. Hanover & London: Dartmouth, 1997. 160-80.

Swanson, Philip. *The New Novel in Latin America.* Manchester and New York: Manchester UP,1995.

Torres Rotondo, Carlos. "Mapa para perderse en el universo de Andrés Caicedo". *Zona de Noticias.* N.p., mayo 19, 2007. Red. Diciembre 18, 2011.

Valencia, Norman. "Andrés Caicedo, el viaje y el concepto de *Bildungsroman* en América Latina". Duchesne-Winter y Gómez Gutiérrez 263-78.

Van der Huck, Felipe. "Andrés Caicedo: Suicidio y consagración". *Revista Sociedad y Economía* 6 (2004): 109-32. Rpt. en Duchesne-Winter y Gómez Gutiérrez 111-34.

Prosa sagrada. El inicio narrativo de Hilda Hilst

LAURA CABEZAS
UBA – CONICET

*Eu escrevia porque era uma compulsão.
Não tive outra alternativa.*

Hilda Hilst

ÉXODO

En 1965, Hilda Hilst siente el deseo de obedecer a un llamado que transformará su vida y su escritura. Luego de leer *Carta al Greco* de Nikos Kazantzakis, la autobiografía del poeta, novelista y pensador griego de la primera mitad del siglo XX, decide acatar el impulso que la llama al retiro. Así, abandona su agitada vida social en la capital paulista –su casa en Somaré era muy frecuentada por artistas e intelectuales– y se muda a una *fazenda* a once kilómetros de Campinas, propiedad de la familia de su madre, en la cual comienza a construir su propia casa que bautiza con el nombre "Casa do Sol". En sus palabras:

> Me fechei nesta casa aos 33 anos para criar uma obra literária. Era o auge da minha beleza. Reneguei minha agitada vida social, namorados, família, tudo. Foi uma atitude radical. Me entreguei por inteiro.
> [...]
> ao acordar, me mantinha fechada com a máquina de escrever em meu quarto. Só me liberava para sair de lá após escrever no mínimo quinhentas palavras. Alguns dias eram terríveis porque não conseguia escrever e saía do quarto só no final da tarde, para brincar com meus cachorros! (Chiodetto 150)

Como una suerte de conversión, en sus dos acepciones griegas, es decir, como *episthrophe* –"cambio de dirección" que implica la idea de retorno (al origen, a uno mismo)– y como *metanoia* –"cambio de pensamiento", "arrepentimiento", que sugiere la idea de mutación y nacimiento (Hadot 177)–, Hilda Hilst experimenta aquello que exaltaba Simone Weil: el deseo de obedecer a la vocación. En este caso, al destino anacoreta que le impone la escritura.

Precisamente, Hilst estaba preparada para escuchar la llamada e iniciar su camino místico; tan sólo aguardaba el impulso que la condujera hacia la acción. Pero tal ímpetu, lejos de provenir de un acto afirmativo de la voluntad, llegó en un clima de espera donde decidir implicaba la aceptación de lo pasivo. Tiempo de pura potencia, la espera enlaza la actividad con la pasividad, reemplazando así la búsqueda por la obediencia. Sobre esta sumisión a la *vocatio*, Simone Weil, en una de las últimas cartas que le envía al fraile dominico Joseph-Marie Perrin en 1942 titulada por ella misma "Autobiografía espiritual", detalla:

> Veía el criterio de las acciones impuestas por la vocación en un impulso esencial y manifiestamente distinto de los que proceden de la sensibilidad o la razón, y no seguir tal impulso cuando surgía, aun cuando ordenara cosas imposibles, me parecía la mayor desgracia [...] La más hermosa vida posible me pareció siempre aquella en que todo está determinado o por la presión de las circunstancias o por tales impulsos, y donde jamás hay lugar para ninguna elección. (Weil 29-30)

Lejos de adscribir a la creencia en el libre albedrío, Weil, en consonancia con la ética spinoziana piensa la libertad en relación con la necesidad: si el individuo está sujeto a la necesidad que, desde el plano divino, es visto como obediencia a Dios, sólo puede experimentar la libertad al desear esa obediencia necesaria. La espera, y no la voluntad, abre la posibilidad de una forma de vida *atenta* –a los otros, al orden del mundo– que, en la renuncia a la propia autonomía, crea un espacio libre de relaciones de poder.

Así, al esperar y al obedecer el llamado de la vocación, la vida de Hilst se vuelve excéntrica: adquiere un centro diferente, la creación literaria, que impone a la anacoresis como el modo privilegiado de una existencia que antes que definirse por la soledad absoluta –de hecho, en la "Casa do Sol" vivió con su marido, el escultor Dante Casarini y decenas de amigos–, alcanza su especificidad a través de la "rarefacción de los contactos con el mundo" (Barthes, *Cómo vivir juntos* 70). En efecto, el alejamiento de la ciudad permite romper los lazos con aquellas normas abstractas que condicionan las vidas forjadas en los procesos de construcción de personas para lanzarse a la posibilidad de experimentar un ritmo propio y marginal respecto al que gobierna la urbe moderna. El retiro coloca a Hilst en una posición neutral donde ni acepta ni rechaza los mecanismos de poder, simplemente los evade. Y es en esa evasión donde se logra comprender a través del *des-aprendizaje*: "Eu tinha que ser só para compreender tudo, para desaprender e para compreender outra vez. Aquela vida que eu tinha era muito fácil, uma vida só de alegrias, de amantes" (*Cadernos* 31), sentencia Hilst en la entrevista que forma parte del homenaje que se realiza en los *Cadernos de Literatura Brasileira* del Instituto Moreira Salles en 1999.

Realmente la vida de Hilst con la mudanza a la "Casa do Sol" se torna otra; como señalan Laura Folgueira y Luisa Destri en la biografía que escribieron sobre la autora: "Motivada pela máxima de que o conhecimento é solitário, e empenhada em buscá-lo sozinha, a escritora estudava, produzia, pesquisava. Seu interesse pelo misticismo [...] também começou a se intensificar" (56). Fue *Carta al Greco* el texto que le enseñó que para entender lo humano es necesario aislarse de la humanidad. Luego de leerlo, supo que era "necesaria la distancia para conocer mejor al prójimo, al otro. De cerca, como estaba, era muy difícil. No veía nada por entero y, tampoco, me veía a causa de las invasiones de lo cotidiano en la sociedad" (8).

¿Por qué una paradoja es la forma que moldea el llamado obligando a Hilda Hilst a renunciar a la vida tal como la conocía? Un intento de respuesta quizás puede encontrase en su poesía. Ahí, el viaje ya había empezado. Los primeros poemarios de Hilst –como *Presságio*, las *Baladas* o *Roteiro do silêncio*– exponen la potencialidad de conjugar elementos tradicionalmente opuestos (vida-muerte, presencia-ausencia, canto-silencio, entre otros) como vías de acceso a los límites de lo posible. En ese recorrido que aúna papel-vida se juega una experiencia –espiritual y corporal: o sea, mística– que afirma una estética y una ética basadas en la marginalidad.

Hilst hace del margen su morada. Desde ahí construye su propio lugar de enunciación, pero también su propio lugar de pertenencia, su comunidad que se guía por la voz de la especie –y no de la sociedad– fundando un estado de vida intelectual y espiritualmente productivo. En este sentido, la "Casa do Sol" se organiza en función de un principio vital que desborda las divisiones y jerarquías entre personas y animales para sostener la vida en su más puro potencial; dando testimonio de su estadía en la chacra, el escritor brasileño Yuri Santos describe esta convivencia sin conflictos:

> Conheci Hilda Hilst em 98 e –desde abril de 99– convivo diariamente com ela, com o escritor Mora Fuentes e demais moradores da Casa do Sol, sua chácara perto de Campinas. Entre esses habitantes, encontram-se quase noventa cães. Para quem nunca se intrometeu numa *sociedade animal*, a sensação inicial pode ser de desconforto. Você é cercado por latidos e abanos de cauda vindos de todos os lados. Minutos depois, o silêncio se restabelece. Tal desconforto vem de um preconceito: o irracional é aquilo que vem contra a razão, logo, algum desses irracionais me morderá a qualquer minuto!... Balela. Apesar de estarem aquém da –e não contra a– razão, estão abertos ao afeto, linguagem universal entre todo ser vivo. Mas, neste último ano, o que mais tem chamado minha atenção é a semelhança entre esta pré-sociedade e a sociedade humana. Porque se o humano transcende seu lado animal, ainda assim está condicionado por ele. E muito. ("Notas de un psicãologo...")

Decenas de perros (llegó a tener más de 90), junto a escritores y artistas en busca de refugio, integran el microcosmos hilstiano que, como explica Santos, se rige por un lenguaje universal que inactiva el dispositivo *persona* mediante el cual se realiza la separación que, al interior del género humano o de la persona singular, deja al animal como un otro subordinado al individuo (Espósito, *Tercera persona* 20). Por el contrario, la comunidad que forja Hilst se sustrae a ese mecanismo de exclusión en pos de recuperar la unidad originaria del ser viviente. Pero la presencia animal no se encuentra tan sólo en la cotidianeidad de la *fazenda*, sino que también constituye una constante en la obra hilstiana, especialmente a través de las metamorfosis que experimentan los personajes en sus libros; como afirma Alcir Pécora "na literatura de HH, o animal e a loucura figuram a utopia de uma vida fora da Lei" (Pécora y Hansen 167). Es que Hilst en su escritura imagina vidas que se mueven al margen de todo *nómos* regulador de comportamientos y discursos, que se corporizan en contra de cualquier identidad unívoca y albergan en sí la posibilidad de devenir otro.

GÉNESIS

En sintonía con esta salida de las leyes que gobiernan el espacio ciudadano, Hilst también construye una figura de escritora aislada con respecto a los lectores brasileños, en general, y a la crítica literaria, en particular. En una entrevista realizada en 2002, la autora se presenta como víctima de un presunto silencio que, según ella, padeció su obra, especialmente desde mitad de la década del sesenta cuando *muda* de casa y de vida, a la vez que se anima a incursionar en otros géneros literarios (como es el teatro, el cuento, la novela, la crónica):[1]

> Meus livros só há dois anos despertaram o interesse de uma boa editora e estão sendo distribuídos. Pouco antes disso, quando eu entrava numa livraria para comprar meu livro escutava: "Hilst, é? Conheço sim, é uma escritora estrangeira. Mas não temos o livro não.". O escritor não fica escrevendo anos e anos sem parar apenas para criar uma corcova no alto da coluna ou porque não tem o que fazer. Pelo contrário. Ele sabe que tem uma coisa importante a dizer e "essa coisa" precisa ser comunicada aos outros. (Hilst, "Sab(ilda)")

Entendida como comunicación, la escritura, para Hilst, es un *decir a otro*, que implica necesariamente una obligación: transmitir "cosas" –experiencias– a través de la palabra. Tal concepción recubre de misticismo el acto de escribir. Como un místico, el escritor no puede desoír "la fuerza de la obediencia" (Santa Teresa 15) que lo conduce a comunicar aquello que es "preciso falar" (Hilst, *Cadernos* 37). En una posición activa y pasiva al mismo tiempo, éste debe esperar la inspiración, ese "dom divino com o qual somos agraciados" que llega "subitamente e pode dar até febre física" (Maciel, "Entrevista: Hilda Hilst"), para así lanzarse al trabajo artesanal que demanda la composición literaria.

En sus primeros libros de poesía, ese deseo de comunicar se presenta bajo la forma de un llamado constante al otro. El poema crea musicalidad a través del trabajo con la escritura y se propone como un canto que aúna a los individuos. Por ejemplo, en el comienzo de "Balada de Alzira" se lee:

> Eu cantarei os humildes
> os de língua travada
> e olhos cegos
> aqueles a quem o amor feriu
> sem derrubar
>
> [...]

> Cantarei o grito
> de escuta universal
> e de mistério nunca desvendado.
> Serei o camino
> a boca aberta
> os braços em cruz
> a forma. (*Baladas* 67)

El canto hilstiano moldea una comunidad a través de un *eu* que se prefiere colectivo. Justamente, el poeta es la voz que aglutina a los solitarios y los guía hacia la comunión con el mundo. Su lugar radica en aquel espacio vacío que dejó Dios; no obstante, aunque guíe, no trae ninguna seguridad identitaria: transmisor de un "canto sem nome" (77), los lazos se fundan sobre la ausencia –de atributos, de palabras, de dioses–.

La narrativa ficcional, que irrumpe en la vida de Hilda Hilst tres años después del retiro a la "Casa do Sol", implica un despliegue de las experimentaciones formales que ya podían intuirse en su poesía, principalmente en lo referente a la construcción de un *eu* que se instituye en relación al otro. Pero si el yo lírico de los poemarios hacía de la apelación el procedimiento privilegiado para crear tal vínculo comunitario, el yo que se teje en la prosa no sólo apela sino que él mismo muta y se desdobla, haciendo de lo múltiple su principio identitario; como afirma Anatol Rosenfeld:

> este Eu ao mesmo tempo se desdobra e triplica, assumindo máscaras varias, de modo que o monólogo lírico se transforma em diálogo dramático, em pergunta, resposta, dúvida, afirmação, réplica, comunhão e oposição dos fragmentos de um eu dividido e tripartido, múltiplo, em conflito consigo mesmo. (14)

De esta manera, el yo presentado en los relatos, que inauguran la narrativa hilstiana, puede ser leído como un yo-nómada que no se desplaza ni temporal ni espacialmente: por el contrario, se mantiene aferrado al presente y a su discurso, en el cual surgen inesperadamente otros yoes. En este sentido, la experiencia del nomadismo que atraviesa la vida de Hilst al optar por afianzarse y no moverse de la tierra heredada entendiendo al nómada como lo hacen Gilles Deleuze y Félix Guattari, es decir, como "aquel que no se va, que no quiere irse, que se aferra a ese espacio liso en el que el bosque recula, en el que la estepa o el desierto crecen, e inventa el nomadismo como respuesta a ese desafío" (385)–, alienta la aparición de una prosa ficcional que se resiste a toda visión unívoca de la subjetividad imaginando vínculos alternativos que escapen a la clásica dicotomía entre el yo y los otros. Desde la lectura fundante de Anatol Rosenfeld, se ha vuelto recurrente pensar a la prosa hilstiana como un espacio en el que "todos os géneros se fundem" (14). Para el crítico brasileño, una objetividad proveniente de la épica y del registro del habla cotidiano convive con la manifestación subjetiva de un yo lírico que vierte su interioridad en el texto buscando trascendencia y transfiguración. Eminentemente hegelianas, estas distinciones se muestran insuficientes para pensar la prosa de Hilst que, inscripta en el clima experimental de la segunda mitad del siglo XX, cuestiona los límites de los géneros literarios al mismo tiempo que se lanza a desestructurarlos. Así, más que de "fusión", se trata de un nuevo modo de narrar que le escapa a las formas tradicionalmente establecidas. Lejos de la pregunta sobre qué va a suceder, los relatos hilstianos se mantienen en un tiempo a-cronológico y eterno, donde la espera habilita una *acción no-actuante* (Weil) en los personajes, quienes absteniéndose de actuar, se ven determinados "a falar, não necessariamente por vontade própria" (Pécora 10). Para Hilst, la narrativa, que exige esfuerzo, disciplina y tenacidad, se configura, a diferencia de la poesía, como un terreno libre de ataduras, en el que, no obstante, se debe enfrentar con "virilidade e compaixão" (*Fluxo-floema* 175), la dificultad de transmitir una experiencia:

> Vai ser difícil sustentar aquela mãe que é uma possessiva gorda e ainda assim com essa mãe ser bom poeta. Você está me ouvindo com interesse ou devo terminar? Não, quero dizer, sim, vamos escrever essa estória. Você está cansada? É que na poesia é diferente, há toda uma atmosfera, uma contenção (149)

La cita pertenece a "O Unicórnio", primer cuento de Hilda Hilst, escrito en 1969 y publicado al año siguiente junto a otros relatos en *Fluxo-Floema*. Como en todos los relatos que componen el libro –y como anuncia el título–, la escritura se desborda en un flujo continuo y vital (*floema* es el nombre que designa el tejido vivo de las plantas vasculares encargado del transporte de las sustancias orgánicas e inorgánicas en el organismo) que avanza y retrocede a través de diversos *eus* que se dirigen a una segunda persona, creando un clima de oralidad que alberga sin conflicto alusiones eruditas de la cultura literaria, filosófica y religiosa universal. Así, en tanto floema, el flujo incesante de un logos lindero con la locura que toma posesión de la prosa se exhibe múltiple y dialógico: de igual manera que la corteza vegetal, el tejido textual no sólo se presenta heterogéneo y formado por diversas "células", sino que también aparece organizado a partir de la idea de comunicación. Se invoca a un *você*, entonces, que da forma a la textualidad narrativa manteniéndose a la escucha y habilitando el resonar de un "sentido más allá de la significación o más allá de sí mismo" (Nancy 72).

De esta manera, por explorar todos los modos posibles de la comunicación que implica siempre una voz y un cuerpo, pero también por hacer ingresar en los textos problemáticas sobre la relación Dios-individuo, la escritura de Hilda Hilst deviene mística: ofrece caminos para perderse y entabla búsquedas para no regresar. Si, como sostiene Michel de Certeau, se torna místico "todo objeto —real o ideal— cuya existencia o significación escapa al conocimiento inmediato" (118), en la prosa hilstiana, el yo y el cuerpo se delinean místicamente; ambos experimentan una fuga de sus propias condiciones de posibilidad, cruzan sus límites, huyen hacia un más allá de lo instituido. Así, mientras que el yo deja de ser uno para afianzar una vida común con un otro plural, el cuerpo también deja de ser transparente al sentido, su presencia implica el abandono de contornos definidos y la incursión en nuevas formas de composición.

Santa Trinidad

El relato preliminar que da inicio a la ficción hilstiana narra el fracaso de forjar una comunidad desde el corazón, el desinterés y la verdad que permite "ter Deus dentro do coração" (*Fluxo-floema* 150). Recuperando aquellos intentos comunitarios de algunos católicos de los años treinta, como el matrimonio Maritain que desearon "fazer uma comunidade, viver com os amigos que tivessem os mesmos interesses espirituais" (150-51), se describe, en un contrapunto trágico y cómico, el triunfo de los intereses materiales que atentan contra dicha unión y vuelven imposible continuar con la comunidad espiritual.

Centrado en pensar las relaciones que se establecen entre el yo –o los yoes que se hacen cargo del relato– y los otros, el relato pone en escena, metanarrativamente, una reflexión que da cuenta de la construcción fragmentaria que experimenta la figura del narrador en el texto:

> Olha o meu rosto. Toca-me. Vê, ele está dividido. Onde? Olha, você traça uma diagonal partindo desta saliência do lado esquerdo da fronte, e termina a diagonal na mandíbula direita. Pronto? Bem, agora, da minha narina esquerda e portanto quase no canto da boca e termina essa linha na mandíbula esquerda, formando assim um ângulo de quarenta e cinco graus. Agora o meu rosto está dividido em três partes, não é mesmo? O lado esquerdo é o meu irmão pederasta, o lado direito é a minha irmã lésbica e o pequeno triângulo é o meu todo que se move desde que nasci, é esse meu todo que ficou em contato com as gentes, esse todo que se expressa e que tem toda aparência de real. (Hilst 173)

Dos hermanos –él, pederasta; ella, lesbiana– y una mujer "safada", que luego se transformará en un unicornio, toman a su cargo la tarea de hilar con palabras un tejido narrativo que, al igual que sucede en el resto del libro, encuentra en el tres su principio constructivo.[2] Número perfecto, en el tres se conjuga la unidad y la dualidad, invalidándose todo intento de oposición en favor de una totalidad sin motivaciones externas; según Aristóteles: "[...] como los Pitagóricos afirman, el Todo y la Totalidad de las cosas están determinadas por el número Tres; fin, medio y principio forman el número característico del todo y su nombre es la tríada" (Criado 429). Como una trinidad profana, el *eu* narrador es uno y tres al mismo tiempo: la identidad se desarma en el flujo errante de una voz que modula diversos yoes ajenos al dominio del sintagma fundante *cogito ergo sum*.

Es en el rostro –en ese lugar donde el hombre está irremediablemente expuesto y a la vez permanece oculto (Agamben 79)– donde se inscribe esta convivencia simultánea y múltiple, en la cual sólo una de sus partes tiene contacto con el mundo y apariencia real: aquella que delinea el triángulo. Éste, en tanto forma geométrica sencilla expresa, para la cosmología pitagórica, lo finito que se rige por leyes matemáticas estables e inamovibles. El yo-triángulo, entonces, participa de la comunidad triádica narrativa, pero constituye el único capaz de establecer una vivencia en el universo cotidiano: es participante y creador al mismo tiempo. De este modo, Hilst, siempre interesada por las relaciones entre la escritura, el misticismo y las ciencias exactas –ya que en ellos "há uma epifania, uma manifestação do divino, algo tão verdadeiro, tão perfeito, que transcende tudo" (Valença, "Hilda Hilst cria...")–, traduce profana y narrativamente la Santa Trinidad para convertirla en el motor privilegiado de creación: *Fluxo-floema* organiza sus voces a partir de esta figura sagrada que le permite escapar de la oposición irreconciliable yo-otro. Según Nelly Novaes Coelho:

> O fluxo ininterrupto de palavras ditas incessantemente por personagens que oscilam entre a busca e a espera; personagens indiferenciados, cuja individuação é apenas aparente: só existe no plano epidérmico da efabulação ou da palavra. Aparentemente distintas umas das outras, via de regra, seus personagens são diferentes personificações de uma só consciência em face dos problemas enfocados [...] paralela à Santíssima Trindade, os personagens de HH são sempre, em cada narrativa, três pessoas e uma só personalidade visceralmente dividida entre forças opostas: as da realidade corpórea (ou dos valores da práxis) e as do enigma existencial metafísico. (212-13)

Dentro de esta unidad múltiple, la convivencia requiere que se mantenga pero también que se suspenda la dicotomía yo-otro en pos de lograr un equilibrio en el cual la autonomía se proclame al perderse en el otro. La comunidad que se arma a nivel textual, entonces, no estaría formada por una serie de *eus* plenos, sino por su "exposición a la pérdida de la subjetividad" (Espósito, *Categorías* 316): la propia individualidad se disipa al vincularse con aquél distinto de uno. "Eu sou três. Eu amo Ruisis e amo Ruiska, odeio Ruisis e odeio Ruiska, amodeio Rukah. Amor feito de vísceras, de matérias varias, de mel, amo tudo o que pode ser, amo o que é, amodeio tudo o que pode e é" (Hilst 50). Aquí, Rukah, hijo del escritor Ruiska y su esposa Ruisis, narradores-personajes del relato "Fluxo", expone tal comunión a través de la conjunción de dos sentimientos opuestos, el amor y el odio: es que de la misma forma que el yo se descubre a sí mismo al participar en el otro, el vínculo comunitario sólo encuentra su armonía a través de la unificación de los contrarios. En la "unificación de lo múltiple compuesto y (en) la concordancia de lo discordante" (Filolao citado por Robin 56), Hilst sostiene lo contradictorio como la única vía de afirmar un yo y una comunidad en un presente signado conjuntamente por la constatación de que la experiencia tal como se la pensaba "ya no es algo realizable" (Agamben, *Infancia* 7); y, a nivel local, por la presencia de una dictadura militar que recrudeció su violencia en 1968 al proclamar la cesación de los derechos civiles de los ciudadanos brasileños.

En la lejanía de la "Casa do Sol", la dictadura se vive como una pesadilla que no llega a materializarse. De reclusión a refugio, la *fazenda* abriga a quienes podrían ser perseguidos por el régimen:

> No clima das tertúlias, o grupo de amigos viveria a fase dura da política brasileira, após o golpe de 1964. O Ato Institucional n° 5 (AI-5), decretado em 1968, rendeu diversas discussões. Intelectuais de posições liberais e contra o regime militar, tinham sorte por estarem em lugar afastado – ou acabariam todos perseguidos. (Folgueira y Destri 59)

A contraposición de la uniformidad represiva que censura todo comportamiento ajeno a la normativa militar, la prosa hilstiana despoja a sus personajes de la base de toda identificación civil: sin un estilo que les pertenezca como propio, los múltiples yoes no alcanzan ni "a estabilidade de un nome próprio" (Pécora 11), ni la seguridad de un lugar de origen, ni, fundamentalmente, un cuerpo al cual aferrarse.

CORPUS ET ANIMA

En "Fluxo", Ruiska, figura del escritor que siente el deseo de escribir sobre las "as coisas de dentro" pero debe lidiar con un editor que le pide "novelinhas amenas, novelinhas para ler no bonde, no carro, no avião, no módulo, na cápsula" (Hilst 31), experimenta la salida de su propio cuerpo y la fusión con la naturaleza:

> Estou pronto. Começo a sair de mim mesmo. É doloroso sair de si mesmo, vem uma piedade enorme do teu corpo, uma piedade sem lágrimas, é Ruiska, o teu corpo está velho, teus ombros se estreitam, teu peito afundou, tu, com a tua matéria espessa, eu com a minha matéria escassa, eu atravessando as paredes, que alívio, eu no jardim, subindo no tronco, sentado nos galhos, eu me alongando como um peixe-espada, eu me tornando todas as árvores, todos os bois, as graminhas, as ervilhas, os carrapichos, o sol dourado no meu corpo sem corpo. (26)

Junto a la indagación del yo, se ubica la pregunta por el cuerpo. Obsesión que recorre todos los cuentos –y, en extensión, toda la obra hilstiana–: ¿cuáles son los límites de eso que llamamos cuerpo?

o, mejor, ¿cómo y por qué delimitarlo? Hilst imagina un imposible, el "cuerpo sin cuerpo" que, a diferencia del cuerpo envejecido que el desdoblado Ruiska mira con piedad, no conforma un organismo con una organización legible. En efecto, esa corporalidad inestable y cambiante que el relato pone en escena, aun no alcanzada por el sistema clasificatorio de la medicina, levita y disfruta de una desarticulación que suprime cualquier intento de subjetivación: "los flujos de intensidad, sus fluidos, sus fibras, sus contínuums y sus conjunciones de afecto, el viento, una segmentación fina, las micropercepciones han sustituido al mundo del sujeto" (Deleuze y Guattari 166). El yo, ya habitado por otros, se duplica y se entrega a lo múltiple, a ese universal donde toda clasificación es abolida; pues en la multitud se pierde toda definición.

En la prosa hilstiana, entonces, el cuerpo se presenta con más fuerza al ausentarse. Paradoja propia de la experiencia mística,[3] las corporalidades de *Fluxo-floema* ganan presencia cuando el diseño de una anatomía humana claramente delimitable comienza a contraerse, a expandirse o, sin más, a adoptar otra forma. En esa ausencia de organismo, el cuerpo aparece y muestra su costado real; se descubre como el *"espacio del no importa dónde"* (Barthes, *Bataille* 53), sin comienzo ni fin. De esta manera, si el cuerpo se muestra ya incapaz de erigirse como refugio de la idea de una subjetividad identitaria unívoca, puede, no obstante, lanzarse a la búsqueda de nuevos límites y hasta llegar a convertirse en otro.

En este sentido, la metamorfosis animal de la narradora de "O Unicórnio" lleva al extremo la posibilidad de materializar la otredad en un cuerpo que, aunque sentido como propio, deja poco a poco de pertenecerle. Sin parámetros conocidos desde los cuales asirse, la transformación —en la línea de Kafka e Ionesco[4]– se narra de modo confuso y vertiginoso:

> Estou no meu canto mas sinto que o meu corpo começa a avolumar-se, olho para as minhas patinhas mas elas também crescem, tomam uma forma que desconheço. Quero alisar os meus finos bigodes mas não os encontro e esbarro, isto sim, num enorme focinho. Agora estou crescendo a olhos vistos, sou enorme, tenho um couro espesso, sou um quadrúpede avantajado, resfolego [...] Meu Deus, um corno. Eu tenho um corno. Sou unicórnio. (187-88)

Prosa sagrada • 263

El unicornio habilita, por lo menos, dos reflexiones. Por una parte, con él ingresa la alteridad más absoluta para la cultura occidental: el animal. Del lado de la inmanencia y la inmediatez, como expone Georges Bataille, los animales se devoran y al hacerlo no establecen ninguna relación de subordinación o trascendencia: a diferencia del mundo humano donde el objeto existe en un tiempo en el cual su duración es aprehensible, "el animal comido por otro se da por el contrario más acá de la duración, es consumido, destruido, no es más que una desaparición en un mundo en que nada es puesto fuera del tiempo actual" (Bataille, *Teoría de la religión* 20). La narradora se ubica en un umbral donde se junta el cuerpo cuádruple con el pensamiento discursivo que da continuidad al relato: su voz se ubica ahora en un entre lugar que despoja al yo de todo poder. Hilst sigue sosteniendo al *eu* en el texto, pero ya no como consciencia racional, sino como la voz de una comunidad viviente. La vida, indeterminada por ser renuente a la clasificación al interior de las especies, es lo único que queda cuando la esperanza en un significado que dote de sentido la existencia se desvanece.

No obstante, la noción de animal tomado como un todo homogéneo, revela Jacques Derrida, oculta una variedad viviente que no se puede reunir en una sola figura de animalidad en oposición a la de humanidad: se habla de lo animal en singular "como si no hubiera más que uno solo, y de una sola especie" (Derrida, "El otro..."). No se trata de negar la frontera que separa a la especie humana del resto de los seres que habitan el mundo, sino de evitar colocarla como única. Como muestra el momento en que la narradora-unicornio se dirige al diccionario en busca de una definición propia, la separación entre mujer y animal es tan profunda como la que separa al unicornio del rinoceronte. Cristina de Peretti explica, siguiendo a Derrida, que existen, entre las innumerables estructuras de organización de las especies animales, muchas fracturas, rupturas y discontinuidades que son tan irreconciliables como lo pueden ser las que separan a los animales de los hombres.

Pero en este caso, la especificidad del unicornio sólo puede hallarse si se vuelve la mirada hacia el Medioevo donde esta figura legendaria alcanzó gran prestigio. En la época, diversos bestiarios cuentan la existencia de un animal de gran fortaleza que sólo puede ser capturado a través del engaño de una doncella que con el seno descubierto espera su llegada. Cuando la bestia percibe su olor, se acerca para besar o mamar de los pechos de la virgen y, al momento, los hombres llegan para apresarlo o matarlo. En clave religiosa, estos volúmenes ilustrados también establecen una analogía entre el unicornio y Jesucristo:

> Que este animal tenga un solo cuerno en la cabeza representa al Salvador, que dijo "El Padre y yo somos uno" [Jn 10, 30]. Este cuerno es muy afilado, lo que significa que ni los principados, ni las potencias, ni los tronos, ni las dominaciones, pueden comprender a Dios tal como es. Que esta bestia sea temerosa representa la encarnación y la humidad, de las que dijo Jesús: "Aprended de mí, que soy dulce y humilde de corazón [Mt 11, 29]. (*Bestiario* 196)

Nuevamente la prosa de Hilda Hilst se nutre de referencias del imaginario sacro. Traicionada y abandonada a la soledad, la narradora-unicornio fracasa al intentar darse a los otros, sus gestos son incomprendidos por el resto de los mortales, su amor no es correspondido. Duplicando el camino de la Cruz, esa existencia "absurda" (Hilst 16), disonante entre lo humano y lo animal, muere repitiendo un intermitente "eu acredito".

El final del cuento vuelve la mirada, otra vez, hacia la comunidad. El unicornio al morir no clama perdón para los hombres, sino que se afianza en la fe de un "yo creo" carente de predicado. Sin objeto y sin un fin exterior, creer es lo único que resta en un mundo que ha olvidado a Dios. La creencia funda así su valor en sí misma y se propone como un modo de mantener vivo un vínculo comunitario que ya no se nutre de los otros, sino que, por el contrario, se da en la muerte: en el horizonte común de la existencia. Georges Bataille, autor leído y muchas veces citado por Hilst, detalla la posibilidad de una comunidad en la muerte:

> En el instante de la muerte desaparece la sólida realidad que imaginamos poseer. No existe más que una presencia a la vez pesada y huidiza, violenta e inexorable […] Cuando experimentamos la sensación de esta fuerza desgarradora, sólo subsisten en nosotros sensaciones de una gran intensidad […] Cada uno de nosotros es expulsado entonces de la estrechez de su persona y se pierde por completo en la comunidad de sus semejantes. Por eso es por lo que es necesario a cualquier vida mantenerse a la *altura de la muerte*. El destino de un gran número de vidas privadas es la futilidad. Pero una comunidad no puede durar más que al nivel de intensidad de la muerte. (*El límite* 100)

Un extrañamiento que desestabiliza lo conocido recorre la prosa hilstiana. En sintonía con los nuevos modos de existencia que transitan los personajes al experimentar un yo y un cuerpo ajenos a cualquier limitación preestablecida, el lazo de unión fundador de una comunidad posible requiere necesariamente que los individuos sientan la intensidad de esa fuerza violenta –la muerte– que corroe los reductos identitarios, en pos de un principio vital de comunión con lo viviente.

Muerte en Betânia

La muerte apasiona a Hilda Hilst. En ella deposita preguntas, miedos y esperanzas. Su vida y su escritura no cesan de indagar sobre ese instante único al cual no se tiene acceso y del que poco se sabe. Misterio y misticismo se unen en el acto de morir, tornándolo incognoscible para el conocimiento humano:

> A vida é uma coisa absurda, que a gente não sabe como é. De uma certa forma nos deram uma compreensão para entender a vida, mas a gente não consegue. Então nos deram uma cabeça para compreender as coisas, mas sempre é a terra, não é? É sempre o túmulo, sempre o sepulcro. Então, é por isso que eu fico impressionada com essa coisa de Deus. Eu tenho medo da solidão, do sepulcro. Mesmo sabendo que tem alguma coisa depois. Tenho medo de ser enterrada, por isso vou pedir para ser cremada. (Hilst, *Cadernos* 38)

La muerte constituye, según Ernest Becker, uno de los temores que más conmueve al individuo; este sentimiento no escapa a la escritora brasileña: aun cuando no piense el momento de la muerte como un quiebre divisor con la vida, sino como una nueva fase de la existencia, Hilst teme al sepulcro, a su soledad. La tierra es el destino porque, en la cosmovisión hilstiana, trascender no equivale a acceder a un mundo diferente o mejor; por el contrario, implica un cambio de estado, el paso de una sensación a otra, que incluso puede hallar una explicación en la física:

> Não consigo acreditar que tudo de nós vá simplesmente desaparecer. Isso me soa absolutamente ilógico. E até agora são pouquíssimas as respostas. O neutrino, por exemplo, uma partícula que não tem massa e consegue atravessar corpos opacos, pode ser uma boa substância para compor a alma. (Rosa s/p)

Para Hilst, entonces, la trascendencia no se configura como un plano opuesto a la inmanencia, sino sólo como una interrupción en su curso. Las almas, pensadas como sustancias compuestas de partículas subatómicas, inmanentizan lo trascendente. Como señala Eliane Robert Moraes, "ao confrontar sua metafísica do puro e do imaterial com o reino do perecível e do contingente que constitui a vida de todos nós, a escritora excede a sua própria medida, o que resulta numa notável ampliação da idéia de transcendência" (17). La materia así deja lugar a su principio coexistente, el alma que, ya desligada de las fronteras que le imponía el cuerpo, puede experimentar lo imposible para el mortal.

Lázaro, narrador-personaje del cuento de nombre homónimo, también reconcilia una contradicción al encarnar en sí un oxímoron: es un muerto que vive. Tal circunstancia le permite narrar lo inenarrable, el momento de su muerte. Lázaro sale de las coordenadas espacio-temporales que organizan el universo y, en su condición de presencia ausente, relata el camino hacia la resurrección y su posterior vuelta al mundo de los vivos combinando el pasado y el futuro en el mismo presente. Dentro de un clima onírico, comienza describiendo los preparatorios post-mortem al cuidado de su hermana que enfaja y perfuma su viejo organismo ya sin vida:

> Eu estava dizendo que não é a cada dia que morre um irmão, mesmo assim ela soube fazer a minha morte, ela soube colocar tudo, como se coloca tudo no corpo de alguém que morre [...] Observei-a desde o início [...] esperem um pouco, como é que se pode explicar esse tipo de coisa [...] estou pensando [...] acho que é melhor dizer assim: observei-a, logo depois de passar por essa coisa que chamam de morte. (111-12)

Si en el episodio bíblico del Nuevo Testamento Jesús resucita a Lázaro luego de cuatro días después de habérsele dado santa sepultura, en la reescritura que efectúa el cuento se reponen esos días-umbral que conectan la muerte con la vida. Así, la ficción supera el milagro cristiano: la resurrección diluye su impacto frente a la figura del narrador que rebate los límites de lo pensable.

Hilst recorre despreocupadamente la experiencia de la muerte en todos sus aspectos. Al rito hebraico que dirige el tratamiento de lo corporal se le superpone la existencia de un yo incorpóreo que, luego

Prosa sagrada • 267

de atravesar el trance de morir, experimenta una nueva forma de habitar el mundo:

> Tento dizer, mas uma bola quente vem subindo pela garganta, agora está na minha boca, tento dizer: Marta, Marta, é agora. Ainda vejo a cabeça de Maria na beira da cama. A cabeça cheia de cabelos escuros na beira da cama. Foi a última coisa que vi: a cabeça de Maria. Agora apenas ouço: Mestre, Mestre, ajuda-me, onde TU estiveres, ajuda-me, ele está morrendo! Não, Marta, eu não estou morrendo: eu estou morto. E agora vejo-a novamente. Vejo de cima, dos lados, de frente, vejo de um jeito que nunca vi. Jeito de ver de um morto. É estranho, vivo, se deveria ver melhor do que morto. (112-13)

Lázaro *vive* la muerte. Siente el fuego mortal que despoja al cuerpo del soplo divino que lo animaba. Como un nuevo despertar, morir proporciona el acceso a otra dimensión de la realidad; se asiste así a la reconfiguración del modo de estar en el mundo. El amigo de Jesús se ubica en un espacio indescriptible donde la palabra resulta insuficiente y todo se ve "em profundidade" (113): con el cese de funciones orgánicas, la mirada unidireccional es abandonada y reemplazada por una manera de mirar desconocida para el mortal que se abre a la simultaneidad de planos; al igual que el Dios judeocristiano que todo lo ve, el fallecido Lázaro se destituye de su propia centralidad como sujeto y toma en sí todas las perspectivas. Su punto de vista se moldea en la multiplicidad.

En este contexto de multiplicaciones, Lázaro también se hace partícipe en la constitución de un otro: del nabí Jesús, quien, en su carácter de Dios humanizado, se conforma en la unión entre lo mundano y lo innombrable; pero también se refleja en el malvado Rouah, el hermano gemelo del hijo de Dios, un ser tosco, "absurdo, inexistente, nauseante" (116):

> Eu acredito, porque Ele é alguém feito de mim mesmo e de um Outro. O Outro, eu não lhes saberia dizer o nome. O Outro não tem nome. Talvez tenha, mas é impossível pronunciá-LO. Sei que me faço cada vez mais obscuro, mas não é todos os dias que se vê um homem feito de mim mesmo e do Outro. Querem saber? Há mais alguém dentro DELE [...] além de mim mesmo e do Outro, há no Homem mais alguém. Esse alguém chama-se Rouah. (115)

Como en un juego de espejos, Hilst duplica a los personajes –Lázaro/Jesús; Lázaro/Jehová; Jesús/ Rouah; Roauh/Lázaro–

enfatizando sus contrastes –lo humano y lo divino, el bien y el mal, el Nuevo y el Antiguo Testamento, etc.–, pero termina corroyendo tales dualidades al socavar las distancias entre ellas, en función de una combinación –"Aquele Homem Jesus, Aquele Homem Eu Mesmo, Aquele Homem o Outro, Aquele Homem Roauh" (115)– ya no triádica sino con forma de tetragrama que aspira a la posibilidad de una totalidad en la cual las partes se encadenen en el interior del mismo conjunto que reproducen.

Así, con el quiebre de la deixis que imposibilita toda vinculación referencial en el texto, "Lázaro" extrema la ruptura de una identidad yoica estable que necesariamente deba remitir a un sujeto y deja afuera de su ámbito espacio-temporal al otro "no-yo". Comunidad descentrada, el *eu* no posee un punto donde situarse –¿desde dónde se enuncia "aquél" si es él mismo?–, ni tampoco un cuerpo al que sujetarse. Hilst pervierte las categorías que regulan las relaciones entre el ser y el lenguaje, entre éste y el mundo. Sus personajes evaden las normas de subjetivación y de conocimiento; se pierden en la existencia ilimitada de una vida vivida como muerte en común.

REVELACIÓN

Fluxo-floema se nos presenta como fruto de una doble revelación. Por un lado, el descubrimiento de una forma de vida signada por el aislamiento de la urbe, que trae la paz y el silencio de lo espiritual; por el otro, el encuentro con la prosa que transporta la imaginación hacia zonas lindantes con lo impensable. A través de la ficción, Hilda Hilst se exilia del mundo tal como se le presenta; enrarece los enunciados y las prácticas que lo pretenden inteligible, a la vez que cuestiona los principios dicotómicos que dominan la lógica occidental. Los textos hilstianos resisten a la codificación moderna al moldear en sus páginas personajes pasivos que tornan inactivas las potencias cognitivas del entendimiento humano. Ya no se trata de comprender una verdad o buscar una razón que irradie luz y sirva como vía hacia el conocimiento. Por el contrario, Hilst aspira a una experiencia inmediata y oscura que, guiada por un no-saber, se vea volcada al simple flujo de vivir. Así, lo místico, como motor sacro de la composición literaria, imprime sobre la prosa una forma *obscena* de conocer: las preguntas sólo abren

Prosa sagrada • 269

más interrogantes que se regodean en la suciedad pantanosa de una incertidumbre que obliga a la desconfianza y al total despojamiento.

Notas

1   Este lamento sobre la poca atención que se ha dispensado sobre su obra, es leído hoy como una ficcionalización de sí misma que realizó Hilst en muchas entrevistas y que fue no sólo creído sino también repetido por una parte importante de la crítica que se convirtió en defensora de la escritora. Como señala Edson Costa Duarte, en el archivo documental de la escritora fueron encontrados 620 textos que remiten a artículos publicados en la prensa brasileña y en la del exterior, muchos firmados por críticos reconocidos: "Nos anos 50 e 60, aparecem apenas notas, tímidas resenhas e poucos textos mais ensaísticos. Depois, nos anos 70, ocorre um aumento considerável da quantidade dos textos, podendo-se selecionar alguns que são muito precisos nas considerações feitas a respeito da obra de Hilst. Nos anos 50 e 60, encontr m-se textos de Sérgio Buarque de Holanda, Sérgio Milliet, Jorge de Sena, Wilson Martins e Anatol Rosenfeld. Nos anos 70 a 90: Nelly Novaes Coelho, Sábato Magaldi, Leo Gilson Ribeiro, Ivan Junqueira, Flora Sussekind, Augusto Massi, Cláudio Willer, Jorge Coli, Berta Waldman e Vilma Arêas, Eliane Robert Moraes etc. A partir de 2001, quando da edição das *Obras reunidas de Hilda Hilst*, fica a cargo de Alcir Pécora, docente da Unicamp, a redação das notas introdutórias de todos os volumes" (Costa Duarte 2). No obstante, el aislamiento de la obra de Hilst puede seguir siendo leído desde la dificultad de asirla y clasificarla. Al no enlistarse en ningún movimiento literario de su época, queda sola en su singularidad.

2   En efecto, todos los cuentos además de la estructura dialógica ya descripta, cuentan con tres personajes-narradores. En "Fluxo", Ruiska, Ruisis e Rukah; en "Osmo", Osmo, Mirtza e Kaysa; en "Lázaro", Lázaro, Rouah y Cristo; en "Floema", Koyo, Haydum y Kanah.

3   En su análisis sobre Henri Bremond, Michel de Certeau escribe: "Todo lo atrae hacia lo que llama el 'Santo de los Santos', hacia el vacío del que se apartó el creyente al dejar de creer y que también agobia al contemplativo en busca de Dios. En ese vacío interior está oculto un secreto: una Presencia, retirada en el silencio. Ahí, en el sentimiento de la ausencia, debe encontrarse la seguridad que curará un desamparo semejante: 'Dios nunca está más presente [...] que cuando calla' [...] Los abandonos, comenta Bremond, no 'hacen más que prepararnos a Dios, nos lo ofrecen'. Paradoja, absurdo, tautología y verdad de la experiencia mística: 'Dios se da mejor al ausentarse'" (82).

4   En el mismo cuento se hace referencia burlonamente a las obras de estos autores que tienen a la metamorfosis como tema privilegiado: "Espera um pouco, minha cara, depois da 'Metamorfose' você não pode escrever coisas assim. Ora bolas, mas eu sou um unicórnio, é preciso dizer a verdade, eu sou um unicórnio que está fechado no quarto de um apartamento na cidade. Mas será que você não pode inventar outra coisa? Essa coisa de se saber um bicho de repente não é nada original e além da "Metamorfose" há "Os rinocerontes", você conhece? (...) Jesus, Santo corpo, me ajude, me ajude a resolver esse estranhíssimo problema, o senhor veja, eu nem posso ser unicórnio porque a minha amiga aqui está dizendo que outros já foram coisas semelhantes, de modo que não é nada bonito pretender ser o que os outros já foram. Não seria melhor que o senhor me transformasse numa coisa mais original?"(188).

Bibliografía

Agamben, Giorgio. *Infancia e historia. Destrucción de la experiencia y origen de la historia*. Buenos Aires: Adriana Hidalgo Editora, 2001.
———. *Medios sin fin. Notas sobre la política*. Valencia: Pre-textos, 2001.
Barthes, Roland. *Cómo vivir juntos: simulaciones novelescas de algunos episodios cotidianos*. Buenos Aires: Siglo XXI, 2003.
———. *Bataille*. París: Union Generale d'Editions, 1973.
Bataille, Georges. *Teoría de la religión*. Madrid: Editora Nacional. 2002.
———. *El límite de lo útil: (fragmentos de una versión abandonada de la parte maldita)*. Madrid: Losada, 2005.
Becker, Ernest. *La negación de la muerte*. Barcelona: Kairós, 2000.
Malaxecheverría, Ignacio, ed. *Bestiario medieval*. Madrid: Siruela, 2000.
Certeau, Michel de. *El lugar del otro. Historia religiosa y mística*. Buenos Aires: Katz, 2007.
Chiodetto, Eder. *O lugar do escritor*. São Paulo: Cosac & Naify, 2002.
Criado, Cecilia. "Las imperfecciones del número perfecto. Johannes de Muris, *Notitia Artis Musicae*". *A mi dizen quantos amigos ey. Homenaxe ao profesor Xosé Luís Couceiro*. Corral Díaz, Esther; Fontoira Suris, Lydia; Moscoso Mato, Eduardo, eds. Santiago de Compostela: Universidade de Santiago de Compostela, Servizo de Publicacións e Intercambio Científico, 2008. 234-243.
Deleuze, Gilles y Félix Guattari. *Mil mesetas. Capitalismo y esquizofrenia*. Valencia: Pre-Textos, 2002.
Derrida, Jacques. "El otro [autrui] es secreto porque es otro [autre]". *Derrida en castellano*. <http://www.jacquesderrida.com.ar/textos/derrida_otro.htm>. 20 feb. 2012.
Destri, Luisa y Laura Folgueira. *Maldita, devota. Episódios da vida de Hilda Hilst*. Trabalho de graduação apresentado à Faculdade Cásper Líbero. São Paulo: 2006.
Duarte, Edson Costa. "Hilda Hilst: a poética da agonia e do gozo". *Revista Agulha*, 2007. <http://www.revista.agulha.nom.br/hilda_hilst_poetica_da_agonia> 20 feb. 2012.
Espósito, Roberto. *Categorías de lo impolítico*. Buenos Aires: Katz, 2006.
———. *Tercera persona. Política de la vida y filosofía de lo impersonal*. Buenos Aires: Amorrortu, 2009.

Hadot, Pierre. *Ejercicios espirituales y filosofía antigua*. Madrid: Siruela, 2006.
Hilst, Hilda. *Baladas*. São Paulo: Globo, 2003.
_____ *Fluxo-floema*. São Paulo: Globo, 2003.
_____ "Sab(ilda)". Entrevista. *TopMagazine*, 2001-2004. <http://melissacrocetti.wordpress.com/2010/07/15/sabilda-entrevista-com-a-escritora-hilda-hilst/>. 20 feb. 2012.
_____ *Cadernos de Literatura Brasileira* 8. São Paulo: Instituto Moreira Salles, 1999.
Machado, Clara Silveira y Edson Costa Duarte. "A vida: uma aventura obscena de tão lúcida". *Estar sendo. Ter sido*. Hilda Hilst. São Paulo: Nankin, 1997. 119-124.
Maciel, Pedro. "Entrevista: Hilda Hilst". *Cronópios* 8 (08/04/2007): n. p.
Moraes, Eliane Robert. "Da medida estilhaçada". *Cadernos de Literatura Brasileira*. São Paulo: Instituto Moreira Salles, 1999. 114-127.
Nancy, Jean-Luc. *A la escucha*. Buenos Aires: Amorrortu, 2007.
Novaes Coelho, Nelly. *A literatura feminina no Brasil contemporâneo*. São Paulo: Siciliano, 1993.
Pécora, Alcir. "Nota do organizador". *Fluxo-Floema*. Ilda Hilst. São Paulo: Globo, 2003. 9-13.
_____ *Por que ler Hilda Hilst*. Organizador. São Paulo: Globo, 2010.
_____ y João Adolfo Hansen. "Tu, minha anta, HH". *Sibila. Revista de Poesia e Cultura* 5/8-9 (setembro 2005): 166-169.
Pedra, Nello. "Hilda, Estrela Aldebarã". *Shopping News* (1978): 6-8.
Peretti, Cristina de. "A propósito de los animales (algunas reflexiones a partir de los textos de Jacques Derrida). *Por amor a Derrida*. Mónica Cragnolini, comp. Buenos Aires: La cebra, 2008. 17-47.
Robin, León. *El pensamiento griego y los orígenes del espíritu científico*. Barcelona: Cervantes, 1926.
Rosa, Leda. "Escritora vê a crise com humor e erotismo". *Diário Popular* 24 (set. 1992): n.p
Rosenfeld, Anatol. "Hilda Hilst: poeta, narradora, dramaturga". *Fluxo-floema*. Hilda Hilst. São Paulo: Perspectiva, 1970. 10-17.
Santa Teresa de Jesús. *Las moradas o El castillo interior y conceptos del amor divino*. Buenos Aires: Losada, 1996.

Santos, Yuri. "Notas de un psicãologo na casa de Hilda Hilst". *Solte sua imaginação*. 2002. <http://www.angelfire.com/ri/casadosol/psicaologo.html>. 20 feb. 2012.

Valença, Jurandy. "Hilda Hilst cria personagem inesquecível". *O Estado de S. Paulo* (23 marzo 1996): n.p.

Weil, Simone. *A la espera de Dios*. Buenos Aires: Sudamericana, 1954.

Francisco Tario. El escritor "raro" en la literatura institucional

IGNACIO M. SÁNCHEZ PRADO
Washington University in Saint Louis

En su *Historia mágica de la literatura*, Emiliano González, uno de esos narradores que suelen caer en la categoría del "raro", describe de manera sugerente lo que significa escribir desde su posición:

> El deseo tiene un lenguaje subjetivo que no corresponde a la necesidad. La necesidad, en ese medio, le roba al deseo su lenguaje. La necesidad, meramente objetiva animal, no tienen la dignidad ni la nobleza del deseo, que necesariamente tiene que ver con el mundo subjetivo y humano. Hay gente más inclinada hacia el deseo que hacia la necesidad. A esta gente, en México, se le defrauda repetidamente. Pongo aquí mi protesta. (9)

Esta "protesta", y su reivindicación del "deseo" sobre la "necesidad", no es sino una manifestación de las tensiones internas al proceso de canonización literaria en México. La "necesidad" tiene que ver con las presiones de una literatura altamente institucionalizada,[1] que se define a través de procesos relacionados tanto con funciones sociales pre-establecidas –como la llamada "literatura nacional"– o con las estéticas consagradas al interior de un campo literario –como el ser seguidor de genealogías establecidas por un autor canónico o el definirse uno mismo respecto a una cierta forma de poder cultural. El "deseo", entonces, es el espacio del escritor considerado "raro", aquél que plantea su propia práctica literaria como una instancia del resistir y de la articulación de aquellas formas literarias y prácticas estéticas que la institucionalización ofrece. Emiliano González es un autor que escribe desde una tradición que ocupa un lugar incómodo en la literatura mexicana, una forma de narrativa que nunca se acopló a las demandas de la función social y que privilegia lo individual y la imaginación. A esta tradición pertenece precisamente Francisco Tario, el "raro" más venerado de la literatura mexicana, un autor de una literatura de cariz fantástico publicada en los años de lo que Sara Sefchovich caracteriza como "la época de conciencia nacional, de poca experimentación formal, de buscar definiciones, mostrar ambigüedades, denunciar" (122). En contextos semejantes, la ideología de la "rareza" es ante todo una estrategia, un intento de reclamar para la literatura el derecho a estéticas y funciones que operan por fuera de los aparatos de construcción de capital simbólico y los imperativos de la relación entre literatura y sociedad. Como observa Pierre Bourdieu, "El cuestionamiento de formas de pensamiento vigentes que efectúa la revolución simbólica y la originalidad absoluta de lo que engendra tienen como contrapartida la soledad absoluta que implica la transgresión de los límites de lo pensable" (151-52). Extrapolando de esta idea, podría decirse que Francisco Tario fue un autor que operó desde la soledad de la que habla Bourdieu, excediendo los límites de lo pensable y representable en un contexto donde la literatura podía solamente dar sentido a los vientos del progreso revolucionario que sacudían la vida y la inteligencia en México. Tario escribió una literatura *sui generis*, por fuera de muchos de los circuitos institucionales de lo literario, en un momento en que el "deber ser" del escritor nacional dictaba una responsabilidad sin precedentes de dar forma literaria a la nueva nación.[2]

El mito de Francisco Tario descansa también en una biografía marcada por su resistencia a ser incorporado por la literatura nacional. Tario es uno de los pocos escritores mexicanos de la época que escribió con un seudónimo (su nombre verdadero era Antonio Peláez). Fue arquero de un equipo de futbol ahora extinto, el Asturias, que en su época tuvo varios seguidores. Tuvo cierto reconocimiento como astrónomo y pianista. En el "recuento a voces" de su vida, recogido por Daniel González Dueñas y Alejandro Toledo en *Aperturas sobre el extrañamiento*, Tario es recordado por familiares, escritores y críticos literarios como un hombre cuya "debilidad por lo fantástico" (65) lo llevaba a resistir la realidad, y que "trabajó su propia muerte" (85) en la estela del deceso de su bellísima esposa Carmen. Toda esta caracterización, que se repite constantemente casi en cada ensayo sobre Francisco Tario, trabaja de manera clara en su fijamiento canónico como un escritor a contracorriente de los imperativos de la literatura mexicana, un escritor cuya rareza es un referente constante para autores que, como González, apuestan por la literatura como "deseo". Cuando uno busca superar lo anecdótico y entender a Tario desde sus textos, sus exégetas y su peculiar posición dentro de la literatura mexicana, emergen dos puntos a mi parecer esenciales para leerlo.

Primero, siguiendo de nuevo las ideas de Bourdieu en torno a la "soledad" de lo "original", es claro que, en un sistema literario altamente institucionalizado como el mexicano, la rareza no es una resistencia al sistema sino una función de él. Ser un "escritor raro" es una posición que opera de forma relacional en torno a la doxa del sistema literario, que justifica "lo sagrado y los métodos de consagrarlo" (Bourdieu 278). Escritores como Tario articulan una suerte de herejía que parece socavar los elementos de consagración del medio, pero cuya posición calculadamente exterior al sistema –sea por la forma en que el escritor practica su oficio, sea por la manera en que los críticos reconstruyen y ensalzan dicha exterioridad– valida tanto a la doxa (que puede construir criterios de valor en contra de los "raros") y al raro (que aparece entonces como una suerte de referente al que se pueden articular los escritores de generaciones sucesivas que buscan articularse al sistema). En estos términos, conviene incluso partir por cuestionar el dogma que rodea a la "rareza" de Tario, problematizarlo. El crítico mexicano Gabriel Wolfson ha planteado esta pregunta en una perspicaz reseña de la re-edición de 2005 de *La puerta en el muro*: "¿bajo qué parámetros se puede seguir considerando a Tario un *raro*, siendo un autor más publicado y leído que varios *canónicos* de nuestra historia literaria contemporáneos suyos, como Valle-Arizpe, Monterde, el propio Romero?" (180). Wolfson responde a esto identificando tanto el factor biográfico como el trabajo de Tario en el género fantástico, y concluye: "quizás el proceso para emprender una lectura crítica de Francisco Tario debería comenzar por desmitificarlo, hacer provisionalmente a un lado la leyenda" (181). A la luz del análisis de Wolfson, creo que el primer problema que plantea la lectura de Tario radica en la persistente tendencia de sus críticos y lectores a mantenerlo en el territorio de la excepcionalidad, precisamente porque no simbolizar al autor de *Tapioca Inn* dentro de un espacio canónico de la literatura significa preservar su utilidad para la articulación de las rebeliones simbólicas hacia dentro del campo literario. Por ello, Tario es una suerte de espectro invocado constantemente en cánones de herejía: Ignacio Padilla lo llama, en conversación con Rubén Gallo, "un heterodoxo con absoluta vocación heterodoxa" cuya "oscuridad no es un accidente, parece intencional" (108), mientras que Alejandro

Toledo, su crítico más constante y frecuente, utiliza palabras como "secreto" y "fantasma" para caracterizarlo en sus estudios. El punto aquí es que todas las invocaciones del fantasma tariano se dan en el contexto de prácticas culturales que otorgan a la marginalidad un criterio de valor, una forma de escapar de las ataduras y las consecuencias socioculturales de la literatura nacional y como un referente que permite siempre escribir desde un afuera que libera al escritor joven de las complicidades implícitas en la institución literaria. Este tipo de función simbólica se deja ver claramente en un ensayo del escritor Geney Beltrán Félix quien lee a Tario como figurador de "la rabia como categoría estética" (183) –otro afecto que, como el "deseo" de González, se opone al oficialismo apolíneo del canon y la "necesidad". Para Beltrán Félix,

> Tario habrá de cumplir una y otra vez, nunca de forma definitiva y sin embargo siempre con provecho, su propósito de guerra moral contra el mundo, sus dogmas y sus imposturas cuando los lectores jóvenes de hoy, desengañados del oscuro nuevo milenio a su primera, aún viva y muy poderosa, si bien imperfecta, primera novela. (186)

Beltrán hace referencia aquí a *Aquí abajo* (1943), una novela inusualmente realista –caracterizada por Alejandro Toledo como una exploración dostoievskiana de la mediocridad humana (*Fantasma* 21-27; "Tres momentos" 129-33)– que articula una crítica de las contradicciones de la modernidad en medio del furor posrevolucionario.[3] La forma en que Beltrán plantea su rescate de este texto, una novela que no se ha reeditado nunca y que no pertenece ni siquiera al canon fantástico de la cuentística de Tario, valida un criterio altamente personal (la rabia) del lector –que en su caso es también un joven escritor– y lo usa para reivindicar una literatura que resiste sus usos en el ensalzamiento de la modernización socioeconómica. Toledo ha sugerido que Tario publicó el texto para atraer lectores y dar sentido a su otra ópera prima, *La noche* (1943) (*Fantasma* 24). La recuperación que hace Beltrán del texto, sin embargo, se basa más en la idea de que el trabajo de Tario otorga un lenguaje para pensar el fracaso del proceso modernizador mexicano, presumiblemente articulado en la literatura nacional. En consecuencia, los escritores jóvenes en busca de un lenguaje para expresar su furia frente al colapso del Estado posrevolucionario y sus promesas pueden acudir a Tario y a *Aquí abajo* para inspirarse. Sin embargo, el punto de Beltrán radica en que la obra de Tario entrega su promesa "nunca de forma definitiva". Esta expresión es clave puesto que muestra que, incluso en un texto que aboga por la recuperación canónica de Tario –alineándolo de manera sugerente con Roberto Arlt y Fernando Vallejo (181)– es necesario incluir siempre la reserva frente a la fijación. En esta primera dimensión de Tario como "raro", es claro que parte de su función literaria radica en la constante preservación de su marginalidad, en esa duda por fijarlo en el canon, puesto que el capital simbólico que nace de ser lector y heredero de Tario requiere que su obra niegue su constante presencia editorial y crítica.

El segundo aspecto sobre el que descansa el mito de la rareza de Tario es su adscripción a la literatura fantástica. A diferencia de las tradiciones del Cono Sur, donde los géneros englobados por la literatura fantástica y de imaginación adquirieron estatuto canónico desde el modernismo, en México el imperativo revolucionario privilegió formas narrativas conectadas con el realismo social (la novela de la Revolución) y con formas transculturantes del modernismo (en autores como Juan Rulfo o Agustín Yáñez). Sin embargo, uno de los malentendidos que rodean a Tario es el mito de la excepcionalidad de lo fantástico. Esto se atestigua, por ejemplo, en *Fantasy and Imagination in the Mexican Narrative*, un estudio de 1974 que cataloga y examina "the substantial body of literature of fantasy and imagination produced in Mexico [...] in opposition to the prevailing idea that Mexican narrative works not characterized by objective realism and explicity social purpose are both extremely rare and insignificant" (Larson ix). Ciertamente, esta aseveración, que precede la reivindicación de lo fantástico de parte de muchos autores nacidos en los sesenta y setenta por más de dos décadas, es significativa, en parte porque desmiente de manera directa uno de los fundamentos que subyacen a la catalogación de Tario como raro, y en parte porque la hace un académico norteamericano, alguien que no participa de los procesos de oficialización institucional de la narrativa mexicana. De hecho, Larson considera a Tario "the most original contribution by Mexican literature to the genre of the supernatural narrative" (18), aseveración que adquiere peso particular considerando que autores canónicos como Amado Nervo y José Juan Tablada están listados en las páginas anteriores.

Pese a la presencia de diversos registros de lo fantástico en la literatura canónica en México (recordemos, por ejemplo, que *Pedro Páramo* es una historia de fantasmas, al igual que *Aura*) la mera existencia de lo fantástico en Tario es presentada por la crítica como un valor en sí mismo. En su análisis de "Entre tus dedos helados", uno de los cuentos más celebrados de Tario, Ana María del Gesso valora así la historia: "la esencia y la existencia, lo imaginado y lo real, lo visible y lo invisible se confunden, se unen y se despliegan en un universo onírico donde los umbrales se mueven, se desdibujan, se pierden para dar lugar a nuevas significaciones, nuevos sentidos" ("El mundo" 221). En el análisis de esta crítica, la habilidad de Tario de navegar entre lo real y lo fantástico resulta de manera autómatica en "nuevos sentidos" puesto que lo fantástico "surge desde un fondo de creación, de imaginación cuyo centro es íntimo, es interior, personal, hondo; que es expresión de los pliegues más escondidos y oscuros de nuestra personalidad" (216). De manera análoga, Cecilia Eudave inicia su lectura de un cuento de *La noche* –"La noche de Margaret Rose"– aseverando que "la realidad, finalmente, en el universo de lo fantástico es una rebelión del inconsciente y se carga de sentido una vez que acordamos que la metáfora va más allá de ello" (87). En ambos casos, se ve claramente que lo fantástico no es sino un significante que opera de la misma forma que el "deseo" en la cita de Emiliano González. Se trata de una validación de lo individual, lo subjetivo y lo personal como forma de valor literario. Lo que distancia a Tario de *Pedro Páramo* o de *Aura* o de otros textos de cariz fantástico radica en el hecho de que sus cuentos operan a través de una validación del subjetivismo que desarticula al individuo de las relaciones significativas con lo social. En "La noche del féretro", por ejemplo, Tario narra la historia desde la perspectiva de un ataúd que rechaza al cuerpo que tiene destinado: "No pudiendo soportar el oprobio del que era víctima hice un sobrehumano esfuerzo y derribé el cadáver" (36). En su análisis del texto, Gesso subraya "la perturbación afectiva que lo 'visualizado' produce en el ánimo del espectador" ("Lo contado" 303). La personalización del féretro permite una doble operación de individuación: el féretro que emerge como un sujeto a ser construido desde una perspectiva psicológica a través del dispositivo fantástico y el lector que se hace consciente de su percepción de la historia a través de la introducción de un extrañamiento. Este

Francisco Tario. El escritor "raro" ... • 279

grado de personalización extrema del personaje y del lector deslindan al cuento de las conexiones sociales significativas necesarias para construir el sentido de una novela como *Aura*, donde el fantasma viene de un contexto histórico preciso –a diferencia de los fantasmas de Tario cuyo origen o no es establecido o tiene relación afectiva personal con el narrador. La seducción de Tario para críticos y escritores actuales, y la necesidad de construir su obra como un espacio de resistencia y rareza, se debe ante todo al hecho de que libros como *La noche* o *Tapioca Inn* crearon este grado de individualización subjetiva justo en el momento en que los instrumentos narrativos del modernismo (como el flujo de conciencia) eran utilizados por autores como Rulfo y Fuentes en la figuración de una literatura nacional.

En vista del trabajo de Larson y de la manera en que lo fantástico ha operado en la configuración institucional de la lectura de su obra, creo que el problema sobre el papel periférico de Tario en la tradición literaria mexicana debe evaluarse más allá de los ideologemas construidos alrededor del mito de su rareza y pensarse en torno a problemas que la lectura de su prosa plantea y que han sido pasados por alto por muchas evaluaciones globales de la obra de Tario. Tomemos, como ejemplo inicial, un pasaje de su texto "La noche del buque náufrago", incluido en *La noche* (1943):

> Fue una noche clara, muy tibia.
> Ha tiempo me asediaba el terror, la congoja, todos esos sentimientos pestilentes que agitan al hombre en cuanto la vejez se acerca. Una sensación inexplicable –mezcla de tedio y nostalgia por la juventud extinguida– me oprimía, rumbo a las playas de Asia. Navegaba yo, pues, ausente extraño a mí mismo, como un carricoche cualquiera que rueda a merced del caballito que tira de él. No ansié nunca ser inmortal, porque ello presupone el hastío.
> Tampoco temí jamás a la muerte. (*Cuentos completos* I, 39)

Este pasaje ilustra bien lo que a mi parecer es la tensión central de la obra de Tario. Por un lado, Tario desarrolló con maestría una narrativa construida en la reflexión interior de los personajes. Este trabajo con la perspectiva, como sugerí anteriormente, es algo que la crítica normalmente presenta como una de las novedades constitutivas de la obra de Tario. Esto se debe ante todo porque el perspectivismo de Tario permite la creación de una literatura de lo cotidiano que socava la existencia a partir de su develamiento del horror. Esto ha sido señalado, por ejemplo, por Alejandro Toledo, quien valora su "dislocamiento de la realidad" y su habilidad de "desenmascarar al mundo" (*Fantasma* 18) y por José Israel Carranza: "Las recensiones de la obra de Tario suelen destacar el hábito de las fantasmagorías, las oscilaciones del alma entre la inocencia y la crueldad, las agudezas crueles que desarman todo pronóstico de deseo y de ternura" (217). Tario es entonces una suerte de liberador porque la incertidumbre que habita su narrativa (como en la cita anterior, hablando de una "sensación inexplicable" o de un ser "ausente extraño a mí mismo") descansa en una reticencia a la fijación literaria que corresponde a formas literarias nacionales e institucionales. Los autores frente a los que se buscan desmarcar los escritores mexicanos lectores de Tario —Carlos Fuentes, Juan Rulfo, José Revueltas, los novelistas de la Revolución— terminan por ser leídos como poseedores de una certeza cultural que cierra las posibilidades de exploración narrativa. El furioso escepticismo de Tario frente a la capacidad figurativa de sus personajes, y su uso de lo fantástico como constatación de la incapacidad de los sentidos en definir al mundo, sugieren la posibilidad de una literatura creativa e individual, pero a la vez capaz de intervenir en los absurdos de la realidad. Por eso, la valoración de lo fantástico en del Gesso, de la rabia en Beltrán o de la alteración del mundo en Toledo y Carranza son todas funciones de la misma idea: el asombro ante el encuentro de un escritor, Tario, capaz de escribir una de las literaturas más subjetivistas en la tradición mexicana, justo en las tres décadas (de 1940 a 1960) donde se fijó el deber ser institucional de la literatura mexicana.

Si uno suspende el gesto voluntarista que busca en Tario la liberación ante la opresión de la literatura nacional, una lectura del pasaje citado anteriormente muestra otro elemento igualmente importante en la prosa de Tario: su tremendo anacronismo. Vemos en su obra un tono hiperbólico de cariz fuertemente modernista. Por ello, José Luis Martínez cita como influencia autores como Villiers de l'Isle Adam, el simbolista francés autor de los *Cuentos crueles*, en su fundacional nota consagratoria de Tario (229). Este anacronismo formal plaga incluso los textos de *Una violeta de más* (1968), el libro considerado su obra maestra. En "Entre tus dedos helados" se encuentran frases como "Caminaba yo por un espeso bosque durante una noche increíblemente estrellada" (*Cuentos completos* II, 314) o "Sentía, cada vez más próximo a mí, algo tan sutil y acogedor que habría sido algo embriagador" (326), mientras que en "Fuera de programa" nos encontramos al inicio del texto con un "airoso caballo negro sentado en un gran sillón tapizado de terciopelo granate y rodeado de elegantes damas y caballeros" (269). Algo similar sucede en sus obras de teatro, pobladas de personajes con nombres europeos y anglosajones (Walzer, Peterhof, Marjorie, Walker), y con diálogos como "Me sentaría así, junto al estanque, mirando cómo te daba el sol. Y pienso que serías azul como una copa de vino" (*El caballo asesinado* 77). El gusto de Tario por la prosa y la imaginería del modernismo y del decadentismo francés coincide con los tropos que pueblan sus historias. Es difícil, por ejemplo, no pensar en "La amada inmóvil" de Amado Nervo respecto a sus cuentos de fantasmas o en la melosidad de la poesía decimonónica cuando se lee su "Breve diario de un amor perdido": "¡Te he perdido, te he perdido! Esto escasamente yo lo entiendo" (*Cuentos completos* I, 199). Aunque pueda parecer exquisito, Tario es en realidad un autor torpe e irregular. Los excesos de adjetivación se acompañan por ripios, redundancia, cierta monotonía del tono narrativo, su excesivo abuso de la evocación y su incapacidad casi constitutiva de salir de perspectivas narrativas estrechas.

Todo esto apunta al hecho de que el estatuto no canónico de Tario proviene de que su literatura, por su resistencia a la institucionalización, atraviesa de manera irregular y dispareja los procesos de modernización estilística y temática que definieron a la literatura mexicana a mediados del siglo XX. En su evaluación de Gustave Flaubert, Pierre Bourdieu asegura que la canonización del autor de *Madame Bovary* y el carácter revolucionario de su obra "radica en la relación que entabla, por lo menos negativamente, con la totalidad del universo literario en el que está inscrito y cuyas contradicciones, dificultades y problemas asume en totalidad" (153). Este mismo proceso sucedía de manera análoga en autores como Juan Rulfo o Carlos Fuentes, que articulaban de manera total el universo literario mexicano: la problemática de la Revolución, la herencia de las vanguardias, las revoluciones formales del alto modernismo inglés, el imperativo de la literatura nacional, la modernización tanto del discurso literario como de las estructuras culturales del país. Tario es un autor incómodo porque, incluso si concedemos que no responder a las presiones sociohistóricas es parte del punto de su obra, su narrativa nunca se relaciona efectivamente con la totalidad de las transformaciones de la literatura mexicana, sino sólo con parte de ellas. Tario era un autor consciente de ciertos elementos cruciales de la vanguardia. Por ejemplo la edición original de *La puerta en el muro* fue ilustrada con viñetas de Fernando Castro Pacheco, un muralista de segunda línea caracterizado por cierto trabajo en el claroscuro. De hecho, las ilustraciones tienen un fuerte cariz cubista y un sentido de la angustia existencial que corresponden bien al *Unheimlich* de las historias que la acompañan. Otro ejemplo significativo es *Acapulco en el sueño* (1951), un conjunto de poemas en prosa ilustrado por fotografías de Lola Álvarez Bravo, fuertemente enmarcadas en el mismo nacionalismo vanguardista al que perteneció, por ejemplo, Gabriel Figueroa, el cinefotógrafo de la Época de Oro.[4] El punto es que Tario fue un escritor que trabajó desde una conciencia de ciertas transformaciones estéticas que ocurrían a su alrededor, pero que las recogía selectivamente. Por ello, el tono social de *Aquí abajo* y el preciosismo paisajista de *Acapulco en el sueño* desentonan con la decepción decadentista de su cuentística. Tario nunca logró incorporar del todo el registro de la modernidad mexicana.

La casi universal valoración de Tario en amplios sectores del medio literario mexicano a partir de esto no es entonces sino un ideologema, un intento de resistir los legados de la modernización literaria mexicana en el periodo posrevolucionario en un momento de radical dispersión estética. No es casual que los primeros textos críticos amplios sobre Tario, los escritos por autores como Toledo, provengan de autores nacidos en los años sesenta y setenta. En este momento histórico, que sigue los tambaleos del modelo nacional mexicano articulado por el PRI tras la elección de 1988, surge una conciencia inusitada del agotamiento simbólico de la literatura producida en el siglo xx. Tampoco es casual que la reedición de *Una violeta de más* de parte del Consejo Nacional para la Cultura y las Artes date de 1996: acusa un proceso de rápida consagración que nace de la dispersión estética de la literatura mexicana en dicha década. Mi hipótesis central aquí, que presento a manera de conclusión, es que la fascinación por Tario proviene ante todo de cierta nostalgia por una literatura no institucionalizada, que se manifiesta en la reivindicación de autores cuya obra se constituyó en relación problemática con la totalización modernizante efectuada por autores más canónicos como Rulfo o Fuentes. Estilísticamente, Tario está muy lejos del virtuosismo narrativo de Rulfo o de la contemporaneidad del uso de la segunda persona en *Aura*. Sin embargo, su resistencia al proceso de modernización literaria fue ante todo un efecto de su renuencia a salir de formas personales de la narración, gracias a lo cual perviven en su obra estrategias narrativas propias de un escritor modernista tardío o de un vanguardismo esteticista. Esta resistencia es lo que mantiene a Tario funcionando en el imaginario de los escritores "raros" y, sobre todo, en los consistentes intentos de reescribir la historia y la práctica de la narrativa mexicana fuera de lo canónico. Así, en *Paisajes del limbo*, una antología de la literatura mexicana del siglo xx construida desde una nómina de "raros" (Pedro F. Miret, Efrén Hernández, Guadalupe Dueñas entre otros), Tario es descrito como alguien que "se atrevió a indagar su universo personal, donde no existen los intereses de la patria y sólo vuela el espíritu, que sopla en varias partes" (14). El "raro" es una función de la libertad.

En la tradición mexicana, Tario es un escritor fuera de lugar porque las revoluciones formales de su obra resultan inconclusas o carecen de sentido en las maquinarias de capital simbólico. Entre estas revoluciones, Cecilia Eudave ha descatado el trabajo de Tario con "la construcción de espacios escénicos", mientras que Ignacio Ruiz-Pérez ha señalado con gran atino que en Tario existe un ciclo que cuestiona las aparentemente infranqueables fronteras de la policiaca –género de certezas– con lo fantástico –género de incertidumbres (146). Estas contribuciones fueron desarrolladas en tradiciones distintas. Ciertamente el trabajo con lo fantástico tiene mucho eco en autores del Cono Sur, mientras que el tremendismo retórico de Tario tiene distinguidas contrapartes en Horacio Quiroga y Roberto Arlt. Sin embargo, el proceso final de formulación de la literatura mexicana dejó la posición histórica de Tario como un cabo suelto, un continuador de la narrativa vanguardista de cariz modernista de Efrén Hernández o Arqueles Vela revisitada de manera intermitente por otros raros como Pedro F. Miret. Como observa astutamente Alberto Paredes, Tario es "diferente a las escuelas realistas, por supuesto, pero también a las diversas modalidades de narrativa introspectiva, intelectualizada o fantástica" (174). En conclusión, creo que no se puede estudiar y entender dicha diferencia desde el mito, sino desde su articulación problemática a las instituciones literarias, la tensión entre su forma de escribir –original y anacrónica a la vez– y su presencia constante en editoriales, círculos de lectura y diálogos con artistas importantes. Hasta que no se cumpla esta tarea de manera amplia y rigurosa, Tario seguirá siendo un mito y continuará desvaneciéndose como escritor.

Notas

[1] Discutir el proceso de institucionalización de la literatura mexicana excede, por supuesto, los fines de este ensayo. Sin embargo, he trabajado esta cuestión en mi libro *Naciones intelectuales*. Así mismo, para discutir el caso específico de la narrativa, es posible consultar el libro de Sara Sefchovich, *México: país de ideas, país de novelas*, que sigue siendo a mi parecer la mejor sociología de la novela mexicana.

[2] Javier Perucho ofrece una definición del escritor raro en términos análogos. Tras identificar términos como "canon", "horizonte de la crítica" y "cultura nacional" respecto a los cuales se define una institución literaria, Perucho observa que el escritor raro no pertenece ni a estos parámetros, ni a su opuesto, la "ruptura". Por ende, "es posible afirmar que ninguno de los protagonistas de la cultura literaria excéntrica ha hallado su movilidad cultural en las respectivas historias literarias" (23).

[3] Vicente Francisco Torres ilustra bien una lectura de esta novela que reconoce su carácter realista pero no la reivindica como tal. Tras aclarar que "*Aquí abajo* no es una novela realista ramplona", Torres sentencia que "es una buena novela porque muestra los peligros de la abulia, porque tiene un final abierto y por sus requisitorias al erotismo, la moral y la religión que hacen tan difícil la vida aquí bajo, en la tierra" (107). El hecho de que el juicio de valor en torno a la novela se base en esta caracterización de su historia surge porque Torres evita reconocer el cariz social de esta novela, que, al situarse en el barrio de Peralvillo, implícitamente representa las clases trabajadoras urbanas. En contraposición, Juan Tomás Martínez Gutiérrez, menos comprometido que Torres con los términos críticos del campo literario mexicano, destaca "el juego entre la miseria y la opulencia, entre los oprimidos y los triunfadores, definidos los unos y los otros por la posesión de bienes materiales y la aceptación social" (Web).

[4] De hecho, este libro es casi un objeto de veneración, en parte por su belleza y en parte por ser difícil de conseguir. Para una invocación del texto, véase Aguinaga 81-85.

Obras Citadas

Aguinaga, Luis Vicente de. *Signos vitales. Verso, prosa y cascarita*. México: Universidad Nacional Autónoma de México, 2005.
Beltrán Félix, Geney. "Tario furioso". En Toledo, comp. 176-86.
Carranza, José Israel. "Un sueño en el mar". En Toledo, comp. 205-20.
Eudave, Cecilia. *Sobre lo fantástico mexicano. Textos sobre la obra de Juan Rulfo, Francisco Tario, Ámparo Dávila y Carlos Fuentes*. Orlando: Letra Roja, 2008.
Gallo, Rubén e Ignacio Padilla. *Heterodoxos mexicanos*. México: Fondo de Cultura Económica, 2006.
Gesso, Ana María del. "El mundo de las 'irrealidades' de Francisco Tario". *Lo fantástico y sus fronteras*. Ana María Morales, José Miguel Sardiñas y Luz Elena Zamudio, eds. Puebla: Benemérita Universidad Autónoma de Puebla, 2003. 215-22.
_____ "Lo contado por Francisco Tario". *Escrituras y representaciónes. Segundo Coloquio Nacional de Literatura Jorge Ibargüengoitia*. Norma Angélica Cuevas Velasco, Ismael M. Rodríguez y Elba M. Sánchez Rolón, comps. Guanajuato: Universidad de Guanajuato, 2009. 295-305.
González, Emiliano. *Historia mágica de la literatura I*. México: Azteca, 2007.
González Dueñas, Daniel. *Aperturas sobre el extrañanamiento. Entrevistas alrededor de Felisberto Hernández, Efrén Hernández, Francisco Tario y Antonio Porchia*. Colección Luzazul. México: Consejo Nacional para la Cultura y las Artes, 1993.
Larson, Ross. *Fantasy and Imagination in the Mexican Narrative*. Tempe: Center for Latin American Studies/Arizona State University, 1974.
Martínez, José Luis. *Literatura Mexicana. Siglo XX. 1910-1949. Primera Parte*. México: Antigua Librería Robredo, 1949.
Martínez Gutiérrez, Juan Tomás. "Francisco Tario. De la novela al aforismo. Incursiones genéricas de un provocador". *LL Journal* 2/1 (2007).
Paredes, Alberto. *Figuras de la letra*. México: Universidad Nacional Autónoma de México, 1990.
Perucho, Javier. "Prolegómenos a una teoría de los escritores raros". *Los raros. La escritura excluida*. Ignacio Betancourt, coord. San Luis Potosí: El Colegio de San Luis, 2010. 21-30.

Ruiz Pérez, Ignacio. "Antropófagos y detectives. De lo policial a lo fantástico en 'Ragú de ternera', de Francisco Tario". *En gustos se comen géneros: Congreso Internacional Comida y Literatura II.* Sara Poot Herrera, ed. Mérida: Instituto de Cultura de Yucatán, 2003. 121-46.

Sefchovich, Sara. *México: país de ideas, país de novelas. Una sociología de la literatura mexicana.* México: Grijalbo, 1987.

Tario, Francisco. *Aquí abajo.* México: Antigua Librería Robredo, 1943.

―――― *El caballo asesinado y otras piezas teatrales.* Molinos de Viento 51. México: Universidad Autónoma Metropolitana, 1988.

―――― *Una violeta de más.* Lecturas Mexicanas. Tercera Serie 36. México: Consejo Nacional para la Cultura y las Artes, 1990.

―――― *Jardín secreto.* México: Editorial Joaquín Mortiz, 1993.

―――― *Acapulco en el sueño.* México: Fundación Cultural Televisa, 1993.

―――― *Cuentos completos.* 2 vols. México: Lectorum, 2003.

―――― *La puerta en el muro.* México: Universidad Nacional Autónoma de México, 2005.

Toledo, Alejandro. "Tres momentos en la escritura de Francisco Tario". *Ensayistas de Tierra Adentro.* José María Espinasa, ed. México: Consejo Nacional para la Cultura y las Artes, 1994. 124-36

―――― *El fantasma en el espejo.* México: Consejo Nacional para la Cultura y las Artes, 2004.

――――, comp. *Dos escritores secretos. Ensayos sobre Efrén Hernández y Francisco Tario.* México: Consejo Nacional para la Cultura y las Artes, 2006.

Torres, Vicente Francisco. *La otra literatura mexicana.* México: Universidad Autónoma Metropolitana, 1994.

Wolfson, Gabriel. "Enrarecer al raro". *Crítica. Revista Cultural de la Universidad Autónoma de Puebla* 119 (ene-feb 2007): 179-84.

Capítulo 4
Algunos precursores

Leonardo Castellani: linde, mezcla, apropiación

DIEGO BENTIVEGNA
UBA – CONICET

AÑOS CONFLICTIVOS

En enero de 1945 el diario *Cabildo*, por entonces una de las tribunas del pensamiento nacionalista argentino, dirigido por Lautaro Durañona y Vedia y en cuyas páginas colaboran intelectuales del campo nacionalista como Carlos Astrada, Homero Guglielmini, Juan Alfonso Carrizo, Ernesto Palacio o Ramón Doll, publica un breve relato titulado "La hormiga roja". El relato está firmado por un nombre familiar para los lectores del diario nacionalista: Militis Militorum, uno de los más transparentes pseudónimos del sacerdote jesuita Leonardo Castellani (1899-1981).

Pese a su brevedad, el texto permite reconstruir algunos de los rasgos sustanciales del modo en que la prolífica escritura de Castellani se posiciona en relación con aquello que se piensa como literatura argentina. En principio, el relato se inserta en una coyuntura –a la que de ninguna manera es refractario– signada en el plano internacional por la guerra total, el exterminio a escala industrial de poblaciones civiles, los bombardeos masivos y el uso de la energía atómica con fines bélicos, y marcada, en el plano nacional, por el surgimiento y consolidación del peronismo como fenómeno de masas que marcará en las décadas sucesivas la historia política, social y cultural.

Son esos años conflictivos los años en que la actividad intelectual de Leonardo Castellani, formado en los rigores de la tradición tomista de la que los jesuitas son herederos y custodios, es ferviente. Por un lado, desde 1937 Castellani es profesor de Psicología en el Instituto Nacional Superior del Profesorado, en la cátedra que había ocupado Aníbal Ponce. Forma parte, asimismo, del cuerpo docente del Seminario Mayor de Buenos Aires de Villa Devoto, donde será recordado por uno de los alumnos, el escritor Haroldo Conti como una figura enigmática y fantasmagórica. Como otros intelectuales que en esos años intentaban pensar un nacionalismo cultural y político atento a las nuevas tendencias políticas y filosóficas europeas (como los cordobeses Saúl Taborda, Nimio de Anquín y Carlos Astrada), la legitimidad para ocupar esas cátedras la ha obtenido Castellani en sus estudios de posgrado en Europa, primero en el ámbito de la Teología en la Universidad Gregoriana de Roma –la más prestigiosa de las instituciones superiores jesuitas– donde sigue los cursos de exégesis y de doctrina con algunos de los grandes representantes de la neoescolástica del siglo XX, y, en el ámbito de la Psicología, en la Sorbona de París, donde presenta una tesis titulada *La catarsis católica en los Ejercicios Espirituales de Ignacio de Loyola*, dirigida por el psiquiatra Georges Dumas, uno de los maestros, entre otros, de Jacques Lacan.

Asimismo, "La hormiga roja" funciona como emergente de una verdadera catarata de publicaciones de Castellani. En efecto, el sacerdote se entrega con fervor en esos primeros años cuarenta a la escritura, que practica de manera eficaz en diferentes géneros y registros en los que opera la contaminación entre lo político y lo estético, la pedagogía y la sátira, la mímesis de lo real y la ficción. Publica, así, artículos y textos literarios en medios ligados con la cultura católica de la época, entre ellos la influyente revista *Criterio* y la revista jesuita *Estudios*, de circulación más restringida, que dirige durante todo el año 1940. Lo hace, también, en medios de filiación nacionalista explícita, como *El pueblo, Nuevo Orden* –dirigida por su amigo Ernesto Palacio[1]– y, precisamente, *Cabildo*, ligado con el proyecto político del gobernador conservador de la provincia de Buenos Aires Manuel Fresco[2] y en el que sus artículos, generalmente bajo el pseudónimo Jerónimo del Rey, aparecen al menos una vez por semana en la página central del diario.

A la considerable cantidad de intervenciones mediáticas se suman en esos años logros más sólidos desde el punto de vista de la construcción del sacerdote como figura intelectual. En el período que va desde 1940 a 1946 Castellani publica, en efecto, una cantidad no despreciable de libros, entre ellos algunos de los más logrados de su producción: *Conversación y crítica filosófica* (1941), *El nuevo gobierno de Sancho* y *Las muertes del padre Metri* (1942). En 1945, además, se publica un texto fundamental en el corpus castellaniano por sus dimensiones y por su alcance: *Crítica literaria*, que reúne textos sobre Paul Claudel, Dante, Gilbert K. Chesterton, Jorge

Guillén, Leopoldo Lugones, Hugo Wast, y que lleva un prólogo de uno de sus alumnos más lúcidos en el seminario mayor: Hernán Benítez.

Es precisamente el proceso que lleva a la presidencia a Perón el que corta este período de la producción de Castellani, que será candidato independiente a diputado por la ciudad de Buenos Aires en las listas de la Alianza Libertadora Nacionalista, de la ciudad de Buenos Aires, que apoya la candidatura presidencial del líder justicialista. Ello contribuirá a ahondar el quiebre entre Castellani y las autoridades de la Compañía, que lo obligaron a permanecer en Manresa, Cataluña, durante dos años y que, finalmente, en 1949, decidirán su expulsión de la Orden.

UN MUNDO EN GUERRA

El texto que tomamos como punto de partida para un análisis de la producción de Castellani forma parte de un conjunto mayor, la serie de fábulas "El nuevo Esopo". De dimensiones considerablemente más amplias que el promedio de los textos que forman parte de esa serie y con rasgos que lo acercan más a la parábola que a la fábula, "La hormiga roja" narra la historia de un personaje llamado Hugo de Hofmanntahl, "un alemán hereje y recalcitrante al que echaron por nazi de su empleo allá en el tiempo de la otra guerra". Instalado en el territorio de Misiones "en un rancho de madera en la misma linde del monte más bravo", Hofmannthal –dice el relato– se dedica "a desmontar y a inventar artefactos". Finalmente, a pesar de su impulso a la vez destructivo (el emigrado se dedica a desmontar el bosque nativo) y constructivo (ya que también inventa artefactos), el personaje es derrotado por la naturaleza salvaje en la que se ha exiliado: termina siendo devorado por la hormiga, que deja tan sólo los huesos pelados del alemán.

No resulta difícil decodificar las referencias bastante explícitas del texto, a la política internacional y a la guerra europea, cuyos pormenores, hasta la derrota de las fuerza del Eje en el frente ruso, ocupan de manera casi excluyente la primera plana del diario en el que se publica. El sistema de asignaciones nacionales y políticas que propone el relato es simple: Hofmannthal es la Alemania ya definitivamente condenada a la derrota luego de Stalingrado, que, sin embargo, contiene, como un enigmático *katechon*, la avanzada de las "hordas rojas" ("hordas malditas", dice el texto) desde Oriente; esta contención terminará en teoría beneficiando a sus vecinos occidentales, representados en el relato por otro colono, en este caso un inglés ("el pelirrojo Tedy Reely"), así como a los propios descendientes del alemán expatriado, encarnado al final del texto en un hijo estudiante de agronomía.

Leído en relación con el concepto paulino de *katechon*, la misteriosa "fuerza que contiene" de la que habla Pablo de Tarso en la Segunda Epístola a los Tesalonicenses,[3] el breve relato de 1944 anticipa algunos aspectos de la reflexión teológico-política que Castellani desarrollará a partir de la década de 1950. Nos referimos, fundamentalmente, a la tríada de novelas *Su majestad Dulcinea*, *Los papeles de Benjamin Benavides* y *Juan XXXIIII (XIV)* y a textos de carácter exegético, en especial los dedicados a la lectura e interpretación del Apocalipsis de San Juan, como *Cristo, ¿vuelve o no vuelve?* o *El Apokalypsis de San Juan*.

Estas novelas están construidas sobre un patrón relacionado con la narrativa de anticipación y con las formas de la paranoia teológicopolítica. La segunda, *Su majestad Dulcinea*, publicada en 1957, se presenta ya desde su subtítulo, "Sucedió mañana", como un ejercicio de tiempo tensionado, en la línea de las narraciones de ciencia ficción que narran sucesos futuros en pasado (Link, *Cómo se lee* 117). En esta novela, concebida −según la leyenda de tono quevediano que aparece− en su portada, como una "historia pueril-profético-policial-prodigiosopolítico-religiosa de fin de este siglo, extraída de las memorias de Luis Sancho Vélez de Zárate Namuncurá (h), el Cura Loco, primer patriarca del Neo-Virreinato del Río de la Plata", se narran las vicisitudes de un grupo de militantes católicos, llamados los "cristóbales", que deciden tomar las armas para combatir contra un nuevo orden mundial signado por el cuestionamiento de las soberanías nacionales, la imposición de un poder político y económico mundial y aquello que, desde una perspectiva militante del catolicismo, se percibe como la destrucción de la cultura tradicional, de la "romanidad" basada, según sostiene el propio Castellani en una serie de conferencias sobre exégesis del Nuevo Testamento dictadas en los años 60,[4] en el ejército, la familia y la propiedad.

El tema bélico y *katechónico* es retomado en *Juan XXXIII (XIV)*, publicada en 1964, un año después de la muerte del "papa bueno", que le devuelve la facultad de ejercer sin restricciones el sacerdocio y a quien Castellani dedica *El Apokalypsis de San Juan*. Como en *Su majestad dulcinea*, esta novela se presenta como un texto que involucra el registro de la ciencia ficción:

> Este libro es un pasatiempo. Si acaso sobre eso es otra cosa, consta que por primero es un pasatiempo lícito y humano. Los sucesos están en futuro presente condicional. O para más claridad, lo inmergente para lo sobreviviente; y éste, inmergente otra vez, para el futuro emergente. Los sucesos increíbles, inimitables y verídicos aquí narrados comenzaron en Montevideo poco antes de la invasión yanqui, la guerra francorrusa y la fragmentación de la Argentina en seis naciones. (*Juan XXIII* 7)

En la novela, un oscuro sacerdote radicado en Montevideo, Pío Ducadelia,[5] que ha sido expulsado de su orden y que vive en un humilde departamento en la capital uruguaya, es designado papa e intenta poner en marcha desde Roma una reforma radical de un catolicismo que se percibe como corrompido y desgastado, en el marco de una guerra de destrucción masiva entre los Estados Unidos y la Unión Soviética y de unas guerras de guerrillas desatadas en distintos lugares del planeta por grupos políticos radicalizados de diferente signo, como los ya nombrados "cristóbales" en la Argentina o como los "ridruejos" en España, que toman su nombre del intelectual falangista Dionisio Ridruejo, quien rompe públicamente con el régimen de Franco en 1942, luego de su experiencia en el frente ruso. En la segunda novela, *Los papeles de Benjamín Benavides*, que se publica por primera vez en 1954 y por segunda vez, en una versión ampliada al doble de páginas, en 1968, la historia gira en torno al personaje más interesante de los que pueblan las ficciones castellanianas: el "rabí" Benjamín Benavides, un teólogo español de origen judío sefardita que, sobreviviente de las persecuciones religiosas durante la guerra civil española y de un campo de concentración nazi, recala, sin papeles que avalen una inscripción nacional clara.

La diferencia de estado y la diferencia de lenguas se marcan desde el comienzo de la novela en uso de la tipografía en cursiva que pone en evidencia la condición de extrañeza del léxico y la distancia entre oralidad y expresión escrita. En esa distancia se pone en juego toda la novela, presentada como un ejercicio de reposición de la enseñanza oral de Benavides, reconstruida en parte en la memoria del narrador (un periodista argentino instalado en la capital italiana) y en parte por el testimonio escrito –los papeles difícilmente descifrables– que sobreviven del erudito judío:

> Don Benjamín –o don *Benya*, como lo llamaban los guardianes italianos– era un judío de origen sefardi que estaba –y estará eternamente– preso en el campo de concentración de Cinecittà, a 12 kilómetros de Roma: el Hollywood italiano soñado por Mussolini y realizado en parte, que las tropas aliadas convirtieron en campamento de prisioneros, criminales, vagos o *repatriables*: de *evacuees*, como los llamaban los soldados yanquis: pronunciar *eveicuyís*.
>
> (*Los papeles* 13)

En este "estado de excepción" que parece constituir, como en el paradigma biopolítico propuesto por Giorgio Agamben en la serie *Homo Sacer*, un estado permanente del mundo contemporáneo, el sabio Benavides moviliza toda su erudición bíblica –hebrea, griega y latina– en una lectura literal del libro del Apocalipsis de San Juan de Patmos. Su régimen mismo de existencia es un régimen que no puede ser reducido ni a lo simbólico ni a lo real: es, como se acentúa en los últimos capítulos de la novela, un régimen de la *imago*, cuya valencia psicoanalítica el propio texto de Castellani explicita: un régimen relacionado con el fantasma, el desdoblamiento y la dualidad, por la que, como sostiene en la novela de Castellani el teólogo chileno Osvaldo Lira Infante (1904-1996), Benavides constituye una *bilocación* de Manuel Lacunza (1731-1801), una de las grandes personalidades de la cultura colonial americana, nacido en Chile y muerto en Italia en circunstancias oscuras y autor de *La venida del Mesías en gloria y majestad*, un texto póstumo, publicado al parecer a expensas de Manuel Belgrano,[6] en el que se desarrolla una interpretación literal del Apocalipsis de Juan de Patmos.

HETEROGLOSIA Y MEZCLA DE ESTILOS

Por supuesto, la lectura de "La hormiga roja", el texto que tomamos como punto de partida en este artículo para interrogar de manera general la producción de Castellani, puede ir más allá del nivel de lo parabólico, de un nivel geopolítico un poco primario que hemos señalado más arriba. El relato se instala, como el propio Hoffmanthal, en un linde, que es el término que el texto mismo usa, que puede ser pensado como el umbral mismo en que se constituye la literatura nacional. Ella aparece, ante todo, como un ejercicio de apropiación, con el consiguiente desvío que ese proceso implica: el nombre propio del personaje Hoffmanthal —en la ortografía del apólogo— es, de manera evidente, una corrupción del nombre de Hugo Von Hofmannsthal y el relato debe leerse como una reescritura que toma como hipotexto el más célebre de los escritos en prosa del autor austríaco: la *Carta de Lord Chandos*, publicado en 1902, bajo el lacónico título de *Ein Brief*, es decir, sencillamente, *Una carta*. La memoria intertextual en la que la parábola de Castellani se instala es doble. En efecto, en ella está presente Hofmannsthal –que había forjado en el año 1927 la expresión "revolución conservadora", en algunos de cuyos postulados Castellani podría seguramente haberse identificado, y cuyos libretos operísticos eran muy conocidos en la Argentina[7]– la *Mitteleuropa*, el Imperio austro-húngaro, pero también están presentes los relatos del *linde*, chaqueño y mesopotámico, que el jesuita había practicado en volúmenes de cuentos como *Camperas* (1931), *Historias del Norte Bravo* (1936) y *Las muertes del padre Metri* (1942). En *Camperas*, el primer libro publicado por Castellani, se asume la forma breve de la fábula, ambientada en general en un ambiente campestre (de ahí, el título que Castellani elige para esta obra), con el uso de un lenguaje que remede el de las zonas rurales del Litoral. *Historias del norte bravo*, alude en su título mismo a una región imprecisa que, si nos atenemos al contenido de los relatos que se incluyen en el volumen, se nos presenta de manera no claramente delimitada, pues se extiende desde el chaco santafecino hasta las estribaciones de la cordillera de Catamarca, donde se sitúa uno de los textos más logrados del jesuita: "Los muertos". Los relatos de la serie del padre Metri –los más conocidos de Castellani y los más estudiados por la crítica (Rivera y Lafforgue; Ferro; Link *Leyenda*), que los ubica, junto con la serie de Isidro Parodi de Jorge L. Borges y Adolfo Bioy Casares, en el inicio del género en la Argentina– se sitúan en la región del chaco santafecino, donde Castellani había nacido en otro linde, el del fin de siglo (1899), en el confín entre las provincias históricas argentinas y los territorios incorporados al Estado nacional luego de las campañas contra las tribus indígenas.

La "zona" en la que se configura la literatura castellaniana es, pues, la zona que media entre regiones discontinuas, entre el Chaco, la llanura y el litoral. Es allí donde la tensión entre tradiciones orales y el orden letrado, entre la escucha del relato y su puesta en escrito en el texto, entre la "potencia" que puede conducir a la pereza o al ensueño y el acto de escritura, asume una articulación específica, en la que es posible encontrar las huellas del "dictado" poético.[8] El litoral, el Chaco, Misiones, son lugares en los que se constituye la literatura castellaniana en tanto lugares de producción de imágenes fantasmagóricas, suspendidas entre el aquí y el más allá, América y Europa, Civilización y Barbarie, vitalidad y muerte. Se trata de imágenes que abren las *Historias del norte Bravo* –en el prólogo Castellani recuerda que, según Aristóteles, conocemos las cosas *convertendo se ad phantasmata*– y que cierran *Las muertes del padre Metri*, donde se evoca la aparición del cura italiano ante el niño Leonardo Castellani:

> Entonces vino el padre Olessio, y yo le conté todo, y encendió la luz, y había un gran cuadro de San José con un nardo y barba blanca.
> Pero yo cierro los ojos, y veo lo que vi. Era el padre Metri de cuerpo entero, con una azucena en la mano, entre un montón de azucenas, y al fondo el paisaje oscuro y enmarañado de la selva chaqueña, que me causaba un vago miedo. (*Las muertes* 264)

Son apariciones, fantasmas o imágenes de la tierra que delimitan un régimen propio de existencia, un tercer mundo "diferente del de los cuerpos así como del de las almas o los espíritus" (Coccia 31).

El "norte" de los relatos de Castellani es, como el imperio de los Habsburgo, un territorio de mezcla de culturas y de *heteroglosia* lingüística, en el que el castellano en su variedad litoraleña, las variedades aborígenes persistentes, en especial el guaraní, las hablas inmigratorias (sobre todo, el del italiano y el de sus dialectos, que atraviesan los diálogos del padre Metri que, en la ficción castellaniana, es un sacerdote florentino), el latín eclesiástico, el castellano administrativo, etc., configuran un territorio lingüístico inestable, sometido a flujos y a desviaciones permanentes. Los textos ficcionales de Castellani se ubican así en la línea de la heteroglosia que, siguiendo las hipótesis que desde la filología y la estilística proveen críticos como Erich Auerbach (1950) y Gianfranco Contini (1970), pueden remontarse a la *mezcla de los estilos* que opera en Dante y en la tradición cristiana medieval, pasando por los autores macarrónicos y por los barrocos.

Como los personajes de los relatos misioneros o chaqueños de Horacio Quiroga, que hacen del linde entre áreas geográficas, universos lingüísticos y espacios simbólicos un lugar cronotópico, hay en el *Hoffmanthal* de Castellani un componente fáustico, eminentemente moderno: una fuerza de proyección hacia el futuro y del orden de la voluntad constructiva como apropiación de la naturaleza por la técnica. En este sentido, *Hoffmanthal*, el personaje central de "La hormiga roja", es claramente un personaje-embriague (Maingueneau): es la encarnación de un imaginario prometeico de artista como sujeto errante –es un exiliado, despojado de su territorio y de su lengua–, como un sujeto en el que se entrecruzan pericia técnica y voluntad constructiva, pero también, fracaso, desastre y sueños de exterminio.

"La hormiga roja" se instala, así, entre el vienés Hofmannsthal y el uruguayo Quiroga: en un lugar que se dirime entre la alta cultura de marca explícitamente *mitteleuropea* y una forma de entender la literatura, en la línea de Poe y del relato norteamericano, un género que, como afirma en un estudio clásico el formalista ruso Boris Eichenbaum,[9] permite pensar la condición de una literatura americana diferente de las europeas.

NOMBRES EN MIGRACIÓN. SUEÑOS DE EXTERMINIO

La *Carta de Lord Chandos* ha sido inscripta por críticos como Maurice Blanchot, Massimo Cacciari, Claudio Magris o Franco Rella en el marco del agotamiento de un modelo político y cultural, que es también un modelo lingüístico: el del Imperio austro-húngaro, con la hegemonía de la lengua alemana como lengua de la administración y como lengua de la cultura, y con la presencia de una imagen palpable del poder: la figura del Emperador, en torno de la cual se articulan los elementos culturales, lingüísticos y religiosos que constituyen el Imperio y que son, en definitiva, radicalmente heterogéneos. A su vez, varios autores nacidos y educados en el espacio heteroglósico del Imperio de los Habsburgo, de Musil a Kafka, de Italo Svevo y Umberto Saba en Trieste a Joseph Roth en la Galitzia, de Wittgenstein a Hermann Broch, de Rilke a Bruno Schulz, señalan la crisis de ese orden como una crisis que afecta fundamentalmente al lenguaje.[10]

En el texto de Hofmmasthal el lenguaje se presenta, en todo caso, como un problema. Se trata de narrar una imposibilidad, de ponerla, paradójicamente, en palabras, que parecen de esta manera sostenerse sobre un espacio que funciona como un lugar al mismo tiempo hipercodificado culturalmente; en este sentido, la referencia de Chandos a Venecia, la ciudad enigmática que la modernidad transformará rápidamente en una obra del pasado, en una supervivencia es a todas luces sintomática y que, en un poema de los años 30, Castellani lee en una línea similar a la que postula Ezra Pound en algunos de sus *Cantos*: como un ejemplo de las potencialidades constructivas del arte, y en general de lo humano, como contracara de la avaricia, pero también del dispendio.[11]

La operación de escritura de Castellani consiste, pues, en pensar un llenado para esa lengua posible que postula Hofmmansthal en la *Carta de Lord Chandos*. Es una operación sobre el lenguaje similar, en este punto, a la que, según Walter Benjamin, realiza Kafka en sus relatos, en su alemán de frontera entre el occidente germánico y la pluralidad eslava e idish.

Como la *Carta de Lord Chandos*, el texto de Castellani piensa, a su modo, la condición misma de la lengua literaria —y, en este sentido, la condición misma de la literatura— en el contexto argentino como una literatura menor. Como en la descripción que proveen Deleuze y Guattari (*Kafka* 71), en el relato de Castellani la lengua es pobre y desterritorializada, todo es inmediatamente político y la enunciación, que adopta las formas de la narración oral anónima, es colectiva. Se trata de pensar la literatura no como un proceso de copia ni como un proceso de marginalización, como puede desprenderse en los escritores nucleados en torno a proyectos como los de *Sur* —donde se publicará cuatro años más tarde, en el número 163 de 1948, la traducción al castellano de la *Carta* de Hofmannsthal— e incluso en medios de izquierda como *Claridad*, sino de pensar la literatura argentina en una línea que entronque con su momento clásico, es decir, con el siglo XIX de Hernández y de Sarmiento. Ello implica pensar una relación de tensión con la gran tradición de la literatura europea.

Hay, en este sentido, una disputa acerca de los tonos y los alcances de lo que se entiende como literatura nacional, una guerra de interpretaciones y de traducciones,[12] que, para Castellani, como para otros intelectuales relacionados con él y con quienes establece solidaridades intelectuales como Ernesto Palacio o Ramón Doll, no es reductible al cosmopolitismo de los escritores de la élite rioplatense

(Borges, Bioy, Mallea, las hermanas Ocampo), pero que no opta tampoco por el cultivo de una literatura identificada con la proyección folklórica (según la expresión de A. R. Cortazar) o con el regionalismo. En este punto, la cuestión de los nombres propios, de su referencia, de su migración y de su transformación, cumple en el relato un rol central. Es más, el relato no narra el viaje y el fracaso de Hofmmanthal, sino una migración lograda, exitosa, en tanto permanece como tal: la migración del nombre. El protagonista del relato de Castellani es el señor Hugo von Hoffmanthal, un nombre alterado de autor, y no, como en el texto original del austríaco, el británico Lord Chandos. Ya ese nombre, *Hoffmanthal*, evidencia, en su propia materialidad, un corrimiento, como puede producir el apellido de un extranjero que resulta, en la fonética criolla, difícilmente pronunciable: así, el grupo "fm" se transforma en una doble f y el grupo "st", que en alemán exige ya una pronunciación peculiar que se desvía de la grafía, se simplifica en la t. El relato piensa, de esta manera, un aspecto fundamental de la literatura moderna: su relación con la migración de las grandes lenguas "de cultura" (en el comienzo del proceso, en el siglo XVI y XVII, fundamentalmente con el español y con el portugués; a partir del siglo XVIII, con la tríada del francés, del inglés y del alemán, consideradas como las lenguas de la filosofía y de las ciencias modernas) y la relación entre literatura, lengua y territorio, una trabazón de conceptos que definen el modo en que se han pensado las lenguas y las literaturas nacionales y que en 1945, con la consolidación de un nuevo orden mundial, se redefinirá de manera radical (Mignolo 292 y 304).[13]

Por otro lado, en "La Hormiga Roja" hay también un corrimiento en cuanto a la inscripción nacional. *Herr Hoffmanthal*, en el relato de Castellani, es un señor alemán, ni un británico, como Lord Chandos, ni un austríaco, como Hofmannsthal autor. Hay, pues, un desplazamiento de lo austríaco católico —que, en parte, por su procedencia familiar materna del Friuli, en el linde entre Italia y el Imperio austro-húngaro, Castellani considera como un universo más o menos próximo, al punto de designar como "austríacos", en algunos textos, a sus mayores de esa rama familiar— a lo alemán "hereje" (¿protestante?), que, en el marco del conflicto mundial en el que el texto se publica, en un medio como *Cabildo* de abierta posición neutralista e, incluso, de acuerdo con las orientaciones de muchas de sus notas de opinión, con una inclinación evidente por las potencias del Eje, el deslizamiento de Austria a Alemania no puede, en efecto, ser casual.[14] El deslizamiento transforma, precisamente, el espacio imperial propiamente hofmannsthaliano, que es el espacio de la *Mitteleuropa*, con su sede en la corte imperial de Viena: el orbe que será definitivamente destruido con el fin de la Primera Guerra Mundial; será ese el espacio donde se configuran los elementos que conducirán al *triunfo de la voluntad*, al triunfo del nazismo en Alemania y a la segunda guerra mundial.

En "La hormiga roja", la tierra misionera se disgrega en una multitud eminentemente ctónica: el pueblo de las hormigas, que reescribe al pueblo de las ratas ("Volks von Ratten") del que habla, en la carta del austríaco, Lord Chandos. Dice el texto de Castellani:

> Una madrugada se despertó de un alfilerazo en la pierna, encendió el quinqué, y vio con horror una alfombrita color pulga que se extendía lentamente por el dintel de la puerta. ¡La hormiga! Dio un salto y se armó de su máquina de matar, una especie de tosco pulverizador con petróleo que había inventado. En un momento limpió la alfombrita que se le venía como un río; pero la invasión penetraba por todas las rendijas, grietas y aberturas de la casa. Debía haber como nada un ejército de tres millones de hormigas, por lo menos. (309)

Se trata de la reescritura del sueño de exterminio del pueblo de los ratones, una de los pasajes más conocidos del texto original de Hofmannsthal. Como las ratas, las hormigas son la horda ctónica, la horda de la tierra. Pero si en el texto original de Hofmannsthal se plantea en el pueblo de las ratas la tensión, el devenir entre lo humano y lo animal ("Había una madre cuya cría agonizante se estremecía junto a ella, pero ella Hofmannsthal 224), en el relato de Castellani se habla de una horda total y bélica,[15] que ni siquiera puede ser pensada en términos de individuos y que es nombrada, de hecho, con la expresión "la hormiga", como se nombran las entidades que no pueden partirse, como "el agua" o "el aire": una horda, que precisamente parece haber impresionado con más fuerza a Kafka, que reescribe a Hofmmansthal en "El recuerdo del tren de Kalda", una narración que permanece en estado de esbozo en los diarios del checo.

Construirse una lengua

Poco antes de su suicidio, en una carta dirigida Theodor W. Adorno, Walter Benajmin relacionaba al Chandos de Hofmannsthal con una de las experiencias más radicales de la primera mitad del siglo XX: la literatura de Kafka. La lengua kafkianar –en tensión entre el alto alemán, de matriz goetheana, que el escritor checo estudia con veneración, y las lenguas migrantes del Este europeo, en especial el idish– es la lengua que se proyecta de manera elusiva en uno de los pasajes más conocidos del texto de Hofmannsthal:

> En ese instante sentí, con una certidumbre no exenta de un cierto matiz doloroso, que ni el año próximo ni el siguiente ni en todos los años de vida que me restan, escribiré un libro ni en inglés ni en latín. Y todo eso por una razón cuya singularidad –tan penosa para mí– confío a vuestra infinita superioridad intelectual, para que la ordenéis en el lugar que le corresponde, dentro de la plétora de fenómenos espirituales y físicos que se extiende armónicamente ante vos. Dicha razón es que el idioma en que quizá podría no sólo escribir sino también pensar, no es el latín, ni el inglés, no es el italiano ni el español, sino una lengua de la cual no conozco una sola palabra, una lengua en la cual, quizá, un día, en la tumba, tenga que rendir cuentas ante un juez desconocido. (Hofmannsthal 227)

La idea de una nueva lengua literaria, de una lengua que el poeta construye como lengua de la poesía, no es por supuesto una idea novedosa. Ello está presente, incluso, en las propias lecturas críticas y exgéticas de Castellani, como las que despliega en su novela *Los papeles de Benjamín Benavides,* en la que se insiste que los grandes poetas son creadores de lenguas, desde Dante hasta el *Martín Fierro* de José Hernández. La mención de este último texto en la serie no es en absoluto casual, ya que, desde las lecturas de Rojas y de Lugones en los años del Centenario, en él se conjugan expresión telúrica, literatura nacional y lengua poética.

Precisamente José Hernández y su *Martín Fierro* irán ocupando en la reflexión crítica y en la práctica literaria un lugar prominente a partir, precisamente, de la década del 40. Se trata de una reflexión que todavía aparecía como marginal en la gran suma crítica de Castellani, el volumen de *Crítica literaria,* publicado en 1945, al que hemos aludido más arriba. En ella se incluyen artículos sobre algunos aspectos de la literatura popular argentina, en especial la que involucra a intelectuales y poetas relacionados desde el punto de vista ideológico con Castellani, como Juan Alfonso Carrizo y sus monumentales recopilaciones de coplas de las provincias del Noroeste, Bruno Jacovella o Juan Oscar Ponferrada, autor de un extenso poema dedicado a laVirgen del Valle de Catamarca en versos alejandrinos inspirados en la cuaderna vía de Gonzalo de Berceo, pero no sobre la gauchesca (*Loor de Nuestra Señora la Virgen del Valle*, Buenos Aires, La mazorca, 1941).

Asimismo, en *Crítica literaria* se incluye un texto miliar para la comprensión de la perspectiva crítica con la que Castellani lee la literatura argentina: el ensayo "Sentir la Argentina", publicado en un primer momento en 1938 como folleto independiente para conmemorar el primer aniversario del suicidio de Leopoldo Lugones. En este texto, Castellani plantea la polémica con las perspectivas que –como la que plasma Borges en su influyente contribución al homenaje a Lugones organizado por la revista *Nosotros*– tienden a escindir en el poeta cordobés lo puramente literario de lo político y doctrinario: se trata de un entramado estético-político que será el mismo que el sacerdote relevará en su lectura de Hernández, que, junto con la de otros críticos del campo nacional como Carlos Astrada, Arturo Jauretche o Jorge Abelardo Ramos, hay que entender como una polémica con la lectura liberal del poema, iniciada en teoría por Mitre y que persiste, según la lectura de Castellani, en los escritos de Borges (*Martín Fierro*, de 1953) y de Martínez Estrada (*Muerte y transfiguración de Martín Fierro*, de 1948).

En 1949, el mismo año de su expulsión de la Compañía de Jesús, comienza la reflexión sistemática de Castellani en torno al *Martín Fierro*, y lo hace en términos de polémica. Será el *ethos polémico*, precisamente, lo que caracterizará la lectura castellaniana del poema de Hernández, en especial en relación con las elaboraciones críticas de Borges –y de Ezequiel Martínez Estrada– que quedan inscriptas por el jesuita, en un gesto común con el revisionismo y con el socialismo nacional, en el "grito unitario" que se inicia en la carta de Mitre a Hernández.

Con todo, en la línea abierta por Borges (109) –quien había insistido en el carácter novelístico del poema de Hernández– para Castellani, el *Martín Fierro* no es, por cierto, una epopeya, pero tampoco puede ser leído como una novela, como propone polémicamente el autor de *El Aleph*. La posición de Castellani tampoco coincide con la de Juan Alfonso Carrizo, para quien –en polémica explícita con las lecturas canónicas de Leopoldo Lugones y Ricardo Rojas– el poema de Hernández es "producto de la degeneración de la épica castellana, pertenece al grupo de los romances de valentones de los siglos XVIII y XVIIII" y es "poesía culta elaborada en el gabinete de un escritor" (50-51). Para Castellani, en cambio, el *Martín Fierro* es un poema que debe ser entendido, dice elípticamente, como "la verdadera Constitución de la República Argentina" (*Lugones. Escencia del liberalismo* 558): un poema que *interviene* de manera constitutiva en lo político y un poema *cristiano*, según el detallado libro del sacerdote cordobés Francisco Compañy que Castellani reseña (Compañy 1963),[16] un poema con elementos épicos, que no debe confundirse con el género epopeya y que puede ser puesto en serie con los grandes poemas cristianos e, incluso, con el *Edipo* de Sófocles.[17]

En este artículo de 1949, que forma parte de una polémica en torno al carácter de *Martín Fierro* con Héctor Sáenz y Quesada en las páginas de la revista *Presencia* –dirigida por otro jesuita de gran predicamento intelectual: Julio Meinvielle– Castellani subraya el lugar del canto en el poema de Hernández; es allí donde "está el punto de todo este asunto". Para Castellani el canto viene de las "profundidades de los siglos", que se conecta hacia el pasado con el canto hispánico y el canto griego.

Del mismo modo que en la *Carta de Lord Chandos*, en el texto de Hernández, como ha observado David Lagmanovich (286), hay una reflexión en torno a la palabra, al canto y a su relación con el silencio y con el grito. Para Castellani, que alude en 1949 a la apropiación política del poema de Hernández por parte del peronismo, en la pampa el canto heredado de los orígenes griegos se despoja de todo aquello que puede ser visto como accesorio, como si se tratara de un canto sin origen, sin aditamentos, como si se tratara de un puro impulso que se categoriza como "un viento, es decir, un espíritu. Yo lo oí soplar fuertemente una noche que no podía dormir y me levanté a ver quién era. No había nadie. Solamente las estrellas" (Castellani 562).

CANTO Y VERDAD

El canto se piensa así como una voz sin nombre, como lo contrario del estilo como un trabajo individualizado y subjetivo del lenguaje, como el chillido de Josefina en el texto de Kafka –en el que el pueblo de las ratas, transformadas ahora en ratones ("die Mäuse") es el pueblo que articula todo el relato– es la voz de nadie.

El tema del canto en el poema de Hernández ya había sido tratado por Amaro Villanueva –el crítico y poeta entrerriano amigo de Juan L Ortiz que Castellani y Fermín Chávez incluyen en su antología de la poesía argentina– en "El sentido esencial del *Martín Fierro*", publicado como artículo en *Sur* en 1940, donde concluye, en última instancia, que el canto pleno que postula *Martín Fierro* es un canto del orden de lo oral que va contra la lógica de la obra y del autor. A diferencia del autor, "el cantor se hermana con el pueblo, que es su auditorio y su semejante, reconociendo que tiene su misma voz, o sea, que los dos reúnen la condición necesaria para estimarse idénticos en tal oportunidad. Pero esa identidad se establece para ocupar posición polémica en el campo literario" (Villanueva 52). Por su parte, Castellani reflexiona sobre el lugar del canto[18] en un texto concebido a partir del poema hernandiano: *La muerte de Martín Fierro* (1953).

Cantar es, en el poema de Castellani, un trabajo de extroversión y de desdoblamiento de la voz, que pone al sujeto en relación con la verdad, entendida como algo que el canto dice, que se canta, más allá de la voluntad del cantor ("canto como canta el ave", 22), que se pone en riesgo precisamente en tanto canta esa verdad: "Hoy hay cantores floridos / Que florean que es un gozo / Y hay más de un artificioso / de cuerdas etiqueteras / Pero el que es cantor de veras / Sepan que ése es peligroso" (143). Y más adelante: "Y en esto la boca mía / Es de la verdá la fuente– / Un poeta nunca miente / Ni en lo más imaginado / *Y esto todo es inventao / Y no hay nada que yo inventé*" (*La muerte* 43). El enigma, la paradoja del canto es, pues, un enigma de totalidad, donde incluso los contrarios coinciden. Como en los textos fundacionales del género, "el canto, voz pública de la cultura oral, articula esa cultura en su inmanencia autorreferencial. Todo está en el canto *y el canto es todo*" (Ludmer 158).

Con *La muerte de Martín Fierro* nos encontramos ante un momento fundamental, y a la vez *tardío*, en el proceso de identificación entre el proyecto de Castellani como escritor y el proyecto de José Hernández; se trata de un intento de reinstalar el carácter político de la gauchesca, como lo había hecho en 1934 Arturo Jauretche[19] con *El paso de los libres*,[20] prologada en ese momento por Borges y "destinada a constituirse en el último relato en gauchesco de la literatura argentina" (Sarlo 209). Castellani vendría, desde esa visión de la gauchescca en el siglo XX como un proyecto arcaizante, después del final; llegaría, parafraseando las palabras de Kafka sobre la espera del Mesías por parte del pueblo judío, no el último, sino el ultimísimo día, en un intento de escribir que implica un desplazamiento de la voz[21] y del sustento autoral que se presenta como desplazada también desde el punto de vista histórico: "Y todo el que es buen canto / Un poco canta a destiempo– / Si no entienden, yo me entiendo– / Canto para más de dos / Pues descubro mi alma a Dios / y mi canto doy al tiempo. (*La muerte* 144).

El volumen se inicia con el prólogo de un editor anónimo que instala, desde el comienzo, la ficción: un prólogo en el que el editor se presenta como hermano de un "autor" que, aunque todavía con vida, se halla, como el personaje Hofmmanthal de "La hormiga roja", en el borde de la muerte ("me ha pedido que no lo publicara sino "in articulum mortem" (7)) y puede ser considerado como un "morto civile". Se trata de una alusión evidente a las vicisitudes del propio Castellani, confinado primero en la ciudad de Manresa por sus desavenencias con la Compañía de Jesús, de la que finalmente será expulsado en 1949. La situación de comunicación que instaura el texto es la del manuscrito que exige ser descifrado y tratado, que exige que un lector habilitado –por el saber filológico o la cercanía testimonial– lo ponga en una situación de legibilidad:

> El manuscrito de mi hermano contiene innumerables correcciones (o sea "variantes", como dicen) al pie y al margen, algunas de estrofas enteras; los dos primeros cantos están rehechos del todo, y existen por tanto de ellos dos versiones; para dar que hacer a los críticos futuros; si es que éste libro llega a tener futuro.
> Hemos preferido siempre la variante escrita con lápiz violeta. Hemos puesto en nota al pie algunas pocas de las variantes escritas con tinta negra (primera redacción) a fin de que el discreto lector se percate que son siempre inferiores a las correcciones en lápiz rojo. Creemos que éstas son las que hubiera preferido el autor; actualmente en cura de una enfermedad, no quiere saber nada del manuscrito, ni por carta siquiera.
> Hemos eliminado todas las estrofas que contenían nombres propios. (*La muerte* 7-8)[22]

Castellani percibe así, desde la tradición menor que le provee la gauchesca, la potencia de una *ficción del texto como esbozo*[23] que atraviesa una parte de la producción literaria del siglo XX, que reactiva el imaginario del texto hallado, donado o heredado o sometido a un proceso de aclaración o traducción, como sucede en un texto que aparece con tanta frecuencia como el *Martín Fierro* en los escritos de Castellani: el *Quijote*, Como la lengua de Kafka, que se presenta como un constructo atravesado por formas que horadan al alemán "alto", la lengua de la gauchesca minoriza a la lengua canónica de lo que se considera expresión culta. Son precisamente esas lenguas no canónicas —empobrecidas o híbridas—, las que están en la base de la noción de *literatura menor* que elaboran Deleuze y Guattari en el texto de 1974 que dedican al escritor de Praga y que ellos mismos extienden en sus escritos a otras experiencias literarias de siglo XX, como la de Celine, la de Pasolini o, precisamente, la de Hofmannsthal. Concebido en un sentido amplio, ese concepto de escritura menor es, entiendo, sustancial para pensar la operación de Castellani en torno a la literatura que se pone en juego en un relato como "La hormiga roja", que funcionaría, leído en esa serie, como una sinécdoque de la compleja y múltiple producción del jesuita y, al mismo tiempo, como el relato de una apropiación teórica.

En "La hormiga roja" las marcas de alteridad lingüística se desatan a partir del trabajo de apropiación del nombre autoral del que hablamos más arriba. Así, el texto reproduce un castellano atravesado por la presencia extranjera, en la línea del grotesco criollo y, en última instancia, en la línea de la gauchesca hernandiana, con las célebres apariciones de personajes italianos y que se prolonga en el circo criollo, en el sainete, en el grotesco, en los relatos policiales del propio Castellani o en el *Adán Buenosayres* de Marechal.

No nos hallamos, pues, ante una literatura bilingüe, como la que exploran en el siglo XX argentino autores como Héctor Bianciotti (entre el castellano y el francés) o Juan Rodolfo Wilcock (entre el castellano y el italiano), o como en el siglo XIX lo habían hecho Pedro de Angelis, Guillermo E. Hudson o Paul Groussac. Un poema como *La muerte de Martín Fierro* representa, a diferencia de estas experiencias, un desdoblamiento mismo del material lingüístico con el que Castellani había construido su propia poética. En ella predominaba o bien el verso de largo aliento de matriz claudeliana (en los poemas publicados en 1928 en la revista *Criterio*, no recogidos luego en libro) o bien, más tarde, el endecasílabo y la forma soneto como fundamento de la serie de una serie de poemas articulados en cancionero (*El libro de las oraciones*, 1951). Asimismo, era común en la poesía de Castellani el uso del verso alejandrino pareado, especialmente en composiciones preponderantemente narrativas (*Sonatas tristes para todo el año manresano*, que, publicado en 1964, reúne poemas escritos en la década del 40). En cambio, en *La muerte de Martín Fierro* Castellani explora un fraseo poético desdoblado entre lo popular y lo culto, un decir que apela al verso más común en la tradición en lengua española (el octosílabo) con el que se elabora al mismo tiempo una narración de carácter biográfico y una reflexión sobre la teología, sobre la ciencia y sobre el buen gobierno. Estamos, pues, ante una literatura que se instala en el lugar del *bilenguajeo*,[24] en el lugar en que las lenguas se entrecruzan y son inescindibles, en ese entrecruzamiento, en relación con un modo de vida.

CONCLUSIÓN: MÁRGENES, BORDES, APROPIACIÓN

¿Qué es lo que postula, entonces, "La hormiga roja" de Castellani, el texto que hemos tomado como punto de partida, en torno a la lengua, y especialmente, en torno a la lengua literaria nacional? Postula, en la superficie textual misma del relato, una concepción *paratópica* de literatura. Postula además, en correlación con ello, una concepción de literatura que opera, sustancialmente, en un marco lingüístico heterogéneo, en un "puchero de lenguas", para usar la expresión utilizada en su Kafka por Deleuze y Guattari.[25]

El camino de las literaturas menores, asociadas de manera inescindible con los pueblos e inmediatamente políticas, no es el del silencio de Chandos, sino el de la búsqueda de una lengua en la línea propuesta por Benavides. "Cada uno debe encontrar la lengua menor, dialecto o más bien idiolecto, a partir de la cual convertirá en menor su propia lengua mayor" (Deleuze y Guattari 107).

La literatura, entonces, es inseparable, como en el proyecto de la gauchesca, de una reflexión política en torno a las lenguas y a los pueblos, y los escritos de Castellani intervienen en esa disputa enfatizando el carácter complejo, tenso, de eso que pensamos como lengua nacional. Entiendo que, en este punto, el contraste con las posiciones hegemónicas en el campo literario argentino, como la que expresa Borges en un texto fundamental como "El escritor argentino y la tradición" (1951) es sustancial.

Para Borges, la tradición del escritor argentino coincide con la entera tradición occidental, que, por supuesto, es predominantemente europea y en la que la hegemonía la detentan las literaturas de las grandes lenguas imperiales, como el inglés o el francés. En todo caso, la posición marginal desde un punto de vista geográfico del escritor argentino es percibida como una situación similar a la de los escritores judíos en relación con las literaturas centroeuropeas o de los autores irlandeses en relación con Inglaterra.

> El hecho de que una persona fuera partidaria de los franquistas o de los republicanos durante la guerra civil española, o fuera partidario de los nazis o de los aliados, ha determinado en muchos casos peleas y distanciamientos muy graves. Esto no ocurriría si estuviéramos desvinculados de Europa. En lo que se refiera la historia argentina, creo que todos nosotros la sentimos profundamente; y es natural que la sintamos, porque está, por la cronología y por la sangre, muy cerca de nosotros; los nombres, las batallas de las guerras civiles, la guerra de la Independencia, todo está, en el tiempo y en la tradición familiar, muy cerca de nosotros. (Borges 314)

Borges enfatiza de esta manera los rasgos de continuidad entre la cultura argentina y la cultura occidental, una continuidad que, desde el punto de vista histórico, remite a un "nosotros" enunciativo cuyo alcance aparece mitigado por la pertenencia a una "tradición familiar" que se configura en el período "heroico" de la guerra de emancipación y de las luchas civiles. La crítica al nacionalismo regresa, con este movimiento, a uno de los tópicos más fuertes del discurso que se pretende refutar: la marginación de los otros en relación con la tradición familiar de la élite criolla, encarnados por los escritores hijos de inmigrantes de primera generación que, como Roberto Arlt, Leónidas Barletta, César Tiempo, Elías Castelnuovo o el propio Castellani, no pueden pensarse sino en relación con el proceso inmigratorio que Borges, en el fragmento que citamos, omite. La continuidad cultural con Europa se percibe, desde el punto de vista de las migraciones de masa, como una continuidad, sí, pero que exhibe zonas de indeterminación y de fuga: como un mundo, el de la tradición, que "no lo podemos crear nosotros", aunque sí destruirlo "en nosotros mismos, por de pronto" (*San Agustín* 95).

"La hormiga roja", con su trabajo de traducción, de apropiación y de transformación de la letra hofmannsthaliana, eminentemente europea, representa, en este sentido, una reflexión sobre las condiciones de existencia y de construcción de la literatura argentina. Concebida como un sistema de "citas, referencias culturales, alusiones, plagios, tradiciones, pastiches" que Borges lleva al apócrifo y la parodia (Piglia 64), la literatura argentina se piensa desde el relato de Castellani, no como una esencia a ser custodiada, no como una forma marginal de participar en lo universal, sino como un trabajo complejo de traducción y de reapropiación, de transformación de los discursos, de mixturación conflictiva de hablas y registros.

NOTAS

[1] De quien Castellani prologa en 1939 una de sus principales intervenciones en la formación del discurso revisionista histórico: *La historia falsificada*, publicado por la editorial Difusión, que publica el libro en una efímera colección "Las 4 C", en la que el jesuita interviene como asesor.
[2] Para una reconstrucción de la historia del diario *Cabildo*, que no debe ser confundido con la revista del mismo nombre fundada en 1973, cfr. Elena Piñero (160 y ss). Para el mundo cultural del nacionalismo católico en los años 30 y 40, véase entre la numerosa bibliografía sobre el tema, Navarro Gerassi, Zuleta Álvarez, Zanatta, Devoto, Mallimaci y Cuchetti.
[3] En el siglo XX, la noción es retomada como un concepto central para la teoría política del Estado moderno por Carl Schmitt, en especial en *Tierra y mar* y en *El nuevo nomos de la tierra*.
[4] El audio de las conferencias dictadas en la parroquia del Socorro de Buenos Aires están disponibles en el sitio de Internet www.taringa.net. El texto de las conferencias sobre exégesis del Nuevo Testamento puede consultarse en el sitio www.cuadernas.com.ar.
[5] Nombre también del protagonista de los relatos del volumen *El crimen de Ducadelia y otros cuentos del trío*, de 1959. Es, asimismo, uno de los varios pseudónimos utilizados por Castellani.
[6] Castellani se ocupó en varias oportunidades de la figura de Lacunza. Véase por ejemplo, el artículo "Un clásico americano echado a las llamas y al olvido", publicado en la revista *Qué* en 1957 e incluido en *Lugones. Esencia del liberalismo* 408-413.
[7] *Elektra*, con libreto de Hofmannsthal y música de Richard Strauss, se había representado en el Teatro Colón de Buenos Aires en 1943, sólo un año antes de la publicación del texto de Castellani al que nos estamos refiriendo; además, en 1942 había sido representada *Ariadna en Naxos*; más alejadas en el tiempo son las puestas en el Colón de otras dos óperas con texto de Hofmannsthal y música de Strauss: *El caballero de la rosa*, en 1937, y *Arabella*, en 1934. Tomamos como fuente la base de datos consultable en el sitio de Internet oficial del Teatro.
[8] Es en esta noción de *dictado* donde se articula una poética cristiana y tradicional —que se expresa con claridad en Dante con su teoría del *pneuma* y de la imagen–, que ha sido estudiada por Gianfranco Contini y, más tarde, por Giorgio Agamben, que, en esos mismo años, otro de los grandes personajes de la vida intelectual argentina de matriz católica, Leopoldo Marechal explora en algunos de sus escritos teóricos, como el importante *Descenso y ascenso del alma por la belleza*, que se publica en volumen en el año 1940, en edición de la revista nacionalcatólica *Sol y Luna*.

[9] "La literatura norteamericana se caracteriza por el desarrollo del cuento, fundado en los siguientes principios: unidad de construcción, efecto principal hacia la mitad del relato y fuerte acento final" (Eichenbaum 157).

[10] Ello opera, por ejemplo, en la lectura que propone Claudio Magris, como un indicio de la crisis del signo en el mundo moderno: "El mundo moderno no conoce la identidad entre ser y la palabra sobre la que se basa en origen todo conocimiento y también toda religión y poesía: la red de semejanzas y analogías, que permitía aprehender el ser en la palabra, se ha debilitado y desligado, abandonando las cosas a una esencia enigmática e insondable y las palabras a una función orgullosa y tautológica de mera autorreferencia. Las palabras son ahora a la vida como el mapa del imperio, en una parábola de Borges, es al territorio del imperio mismo: papel que se desprende del suelo y se pliega, inútil y vano" (Claudio Magris 209).

[11] "¿Cómo juntasteis tanta iglesia hermosa? / –I vecchi, dijo grave el *gondoloro*. / Casas charras con lepra gris y rosa / para poder hacer iglesias de oro. / Avaro en pan y pródigo en vestido, / traje de harapo y testa de señor [...]/ Al fin, el hombre, ¿para qué ha nacido? / Pues para el lujo, y no para el confort" ("Pascua luminosa", en *Castellani por Castellani* 28).

[12] Para una reflexión sobre los conflictos interpretativos desde una perspectiva que se reivindica como hermenéutica materialista véase el estudio de R. Luperini citado en la biliografía.

[13] "El creciente proceso de integración global económica y tecnológica y algunas de sus consecuencias (migraciones masivas) nos están obligando a repensar las relaciones entre lenguas y territorios (nacionales). La rearticulación del status de las naciones, como consecuencia del flujo global de la integración económica, está formando un mundo de identidades conectadas y cambiantes. En la medida en que la gente se hace políglota, su sentido de la historia, la nacionalidad y la raza se hace tan enmarañado como su lenguaje. Las zonas fronterizas, la diáspora y las relaciones poscoloniales son fenómenos cotidianos de la vida contemporánea que llevan al lenguaje a trascender la nación en la que la lengua acostumbraba a bloquearse en la ideología de la pureza y la unidad" (Mignolo 310). Para una crítica a la concepción de Mignolo, véase Raúl Antelo 79-81.

[14] Se trata de un mundo, por otro lado, cuya lengua de cultura –el alemán– Castellani conoce, y que el jesuita visita –Innsbruck, Viena, Munich– durante su residencia europea. El viaje de estudios de Castellani a Europa central se produce, justamente, en 1934, cuando Hitler detenta ya el cargo de Canciller del Reich en Alemania. A algunos de los lugares más emblemáticos del mundo habsbúrgico, como la propia Viena o Venecia, a la que se alude como dijimos en la *Carta de Lord Chandos*, el sacerdote le dedica poemas que serán publicados en *Estudios*, la revista de los jesuitas.

[15] Recordemos que en la tradición mitológica, los más eficaces guerreros griegos, los mirmidones que luchaban a las órdenes de Aquiles, habían surgido de las hormigas de la isla de Egina.

[16] Francisco Compañy, señalemos, fue uno de los sacerdotes más cercanos al peronismo y estuvo a cargo de la oración fúnebre por la muerte de Eva Perón en la Catedral de Córdoba en 1952. Dice con respecto al *Martín Fierro* y en su estudio *La fe en el Martín Fierro*, reseñado por Castellani para la revista *Dinámica social*: "se trata de arte cristiano, continuamente pensada y puesto al escribió del ideal cristiano. De tal modo pesa en ella lo religioso que, quitárselo, sería sustraerle lo mejor de su sustancia; despojarlo de la verdad, su optimismo, su sentido mesiánico" (23).

[17] Desde esta perspectiva el relato del *Martín Fierro* postularía, fundamentalmente, la no irredimibilidad del hombre: "El Destino existe, pero la Providencia está por encima de él. Martín Fierro se hunde fatalmente –y esto no lo ha puesto bastante en claro el autor– por los siete círculos del infierno social [...] Más allá no se podía caer, y las mismas viruelas de Cruz no son nada al lado de las tronchaduras de la vida del hombre que no se *duebla*. Entonces hay una llamada violenta al honor varonil –el honor español– en los quejidos de la cautiva, una mujer, una Mujer que por serlo tanto ni nombre tiene; y las energías recónditas de la raza explotan en heroísmo. ¡Qué casualidad!" (Castellani, *Lugones. Esencia del liberalismo* 562).

[18] "[...] la cifra de unidad del poema, el resumen de todos los planos que confluyen para conferirle una forma que abre la máxima operatividad del conjunto" (Jitrik 18).

[19] Quien, más adelante, en 1957, reconocerá su relación con las críticas de Castellani a la cultura liberal al incorporar unos versos de *Martita Ofelia y otros cuentos de fantasmas* como epígrafe de *Los profetas del odio*.

[20] Para la gauchesca en la primera mitad del siglo XX, véase E. Romano 41 y ss.

[21] De un uso letrado de la cultura popular, según la definición que da Ludmer del género (12).

[22] El lugar del autor es el lugar del muerto, como, dos décadas más tarde, otro autor antimoderno, Pasolini, imbuido de un cristianismo primitivo y cuestionador, pensará para su última obra: *La Divina mimesis* (1975). La "Nota del Editor" instala, así, la ficción de una entrega del texto, de una donación desde los bordes (desde el linde de la muerte, tanto la muerte física como la muerte metafórica del exiliado o del proscripto) que, como los originales kafkianos, se hallan en estado de esbozo. Ese "estado" es, según ha insistido la crítica Carla Benedetti. la forma estética que Pasolini proyecta para la última parte de su producción, como una forma que no se desmarca tanto de la idea de "obra orgánica" premoderna como de la "obra abierta" propia del canon moderno, vanguardista y neovanguardista.

[23] En 1974, un año antes de la publicación de *La Divina Mimesis* y cuando Pasolini está entregado a la escritura de *Petróleo*, que verá la luz en 1992, a casi veinte años de la muerte de su autor, Castellani fecha lo que se supone es su última novela: *Marianillo de Birlibirloque*, publicada de manera póstuma en 2003 (Mendoza, Jauja) bajo el atento cuidado de Carlos Biestro. Según se desprende de las primeras secciones de esta edición de *Marianillo*, especialmente del apartado 5 titulado "Nota del editor", la novela se piensa como la publicación de los papeles póstumos de un sacerdote jeronimiano llamado Marianillo Exsinagogis, cuya identificación con el propio Castellani –como el protagonista de *Petróleo*, Carlo, con Pasolini– es evidente "el cual además no podía escribir sobre religión, porque se lo habían prohibido quienes pueden hacerlo; y tenía el vicio de escribir, muy disculpable por cierto dado que su edad, achaques y voluntario recluimiento [...]" (*Marianillo* 20). Según afirma Biestro en la nota preliminar, "de la presente obra existen varios estados de redacción, y aquí ofrecemos el último texto, con las correcciones de puño y letra del autor". Sería más que deseable la publicación de una edición crítica del *Marianillo* que, de manera similar que la de *Petróleo* publicada por Einaudi al cuidado del filólogo Aurelio Roncaglia, exhiba el estado provisorio del texto en su última versión conservada y preserve su condición de "obra en esbozo", con las marcas filológicas necesarias.

[24] El concepto fue propuesto por W. Mignolo a partir de los planteos, desde el ámbito de la psicología cognitiva, del chileno Humberto Maturana. "El bilenguajeo –afirma Mignolo– se podría entender como el desplazamiento de las lenguas hegemónicas e imperiales (español, inglés) y su recolocación en la perspectiva de las lenguas amerindias. Para hacerlo es necesario pensar en el lenguajeo más allá de las lenguas: el momento "antes" de la lengua (no, por supuesto, en una historia de la lengua desde el paleolítico hasta el presente, sino en las prácticas lingüísticas de cada día), cuando la alienación discursiva de lo que (en la lengua) llamamos "conciencia" todavía no ha sido articulada en la estructura discursiva del poder); y el momento "después" de la lengua, cuando el lenguajeo (y en este caso el bilenguajeo) se convierte en un proceso de concienciación (*a la* Freire) como liberación de los discursos y epistemologías (oficiales, hegemónicos) colonial y nacional" (Mignolo 346).

[25] Este "puchero", sin embargo, admite algún tipo de ordenación, ordenación relativa y sometida a relaciones de conflicto, que, más recientemente, Domenique Maingueneau ha caracterizado, desde el análisis del discurso literario, como una *interlengua*. La *interlengua*, en la postura de Maingueneau, equivale a una "interacción de lenguas". Remite a las "relaciones que establecen, en una coyuntura dada, las variedades de una misma lengua, aunque también entre una lengua determinada y otras, pretéritas o contemporáneas a ella (Maingueneau 181). En este sentido, el concepto de *interlengua* se engarza con una "heteroglosia profunda", de

evidentes resonancias bajtinianas, de "dialogismo" de base, sobre el cual se puede instaurar algo tal como una "obra", así como los artefactos fabricados por Hoffmanthal, el artista, el poeta, esos productos del saber técnico europeo de los que nada sabemos, surgen en el linde entre la herencia civilizatoria y la tierra bárbara de Misiones.

Bibliografía

Agamben, Giorgio. *Stanze. La parola e il fantasma nella cultura occidentale*. Turín: Einaudi, 1993.

Antelo, Raúl. *Crítica acéfala*. Buenos Aires: Grumo, 2008.

Auerbach, Erich. *Mimesis. La representación de la realidad en la literatura occidental*. 1942. México: Fondo de Cultura Económica, 1950.

Benedetti, Carla. *Pasolini contro Calvino. Per una letteratura impura*. Turín: Bollati Boringhieri, 1978.

Bentivegna, Diego. *Castellani crítico. Ensayo sobre la guerra discursiva y la palabra transfigurada*. Buenos Aires: Cabiria, 2010.

Blanchot, Maurice. *El espacio literario*. Buenos Aires: Paidós, 1969.

Borges, Jorge Luis. *El Martín Fierro*. Con la colaboración de Margarita Guerrero. Buenos Aires: Emecé, 2005.

_____ *Obras completas*, T. III. Buenos Aires: Sudamericana, 2011.

Cacciari, Máximo. *Íconos de la ley*. Buenos Aires: La cebra, 2009.

Carrizo, Juan Alfonso. "La poesía popular y el Martín Fierro". *Nosotros* 59 (1928): 41-60.

Castellani, Leonardo. *La muerte de Martín Fierro*. Buenos Aires: Cintria, 1953.

_____ *Decíamos ayer...* Buenos Aires: Sudestada, 1968.

_____ *Leopoldo Lugones. Esencia del liberalismo. Nueva crítica literaria*. Buenos Aires: Biblioteca del pensamiento nacionalista argentino, 1976.

_____ *Historias del norte bravo*. Buenos Aires: Dictio, 1977.

_____ *Los papeles de Benjamín Benavides*. Buenos Aires: Dictio, 1978.

_____ *Las muertes del padre Metri*. Buenos Aires: Dictio, 1978.

_____ *Las ideas de mi tío el cura*. J. Ferro y A. Caponnetto, eds. Buenos Aires: Excalibur, 1984.

_____ *San Agustín y nosotros*. Mendoza: Jauja, 2000.

Compagnon, Antoine. *Los antimodernos*. Barcelona: Acantilado, 2007.

Conti, Haroldo. "Era nuestro adelantado". *Haroldo Conti, alias Mascaró, alias la vida*. 1976. Eduardo Romano, ed. Buenos Aires: Colihue, 2008.

Contini, Gianfranco. *Un'idea di Dante*. Turín: Einaudi, 1970.

Compañy, Francisco. *La fe de Martín Fierro*. Buenos Aires: Theoria, 1963.

Cortazar, Augusto Raúl. *Esquema del folklore*. Buenos Aires: Columba, 1966.

Deleuze, Gilles y Félix Guattari. *Kafka. Por una literatura menor*. México: Era, 1978.

Devoto, Fernando J. *Nacionalismo, fascismo y tradicionalismo en la Argentina moderna*. Buenos Aires: Siglo XXI, 2001.

Dorra, Raúl. "El libro y el rancho. Lectura de Martín Fierro". *La lucha de los lenguajes*. J. Schvartzman, dir. Volumen III. *Historia crítica de la literatura argentina*. Noé Jitirk, dir. Buenos Aires: Emecé, 2003.

Eichenbaum, Boris. "Sobre la teoría de la prosa". *Teoría de la literatura de los formalistas rusos*. T. Todorov, ed. México: Siglo XXI, 2008.

Ferro, Jorge N. "El género policial". *Boletín del Instituto de Investigaciones Históricas "Juan Manuel de Rosas"* 36 (Buenos Aires, 1994): 45-49.

Hofmmansthal, Hugo von. "La carta de Lord Chandos". *Panorama de la literatura alemana*. 1902. W. Langenbucher, comp. Buenos Aires: Sudamericana, 1974.

Jitrik, Noé. *El fuego de la especie*. México: Siglo XXI, 1972.

Rivera, Jorge B. y Jorge Lafforgue. *Asesinos de papel. Ensayos sobre literatura policial en la Argentina*. Buenos Aires: Colihue, 1998.

Lagmanovich, David. "Palabra y silencio en el *Martín Fierro*". *Revista Iberoamericana* 87-88 (1974): 279-286.

Link, Daniel. *Cómo se lee y otras intervenciones críticas*, Buenos Aires: Norma, 2003.

_____ *Leyenda: literatura argentina: cuatro cortes*. Buenos Aires: Interzona, 2006.

Ludmer, Josefina. *El género gauchesco. Un tratado sobre la patria*. Buenos Aires: Sudamericana, 1988.

Mallimaci, Fortunato y Humberto Cucchetti (comps.). *Nacionalistas y nacionalismos. Debates y escenarios en América Latina y Europa*. Buenos Aires: Gorla, 2011.

Maingueneau, Dominique. *Discurso literário*. San Pablo: Contexto, 2009.

Magris, Claudio. *El anillo de Clarisse. Tradición y nihilismo en la literatura moderna,* Barcelona: Península, 1993.

Navarro Gerrasi, Marisa. *Los nacionalistas*. Buenos Aires: Jorge Álvarez, 1968.

Pasolini, Pier Paolo. *La divina mimesis*. 1975. Buenos Aires: El cuenco de plata, 2011.

Piglia, Ricardo. *Crítica y ficción*. Barcelona: Anagrama, 2006.

Piñeiro, Elena. *La tradición nacionalista ante el peronismo. Itinerario de una esperanza a una desilusión*. Buenos Aires: A-Z editora, 1997.

Rella, Franco. *Il silenzio e le parole. Il pensiero nel tempo della crisi*. Milán: Feltrinelli, 2001.

Romano, Eduardo. *Sobre poesía popular argentina*. Buenos Aires: Centro Editor de América Latina, 1983.

Sarlo, Beatriz. *Una modernidad periférica: Buenos Aires 1920 y 1930*. Buenos Aires: Nueva Visión, 1988.

Senkman, Leonardo y Saúl Sosnoswski, *Fascismo y nazismo en las letras argentinas*. Buenos Aires: Lumiere, 2009.

Villanueva, Amaro. *Crítica y pico. El sentido esencial del* Martín Fierro. Buenos Aires: Plus Ultra, 1972.

Zanatta, Loris. *Del Estado liberal a la nación católica*. Bernal: Universidad Nacional de Quilmes, 1996.

Zuleta Álvarez, Emilio. *El nacionalismo argentino*. Buenos Aires: La Bastilla, 1975.

"No ser latero": Joaquín Edwards Bello, la profesionalización del escritor y la modernidad chilena

SANDRA GARABANO
Universidad de Texas-El Paso

> *Si me preguntaran qué obra hubiera yo deseado firmar, diría sin demoras:* Tarzán, el hombre mono.
>
> Joaquín Edwards Bello

Hablar de literatura y modernidad en América Latina es hablar de desencuentros: desencuentros entre los intelectuales y el estado, desencuentros entre los escritores y el periodismo, desencuentros entre el arte y el mercado. En la historia de esos desencuentros, la relación de los escritores chilenos con la modernidad ocupa un lugar particular. Julio Ramos atribuye a la temprana consolidación del estado moderno en el país, el surgimiento de cierta autonomía de la literatura y profesionalización del escritor con anterioridad al resto del continente. La actuación de Andrés Bello sería clave en ese incipiente proceso de división del saber. Es precisamente en Chile, antes que en Argentina o México, donde el escritor venezolano como rector de la universidad, encontraría un nuevo lugar de enunciación en el campo literario decimonónico, un lugar que si bien no dejaba de estar ligado a los poderes estatales y a la administración pública, empezaba a delimitar su propia especificidad en el campo social y cultural. En Chile los regímenes conservadores promovieron a partir de 1830, la consolidación del Estado nacional. Eso no significaba que se tratara de una sociedad armónica pero se puede afirmar que en el territorio nacional no había disputas sectoriales y la legitimidad de la violencia estaba centralizada en el Estado. Frente a esa relativa estabilidad del estado chileno, el saber tenía cierta autonomía de la política y del diseño de la vida pública (Ramos 38). Esa incipiente autonomía se sostenía en el rol que jugaban las bellas letras en la nueva república. Para Andrés Bello ese papel implicaba someter la particularidad de las lenguas indígenas y la oralidad del castellano hablado en América a las normas de un modelo retórico y gramatical preestablecido; sólo sometiendo la heterogeneidad latinoamericana a ese modelo se podría crear la disciplina necesaria en la formación de los ciudanos que las sociedades independientes necesitaban para integrarse a las nuevas rutas comerciales (39-45). Esa función específica de la escritura, asociada a las leyes del buen decir, hace de la modernidad chilena una modernidad particular. En una sociedad que resuelve sus conflictos políticos y regionales antes que el resto de los países latinoamericanos y se orienta desde muy temprano a la productividad y al progreso, la literatura, sobredeterminada por la retórica y la gramática, más que por la política, encuentra en el arte de disciplinar la lengua de los nuevos ciudadanos un lugar donde legitimar su autoridad. Qué efectos produjo esta temprana institucionalización del trabajo intelectual en Chile es un tema que merece ser explorado con mayor profundidad. Sin embargo, me gustaría leer en esa especificidad de la modernidad chilena el papel un tanto excéntrico que ocupa Joaquín Edwards Bello en las letras latinoamericanas.

En la república de Chile, la función de las letras correspondía a la especialización de los discursos pero, a pesar de la división de tareas, los intelectuales compartían una misma noción de lenguaje, esa noción era la autoridad común de la elocuencia (Ramos 41). Las huellas de esa autoridad común a todos los discursos, sean éstos, artísticos, políticos o científicos quedarán marcadas en ese estilo homogéneo de la lengua nacional que tanto irritaba a Joaquín Edwards Bello y con ironía sintetizaba en la frase "ser latero". En ese contexto habría que leer el entusiasmo que despiertan las nuevas industrias culturales como el periodismo, el telégrafo y el cine en el escritor chileno, un entusiasmo y una entrega difícil de encontrar en otros escritores latinoamericanos de la época preocupados en definir políticas culturales para combatir la disgregación y el debilitamiento de los valores en la vida moderna.

Joaquín Edwards Bello consideraba que la fragmentación, la sencillez y la simplicidad eran las marcas claves del estilo en la literatura moderna. En *La invitación al periodista (Trafalgar, la polilla y el frac)* publicada en 1930 escribe: "El periodismo es una fuerza moderna y está directamente en contra de lo pacato y lo criollo" (*Crónicas reunidas* II 522). A esta enfática defensa, que se manifiesta en una cantidad considerable de crónicas publicadas sobre el tema a lo largo de su vida, agrega una desconfianza sistemática ante el criollismo y las vanguardias. Así lo expresa en una crónica dedicada a Eugenio d'Ors en la que identifica al ultraísmo con un grupo de niños melenudos que pretendían burlarse del lector y hacerlo trabajar indignamente sólo para que descifraran el sentido de sus frases. (*Crónicas reunidas I* 169).

En 1926 en *Dos novelas de la pampa* escribe sobre el rezago de la literatura latinoamericana y toma como ejemplo dos obras rioplatenses, *Zogoibi* de Enrique Larreta y *Don Segundo Sombra* de Ricardo Güiraldes:

> Nosotros exigimos la evolución, si no en los métodos, por lo menos en el pensamiento, muy lejos de ese ideal está el *Zoigobi*, novelón rezagado que pudo escribirse lo mismo hace cincuenta años. Larreta no siente la inquietud moderna; no lleva en su espíritu el cine, la radio, el telégrafo, la aviación. (*Crónicas reunidas II* 476)

Aunque el cronista reconoce menos "fililíes y bordados, menos inflación, menos estilo" (476) en la obra de Ricardo Güiraldes y acepta en las dos novelas una bienintencionada resistencia frente al avance de la inmigración en Argentina, más adelante, al referirse a las mismas, insiste en lo que las une: "una cosa común de ambos libros es la calidad de rezagados, esa cosa de atraso que se nota desgraciadamente en toda obra americana" (478). Las razones del atraso son tajantes y tienen que ver con que ninguna ha adoptado "el telégrafo en su estilo" (478). La inversión estilística que hace Edwards Bello en esta crónica es significativa si consideramos que el estilo alienante y fragmentario que exigen las industrias culturales es un lugar común en las polémicas estéticas de la época.[1] Sin embargo, Edwards Bello propone su adopción como garantía de originalidad y modernidad. Trasladar a la novela el estilo sencillo y fragmentado del periodismo y del telégrafo implica un distanciamiento de una idea sobre el estilo que han sostenido los intelectuales desde las primeras publicaciones de las crónicas de José Martí en el último cuarto del siglo XIX. En esa tradición, que va del modernismo a las vanguardias, el estilo funciona como un dispositivo especificador del trabajo literario que busca exorcizar los efectos que dejan en la escritura las leyes de intercambio comercial y la alienación de la subjetividad del escritor que impone la publicación de sus textos en el periódico. Alejándose de esa concepción estilística, Edwards Bello, incita a someter la escritura a las contaminaciones de las industrias culturales como condición de posibilidad para una escritura moderna.

En otra de sus crónicas, en la que ya en el título se enumeran una serie de intercambios entre la esfera del comercio y la esfera de la cultura, insiste en que Chile y Argentina deben complementarse no sólo en lo comercial, sino también, en lo cultural. En 1933 en *Intercambio espiritual y aduanero* resalta la preferencia del pueblo chileno por la música popular argentina, las razones de esas preferencias también tienen que ver con el atraso de la cultura nacional:

> Muchos son los síntomas de la necesidad que sentimos unos años a esta parte los argentinos y chilenos para unirnos y no es desdeñable el hecho de la adopción espontánea por nuestro pueblo de expresiones y música argentina a causa del estancamiento de las bellas tonadas nacionales [...] Si nuestra música se estacionó en el siglo pasado, era justo buscar otra acomodada al progreso. Hace poco se intentó hacer obligatoria la cueca por ley y resultó un fracaso. El pueblo siente mejor el tango, novela cantada de los amores y trabajos del arrabal y el campo. (*Crónicas reunidas III* 138)

La exaltación de la modernidad y su rechazo al criollismo no implica que Edwards Bello desconozca la importancia de las fuerzas de lo autóctono en el desarrollo de una cultura, pero rastrea el origen de esa tradición en otra obra literaria, el *Martín Fierro*. El reconocimiento de la obra de José Hernández le sirve para destacar a las elites argentinas, ejemplares para el cronista, a la hora de inventar tradiciones culturales que integren a diversos sectores de la ciudadanía. Esta crónica sintetiza todo un proceso de integración de los inmigrantes europeos y aplaude las complejas políticas del nacionalismo argentino. Para Edwards Bello, el *Martín Fierro* es "el verdadero código argentino. El criollo resiste y gana. Las gringas dan a luz criollos" (*Crónicas reunidas III* 139). En las recurrentes polémicas sobre el sentido de la nacionalidad que se dan en las primeras décadas del siglo xx, no es casual que Edwards Bello prefiera el *Martín Fierro* a *Don Segundo Sombra*, una obra que produce una revolución en la literatura del siglo xix por los materiales no literarios con los que trabaja. Sin embargo, su lectura del *Martín Fierro*, está atravesada por las disputas por establecer una tradición nacional que después de las celebraciones del Centenario argentino terminará consagrando a la obra de Hernández como poema épico nacional.[2] La crónica presenta al *Martín Fierro* como un ejemplo de la capacidad de las elites culturales argentinas para inventar una tradición que integre a los inmigrantes y sus diversos registros culturales y lingüísticos a la cultura nacional. En su elogio del *Martín Fierro*, Edwards Bello reafirma las políticas culturales del nacionalismo argentino, pero sobre todo, marca el vacío de esas mismas políticas culturales en Chile.

En *Extranjeros de Chile y de Argentina* (1933) el reclamo por políticas culturales incluyentes se vuelve más explícito al hablar de la inmigración, un fenómeno eminentemente moderno. El cronista señala que contrariamente a lo que ocurre en Argentina donde "de un ruso judaico forman un criollo y de un turco hacen uno de esos muchachos de la guardia cívica que vociferan a veces por la patria en la Avenida de Mayo" (*Crónicas reunidas III* 147) en Chile los inmigrantes "Se sienten todavía extranjeros, mal que le pese al escritor Rojas, que en hermoso artículo declaraba fuera de lugar la lucha de razas. Por algo es nacido allende los Andes" (*Crónicas reunidas III* 147). Chile no tiene a un Ricardo Rojas que ayude a construir una visión homogénea e integradora de la cultura nacional que posibilite la integración de los inmigrantes europeos. Esa tarea será asumida por el cronista que presenta su trabajo como formador de lectores y ciudadanos modernos al mismo tiempo que denuncia las sujeciones de los intelectuales chilenos a un discurso político y literario sobredeterminado más por las leyes del buen decir que por el diseño de políticas culturales integradoras de la ciudadanía.

En 1933, Edwards Bello publica *Cómo me hice escritor*, una crónica que puede ser leída como un manifiesto que condensa en pocas líneas su poética. Allí, además de denunciar a los escritores chilenos que solo escriben para ganar el premio Nobel, esboza algunas de las características de la lengua nacional:

> Mi mayor preocupación cuando escribo es no ser latero. Grande tristeza es para mí la idea corriente de que el libro chileno es lata. Esto proviene de que muchas novelas nacionales son concebidas como píldoras literarias, ausentes de realidad. El lector conoce mi teoría que toda obra deber ser noticia o novedad. (*Crónicas reunidas* 416)

Con estas afirmaciones, Joaquín Edwards Bello se desvía de toda una tradición de escritores que desde la publicación de *Ariel* de Rodó, postularon los riesgos que corre el artista sometido a las leyes del mercado capitalista. Rechaza en sus crónicas la figura del escritor que enarbola el concepto de cultura como defensa de valores espirituales ante el mercado y reclamaban la extrañeza como lujo específico de los escritores.[3] Edwards Bello escribe para la masa y rechaza la experimentación formal como fuente de renovación de la lengua nacional. En su escritura, el ritmo acelerado que exige la narración de una noticia no implica un límite sino un camino hacia nuevos registros y nuevas posibilidades para la literatura. Dos cosas definen el programa estético del cronista: la primera es el rechazo a una versión terapéutica de la escritura en la que el arte se convierte en medicina espiritual frente a la crisis de valores de la vida moderna y la segunda, el acercamiento deliberado del género a las reglas del periodismo. Las crónicas de Edwards Bello casi no se refieren a la crisis de la experiencia en la cultura de masas, tal vez porque la voz del cronista entiende que ciertos valores democráticos asociados a la modernización aún no forman parte de la experiencia cotidiana de los chilenos. Así lo expresa en *Hay que aplacar a las fieras*: "Hacer desaparecer esas vallas sociales. Unir las ciudades por medio de fiestas. Debo recordar que la separación de clases en Chile, que notó Ulloa en sus viajes (1716-1795) es casi tan grande hoy como ayer" (*Crónicas reunidas II* 40). En esta crónica se lamenta porque cierto tipo de sociabilidad de la vida moderna que ha experimentado en otros países no ha llegado todavía a Chile: "En Chile se trataría de remecer las ciudades, de sacudirlas para sacar de sus madrigueras a los ariscos y mezclarlos en la vida moderna, haciéndolos participar, de las mismas emociones que a nosotros nos deleitan" (*Crónicas reunidas II* 41).

No sólo las vallas sociales y las costumbres provincianas de los santiaguinos que se niegan a mezclarse en los espacios democráticos que ofrecen las ciudades modernas deben sacudirse, también está en disputa la idea misma de cultura que tienen los chilenos. En una crónica titulada precisamente *La cultura* el cronista sostiene que mientras en Europa los movimientos de vanguardias aprecian "lo que a nosotros nos ha parecido de mal gusto, como esas muñequitas, guitarras, sillas, patitos, vasijas de los mercados populares" (*Crónicas reunidas III* 90), en su patria todavía se asocia la cultura a instituciones anacrónicas:

> No hay discurso ni folleto ni obra histórica donde no aparezca la dichosa palabra cultura, y el lector, o el que escucha, lo mismo que muchas veces los autores, se imaginan siempre a la *cultura* en forma de biblioteca, de libros

de clases o de profesores por hora. Será bueno insistir en que se trata de un gravísimo error criollo. (*Crónicas reunidas III* 90-91)

En esa intensa búsqueda de una redefinición de la cultura nacional que emprende Edwards Bello a través de sus crónicas, la figura de Andrés Bello no podía estar ausente. Aunque en uno de sus textos ¿Y Andrés Bello? (1933) toma partido por el venezolano al revisar la ya clásica disputa del escritor con Sarmiento sobre la lengua y la ortografía americana, en *Cómo me hice escritor* lo interpela con ironía:

> A veces me da risa pensando que yo pudiera ser una reencarnación de Andrés Bello en ignorante. A veces leyendo a Gabriel Miró, a Pérez de Ayala o a otros estilistas hispanos, me asalta la vergüenza de mi escasez de base filológica grecolatina y la pobreza de mi vocabulario. Gabriel Miró empleaba veinte mil palabras, según dicen; Dante, diecisiete mil; D'Annunzio, según él, cuarenta mil; Anatole France, cuatro mil. ¿Llegaré yo a las tres mil? (*Crónicas reunidas III* 420)

A pesar de la pretendida humildad del cronista, al compararse con Andrés Bello, se está comparando con quien fue el emblema del intelectual del siglo XIX en América Latina. Frente a ese modelo de intelectual, Edwards Bello insiste en la formación precaria y extrauniversitaria de su discurso, un discurso espontáneo, indisciplinado e inestable que defiende en su crónica *No ser latero*. Es precisamente esa característica la que convierte a su discurso en un discurso más capacitado para entender la inestabilidad de las sociedades modernas: "Como individuo de ahora no me hubiera gustado ser autor de ninguna obra clásica, por cuanto creo que el arte, como la vida, como el lenguaje es movimiento y evolución" (*Crónicas reunidas III* 415). En ese sentido, a pesar de la defensa explícita que hace el cronista de Andrés Bello, su estrategia es significativamente similar a la que usa Sarmiento en el *Facundo* cuando explica a sus lectores por qué su educación, también excéntrica y formada por fuera de las instituciones, era irreemplazable a la hora de entender la realidad americana.

A pesar de haber recibido el Premio Nacional de Literatura, el acercamiento de Edwards Bello a la novela siempre es cauteloso, como si fuera consciente de que se trata de un género inadecuado para expresar la vitalidad de la ciudad moderna. Al mismo tiempo, el periodismo, en general y las crónicas, en particular, le sirven para defender su poética, diagnosticar los males de la cultura y la política nacional y, sobre todo, para exponer determinadas ideas sobre los intelectuales chilenos y sus dispositivos de control sobre la lengua. Edwards Bello publica varias novelas, *El inútil* (1910), *El monstruo* (1912), *La cuna de Esmeraldo* (1918), *El roto* (1920), *Un chileno en Madrid* (1928), *Valparaíso ciudad del viento* (1931), *Criollos en París* (1933) y *La chica del crillón* (1935). Sin embargo, serán las crónicas, escritas a lo largo de 50 años y vueltas a editar recientemente por la Universidad Diego Portales con el título de *Crónicas reunidas*, donde aparece de manera más explícita el problema de la lengua y la literatura nacional. En la crónica *Obscuridad y confusión* vuelve a subrayar con una voz que defiende enfáticamente al periodismo, su política sobre la lengua: "El país cambiaría si gozara de exposiciones sencillas en el planteamiento de sus problemas. En este orden el periodismo parece indicado para demostrar que el problema nacional es un problema de redacción" (*En torno al periodismo* 26).

En América Latina, el debate que había iniciado José Martí en las últimas décadas del siglo XIX con la publicación de su famoso Prólogo al *Poema del Niágara* sobre la crisis de la experiencia en la cultura de masas, genera la figura de un escritor que defiende el mundo superior de la alta cultura ante el avance de las industrias culturales. *Ariel*, el ensayo de Rodó, será clave en la consolidación de ese discurso y más tarde Ricardo Rojas y Pedro Henríquez Ureña, entre otros, en contextos históricos y culturales heterogéneos, se harán eco de ese rechazo a lo que consideraban el avance del pragmatismo modernizador en la educación y la cultura. Carlos Alonso ha estudiado detalladamente las relaciones entre la modernidad y el discurso cultural latinoamericano en las tres primeras décadas del siglo XX. Para Alonso la modernidad en América Latina es una experiencia más retórica que histórica construida por la necesidad de afirmar una diferencia cultural que legitime la autoridad de los escritores en un mundo donde la actividad de la escritura está cada vez más desprestigiada por el avance de las industrias culturales. Esa constante búsqueda de una especificidad cultural debe ser entendida, según Alonso, como una estratagema para empoderar retóricamente a los escritores latinoamericanos frente a los valores del mercado que sentían amenazada la legitimidad de su discurso (22-24). Si hay un país en que la modernidad fue un efecto del discurso más que un proyecto histórico fue en Chile, por eso resulta, aún más excéntrica la confianza en el periodismo que expresa Joaquín Edwards Bello en sus crónicas y su constante rechazo a un modelo de intelectual que reclama el poder redentor de la literatura. No es que Edwards Bello no vea en la modernización y en el trabajo asalariado la alienación de la vida cotidiana en una sociedad capitalista, sino que reconoce las transformaciones por las que está atravesando Chile y las registra en sus escritos. En *Nosotros los chilenos* publicada en 1927 es testigo de los cambios por los que atraviesa la ciudad de Santiago después de regresar de uno de sus viajes. En esta crónica registra el efecto homogeneizante del progreso y lo expresa en una frase que sintetiza con mucha precisión la experiencia del cronista: "He llegado a la patria, he llegado al hotel" (*Crónicas reunidas* II 51). Sin embargo, no ve en la escritura ninguna posibilidad de reconstruir otra forma de la patria que recupere la totalidad y la diversidad de la experiencia que se pierde en el desarrollo capitalista de las ciudades. Esa imposibilidad nos pone frente a un modelo de intelectual poco común en las primeras décadas del siglo XX.

Edwards Bello se desvía de un modelo de escritor que autorizaba su discurso a partir de la crítica de la masificación de la cultura. Uno de los representantes más genuinos en el siglo XX del intelectual enfrentado a la vulgaridad de la masa será Ortega y Gasset, modelo de intelectual nostálgico que ve en la influencia de las industrias culturales la causa de la crisis de los verdaderos valores espirituales y culturales de la modernidad. En *La verdadera lección del maestro Ortega y Gasset*, Edwards Bello se refiere a ese modelo como un modelo ajeno para América Latina:

> El espíritu crítico que trajo a Chile el señor Ortega y Gasset era acartonado, formado ya y completamente impermeable a nuestros problemas. Por muy grande que sea la admiración nuestra por el ilustre pensador desde hace muchos años, es fuerza apuntar su defecto de impermeabilidad y ausencia de espíritu crítico. Nosotros los sudamericanos somos antípodas del señor Ortega, por nuestra facultad de adaptación que en él, fuera de España, parece atacada de parálisis. (*Crónicas reunidas* II 510)

Joaquín Edwards Bello ha sido definido como "un individuo incómodo e incomodante, un crítico permanente de las costumbres nacionales, muchas veces caprichoso, motivado por traumas personales y convicciones arbitrarias, pero siempre dueño de un estilo veloz que a veces chispeaba como una fusta" (Merino 25). La incomodidad que produce Edwards Bello no solo se debe a la mordacidad de sus páginas dedicadas a analizar la vida cotidiana chilena sino al desinterés que muestra en su obra por aquellos íconos que definen la alta cultura. Significativamente, su pasión por la crónica más que por la novela, en un momento de auge de la novela regionalista lo pone en un lugar marginal en la historia literaria de América Latina. Es muy raro encontrar en sus escritos reflexiones o dudas alrededor de los efectos negativos que el lenguaje periodístico podría infundir en la literatura. Su obra llama la atención precisamente por esa entrega desenfrenada "a un género que era considerado un producto híbrido, un producto marginado y marginal, que no solía ser tomado en serio ni por la institución literaria ni por la periodística, en ambos casos por la misma razón: el hecho de no estar definitivamente dentro de ninguna de ellas" (Rotker 125).

Uno de los grandes malentendidos de la crítica de la época fue pensar que el periodismo sólo le servía al escritor para ganarse la vida y que la verdadera actividad literaria empezaba cuando terminaba su trabajo en los periódicos. Así lee Torres Rioseco en su libro sobre novelistas latinoamericanos contemporáneos el trabajo del escritor en el diario *La Nación*:

> Hace ya cerca de diez años que Edwards Bello ha vuelto a vivir en Chile dedicado al periodismo. La burocracia chilena y el diario "La Nación" le han proporcionado los medios de existencia que reclaman su origen y su educación, pero desgraciadamente la labor periodística, agotadora e ingrata en su país, le mantiene dentro de los límites de una forma literaria anticuada, sometido a cánones viejos, a él, cuya imaginación y cosmopolitismo, deberían convertirle en el abanderado de las nuevas tendencias literarias, el interprete más fiel de la sensibilidad del momento. (273)

Torres Rioseco hace explícita esa relación peligrosa entre periodismo y literatura que recorre la obra de Edwards Bello. Sin embargo, la ansiedad por los roces y desarreglos que pueden provocar los cruces entre la esfera de lo cotidiano y lo estético y la relación de la literatura con las leyes de intercambio comercial que requiere el género son las ansiedades del crítico más que las del escritor que raramente ve amenazada su autoridad intelectual por el avance del periodismo o las relaciones de la literatura con el mercado. La insistencia de Torres

Rioseco en el desinterés de Edwards Bello por la alta cultura, nos da una idea de la fuerza con que este concepto se inscribe en la historia de la literatura latinoamericana de la época:

> Cualquier escritor europeo con la situación económica y social de Edwards Bello sería una fuerza cultural extraordinaria. Sin embargo, Joaquín que ha vivido muchos años en París, no ha entrado jamás a la Sorbonne, no ha leído nada de Bergson ni de Valery, no ha oído música de Debusssy ni de Ravel, no ha visto Notre Dame, el Louvre [...] Por lo menos así se deduce de la lectura de sus obras. (275)

Edwards Bello, es un escritor de ideas polémicas, de las que no están ausentes restos del positivismo y el darwinismo social. Sin embargo, su trabajo en la prensa demuestra que es uno de los intérpretes más sagaces no sólo de los límites de la modernidad chilena sino de los alcances del periodismo en la renovación de la cultura y la lengua nacional. En un momento en que los escritores reflejan en sus textos la ansiedad producida por el lugar impreciso de la literatura frente al avance del periodismo y buscan indistintamente en los experimentos vanguardistas o regionalistas un refugio frente a los avances de la cultura de masas, Edwards Bello descarta la experimentación formal como antídoto contra la masificación de la cultura y se entrega al periodismo de manera compulsiva. La pregunta sobre el valor de lo literario en un mundo dominado por el progreso y el incipiente surgimiento de las industrias culturales, tópico que viene desarrollándose desde el modernismo, no le preocupan porque vislumbra en el periodismo un instrumento para renovar la literatura y la lengua nacional. A través de la confianza que deposita en géneros menores, el escritor elude aquellas preguntas sobre el lugar de la literatura en un mundo orientado a la productividad y dominado por los discursos de la modernización que habían desvelado a los escritores desde Martí. Joaquín Edwards Bello se entrega al flujo, a la movilidad y a la fragmentación que parecen ser las únicas leyes que rigen el tiempo de la modernidad sin nostalgia ni miedo a perder los valores estéticos y culturales arrasados por la tecnología. Entiende que la representación del nuevo espacio urbano requiere de formas menores y el periodismo le ofrece esa oportunidad. Escribe en los diarios de la época con una conciencia plena de la modernidad del género con el que trabaja. Leónidas Morales ha señalado que la conciencia excepcionalmente lúcida que Edwards Bello tenía de la crónica desde el punto de vista de su relación con el tiempo de la modernidad, explica el interés que ha despertado entre la crítica reciente. Son precisamente las crónicas y no sus novelas, las que han empezado a consolidar el prestigio literario actual del escritor dentro y fuera de Chile. Paradójicamente, ese compromiso con un género menor, que hoy hace posible la reedición de sus crónicas y afirma la modernidad de su escritura fue leído en su época como un obstáculo que entorpecía el pleno desarrollo del escritor. A partir de los estudios sobre la crónica que han hecho Susana Rotker y Julio Ramos, hoy sabemos que el género constituye el lugar que la literatura ocupa en el periódico y como tal está sujeto a las normas de la industria cultural. Si para Torres Rioseco, esto marcaba un límite en las posibilidades estéticas del escritor, para Edwards Bello el lugar que ocupaba la literatura en los diarios era un espacio privilegiado para discutir la heterogeneidad de la ciudad moderna. La crónica le permite salir a la calle y narrar la experiencia cotidiana de la modernidad que será recogida por un lector moderno cuya sensibilidad exige además de la novedad un estilo accesible. Este nuevo lector tendrá que reemplazar a ese lector rezagado cuya visión anacrónica lo lleva a entender la cultura como la exhibición prepotente de un objeto de lujo: "Lo que abunda en Chile es el tipo inculto intoxicado de literatura, que emplea a Nietzsche, a Tolstoi y a Unamuno en forma de combos y bastones" (*Crónicas reunidas* III 91). Lejos de sentirse incómodo por esa sujeción a la sencillez que exigen los lectores del periódico, Joaquín Edwards Bello ve en el estilo que ellos requieren una herramienta contra los excesos retóricos que caracterizan a la literatura y a la crítica chilena. Son innumerables las crónicas en las que se refiere a este tema. A manera de ejemplo tomemos la crónica a *Don Pedro Nolasco Cruz y la crítica*. Aquí el cronista le refuta las observaciones que ha hecho sobre una de sus novelas:

> Lo que él (Nolasco Cruz) llama papirotes es precisamente el estilo moderno, hecho de síntesis. Él busca las explicaciones, las divagaciones, lo frondoso. Yo nací con el cine, señor Cruz. Soy siglo XX. El escritor Pansaers dice: la palabra pam pam en escritura ordinaria formaría 600 páginas. El arte moderno se define como una tendencia a la sencillez y la concentración. Nada Más.
> (*Crónicas reunidas* II 464)

Contrariamente a lo que sostiene Torres Rioseco, el periodismo no sólo le sirve para ganarse el pan escribiendo, también le permite escaparse de una tradición que consideraba atravesada de excesos grandilocuentes. En esa reacción anti-libresca que recorre toda su obra se vislumbra una reflexión extremadamente lúcida sobre los riesgos de esa temprana profesionalización del escritor que Chile había logrado antes que el resto del continente. La literatura totalmente separada de otros campos de la vida social y cultural, encerrada en el estilo latero de la lengua nacional, sucumbe frente a los riesgos de su propio proceso de autonomización. La vacuidad retórica de los discursos culturales chilenos es en la obra de Edwards Bello una obsesión a la que vuelve constantemente en su escritura, frente a esa misma tradición, reaccionarán más tarde los antipoemas de Nicanor Parra, la poesía de Enrique Lihn y Gonzalo Rojas, las crónicas de Pedro Lemebel y las novelas de Roberto Bolaño.

Quisiera terminar insistiendo en un debate que desde su origen a finales del siglo XIX no nos ha abandonado. Julio Ramos construye en su libro un mapa minucioso de las polémicas que muchos intelectuales latinoamericanos sostuvieron contra el nuevo periodismo. También escribe sobre la relación entre literatura, política y mercado en América Latina y registra una tensión entre una producción intelectual orgánica al mercado y otra que reclama autonomía y distancia del mismo. Se trata de una división todavía válida entre el concepto de literatura y uno de sus dobles infernales: la producción intelectual "baja" de la industria cultural. Esa producción intelectual *otra*, señala, constituye uno de los límites del sujeto literario moderno (204). Me gustaría proponer que esa escisión que Ramos lee como límite se convierte en la escritura de Joaquín Edwards Bello en un umbral, un umbral en el que se produce uno de esos extraños y productivos encuentros entre la literatura y el periodismo en las primeras décadas del siglo XX.

Notas

[1] Julio Ramos discute en su libro detalladamente la relación entre los escritores y la tecnología desde finales del siglo XIX hasta las primeras décadas del siglo XX.
[2] Fernando Degiovanni analiza las políticas culturales del nacionalismo argentino en las primeras décadas del siglo XX. En esas polémicas el nombre de Ricardo Rojas y la colección la Biblioteca Argentina son insoslayables.

[3] Ortega y Gasset habla en su libro *La rebelión de las masas* de la capacidad de extrañarse como el primer paso para empezar a entender y agrega que esta capacidad de poder estrenarse y sorprenderse es el lujo y deporte de los intelectuales.

BIBLIOGRAFÍA

Alonso, Carlos. *The Spanish American Regional Novel. Modernity and Autochthony*. Cambridge: Cambridge UP, 1990.

Degiovanni, Fernado. *Los textos de la patria. Nacionalismo, políticas culturales y canon en Argentina*. Buenos Aires: Beatriz Viterbo, 2007.

Edwards Bello, Joaquín. *Crónicas Reunidas (I) 1931-1933*. Santiago: Universidad Diego Portales, 2011.

_____ *Crónicas reunidas (II)*. Santiago: Universidad Diego Portales, 2009.

_____ *Crónicas reunidas (III)*. Santiago: Universidad Diego Portales, 2011.

_____ *En torno al periodismo y otros asusntos*. Santiago: Editorial Andrés Bello, 1969.

Gasset, Ortega y. *La rebelión de las masas*. Madrid: Alianza Editorial, 1983.

Henríquez Ureña, Pedro. *La utopía de América*. Caracas: Biblioteca Ayacucho, 1978.

Merino, Roberto. "Joaquín Edwards Bello, en la pieza oscura". Leila Guerrero. *Los malditos*. Santiago: Universidad Diego Portales, 2011. 25-32.

Morales, Leonidas. "Joaquín Edwards Bello: crónica y crítica de la vida cotidiana chilena". *Revista chilena de literatura* (abril 2009): 57-78.

Ramos, Julio. *Desencuentros de la modernidad en América Latina. Literatura y política en el siglo XIX*. México: Fondo de Cultura Económica, 1989.

Rodó, José Enrique. *Ariel*. Caracas: Biblioteca Ayacucho, 1976.

Rotker, Susana. *La invención de la crónica*. México: Fondo de Cultura Económica, 2005.

Torres Rioseco, Arturo. *Novelistas contemporáneos de América*. Santiago: Nascimento, 1939.

9781930744592